高等院校互联网+新形态教材·经管系列(二维码版)

市场营销学

武文珍　潘红梅　戴　屹　主　编

清华大学出版社
北　京

内 容 简 介

本书全面、系统地研究和讲解市场营销理论的结构和内容，强调对基本概念和基本理论的把握和理解；注重对企业营销实践的最新发展的介绍和分析，涵盖了市场营销经典理论和最新研究成果；以大量优秀企业营销案例和阅读资料帮助学习者理解市场营销学的基本理念、分析方法和实际运用；注重引导学习者用市场营销的基本理论分析企业营销实践，培养学习者的市场营销学理论素养和分析解决实际问题的能力。

本书体系完整、逻辑严密，结合作者团队多年的成功教学经验，形成了本书的内容体系和结构。本书可作为普通高等院校，特别是应用型本科院校经济管理类相关专业市场营销课程的教材，也可作为企业经营者和市场营销人员在营销实践中的参考用书。

本书封面贴有清华大学出版社防伪标签，无标签者不得销售。
版权所有，侵权必究。举报：010-62782989，beiqinquan@tup.tsinghua.edu.cn。

图书在版编目(CIP)数据

市场营销学/武文珍，潘红梅，戴屹主编.—北京：清华大学出版社，2021.7（2023.1重印）
高等院校互联网+新形态教材. 经管系列：二维码版
ISBN 978-7-302-57815-4

Ⅰ.①市… Ⅱ.①武… ②潘… ③戴… Ⅲ.①市场营销学—高等学校—教材 Ⅳ.①F713.50

中国版本图书馆 CIP 数据核字(2021)第 055706 号

责任编辑：梁媛媛
装帧设计：李　坤
责任校对：吴春华
责任印制：刘海龙

出版发行：清华大学出版社
网　　址：http://www.tup.com.cn, http://www.wqbook.com
地　　址：北京清华大学学研大厦 A 座　　　邮　编：100084
社 总 机：010-83470000　　　邮　购：010-62786544
投稿与读者服务：010-62776969, c-service@tup.tsinghua.edu.cn
质量反馈：010-62772015, zhiliang@tup.tsinghua.edu.cn
课件下载：http://www.tup.com.cn, 010-62791865

印 装 者：三河市天利华印刷装订有限公司
经　　销：全国新华书店
开　　本：185mm×260mm　　印　张：23　　字　数：556 千字
版　　次：2021 年 7 月第 1 版　　印　次：2023 年 1 月第 3 次印刷
定　　价：69.80 元

产品编号：082770-02

前　　言

　　市场营销学是一门以经济学、管理学、社会学和心理学等学科为基础，研究以满足和发展市场需求为中心的企业整体营销活动及规律，为消费者、企业和社会创造价值过程的综合性学科，其实践性、应用性特征明显。市场营销学自改革开放引入我国后，得到迅猛发展，市场营销学的基本原理、理论和方法被广泛应用于企业、政府、非营利组织等不同领域。伴随着时代发展，市场营销理论不断创新，市场营销学发展也日新月异。

　　当前，市场营销学的教材十分丰富。本科教育阶段的市场营销学教材主要有两类：一类适应学术型大学本科教育，其特点是偏重市场营销理论的系统性和深度，为后续理论学习和研究奠定坚实的基础；另一类适应高职高专教育，教材重实践性，理论选择以实用性为原则。本书在编写上兼顾理论性与实践性，前沿性与应用性，一方面系统讲解市场营销环境分析、市场分析、竞争分析、营销战略与策略等市场营销核心理论，介绍营销理论的前沿领域和最新发展，如增加了社会媒体营销、全渠道与新零售、企业与消费者共创价值等相关内容；另一方面紧密结合当前营销环境，精心设计、收集和整理了大量国内外最新营销案例和企业营销实例、营销训练、营销新视野等内容，这些内容不仅增强了本书的可读性和趣味性，更能帮助学生理解和掌握市场营销理论及其应用，有利于培养学生分析问题、解决问题的实践能力，同时也有助于实务工作者进一步思考和探讨市场营销理论在实际工作中的应用。

　　本书具有以下特色。

　　(1) 重点突出、体系完整、具有前瞻性。本书重点介绍了市场营销环境分析、市场分析、竞争分析、营销战略与策略等市场营销核心理论，理论体系系统完整。此外，本书还对营销理论近年来的最新进展进行了介绍和评价。学生通过学习本书，不仅能扎实掌握经典理论，也能把握市场营销的前沿理论和最新动态，开阔理论视野。

　　(2) 易于理解、便于教学。本书结合作者多年的成功教学经验，在内容结构安排上逻辑严密，前后内容衔接顺畅，层层递进，在重要营销理论后面增加企业营销实践加以说明，便于教学和帮助学生加深对理论的理解。

　　(3) 理论结合实践，突出应用性。本书设计、收集和整理了大量营销案例，每一章前设有"学习目标与任务""重点与难点""能力目标"，便于学生做好学习规划；文中引入大量"营销实例"，旨在帮助学生更好地理解相关营销知识和理论，增强其理论的应用能力，"营销新视野"介绍营销前沿理论和营销新发展，有利于学生开阔视野，了解前沿动态；每一章后安排了"思考题""案例分析""实操题"，启发学生的创新思维，帮助其灵活掌握理论知识并能学以致用。

(4) 博采众长，拓展营销视野，具有时代感。本书在对营销理论的介绍中增加了核心理论的前沿发展，在案例选取中，对国内外的最新营销案例和企业营销实例进行了精心筛选，力求做到典型性、先进性和新颖性，紧密结合当前的营销环境，拓展学生的营销思维，为他们带来新的启发和思考。

本书适合作为普通高等院校经济管理类相关专业市场营销课程的教材，也可作为企业经营者和市场营销人员在营销实践中的参考用书。

本书由武文珍、潘红梅、戴屹担任主编，耿裕清、闫燕、赵楠参与编写。具体分工为：潘红梅(第一章、第十一章、第十二章)、耿裕清(第二章、第三章)、戴屹(第四章、第五章)、闫燕(第六章、第七章)、武文珍(第八章、第九章、第十章)、赵楠(第十三章、第十四章)。在此感谢各位老师的辛勤付出。

本书在编写过程中引用了大量文献资料，在此向原作者表示深深谢意。同时，衷心感谢清华大学出版社的编辑和工作人员对本书的出版给予的帮助和指导。由于编者水平有限，书中难免存在不足之处，敬请各位专家和读者提出意见和建议。

武文珍

目　　录

第一章　绪论 1
第一节　市场营销的功能与作用 3
一、市场营销的功能 3
二、市场营销的作用 4
第二节　市场营销学的产生与发展 5
一、市场营销学的产生 5
二、市场营销学的发展历程 6
三、市场营销学在中国的传播与发展 9
第三节　市场与市场营销 10
一、市场的定义及类型 11
二、市场营销的含义 12
第四节　市场营销与相关学科 15
一、相关学科 15
二、市场营销的重要性 16
本章小结 19
课后习题 20

第二章　市场营销哲学的演变 24
第一节　市场营销观念发展 25
一、传统的市场营销观念 25
二、市场营销观念 27
三、客户观念 28
四、社会市场营销观念 29
五、大市场营销观念 29
六、绿色市场营销观念 30
第二节　市场营销组合 30
一、企业导向的市场营销组合 31
二、顾客导向的市场营销组合 34
三、以关系为导向的市场营销组合 36
第三节　市场营销哲学的发展新趋势 38
一、企业营销道德与社会责任 38
二、国际营销 38
三、数字营销 39
本章小结 39
课后习题 39

第三章　营销战略计划与营销管理 41
第一节　战略计划 42
一、战略、策略、战术 42
二、战略计划过程 43
三、战略计划过程中的市场导向 47
第二节　市场营销战略 48
一、营销战略的含义 48
二、营销战略的作用 48
三、营销战略的特点 49
四、营销战略的基本框架 50
五、营销战略的形成 50
第三节　营销战略的分析方法 54
一、SWOT 分析法 54
二、波士顿矩阵法 56
三、通用电气矩阵法 58
第四节　市场营销管理 60
一、市场营销管理的实质 60
二、市场营销管理的任务 60
三、市场营销管理的过程 62
四、市场营销信息系统 64
本章小结 66
课后习题 66

第四章　市场营销环境分析 68
第一节　市场营销环境概述 70
一、市场营销环境的概念 70
二、市场营销环境的特点及重要性 70
第二节　企业的微观环境 72
一、企业 72
二、供应商 73
三、营销中介 74
四、顾客 75
五、竞争者 76
六、社会公众 76
第三节　企业的宏观环境 77
一、人口环境 78

二、经济环境 79
　　三、自然环境 81
　　四、科学技术环境 83
　　五、政治法律环境 85
　　六、社会文化环境 87
　本章小结 89
　课后习题 89

第五章　市场营销调查与市场需求预测 92

　第一节　市场营销调查概述 93
　　一、市场营销调查的含义 93
　　二、市场营销调查的作用 94
　第二节　市场营销调查的类型和内容 94
　　一、市场营销调查的类型 94
　　二、市场营销调查的主要内容 97
　　三、市场营销调查数据来源 101
　第三节　市场营销调查的方法和过程 103
　　一、市场营销调查的方法 103
　　二、市场营销调查的基本过程 104
　　三、市场营销网络调查 108
　第四节　市场营销调查报告的撰写 109
　　一、市场调查报告的撰写原则与
　　　　要求 110
　　二、调查报告的写作步骤 111
　　三、市场营销调查报告内容 112
　第五节　市场营销预测 114
　　一、市场营销预测概述 114
　　二、市场营销预测的分类 116
　　三、市场营销预测的基本步骤 116
　　四、市场营销预测的内容 117
　　五、市场营销预测的方法 118
　本章小结 121
　课后习题 122

第六章　消费者市场分析 126

　第一节　消费者市场及其特点 127
　　一、消费者市场的概念 127
　　二、消费者市场的特点 128
　　三、消费者市场的购买对象 129

　第二节　消费者购买行为的影响因素 130
　　一、消费者购买行为 130
　　二、消费者购买行为的类型与
　　　　模式 131
　　三、影响消费者购买行为的内在
　　　　因素 135
　　四、影响消费者购买行为的外在
　　　　因素 137
　第三节　消费者的决策过程 140
　　一、消费者购前行为 140
　　二、消费者购买决策过程 141
　本章小结 144
　课后习题 144

第七章　组织市场分析 147

　第一节　组织市场概述 149
　　一、组织市场的概念 149
　　二、组织市场的特点 149
　　三、组织市场的构成 151
　第二节　影响组织购买行为的因素 152
　　一、组织购买过程的参与者 152
　　二、影响组织购买的主要因素 153
　第三节　组织购买行为的类型 154
　　一、生产者购买行为的类型 154
　　二、中间商购买行为的类型 155
　　三、政府购买行为的类型 156
　　四、非营利组织购买行为的类型 157
　第四节　组织市场的购买过程 158
　　一、生产者购买决策过程 158
　　二、中间商购买决策过程 160
　　三、政府购买决策过程 162
　　四、非营利组织购买的决策过程 163
　本章小结 165
　课后习题 165

第八章　竞争者分析与竞争战略 169

　第一节　竞争者分析 172
　　一、识别竞争者 172
　　二、明确竞争者的目标和战略 173
　　三、评估竞争者的优势及劣势 174
　　四、判断竞争者的反应模式 176

第二节　基本竞争战略..............177
　　一、成本领先战略..............177
　　二、差异化战略..............179
　　三、集中化战略..............182
第三节　竞争地位与竞争战略..............183
　　一、市场领导者战略..............183
　　二、市场挑战者战略..............186
　　三、市场跟随者战略..............187
　　四、市场补缺者战略..............188
本章小结..............190
课后习题..............190

第九章　目标市场战略..............194

第一节　市场细分..............196
　　一、市场细分的内涵..............196
　　二、市场细分的条件..............196
　　三、市场细分的作用..............197
　　四、市场细分标准..............198
　　五、市场细分的方法..............203
　　六、市场细分的有效性条件..............204
第二节　目标市场选择..............206
　　一、目标市场及目标市场选择..............206
　　二、目标市场战略..............208
　　三、选择目标市场战略的影响因素..............210
第三节　市场定位..............211
　　一、市场定位的内涵..............211
　　二、市场定位的步骤..............211
　　三、市场定位依据..............212
　　四、市场定位的方式..............213
　　五、市场定位误区..............214
本章小结..............214
课后习题..............215

第十章　产品策略..............219

第一节　产品整体概念与产品组合策略..............222
　　一、产品整体概念..............222
　　二、产品组合策略..............224
第二节　产品生命周期..............227
　　一、产品生命周期的概念..............227
　　二、产品生命周期各阶段的特征..............228
　　三、产品生命周期各阶段的营销策略..............229
　　四、产品生命周期的其他形态..............232
第三节　新产品开发..............233
　　一、新产品的概念和类别..............233
　　二、新产品开发战略..............234
　　三、新产品开发程序..............235
　　四、新产品采用与扩散..............240
第四节　品牌..............242
　　一、品牌及其内涵..............242
　　二、品牌个性塑造与传播..............244
　　三、品牌策略..............248
第五节　包装..............255
　　一、包装分类..............255
　　二、包装设计..............255
　　三、包装策略..............257
本章小结..............258
课后习题..............259

第十一章　定价策略..............262

第一节　影响定价的因素..............263
　　一、定价目标..............264
　　二、产品成本..............265
　　三、市场需求..............265
　　四、竞争者的产品和价格..............266
　　五、国家政策..............268
第二节　定价方法..............268
　　一、成本导向定价法..............269
　　二、需求导向定价法..............270
　　三、竞争导向定价法..............271
第三节　定价策略..............273
　　一、折扣与折让定价策略..............273
　　二、地区定价策略..............274
　　三、心理定价策略..............275
　　四、差别定价策略..............276
　　五、新产品定价策略..............276
　　六、产品组合定价策略..............277
第四节　价格变动与企业对策..............279
　　一、企业降价与提价..............279

二、对提价和降价的反应..................281
　　三、企业对竞争者价格变动的
　　　　反应..................................282
本章小结..284
课后习题..284

第十二章　分销策略..........................287

第一节　分销渠道..........................289
　　一、分销渠道的含义、作用与
　　　　职能..................................289
　　二、分销渠道的层次与宽度..........291
　　三、分销渠道的类型..................293
第二节　中间商..............................296
　　一、商人中间商........................296
　　二、代理中间商........................301
　　三、中间商的选择....................302
第三节　分销渠道策略..................303
　　一、影响分销渠道设计的因素.....303
　　二、分销渠道的设计..................304
　　三、分销渠道的管理..................307
　　四、全渠道零售........................310
　　五、窜货现象及整治..................313
本章小结..314
课后习题..315

第十三章　促销策略..........................317

第一节　促销组合..........................318
　　一、促销组合的作用..................318
　　二、促销组合的内容..................319
　　三、整合促销组合....................319
　　四、开发有效促销的过程...........321
第二节　广告..................................324
　　一、设计广告目标....................325
　　二、决定广告预算....................325

　　三、开发广告............................326
　　四、选择媒体............................327
第三节　销售促进..........................329
　　一、销售促进的主要工具..........329
　　二、销售促进的过程..................331
　　三、销售促进对营销活动的影响..332
第四节　公共关系..........................333
　　一、营销公共关系的作用..........333
　　二、营销公共关系的活动方式....334
　　三、营销公共关系的主要决策
　　　　步骤..................................335
第五节　人员推销..........................336
　　一、人员销售的原则..................336
　　二、人员推销的过程..................336
　　三、人员的激励与评估..............338
本章小结..339
课后习题..339

第十四章　市场营销管理..................343

第一节　市场营销计划..................344
　　一、市场营销计划的定义和内容..344
　　二、市场营销计划执行过程......345
第二节　市场营销组织..................346
　　一、影响组织结构的主要因素....346
　　二、市场营销组织的类型..........346
第三节　市场营销控制..................349
　　一、年度计划控制....................349
　　二、盈利能力控制....................351
　　三、效率控制............................352
本章小结..354
课后习题..354

参考文献..357

第一章

绪 论

【学习目标与任务】
- 了解市场营销学在国内外的产生与发展。
- 熟悉市场营销学与其他学科的联系与区别。
- 掌握市场营销学的研究对象。
- 掌握市场营销的核心概念。

【重点与难点】
- 市场营销的内涵。
- 市场营销的产生与发展。
- 市场营销的重要性。
- 市场营销职能在企业中的地位。

【能力目标】

能够用现代市场营销理论分析企业的经营行为,指导企业的营销活动。

【案例导入】

营销无处不在——卖报纸的老人

车站有一位卖报纸的老人,穿着整洁,看上去很精神。

有一天,下班早了些,买了他一份杂志,便跟他闲聊了起来。

"老师傅,生意还可以吧!""嗯,还可以,过得去!""看您成天忙忙碌碌的,收入一定很好吧!""呵呵,还不错!反正养家基本没问题了!朋友,别看我普普通通,我家孩子可是在 985 读书呢!学费和花费贵着呢!""老师傅,你真行哦!一般人可没您这么大能耐呢!""呵呵,小伙子你可真会说话。不过你说得没错,我不动不摇,一个月大几千块是没有问题的!"

老人打开了话匣子,和我聊了起来。原来几年前,老人工作丢了。

迫于生活压力,老人打算开始卖报纸。(制定工作目标)

几经挑选,发现了该车站人流量大,车次多,于是选择在该车站卖报。(经初步市场分析,选择终端销售点)

但是,经过蹲点发现,车站固定卖报人已经有了两个。(营销环境论证)

其中一个已卖了很长时间,另一个好像是车站一位工作人员的熟人。(对竞争对手进行初步分析)

如果不做任何准备就直接进场卖报,一定会被人家赶出来。于是老人打算从车站管理员下手。(制定公关策略)

开始,老人每天给几位管理员每人送份报纸,刚开始人家跟他不熟,不要他的报纸。他就说这是在附近卖报多余的,车站管理员也不是什么大官,一来二去也就熟了。老人这时就开始大倒苦水,说现在没工作了,在附近卖报纸销量也不太好,一天卖不了几份,而女儿马上就要参加高考了,高昂的学费实在无力负担,女儿成绩非常好,如果不让她读书就抱憾终身了……(与公关对象接触,并博取同情)

人心都是肉长的,车站管理员就热心帮他出主意:那你就到我们车站来卖报呀!我们这边生意蛮好的,他们每天能卖几百份呢!(达到目的了)

有了车站管理员的许可,老人进场了。当然,老人不会忘记每天送管理员每人一份报纸。(公共关系维护中)

但车站共有三个卖报人,卖的都是同样的报纸。老人苦思冥想了一番。(进行营销策略分析)

他想到,其他两个卖报人都各有一个小摊位,分别在车站的一左一右。老人决定,不摆摊,带报纸到等车的人群中和进车厢里卖。(差异化营销,渠道创新,变店铺销售为直销)

卖了一段时间后,老人还总结了一些门道:等车的人中一般中青年男性喜欢买报纸。上车的人中一般有座位的人喜欢一边吃早点一边看报纸(消费者分析),有重大新闻时报纸卖得特别多。(销售数据分析)

于是,老人又有了新的主意。每天叫卖报纸时,不再叫卖:晨报、快报、晚报,三毛一份,五毛一份等。而是换了叫法,根据新闻热点来叫,什么热点叫什么:特朗普下令两艘战舰到波斯湾等。(对产品进行分析,挖掘独特的销售主张)

果然,这一招十分见效!原先许多没打算买报纸的人也纷纷来买报纸。几天下来,老人发现，每天卖出的报纸比平时多了50%。

同时，老人凭借和管理员的良好关系，让老伴在车站摆了个卖豆浆的小摊。旁边卖早点的已经有十来个，卖豆浆的也有四五家。而老人家的与众不同，他只卖豆浆，而且用封口机进行了装封，拿在手上不会洒出来。虽然比别人多花400多元买了一台封口机，但豆浆价格也比别人家贵一毛。因为坐车吃早点通常没法拿饮料，有了封口豆浆，这个问题就解决了。(针对目标顾客的潜在需求，开发边缘产品)结果，老人的豆浆摊生意出奇地好！

大半年后，车站一家报摊生意不太好不卖了，于是老人就接下这个地方变成了自己的报摊。但是老人的报摊又与众不同：用了政府统一制作的报亭，气派又美观，还顺应政府统一规划。(有统一的视觉标志，有助于提高形象，适应环境)

经营品种也从单一的卖报纸发展到卖一些畅销杂志。(产品线延伸)

老人还进一步考虑，根据什么杂志好卖搞一些优惠活动，比如买一本《读者》送一份《快报》什么等，因为杂志赚得比较多。(促销策略，用利润空间较大的产品做买赠促销，并选择较受欢迎的赠品)

老人的女儿周末在肯德基打工，经常带回来一些优惠券，于是，这又成了老人促销的法宝！买报纸或杂志一份，赠送肯德基优惠券一份。(整合资源，创造差异化)

接着，由于老人的报亭位置良好、人流量大，被可乐公司发现，他们安排业务员上门，在报亭里张贴宣传画，安放了小冰箱。于是，老人的报亭不仅变得更醒目，还能收取一些宣传费，而且增加了卖饮料的收入。(开发新的盈利项目)

两年间，老人的卖报生意做得有声有色，每月收入好几千元。现在，老人又有了新目标，就是附近的有线电厂小区。老人打算在小区出口处再开一家新的报亭(利用成型的管理和共享的资源，走连锁经营路线)，把女儿将来读研的钱也挣出来。

和老人的一席话，收获非常多，卖报卖出了这样的经营哲学，这位老人可真是个实战派营销人才。

(资料来源：https://wenku.baidu.com/view/b169763a83c4bb4cf7ecd1d4.html)

在我国古代商人的营销实践中，虽然没有"营销"一词，但是他们坚持按需生产，重视客户需求。一个典型的例子就是经营朝靴的内联升鞋店。该店十分注意对贵族或官员的身份特征、背景、脚的尺寸、朝靴样式偏好等信息的收集，按等级记录整理，形成详细周全的《履中备载》，并时常补充、更新、完善，以此作为生产朝靴的依据。实际上，这就是今天数据库营销的雏形。

第一节 市场营销的功能与作用

一、市场营销的功能

企业市场营销作为一种活动，总体来说其活动过程为：发现和了解消费者的需求；指导企业决策；开拓市场；满足消费者的需求。现代市场营销学将市场营销功能划分为以下四类。

(一)交换功能

交换功能包括购买和销售两方面。除了两者都要实现产品所有权的转移外,购买的功能还包括购买什么、向谁购买、购买多少、何时购买等决策;销售的功能还包括寻找市场、销售促进、售后服务等决策。定价也是交换功能的重要内容。

(二)物流功能

物流功能又称实体分配功能,包括货物的运输与储存等。物流功能的发挥是实现交换功能的必要条件。

(三)便利功能

便利功能是指便利交换、便利物流的功能,包括资金融通、风险承担、信息沟通、产品标准化和分级。它是实现交换功能和物流功能的重要保障。

(四)示向功能

示向功能是指通过对市场的调查、研究、分析,描绘出消费需求对产品的预期,以及市场上的供求态势、竞争状况等,从而对企业因时、因地制宜地推出适销对路的产品发挥示向功能。相对于市场营销的前几种功能来说,示向功能对企业往往具有战略意义。

二、市场营销的作用

(一)市场营销对企业发展的作用

从微观角度看,市场营销是连接社会需求与企业反应的中间环节,是企业用来把消费者需求和市场机会变成有利可图的公司机会的一种行之有效的方法,亦是企业战胜竞争者、谋求发展的重要方法。

【营销实例1-1】

使一个企业经营杰出的原因是什么?这是个引起国内外企业界及学术界普遍关注的问题。国内消费者对电冰箱的喜好、生产冰箱所耗费的原材料成本以及销售价格差距不大,但个别电冰箱厂家销售量下降,经济效益差,另外一些则销售量日益上升,经济效益好。原因何在?根本差异在于市场营销观念及相应的市场营销组合策略。一般成功的企业有一套明智的经营原则,有强烈的顾客意识(坚持不懈地接近顾客),强烈的市场意识及推动广大职工为顾客生产优质产品的本领。美国著名的IBM公司是巧妙应用市场营销观念及营销策略的成功典范。IBM总经理罗杰斯说过:"在IBM公司,每个员工都在推销……在你走进纽约IBM大厦或世界各地办事处时,你都会产生这种印象。"有人问:"IBM销售什么产品?"他回答:"IBM公司不出售产品,而是出售解决方法。"市场营销虽然不是企业成功的唯一因素,但却是关键因素。美国著名管理学家彼得·F.德鲁克曾指出:市场营销是企业的基础,不能把它看作是单独的职能。从营销的最终成果,亦即从顾客的观点看,市场营销就是整个企业。

(资料来源:https://wenku.baidu.com/view/88e1b0d8d15abe23482f4d64.html)

企业经营的成功不是取决于生产者,而是取决于顾客。当今,市场营销已成为企业经营活动的第一任务,这一点放到实行市场经济的国家和地区中显得尤为突出。在对发达国家 250 多家主要公司高级经理人员进行调查后发现,公司的第一要务是发展(改进和执行竞争性的市场营销策略);第二要务是控制成本;第三要务是改善人力资源。大部分企业的高级经理人员来自市场营销部门,如美国克莱斯勒汽车前总裁艾柯卡便是来自营销部门。

(二)市场营销对社会经济发展的作用

马克思主义理论认为,生产是根本,生产决定交换、分配、消费几个环节。在市场经济社会中,生产出来的东西如果不通过交换,没有市场营销,产品就不可能传递到广大消费者手中。从宏观角度看,市场营销对社会经济发展的主要作用是解决社会生产与消费之间的七大矛盾。

(1) 生产者与消费者在空间上的分离(这是指产品的生产与消费在地域上的距离,它是由诸多因素造成的)。

(2) 生产者与消费者在时间上的分离。

(3) 生产者与消费者在信息上的分离。

(4) 生产者与消费者在产品估价上的差异。

(5) 生产者与消费者在商品所有权上的分离。

(6) 生产者与消费者在产品供需数量上的差异。

(7) 生产者与消费者在产品花色、产品品种供需上的差异。

总之,从宏观角度看,市场营销对于在合适时间、合适地点,以适当价格把产品从生产者传递到消费者手中,平衡生产与消费在时间、地区的不对等,从而促进社会总供需的平衡上起着重大的作用。同时,市场营销对实现我国现代化建设,发展我国各领域的经济,起着巨大的作用。

第二节 市场营销学的产生与发展

市场营销学最早产生于美国,后来迅速传播到西欧和日本等地,成为西方企业从事市场营销经营的理论基础。

一、市场营销学的产生

现代管理学之父彼得·F. 德鲁克(Peter F. Drucker)经过多方面资料和史实的验证,他认为,市场营销作为企业的自觉实践最早起源于 17 世纪的日本而不是西方。德鲁克指出,市场营销最早的实践者是日本三井家族的一位成员。17 世纪 50 年代,三井家族的这位成员在东京成立了世界上第一家百货商店,并为该商店制定了一系列经营准则,两个半世纪后,美国的西尔斯—罗巴克公司才提出类似准则。该准则的基本内容是:公司充当顾客的导购员;为顾客设计和生产适合需要的产品;保证满意,否则原价奉还;为顾客提供丰富多样的产品等。

直到 19 世纪中叶,市场营销作为企业的自觉实践才在美国国际收割机公司出现。第一个把市场营销当成企业的中心职能,并把满足顾客需求作为管理的专门任务的是美国国际收割机公司的塞勒斯·H.麦考密克(Cyrus H. McCormick)。在很多历史书籍中只提到他是收割机的发明者,事实上他还创造性地提出了市场营销的一些基本工具和理念——市场研究与市场分析、市场定位观念、定价政策、向顾客提供零部件和各种相关服务、提供分期付款信贷等。

直到20世纪初,市场营销才成为美国学术界理论研究领域的一个重要课题,进而登上企业管理的舞台。1902年,密歇根大学开设了美国工业分销和管理课程,内容涉及对各种产品的分类、分等、品牌、批发和零售等方面。1904年,W. E. 克鲁希(W. E. Kreusi)在宾夕法尼亚大学讲授一门名为产品市场营销的课程,这是"市场营销"这个名词首次作为大学课程的名称。1910年,拉尔夫·斯达·巴特勒(Ralph Starr Butler)在威斯康星大学讲授了一门名为市场营销方法的课程。巴特勒指出,"我在对整个销售领域进行考察时发现,人员推销和广告往往与销售观念的最终表现密切相关。我在宝洁公司的那段经历也使我坚信这一点——一个试图销售其产品的厂商在派遣推销员,或通过在刊物上做广告来体现其销售观念以前,必须考虑并解决一系列问题,解决问题的方法可以概括为市场营销方法"。

在市场营销思想发展进程中,美国的大学教师起了十分重要的作用,尽管当时尚不存在"市场营销"这个术语(而是更多地采用"分销")。正是这些早期的市场营销教师最先洞察到市场营销的未来发展趋势,坚信随着社会经济的不断发展,市场营销必将有远大的发展前途,他们为市场营销思想的发展做出了历史性的贡献。1900—1910年开设工业分销及相关课程的大学和教师如表1-1所示。

表1-1　1900—1910年在美国开设工业分销及相关课程的大学和教师

年　份	大　学	教　师
1902	密歇根大学	爱德华·D. 琼斯(Edward D. Jones)
1902	加州大学	西蒙·李特曼(Simon Littman)
1902	伊利诺伊大学	乔治·M. 费斯克(George M. Fisk)
1904	宾夕法尼亚大学	W. E. 克鲁希(W.E.Kreusi)
1904	宾夕法尼亚大学	H. S. 帕森(H.S.Parson)
1905	俄亥俄州立大学	詹姆斯·E. 海杰蒂(James E.Hagerty)
1908	西北大学	
1909	匹兹堡大学	
1909	哈佛大学	保罗·T. 切林顿(Paul T. Cherington)
1910	威斯康星大学	拉尔夫·斯达·巴特勒(Ralph Starr Butler)

二、市场营销学的发展历程

市场营销学起始于20世纪初,至今已有百年的历史。这期间,市场营销学大体经历了四个发展阶段。

(一)萌芽时期(1900—1920年)

这一时期,各主要资本主义国家经过工业革命,生产力迅速提高,城市经济迅猛发展,商品需求量也迅速增多，出现了需求大于供给的买方市场，企业产品卖出去不是问题，与此相适应，市场营销学开始创立。

20世纪初，越来越多的学者开始关注分销体系及其运营。在此期间美国外来移民涌向城市中心，技术、交通、物流等方面的进步使得市场状况发生了巨大的变化，促进了分销体系的迅速发展和不断创新。

在这种形势下，美国大学商科的教师们开始注意对定价、分销和广告问题的研究，开设了一些新课程来介绍市场营销系统的不同方面，如密歇根大学开设的产业分销课程、纽约大学开设的商业制度课程等。

经济学刊物对新生的市场营销学给予了大力支持，促使市场营销学开创出不同寻常的方法，如产品研究法、机构研究法和职能研究法等。同时，学术界陆续提出了一些学科的新概念，初始的学科体系逐渐形成。

哈佛大学教授赫杰特齐 J.E.Hagerty 走访了大量大企业主，了解他们如何进行市场营销活动，于1912年出版了第一本销售学教科书，它是市场营销学作为一门独立学科出现的里程碑。

(二)规范时期(1920—1950年)

在这一时期的开端，市场营销学是一个产生不久、尚未成形的研究领域，然而到了1950年，市场营销学已经成为一个欣欣向荣、有影响力的学术领域。

市场营销系统的一个关键特征是它内嵌于日复一日的社会生活之中，并随着外部环境的变化而不断发展变化。这一时期是个特殊时期，美国经历了快速发展和繁荣的20世纪20年代，大萧条的30年代，大动荡的第二次世界大战以及40年代的"战后"时期，这些机会和挑战都要求进一步明晰市场营销的学术范围，以使其成为一个规范的研究领域。为实现这一目的，学术界开始对各专门学科和各种研究方法的成果加以整理，融合提炼，博采众长，形成了较为系统的市场营销理论，该学科的独立性、系统性和完整性日趋明显。不过，与其后的研究相比，这一时期市场营销学的研究更侧重于对营销实践的描述，较少考虑解决管理方面的问题。

1932年，克拉克和韦尔达出版了《美国农产品营销》一书，对美国农产品营销进行了全面的论述，指出市场营销的目的是"使产品从种植者那儿顺利地转到使用者手中"。1942年，克拉克出版了《市场营销学原理》一书，在功能研究上有创新，把功能归结为交换功能、实体分配、辅助功能等，并提出推销时创造需求的观点，实际上是市场营销的雏形。

1937年，美国全国市场营销学和广告学教师协会及美国市场营销学会合并组成了现在的美国市场营销学会(American Marketing Association，AMA)，为市场营销学的稳步发展提供了组织保证。

(三)迅速发展时期(1950—1980年)

这个时期是市场营销发展史上的一个分水岭。这是一个伟大变革的阶段，发展和革新普遍受到欢迎。市场营销思想的领域不断扩大，行为科学和数学几乎同时出现在市场营销学主流思想之中，对市场营销思想的发展起到了明显的促进作用。这一时期的市场营销学有以下几个主要特征。

(1) 致力于从管理角度观察这一领域,更加强调市场营销管理,表现为这一时期提出了许多具有重要意义的概念,如营销观念、4P理论、品牌形象、营销管理以及营销近视症等。

(2) 广泛吸收其他学科(包括自然科学和社会科学)的概念、原理,使理论体系更加充实,并注重市场营销决策研究和定量研究。

(3) 市场营销理论的阐述更加准确,强调市场营销活动必须适应消费者需求的变化,强调目标市场营销、市场营销信息和市场营销系统的重要作用。

(4) 市场营销学从原来的总论性研究转变为区别不同研究对象的具体性研究,分化出许多子学科,如服务营销、国际营销及非营利组织营销等。

(5) 这一时期末,市场营销学开始强调企业市场营销活动所关联的社会责任、社会义务和商业道德,强调借助于市场营销学原理和方法来推进社会福利的增加和社会事业的发展。

这一阶段出现了许多的新理论、新方法。

1956年,温德尔·史密斯提出了"市场细分"的概念,从而使市场营销步入了目标市场营销的新阶段。

1960年,密歇根大学的杰罗姆·麦卡锡在早期学派的研究基础上,提出了4P理论,即产品(Product)、价格(Price)、渠道(Place)、促销(Promotion),从而使市场营销学有了根本性的发展。

20世纪70年代,菲利普·科特勒在强调"大市场营销"的时候,又提出了两个P,即公共关系(Public relations)和政治(Politics power);还出现了"定位"的概念;出现了社会营销观念,即强调企业的产品策略、价格策略、分销活动和促销都要兼顾社会、企业与顾客的利益。

(四)重构时期(1980年至今)

20世纪80年代以来,市场营销的内外部环境发生了巨大的变化。例如,和平与发展成为世界主题,经济全球化的趋势愈加明显,知识经济的迅速发展,环境问题日益受到重视等,这些变化促进了市场营销学的分支学科(如国际营销学、服务营销学、宏观营销学、非营利机构营销学等)的理论化、系统化,使市场营销学理论在国际范围内迅速扩散、广为采纳,并促进了市场营销学的分化和重构。

20世纪90年代,以美国西北大学教授D.E.舒尔兹为代表的专家学者提出了以4C为核心的服务营销策略。后来还有随着互联网、物联网的发展而出现的网络营销,随着环保理论发展而出现的绿色营销等。

【营销新视野1-1】

营销的进化

现代营销学之父菲利普·科特勒出版《营销革命4.0:从传统到数字》宣布营销4.0时代的到来。菲利普·科特勒是当今世界的营销管理大师,他自1967年出版《营销管理》一书并影响全球以来,至今已经推出14版,被50多个国家引进并作为市场营销课程的教科书,获得"营销圣经"的美誉。

他在宣扬市场营销的重要性上比任何一位学者都做得多。他沿着现代管理之父彼得·F.德鲁克开拓的道路，把企业关注的重点从价格和分销转移到满足顾客需求上来；他拓宽了市场营销的概念，从仅限于销售工作，扩大到了更加全面的沟通和交换流程。

科特勒将营销分为了1.0、2.0、3.0和最新的4.0。

营销1.0就是工业化时代以产品为中心的营销，试图通过理性逻辑证明自己的产品或服务优于竞争对手。最典型的例子就是当年只有一种颜色的福特T型车宣传语"无论你需要什么颜色的汽车，福特只有黑色的"。

营销2.0是以消费者为导向的营销，其核心技术是信息科技，试图吸引顾客的心灵，与他们建立起关系。正如宝洁、联合利华等快速消费品企业开发出几千种不同档次的日化产品以满足不同人的需求。

营销3.0是价值驱动的营销(Values-driven Marketing)，就是合作性、文化性和精神性的营销。它把营销理念提升到了一个关注人类期望、价值和精神的新高度。它认为消费者是具有独立意识和感情的完整的人，他们的任何需求和希望都不能被忽视，同时也要关注雇员、渠道合作伙伴及投资者。

营销4.0是菲利普·科特勒最近提出的，是对其营销理论的进一步升级，自我实现价值的营销。它以价值观、连接、大数据、社区、新一代分析技术为基础来洞察和满足这些连接点所代表的需求，帮助客户实现自我价值，就是营销4.0所需要面对和解决的问题。

(资料来源：营销的进化卷轴——从营销1.0到营销4.0，新营销[J]，2018(5).)

三、市场营销学在中国的传播与发展

新中国建立之前，我国对市场营销学有过一些研究(当时称为销售学)，但也仅限于所设有商业或管理专业的学校。1949—1978年，除了我国港澳台地区(更多的称为行销学)学术界、企业界对这门学科有广泛的研究和应用外，在大陆，市场营销学的研究没有继续，直到十一届三中全会之后，党中央提出了对外开放、对内搞活的总方针，从而给我国重新研究市场营销学创造了有利的环境。1978年，北京、上海、广州的部分学者和专家开始了市场营销的引进研究工作。虽然受范围局限，名称上还是舶来品如商业概论或销售学原理，经过十几年，我国对市场营销学的研究、应用和发展已取得了很大进步。从发展过程来看，大致经历了以下几个阶段。

(一)引进时期(1978—1982年)

在此期间，通过对国外市场营销著作、国外学者讲课的内容和著作进行翻译介绍，选派学者、专家到国外访问、学习和考察，邀请国外专家和学者来国内讲学的方式，系统介绍和引进了国外市场营销理论。但是这一阶段，局限于学术界，从事研究和学习的人还是很少，大多数企业对于该学科还比较陌生。但这一时期的努力毕竟为我国市场营销学的进一步发展打下了基础。

(二)传播时期(1983—1985年)

经过前一时期的努力，全国各地从事市场营销学研究、教学的专家和学者开始意识到，要使市场营销在中国进一步发展和应用，必须在各地成立研究团体和协会，以便相互交流和切磋研究成果，并利用团体的力量扩大市场营销学的影响，推进市场营销学进一步发展。全国大学团体举办了各种类型的培训班、研习班，还通过电视台、广播台举办了市场营销学的讲座。通过这些活动，既传播了营销学知识，又扩大了学术团体的影响。在此期间，市场营销学在学校教学中也开始受到重视，有关市场营销学的教材、著作、论文在质量和数量上都有很大的提高。1984年1月，全国高等财经院校、综合大学市场学教学研究会成立。

(三)应用时期(1986—1988年)

1986年后，我国经济体制改革的步伐进一步加快，市场环境的改善为企业应用现代市场营销原理指导经营管理实践提供了有利条件，但各地区、各行业的应用情况又不相同，具体表现如下。

(1) 以生产经营指导性计划产品或以市场调节为主的企业应用得较多，较成功。

(2) 重工业、交通业、原材料工业和以经营生产资料为主的行业所属的企业应用得较少，而轻工业、食品业、纺织业、服装业等以生产经营消费品为主的行业所属的企业应用得较多，较成功。

(3) 经营自主权较大、经营机制灵活的企业应用得较多，较成功；而经营自主权小、经营机制僵化的企业应用得较少。

(4) 商品经济发展较快的地区(尤其是深圳、珠海等经济特区)的企业应用市场营销原理的自觉性较高，应用得也比较好。在此期间，多数企业应用市场营销原理时，偏重于分销渠道、促销、市场细分和市场营销调研部分。

(四)扩展时期(1989—1994年)

在此期间，无论是市场营销教学研究队伍，还是市场营销教学、研究和应用，都有了非常大的发展。从学术界进入了实业界，其研究的重点也由过去的单纯教学研究改为结合企业的市场营销实践进行研究。全国高等财经院校、综合大学市场学教学研究会也于1987年8月更名为"中国高等院校市场学研究会"。学者们不仅仅满足于对市场营销原理进行研究，对其分支学科的理论研究也日渐深入，并取得了一定的研究成果。1992年，邓小平南方讲话以后，学者们还对市场体制下的市场营销管理，中国市场营销的现状与未来，跨世纪中国市场营销面临的挑战、机遇及对策等重大问题展开了探讨，大大扩展了市场营销学的研究领域。

(五)国际化时期(1995年至今)

1995年6月，由中国人民大学、加拿大麦吉尔大学和康科迪亚大学联合举办的第五届市场营销与社会发展国际会议在北京召开，从此，中国市场营销学者开始全方位登上国际舞台，与国际学术界、企业界的合作进一步加强。目前营销理论和实践得到了长足的进步和发展，创新与传统并存。

第三节 市场与市场营销

企业要生存和发展，就必须按照市场需求组织生产。市场可以理解为具有特定需要和欲望，愿意并能够通过交换来满足其需要或欲望的全部潜在顾客。市场规模的大小，取决于那些有某种需要，并拥有使别人感兴趣的资源，同时愿意以这种资源来换取其所需要的东西的人的总量。

一、市场的定义及类型

(一)市场的定义

1. 从不同角度理解市场

"市场"一词，最早是指买主和卖主聚集在一起进行交换的场所。经济学家则将市场这一术语表述为卖主、买主及双方交易规则的集合。而在市场营销学者看来，卖主构成行业，买主则构成市场。每一个国家的经济和整个世界经济都是由各种市场所构成的复杂体系，而这些市场之间则由交换过程来连接。

市场营销学主要研究组织(特别是企业)的市场营销活动，即研究组织如何通过整体市场营销活动适应并满足买方的需求，以实现经营目标。因此，这里的市场是指所有买者的集合，即某种产品的现实购买者与潜在购买者需求的总和。

2. 市场的构成要素

市场包含三个主要因素：有某种需要的人；为满足这种需要的购买能力；购买欲望。这三个因素是相互制约、缺一不可的，只有三者结合起来才能构成现实的市场，才能决定市场的规模和容量。

$$市场=人+购买力+购买欲望$$

(二)市场的类型

市场有各种类型。按照不同的分类方法可以分为不同类型的市场。

(1) 按照市场交易对象的商品形态，可以分为一般商品、资金、技术、信息、劳动力、房地产、产权、服务、文化、旅游等市场。

(2) 按照市场的地理区域，可以分为国内市场、国际市场、区域市场、城市市场和农村市场等。

(3) 按照交易方式，可以分为现货市场、期货市场、批发市场和零售市场等。

(4) 按照市场主体地位，可以分为买方市场和卖方市场。

(5) 按照顾客类型，可以分为消费者市场、生产者市场、中间商市场和非营利性市场。

(6) 按照市场竞争程度，可以分为完全垄断市场、寡头垄断市场、垄断竞争市场和完全竞争市场。

(三)市场的功能

市场在性质、规模，以及发展状况、地位、作用上有差别，但是其基本功能是一切市场所共有的，主要表现在以下三个方面。

1. 交换功能

在商品经济条件下，商品生产者出售商品、消费者购买商品，以及经营者买进卖出的商品的活动，都是通过市场进行的。与此同时，市场通过流通渠道组织商品存储和运输，推动商品实体从生产者手中向消费者手中转移,完成商品实体的交换。这种促成和实现商品所有权交换和实体转移的活动,是市场最基本的功能。

2. 反馈功能

商品出售者和购买者在市场上进行交换活动的同时,不断输入有关生产、消费等方面的信息。这些信息经过市场转换,又以新的形式反馈输出。市场信息的形式、内容多种多样,归根结底均是市场商品供应能力和需求能力的体现,是市场供求变动趋势的预示。市场的信息反馈功能,可以体现在以下两个方面。

(1) 国家可以根据市场商品总量及结构的信息反馈,判断国民经济各部门之间的比例关系是否恰当,并据此规划和调整社会资源在各部门的分配比例。

(2) 企业也可以根据商品的市场销售状况的信息反馈,对消费者偏好和需求潜力做出判断和预测,从而调整企业的经营方向。

随着社会信息化程度的提高,市场的信息反馈功能将日益加强。

3. 调节功能

市场机制以价格调节、供求调节、竞争调节的方式,对社会生产、分配、交换、消费的过程进行调节。例如,调节社会资源在各部门、行业、企业间的配置;调节各个市场主体之间的利益分配关系;调节市场商品的供应总量和供求结构;调节社会消费水平、消费结构和消费方式等。调节功能是市场最主要的功能。

二、市场营销的含义

(一)市场营销的概念

"市场营销"一词的英文为Marketing。本书中市场营销与营销是相同的含义。

市场营销是一种企业在市场环境中从事的经营活动,是在营销观念指导下产生的一种现代企业行为。对于这种行为,国内外学者做过很多不同的解释和表述。

早期的如一个推销人员或销售经理谈到市场营销,可能是销售;一个广告人员说到市场营销,可能是广告活动;百货公司讲到市场营销可能是一些粗浅的经营规则;等等。显然,以上观点均有些片面,很难形成完整的定义。

1960年,美国市场营销协会(American Marketing Association,AMA)定义:"市场营销是引导产品及劳务从生产者到消费者或使用者手中的一切企业经营活动。"这一定义把起点作为产品制成,终点是送达消费者的手中,仅仅把市场营销看作是沟通生产环节与消费环节的商业活动过程,存在明显的局限性。

日本有关学者认为,市场营销是在满足消费者利益的基础上,适应市场的需要而提供商品和服务的整个企业活动。

美国市场营销专家菲利普·科特勒(Philip Kotler)教授则进一步指出,市场营销是经由交易的过程,导致满足需要与欲望的人类活动。

由以上定义可以看出,随着社会经济的发展,人们观念的改变及技术的进步,市场营销的内涵与外延已经有了极大的发展。其过程延伸到生产前及消费后的所有过程;内容延伸到市场调研、市场细分、产品开发、价格制定、分销渠道、促销等方面。

根据以上种种,可以得出以下定义:市场营销是指在不断变化的市场环境中,以满足人们各种需要和欲望,以实现企业目标为目的,综合运用各种营销手段,通过市场变潜在交换为现实交换的一系列活动和过程。

(二)市场营销的相关概念

1. 需要、欲望和需求

需要和欲望是市场营销活动的起点。所谓需要(need),是指人类与生俱来的基本需要。如人类为了生存对吃、住、行、归属等需要。这些需要存在于人类自身生理和社会之中,市场营销者可用不同方式去满足。

欲望(want)是指想得到上述需要的具体满足品的愿望,是个人受不同文化及社会环境影响而表现出来的对基本需要的特定追求。例如,为满足"行"的需要去北京,人们可能选择乘坐飞机、火车、汽车、轮船等交通工具。市场营销无法创造需要,但是可以通过外界环境影响人们的欲望,开发满足人们需要和欲望的产品和服务。

需求(demand)是指人们有能力购买并愿意购买某个具体产品的欲望。市场营销者主要的目的是通过各种手段去满足人们的需求,从而赢得市场。

2. 产品

产品不同于商品,产品是指凝聚人类劳动的物品,商品是用于交换的劳动产品。但是在本书中为了方便,所称的产品就是商品。

产品既可以是实体产品,如冰箱、计算机等;也可以是服务,如理发、航空等;同时也可以是人员、地点、活动、组织和观念等。产品不管形态如何,必须能满足人们的需要和欲望。

3. 价值和满足

价值是指商品对于用户的价值,包括使用价值、经济价值、社会价值和心理价值,即商品的购买和使用能够给用户带来的效用和满足。

效用是消费者对产品满足其需要的整体能力的评价。

【营销实例1-2】

扫一扫,阅读案例并回答问题。

4. 交换和交易

交换是指从他人处取得所需之物,而以某种东西作为交换的行为。人们取得某种所需之物可能有很多方式,如交换、乞讨、巧取豪夺、自给自足等。其中只有交换才存在市场营销。交换产生必须具备 5 个条件:至少有交换双方;每一方都有对方需要的有价值的东西;每一方都有沟通和运送货物的能力;每一方均可以自由地接受或拒绝;每一方均认为与对方交易是称心如意的。

交易是交换的基本单元,商品交换达成协议,就叫交易。交易通常有两种方式:一种是货币交易,如你支付 1 500 元而获得一台洗衣机;二是非货币交易,包括以物换货、以服务换服务、以劳务换货物等。一项交易一般要涉及几个方面:至少有两件有价值的商品;双方同意的交易条件、时间、地点;有法律制度来维护和迫使交易双方执行承诺。

5. 关系与关系营销

精明的市场营销者为确保交易的成功需要与其顾客、分销商、经销商、供应商等建立长期的互信互利关系。这就要求市场营销者以公平的价格、优质的产品、良好的服务与对方交易。同时，双方的成员之间还需加强经济、技术及社会等各方面的联系与交往。

关系营销可定义为，企业与其顾客、分销商、供应商乃至竞争者等相关组织或个人建立、保持并加强关系，通过互利交换及共同履行诺言，使有关各方实现各自的目的。企业与顾客之间的长期关系是关系营销的核心概念。交易营销能使企业获利，但企业更应着眼于长远利益，因而保持并发展与顾客的长期关系是关系营销的重要内容。建立关系是指企业向顾客做出各种承诺。保持关系的前提是企业履行诺言。发展或加强关系是指企业履行诺言后，向顾客做出一系列新的承诺。例如，生产一辆汽车大约需要 8 000 到 10 000 个零件，任何一个企业都不可能单独生产全部零件，必须通过与其他供应商进行专业分工协作生产。

所谓市场营销网络，是指企业及与之建立起牢固的互相信赖的商业关系的其他企业所构成的网络。在市场营销网络中，企业可以找到战略伙伴并与之联合，以获得更广泛、更有效的地理占有。这种网络已经超出了纯粹的"市场营销渠道"的概念范畴。借助该网络，企业可在全球各地的市场上同时推出新产品，并降低由于产品进入市场的时间滞后而被富有进攻性的模仿者夺走市场的风险。市场营销实践日益由过去追求单项交易的利润最大化，转变为追求与对方互利关系的最佳化。

【营销实例1-3】
扫一扫，阅读"联想的关系营销"。

6. 市场营销者

所谓市场营销者，是指希望从别人那里取得所需资源并愿意用某种有价之物来交换的人。市场营销者可以是卖主，也可以是买主。假如有几个人同时想买正在市场上出售的某种稀缺产品，每个准备购买的人都尽力使自己被卖主选中，这些购买者就都在进行市场营销活动。在另一种场合，买卖双方都在积极寻求交换，那么，就把双方都称为市场营销者，并把这种情况称为相互市场营销。

(三)市场营销与推销或促销的区别

企业市场营销活动包括市场营销研究、市场需求预测、新产品开发、定价、分销、物流、广告、公共关系、人员推销、销售促进、售后服务等；而推销或销售仅仅是市场营销活动的一部分，还不是最重要的部分。彼得·F. 德鲁克(Peter F. Drucker)曾指出，"市场营销的目的就是使推销成为多余"。海尔集团董事长张瑞敏曾指出，"促销是一种手段，而营销才是一种真正的战略"，营销的本质不是"卖"，而是"买"。买进来的是用户的意见，然后根据用户的意见改进，使用户满意，最终得到用户的忠诚，这样企业才能获得成功。在某种意义上，营销意味着企业应该"先开市场，后开工厂"。

有的企业往往同时设有市场营销部和销售部，而这两个部门之间有时也存在观点冲突产生冲突的原因是营销人员与销售人员具有不同的思维方式，即观察事物不同的视角和处理问题的不同方式，在此从以下几个视角来分析。

(1) 产品还是顾客。销售的重点和相应的报酬制度以产品和地区为基础，而营销则更侧重于顾客和品牌。

(2) 人际关系还是数据分析。销售更具人际导向并以关系为中心，而营销则强调数据集成和抽象分析。

(3) 现场还是办公室。销售面对当前的客户和预算压力，要在现场尽量解决客户的全部问题，而营销则可以远离这种环境，除去实地调研、现场观察、客户访谈等，大部分工作是在办公室完成的。

(4) 结果还是过程。销售注重销售努力所能达成的迅速而直接的结果，而营销活动不太容易与短期结果直接联系，所以更看重过程和阶段性成果。

(5) 短期导向还是长期导向。销售强调当月的结果，而营销则重视长期的竞争地位。

这些思维方式上的差异既为实现"营销—销售"协作提供了背景，同时也埋下了营销和销售发生冲突以至于各执一词、难以协调的隐患。

第四节 市场营销与相关学科

一、相关学科

市场营销学自 20 世纪以来，就充分吸收了经济学、心理学、管理学和社会学等学科的研究成果，取众家之所长，逐步形成一门具有特定研究对象和研究方法的学科。

(一)市场营销学与经济学

经济学是市场营销学重要的理论基础，最初的市场营销方面的学者几乎都是经济学家，因此经常被认为是经济学的一个分支。

经济学是研究如何有效地选择和分配有限资源生产和制造商品并把它们用于消费，以满足人们对式样、地点、时间和占有情况的四种效用，而市场营销学提供了前三种效用。

经济学中的偏好、无差异曲线、需求函数、波特的竞争优势理论、需求弹性、劳动分工、交易费用、公共关系等概念和理论，为市场营销的消费者行为、市场细分、目标市场选择、市场定位、营销定价、销售渠道以及促销等提供了理论支持和分析。

此外，如恩格尔定律用于市场分析，货币理论中的信用概念运用于销售，凯恩斯学派的观念提出"看得见的手"与"看不见的手"交叉影响经济发展。

总之，经济学为市场营销学提供了许多概念和理论，为市场营销学的发展奠定了理论基础。同时也出现了一些交叉学科，如销售经济学、广告经济学等。

(二)市场营销学与管理学

对市场营销学的发展起重要作用的另一个学科就是管理学。通过泰罗、法约尔、韦伯的开拓和创新，其中科学管理理论得到了很大的发展，对市场营销的影响也为大家所公认。例如，科学管理，人物、职能化管理，简单化、多样化和标准化等概念对市场营销职能和市场营销机构管理的影响；采用科学管理方法进行市场调查、信息调查、制订方案和收集信息等。管理学中的标准化和差异化为市场细分、市场定位及商品分类提供了理论支持。

(三)市场营销学与心理学

心理学研究的是人的心理、意识和行为，研究对象是人，而人正是市场营销活动的主体，也是市场营销学的研究对象。心理学对市场营销发展的影响仅次于经济学。对市场营销的贡献有不同的学派。威廉·冯特于1879年创立的"结构主义"学派认为，人的心理由感觉、意象和情感三种基本的心理元素构成，市场营销学者利用该理论提出了本能、欲望和感觉等概念。1900年由约翰·杜威创立的"功能主义"学派，开始人的心理的再次探索，研究的重点是人的行为而不是意识。同时间，奥地利心理学家西格蒙德·弗洛伊德创立了心理学的"精神分析"学派，他提出的许多概念和方法被营销学者采纳，用于研究消费者的潜意识来解释市场行为。

心理学概念在市场营销领域的应用主要表现在以下三个方面。

(1) 有关动机的。在市场营销中就是销售吸引力。动机概念说明了加入市场有某种目的，并暗示了某些对市场行为产生影响的因素。早期的一些市场营销著作中讨论了本能、欲望和冲动，并以此作为购买的基础；满意、舒适和方便则被认为是从感觉中产生的动机。市场动机也被称为购买动机，可以分为初始动机和选择动机，理性动机和感性动机等。刺激的概念用于解释"销售吸引力"，即产品和服务刺激满足欲望的特征，它们能激起购买动机。对刺激的无反应或冷淡被称为"销售阻力"，但这也可以通过适当的行为刺激来克服。

(2) 有关沟通和教育的心理功能的。某些想法通过知觉、顿悟和直觉被意识接受，通过思考、推理和联想被理解和发展，通过记忆来保留和回忆，通过判断被应用。这样，功能心理学的概念解释了学习的过程，被营销者对营销者渴望传递的信息如何感兴趣的过程，以及沟通如何成功的过程。

(3) 有关市场营销信息通过何种方式才能有效传递到人们心中的。例如，销售过程分为知晓、兴趣、欲望、确认和行动五个过程。个性的概念也被应用于无生命的市场营销机构；意象可以说仅仅由于心目中对某人的印象而形成的对其性格特征的认识；意象是由暗示、教育和经历发展而来，意象的存在仅仅是一种心理现象。

市场营销学者不仅借鉴了心理学的概念，还借鉴了心理学的研究方法，如实验法、问卷调查法、访谈法和观察法等进行市场调查。

当然还有很多学科对市场营销理论和实践的发展起着重要作用，在此不再赘述。

二、市场营销的重要性

(一)市场营销日渐受到重视

彼得·F.德鲁克曾精辟地指出，现代企业最重要的职能只有两个：一个是创新；另一个就是营销。从世界范围的企业管理实践看，市场营销在不同的时期引起了不同行业的重视。一些国际著名公司，如通用电气、通用汽车、宝洁等就较早地认识到了市场营销的重要性。最先认识到市场营销重要性的是日用消费品公司，然后是耐用消费品公司，之后是工业设备公司。世界各国的钢铁业、化工业、造纸业等对市场营销的认识都较晚。后来，服务行业，尤其是航空业、银行业等，逐渐接受了市场营销思想。例如，航空公司开始研究顾客对它们所提供的各项服务的态度，包括时刻表的安排、行李的处理、飞行过程中的服务态度是否友好、座席是否舒适等。它们很快就抛弃了自己"隶属于航空业"的观念，而代之以"隶属于整个旅游业"的经营思想。而那些起初极力拒绝市场营销的银行家，到头来还得满腔热情地接受它。

市场营销理念还深入世界各国的非营利组织，如学校、教堂、医院、博物馆等。市场营销在这些组织中引起了不同程度的兴趣，得到了不同程度的采纳。

促使企业认识到市场营销重要性的主要因素有以下五个。

(1) 企业销售业绩下降。销售业绩的下降往往迫使企业反思自己的经营方法，以积极的心态来接受市场营销理论。例如，当更多的人将注意力转向网络新闻时，报社便马上觉察到报纸发行量的减少。发行人员意识到，过去他们对读者为什么读报以及他们想从报纸上得到什么了解得太少。于是，这些发行人员开始进行市场调查，基于调查研究的结果，重新设计一种时效性强、内容新颖，能引起读者兴趣的报纸。

(2) 企业业绩增长缓慢。许多企业达到其所在行业的增长极限后，就必须开始考虑转向新市场。它们认识到，要想成功地识别、评价和选择新机会，必须具备更多的市场营销知识。

(3) 消费者购买行为的多样化。消费者欲望的急速改变导致了市场的不稳定。为了保证从购买者身上获得足够的利润，许多企业不得不采取市场营销导向。尤其是在中国，随着经济的繁荣发展，消费者的需求偏好、购买行为有了很大变化，对于企业的服务、形象等要求越来越高。在这种情况下，市场营销策划日益受到企业界的高度重视。

【营销新视野1-2】

扫一扫，阅读"近几年中国电子商务市场"，打开新视野。

(4) 竞争的加剧。一帆风顺的企业可能会突然遭到市场营销能力强的竞争对手的打击。因此，企业不得不认真学习市场营销以迎接挑战。

(5) 经营成本的提高。企业的广告、促销、市场营销调研、顾客服务等成本费用可能会在短时间内大幅增加。一旦管理部门觉察到这种现象，就会认识到必须改进企业市场营销工作以及相关的组织和管理工作，改进各项市场营销职能。

(二)市场营销职能在不同企业中地位的变化

上述种种原因迫使企业努力提高市场营销能力。然而，市场营销却不一定受到企业管理者由衷的欢迎。

即使在市场经济发达的国家，也时常出现这种现象，有些财务部、生产部的经理往往将市场营销当成一种小贩叫卖的伎俩，看成是对自己权力、地位的威胁。之所以产生这种现象，是由于有些市场营销人员过分积极，并且总是强调一切成果都应归功于市场营销。

最初，市场营销职能与其他部门同等重要，处于平等的地位。在需求不足的情况下，企业高层管理人员意识到市场营销职能要比其他部门的职能重要。更有甚者，那些高度重视市场营销的企业高层管理人员提出，没有顾客也就意味着企业的消亡，所以市场营销应是企业的主要职能。他们将市场营销置于核心位置,而将其他职能当成市场营销的辅助职能。这种创新激起了其他职能部门经理的不满,他们不甘心当市场营销部门的配角。一些热心于顾客服务的企业高层管理人员则主张,公司的核心应当是顾客,而不是市场营销。因此他们认为,必须采取顾客导向,而且所有职能性业务部门都必须协同配合,以便更好地为顾客服务,使顾客需要得到满足。最后,随着营销实践的发展和市场竞争的加剧,越来越多的企业高层管理人员终于达成共识:市场营销部门与其他职能部门不同,它是连接市场需求与企业反应的桥梁和纽带,要想有效地满足顾客需要,就必须将市场营销置于企业的中心地位。

(三)市场营销影响力的扩展

当今,营销对每个人和每个组织都会产生不同程度的影响,营销的广度与深度可以从五个方面来理解。

1. 营销的主体

产品的制造商、零售商、服务商等,几乎每个组织都在从事营销活动,甚至一些地区(如城市、国家)及个人也在通过营销手段来获取关注与支持。

2. 营销的供给物

消费者的需要和欲望借助营销的供给物得以满足。营销的供给物是提供给某个市场来满足某种需要和欲望的产品、服务、体验信息和创意的组合。产品是指有形的物体,如手机、计算机等。服务是无形的东西,如售后维修、理财建议等。创意是指关于某个行为或事情的无形的想法。总之,营销供给物并不限于实体产品,还包括服务、活动、利益、人员、地点、组织信息和思想(计策)等。

3. 营销的对象

个人与组织都会购买市场上销售的产品与服务,都是营销活动的直接对象。最终消费者是那些因个人或家庭使用而购买产品和服务的人。组织购买者是那些为了自用或转售而购买产品和服务的制造商、批发商、零售商和政府机构等组织。

4. 营销的获益者

在营销活动中,有三个特定的群体会从有效的营销活动中受益:进行购买的消费者、从事销售的组织和整个社会。有效的营销强化了竞争,进而提高了产品和服务的质量,降低了它们的价格,并进一步增强了国家在全球市场上的竞争力,同时也提高了人民的生活水平。

5. 营销创造的效用

营销能够创造新的价值和效用。具体来说,营销活动能在适当的空间(空间效用)、时间(时间效用)为顾客提供恰当的产品或服务(形式效用),以便消费者最终能使用或消费(占有效用)。因此营销通过适时地提供产品与服务,为消费者带来空间、时间和占有效用。

【营销新视野 1-3】

扫一扫,阅读马云的"五新",拓宽视野。

(四)当代市场营销面临的新环境

随着市场竞争的不断加剧,追求实惠的顾客的要求日趋苛刻,企业面临着愈加不确定的营销环境。

(1) 产品转型升级的要求越来越高。顾客渴望以合理的价格和快捷的服务满足自己的需求,而不同顾客的欲望和需求并不一样。正因为如此,企业才有机会选择一个使产品尽可能与需求吻合或接近的市场,集中资源创建竞争优势。而且从长期来看,顾客需求缺乏稳定性。无数案例表明,产品如果没有持续的优化和升级,消费者就会转向其他供应商。

(2) 顾客不愿为产品或服务支付高价。在营销实践中,与无品牌产品相比,精心打造和妥善维护的品牌产品能收取更高的价格,然而这种区别较之过去变得越来越微不足道。由于互联网时代的到来,信息壁垒被打破,顾客越来越依靠口碑信息制定购买决策。而且,顾客越来越能看透商家的营销技巧。低质低价产品和几张广告图片很难吸引那些经验丰富的顾客。网络使得顾客能迅速地比较相互竞争的产品,了解零售商不同网店同种产品的价格。因此,企业必须向顾客提供显而易见的高价值,以此为基础实施差异化营销。

(3) 竞争范围不断扩大,强度不断提升。互联网在产品和服务营销中得到广泛运用,这意味着沟通无国界,市场范围空前扩展。越来越多的企业开始以全球化视野来实施营销战略,从快餐、玩具、计算机到汽车等各种产品和服务均出现了跨国细分市场。竞争者的不断加入不仅使市场竞争更为激烈,而且使那些有幸存活下来并持续发展的企业变得更富有竞争力。一些弱小公司则因缺乏明确的定位和足够的规模而在市场上相形见绌,日渐衰退。这意味着,不管是国内市场还是国外市场,竞争都愈发激烈,企业需要更加谨慎地选择业务领域和目标市场。

(4) 共赢与社会责任意识逐渐增强。随着市场需求变得更加苛刻,竞争越来越残酷,企业需要与其他机构谋求合作。近年来,企业与供应商、消费者,甚至竞争者之间的协作日渐增多。顾客在要求生产者提供价廉物美产品的同时,还要求企业能够证明其道德水准。企业在应对激烈的市场竞争的同时,还要善于谋求合作共赢,在提供受顾客欢迎的优质产品或服务的同时,自觉承担社会道义和环境保护责任。经济效益和社会责任的有机融合可以为企业创造更加可持续的竞争优势。

本 章 小 结

市场营销是一个企业为将其产品以盈利的方式出售给它的顾客所采取的所有方法。市场营销是将市场需要变成满足顾客需要的产品或服务,并将其推向市场的流通过程。市场营销就是一种组织职能,包括一套创造、沟通和交付顾客价值的过程以及有利于组织利益相关者的方式对顾客关系进行管理的过程。营销管理既是一门艺术,又是一门科学,是有关选择目标市场并通过创造、交付和沟通优质顾客价值来建立、维持和强化顾客关系的艺术和科学。

营销是一种哲学、一套管理策略体系,是一系列活动,也是一种思维模式。营销者往往具有对需求进行管理的技能,他们致力于影响需求水平、需求时机和具体的需求构成。在市场营销中,营销者往往会涉及许多营销对象,如商品、服务、个人、场所、体验、信息和创意等。市场营销不仅仅是营销部门的事，企业的各个部门都应该为顾客服务，同时市场营销需要影响顾客体验的所有方面。为了创造有力的营销组织，营销者必须像其他部门中的管理人员一样考虑问题，而其他部门的管理人员则需要像营销人员那样来考虑问题。

由于环境因素的变化，顾客和企业都拥有了许多新的能力、新的观念。所以，目前的市场已经与以前大不相同了，这些因素创造了新的机会和挑战。随着企业不断寻求实现卓越营销绩效的新方式，市场营销管理方式也发生了一系列重大变化，新的理念、新的营销模式缤纷呈现。

市场营销要从战略出发，从策略入手，达到整体效果。市场营销者既可是卖方也可是买方，主要是看哪方更主动积极促成交易。

课 后 习 题

一、思考题

1. 什么是市场营销？怎么正确理解"营销的目的是使推销成为多余"？
2. 试举例说明需要、欲望和需求之间的区别，并说明为什么营销者不能创造需要。
3. 结合实际，谈谈市场营销对企业发展的意义。
4. 市场营销学与其他学科的联系是什么？
5. 市场营销的功能与作用是什么？
6. 什么是交换？交换必须具备哪些条件？
7. 什么是交易？交易达成的条件有哪些？

二、案例分析

2019年9月，作为和《中国机长》共同见证奇迹的民族品牌之一，张裕公司特意定制了以"敬中国英雄"为主题的张裕解百纳干红作为赠礼，一盒两瓶，酒标分别选用《中国机长》的两幅中国风创意海报，一幅是水墨风格的熊猫戏竹图，寓意"胸有成竹"；另一幅是青花瓷风格的山水图，寓意"化险为夷"。烟台张裕集团有限公司的前身烟台张裕葡萄酿酒公司创办于1892年，至今已有一百多年历史。它是中国第一个工业化生产葡萄酒的厂家，也是目前中国乃至亚洲最大的葡萄酒生产经营企业，主要产品有白兰地、葡萄酒、香槟酒、保健酒、中成药酒和粮食白酒六大系列数十个品种，年生产能力8万余吨。目前，张裕解百纳销往全球28个国家，进入欧洲5 000多家卖场，包括英国 Sainsbury's、德国 Schneekloth、西班牙 Soysuper S.L.、瑞士 Rutishauser Barossa等，截至2019年2月，全球销量累计突破5.32亿瓶。

1. 百年张裕——历经坎坷创辉煌(可用于营销观念)

1892年(清光绪十八年)，著名华侨巨贾张弼士先生在烟台创办张裕酿酒公司。张裕之命名，前袭张姓，后借"昌裕兴隆"之际。经过十几年的努力，张裕终于酿出了高品质的产品。1915年，在世界产品盛会——巴拿马太平洋万国博览会上，张裕的白兰地、红葡萄酒、雷司令、琼瑶浆(味美思)一举荣获四枚金质奖章和最优等奖状，中国葡萄酒从此为世界所公认。

改革开放后，社会经济环境为其提供了前所未有的发展机遇。张裕产品凭借其卓越的品质，多次在国际、国内获得大奖，成为家喻户晓的名牌产品。然而，名牌不等于市场，金字招牌对于张裕来说是一个极大的优势,但是,这个优势却不足以使张裕在市场上所向披靡。在市场经济改革的头两年,由于市场观念差,企业缺乏适应市场竞争的能力,盲目生产,等客上门,受到了市场的惩罚。1989年,张裕的产值较上一年下降了2.5%,产量下降了26.2%,6条生产线停了4条,1/4的职工没有活干,近一半的酒积压在仓库里,累计亏损400多万元,生存和发展都面临着严峻的挑战。关键时刻,张裕人并没有躺在历史上顾影自怜。

在积极反思失败原因,努力摸索市场规律,下功夫钻研营销后,公司树立了"市场第一"的经营观念和"营销兴企"的发展战略,实现了两个根本性转变:一是企业由"销售我生产的产品"转变为"生产我销售的产品",一切围绕市场转;二是由"做买卖"转变为"做市场",从"推销"变成"营销"。

这两个转变使企业的经营不再是单纯的生产和推销问题,而是以市场为导向的调研、决策、实施、监控的有机结合,在满足消费者利益的同时为企业创造最佳效益。在正确营销观念的指导下,1997年、1998年连续两年产销量、销售收入和市场占有率均高居同行业榜首;在1998年度全国产品市场竞争力调查中,荣获消费者心目中的理想品牌、实际购买品牌和1999年购物首选品牌三项第一。2017年中国最具品牌价值的50个品牌,张裕公司位列第35名,再次成为唯一入选的中国葡萄酒企业,这已经是张裕连续10次登上该榜单。

请思考:张裕公司是在什么情况下转变观念的?先后是什么观念,具体体现在何处?

2. 群雄逐鹿——红酒市场竞风流(可用于营销环境分析)

葡萄酒具有多种保健养生功能。葡萄发酵时能产生十几种人体所需的氨基酸,可以缓解氧化反应、清理动脉、防止动脉粥样硬化和其他心脏疾病。同时,葡萄酒还有助于消化,并含有丰富的维生素B1、B2、B6、B12和多种矿物质,可以使人容颜丰润。

近几年来,随着国人饮食健康观念的增强,葡萄酒也因其本身所具有的多种保健功能而备受青睐,其消费骤然升温,成为酒类市场的新宠。十多个国家的100多个洋品牌和400多个国内生产厂家和品牌在我国市场汇聚,一竞风流,市场竞争的激烈程度可想而知。目前,国内葡萄酒年产量达万吨的企业已经超过20个,称得上葡萄酒生产巨头的企业只有张裕、长城、王朝三家。据统计,实力雄厚的三家企业的市场占有率分别为张裕19.35%、长城16.09%、王朝15.57%;消费者对三个品牌的熟悉程度分别为张裕73%、长城35%、王朝30%;消费者最常喝的葡萄酒品牌张裕占43%、长城占19%、王朝占15%。其中我国驰名商标张裕葡萄酒是消费者最熟悉又最常喝的品牌。

在经历了一场与洋酒的生死较量后,国产葡萄酒尤其是国产干红凭借其优良的品质和低廉的价格取得了实质性的胜利。据统计,1996年全国干红酒的消费近4万吨,其中国产干红超过2万多吨,而洋品牌只有约1万吨。自1998年起,张裕、长城、王朝三家占据了60%左右的市场份额,而野力、龙徽等十几种品牌则成长为第二梯队,占据了剩下的绝大多数市场份额。杂牌洋酒组装厂家、小企业、小作坊则生存艰难,几乎没有市场。1998—1999年,倒闭的葡萄酒厂达上百家。

3. 培育市场(可用于消费者市场分析)

1998年年底,张裕营销公司的市场调研部在分析全国各地反馈的市场信息时发现,沿海地区和中西部城市的葡萄酒的终端消费者结构存在较大差异。沿海地区葡萄酒个人消费比例很高,市场销量比较稳定;中西部城市主要为公款消费(占70%以上),市场销量起伏也较大。

同时对终端消费者的心理调查表明,沿海地区消费者看重的是葡萄酒的保健功能及文化品位,而中西部城市消费者则看重的是身份标志和时尚。这表明沿海地区的葡萄酒消费者进入理性消费阶段,步入速度减缓的市场成熟期,而中西部城市则处在感性消费阶段,处在市场上升期。但因为我国葡萄酒的主要消费区域在沿海地区,故而可以推测:1999年的葡萄酒市场增长速度将放慢,张裕公司必须相应调整营销的策略,加大市场培育和开发的力度。

张裕公司很清楚,与啤酒、白酒比,葡萄酒的市场规模实在太小,整个产业的市场规模充其量不到100亿元。现在平均每个中国人葡萄酒年消费量只有0.3升,是世界平均水平的1/20。而国人以白酒为主的酒类消费习惯是在历史发展中逐渐形成的,是中国饮食业的一大特色,短期内很难改变,引导消费须下大功夫。假如每个中国人每年消费两瓶葡萄酒(1.5升),那么就需要195万吨葡萄酒,市场规模即可达780亿元。这表明中国葡萄酒市场还存在着巨大的发展空间,关键在于市场的培育和开拓。

请思考:企业的竞争者有哪几种类型?张裕品牌的各类竞争者有哪些?

为了培养消费者,张裕着力于"沟通"。受价格因素限制,经常性的葡萄酒消费者主要是中高收入阶层,另外,行政管理层人士也是不可忽视的主流消费群;偶尔性消费者则以年轻人为主。张裕沟通的主要对象就是这些人,即将经常性消费者巩固下来,让偶尔性消费者逐渐转向经常性消费者,同时开拓新的大量新生性消费者。针对不同的消费层次,张裕采用了不同的沟通方式。

对经常性消费者而言,张裕通过一系列目标明确的整合传播,主要展示葡萄酒的健康、自然及其文化内涵——葡萄酒的品位和格调。张裕通过对经常性消费者主要的信息来源,如高品位杂志、体育节目、酒店等,进行"润物细无声"的文化渗透,提高葡萄酒在这些消费者心目中的亲和力,同时通过一系列品牌策略,树立起张裕东方红酒经典形象,以"传奇品质,百年张裕"作为主题,也使葡萄酒的系统传播得到了较好的效果。

对偶尔性消费者而言,张裕则侧重于宣传葡萄酒本身的时尚色彩,通过对大众传媒的控制性传播,传达各种葡萄酒的时尚资讯,营造出一种氛围,即把葡萄酒作为一种身份的象征进行推广,使其成为时尚潮流中的一部分。例如,在报纸上开辟醒目的葡萄酒消费专栏,在电视台黄金时间插播葡萄酒的各类专题,举办各种葡萄酒知识讲座等。通过日积月累的渗透式传播,让消费者树立这样一种心态:选择葡萄酒就是在选择一种更好的生活方式。事后的调查表明,很多消费者都受到了这种传播的影响,并逐渐喜欢上了葡萄酒。

从1998年起,张裕通过一个声势巨大的全国性活动,为其找到了很多新生性消费者,这就是它近两年在全国各地举行的"中国葡萄酒文化展"。百年张裕有着深厚的文化底蕴,中西合璧的张裕在市场开拓中越来越强调一种文化认同,即强调自己的东方个性。基于中国传统文化的"中国葡萄酒文化展",利用大量的图片和史实,详细介绍了中国葡萄酒2 000多年的悠久历史。

在市场推广和拓展上,张裕集团一直与时俱进,致力于时代的变化和自身的传承。张裕表示,这种培育市场的工作他们将一直做下去。

请思考:张裕集团如何开展营销活动?有何具体方案?

(资料来源:http://blog.sina.com.cn/s/blog_15e14d7280102xoik.html;
http://news.tom.com/201909/4359571207.html.)

三、实操题

1. 营销训练

【实训目的】

通过实训帮助学生了解市场营销的核心概念和市场营销管理的任务。

【实训内容】

以小组为单位,选择学生熟悉的校园市场,各组选定一种产品,如饮料、手机、运动服饰等,通过此实训任务,让学生了解该产品在校园市场中的营销需求,了解该产品如果需要进入校园市场,作为营销者应采取哪些营销决策。

(1) 针对各组选定的产品确定该产品的市场需求。

(2) 讨论如果该产品需进入校园市场,作为营销者应针对产品采取哪些营销决策。

【实训组织和要求】

将班级学生分成若干个项目小组,小组规模以3~5人为宜,每个小组选举一名组长来协调小组的各项工作,指导老师应及时检查学生对各项任务的完成情况,并组织各组进行经验交流。

2. 自我训练——营销从"自我营销"开始(1分钟自我介绍)

【训练目的】

(1) 使教师掌握全班学生的情况,以便有针对性地组织教学与实践活动。

(2) 克服学生的胆怯心理,锻炼学生的口头表达能力、应变能力和自我控制能力。

【训练准备】

学生事先拟写介绍词并进行自我演练,教师准备计时器,提供自我介绍范例和相关背景知识。

【训练内容】

(1) 问候与开场白。

(2) 自我陈述(介绍姓名、家乡、个人爱好与特长、家庭情况、对学校的印象及未来职业期望、对市场营销的认识和学习期望等)。

【训练流程】

教师确定演练顺序:上台→问候大家→自我介绍→致谢→返回座位。

【训练操作要点】

教师注意控制时间及课堂氛围,考查演讲者的神态、举止(语音、语调、站姿、表情、肢体语言),介绍词的新颖性、连贯性等。

第二章

市场营销哲学的演变

【学习目标与任务】
- 理解和掌握各种营销观念的概念与特点。
- 掌握市场营销组合的演变。

【重点与难点】
- 各种营销观念的特点、区别及演变过程。
- 市场营销组合的特点、区别。

【能力目标】
- 提升市场营销理论的理解与总结能力。
- 培养对市场营销各理论的评判性思维。

第二章 市场营销哲学的演变

【案例导入】

现在的手机厂商在包装上下了很大的功夫,其使用的包装盒大多数是回收材料制成的。可能你会有这么一个想法,以回收材料为代表的环保包装,其成本应该要低于新材料。其实不然。以三星公司为例,它们计划到 2030 年使用 50 万吨的再生材料制作产品包装。三星在全球每年销售超过 3 亿部智能手机,并销售数千万台的功能手机。三星是全球最受欢迎的手机品牌之一,获得了全球各地消费者的青睐。

三星公司曾经宣布,它将为包括手机、平板电脑、电器和便携式设备在内的产品提供更多的用于包装的环保材料,这些环保材料包括纸浆、可再生材料,甚至是生物基环保材料。而以前,最为常用的包装材料是不怎么环保的塑料。相比塑料,这些环保材料更加环保、更容易自然降解、更利于回收利用,因此对环境造成的污染也会更小。三星公司内部已经成立了一个专项研发工作组,专门从事产品环保包装技术的研发工作。对于企业而言,专项研发工作组的成立,短期内极易造成企业经营成本的上升;而研发一旦失败,则意味着企业多年的付出可能会"打了水漂儿"。除了对智能手机的外包装进行环保改良,三星公司还对其自身充电器进行改良,使其更为"环保":三星手机充电器的外壳之前是塑料保护层,这种塑料保护层可以让充电器即使长期使用也能够保持光鲜亮丽。但是,三星公司对其外壳进行了重新设计,采用了磨砂外壳,这样可以大大减少塑料的使用。

再生材料能够符合环保组织的诉求、满足各种要求和标准,虽然这些再生材料并不能省钱,反而还会使包装成本上升。而这部分成本,很有可能最终还是由消费者买单,"羊毛出在羊身上"。但是,顾客似乎对此并不会有太多抱怨,毕竟"金山银山,不如绿水青山"。

(资料来源:http://tech.qq.com/a/20190128/001415.htm;
https://baijiahao.baidu.com/s?id=1623999072859600785&wfr=spider&for=pc.)

市场营销的指导思想并不是一成不变的,而是随着社会生产的发展逐渐演进的。最初的市场营销并没有将顾客放在一个重要的位置,而更多地将精力放在了产品本身。随着市场的发展,市场营销开始逐步重视顾客;而现在,市场营销将顾客、价值、服务、国际化与数据这几个变量放在了更为重要的位置上。这种观念的变化,体现了市场营销哲学随着社会发展而产生的演变。

第一节 市场营销观念发展

一、传统的市场营销观念

作为早期的市场营销思想,市场营销的传统观念重视的是产品本身。传统观念包括了生产观念、产品观念、销售观念等。

(一)生产观念

生产观念是市场营销观念中最早出现的观念之一,源于 20 世纪 20 年代前,即以卖方市场为背景。以生产观念为指导的经营理念不在意消费者的需求,而在意企业的生产,即"我造什么,就卖什么,顾客就买什么"。生产观念认为,消费者喜欢那些可以在任何地方购买到的廉价产品,因此,企业应注重提高生产效率和销售水平,增加产量,削减成本,以扩大市场。

生产观念具有以下特征:首先,追求高效率、高产量、低成本;其次,公司对市场的担忧主要是产品数量,而不是消费者的需求;最后,在企业管理中,生产部门是主要部门。生产观念有两个适用条件:一是由于物资短缺,导致市场上的商品供不应求;二是由于产品成本过高,导致产品的市场价格居高不下。

在现代工业发展史上,许多公司成功地运用了这一营销观念。然而,随着客观环境和市场条件的变化,坚持这一观念的企业正在逐渐消亡。为了应对不断变化的市场环境,一些企业只是单纯地增加新产品的产量,而不以客户需求为导向,这种生产经营的指导原则仍然属于传统的生产观念。例如,美国皮尔斯堡面粉公司从1869年至20世纪20年代,一直使用生产观念来指导企业的运营。当时,该公司称"公司旨在生产面粉",增加面粉的产量,而不考虑消费者的实际需求。就我国而言,在旧的计划经济体制下,市场产品短缺,企业不必担心产品销路,因此也奉行生产观念。具体体现在:工业企业注重生产发展,忽视营销,以产定销;商业企业注重商品的来源,工业企业生产什么就收购什么,工业企业生产多少就收购多少,也不关注市场营销。显然,生产观念重生产、轻营销。

(二)产品观念

如果说生产观念强调的是产品的"量",那么产品观念强调的则是产品的"质"。产品观念也称产品导向,指的是以产品为中心的营销观念。产品观念也是市场营销观念中的早期观念。产品观念认为,消费者喜欢具有某些特性的、高品质的、多功能的产品,因此企业应该生产高质量产品,并对其质量、功能进行不断改进。产品观念是与生产观念一起出现的旧营销观念之一,也是以产定销,其特点是重产品生产、轻产品销售,重产品质量、轻顾客需求。中国的"酒香不怕巷子深""皇帝的女儿不愁嫁"等均体现了产品观念的思想。

产品观念源于卖方市场的背景,此时商品供不应求。当发明新产品时,企业很容易有产品观念,导致"市场营销近视",即不恰当地关注产品本身而不是市场需求。虽然这往往会带来良好的产品质量,但也可能带来产品单一、款式陈旧、包装乏善可陈、营销管理缺乏远见等问题。企业只看到自己的产品质量好,而看不到变化的市场需求,以至于企业经营逐步陷入困境。

【营销实例2-1】

扫一扫,阅读关于诺基亚的案例。

(三)销售观念

销售观念也称推销观念,是生产观念的进一步扩展。销售观念是指基于现有产品销售的业务管理理念。销售观念的假设是,消费者通常对购买商品具有一定的惰性,如果对其听之任之，那么他们通常不会从企业购买足量的产品。因此，企业必须积极刺激消费者购买本企业的产品。销售观念始于20世纪20年代后期的资本主义世界，当时的资本主义国家产生了严重的经济危机，大量产品供过于求，销售困难，企业竞争加剧。很多企业意识到，如果企业只关注生产而不注重销售，那么自身很有可能陷入不利地位。因此，企业开始考虑销售技术，销售观念成为企业的指导思想。在这种背景下，企业开始关注产品的推广工作、设立销售机构、设立销售团队、培训销售人员，并将人力、物资、财务等资源向销售部门倾斜。企业开展广告活动，以创造"高压销售"或"大批量销售"的局面。企业的口号也从之前的"待客上门"变为"送货上门"。在现代市场经济条件下，销售观念被大量使用在销售非渴求类商品，即购买者通常不主动考虑购买的产品或服务。这类商品的销售者善于利用各种资源寻找潜在客户，并说服他们接受企业的产品，其短期目标是销售企业实际生产出来的产品，而不是销售市场实际需要的产品。

销售观念具有以下特征：首先，企业的生产和产品没有变化，企业生产的产品依旧是自己能够生产的产品，而非市场需要的产品；其次，企业开始对消费者的行为产生兴趣，但并不真正关心消费者的真正需求，而只是促进其购买自己所生产的产品；最后，企业开始建立销售部门，但仍然处于从属地位。

在销售观念的指导下，企业关注于生产的同时，也开始关注销售。然而，企业并没有真正关注市场，而只是希望能够将自己所生产的产品销售出去，至于消费者的实际需求是什么、消费者是否满意，企业并不太在意。与生产观念相比，销售观念是一种进步。但是，销售观念重视的是现有产品的销售，因此两者之间并没有本质差异，企业的经营理念仍然是"我生产什么，我就卖什么，顾客就买什么"。所以，销售观念只是在方式方法上做了更新，实质上与生产观念是异曲同工的。

二、市场营销观念

市场营销观念出现在20世纪50年代中期，该观念认为客户是企业营销活动的起点和终点，通过强调客户导向、满足客户需求，正确确定目标市场的需求和愿望，并且比竞争者更有效地提供目标市场所期望的产品或服务，进而实现让顾客满意，实现企业目标。采用市场营销观念的企业通常放弃了传统观念中"我为产品找客户"的思维，而是基于客户需求，为客户设计合适的产品，即"我为客户生产产品"。在20世纪50年代，西方社会的生产力迅速增长，市场为买方市场，商品供过于求，大多数居民的收入迅速增加，有能力对产品进行选择。众多企业意识到，只有改变营销观念，企业才能更好地生存和发展。因此，市场营销观念为众多企业所接受。

市场营销观念具有以下特征：第一，专注于消费者的需求，以消费者为中心；第二，使用多种营销组合来满足消费者的需求；第三，树立整体产品理念，激发新产品的开发，满足消费者需求；第四，通过满足消费者需求来实现盈利目标；第五，营销部门处于公司生产经营活动的中心地位。

市场营销观念与传统观念有很大的差别。传统观念基于卖方需求，企业更多地从自身的角度出发，考虑自己可以生产什么、自己想要出售什么；而市场营销观念基于买方需求，企业开始从消费者的角度出发，考虑客户需要什么、为此我要出售什么。传统观念考虑的是如何把产品转变为收入，企业需要怎样将产品销售出去，进而获取企业利润；而市场营销观念考虑的是如何把消费者的需求通过制造、传送、营销等环节，转变为收入，企业需要考虑的是如何尽量满足大多数消费者的需求，通过何种手段将产品销售出去，进而获得企业利润。

市场营销观念的出现是市场营销哲学一次质的飞跃。它不仅改变了传统观念的思维方式，还在营销战略和方法上有新的突破。市场营销观念确认这么一个原则，那就是要实现企业目标，企业营销管理必须贯彻"客户至上"的原则。因此，在生产经营过程中，企业必须进行市场调研，根据市场需求和公司自身条件选择目标市场，组织生产经营，最大程度提高消费者满意度。根据"消费者主权理论"，市场营销观念认为，确定生产哪种产品的主权不在于生产者，而在于消费者。

【营销实例2-2】

扫一扫，来看看本田雅阁是怎样诞生的。

三、客户观念

客户观念指的是企业根据顾客过去的交易信息、心理活动信息、人口统计信息、媒体使用信息、消费偏好信息等，为每一位顾客提供相应产品或服务，以此确认不同顾客的终生价值、提升顾客忠诚度、增加顾客的购买量和复购率，从而确保企业的利润持续增长。客户观念与市场营销观念存在一定差别。市场营销观念强调的是企业要满足某个细分市场里的顾客需求，而客户观念强调的是满足每一位顾客各自的特殊需求。简言之，客户观念强调了顾客的中心地位，"顾客就是上帝"。客户观念与上一节提及的市场营销观念都考虑到了顾客，但是这两种观念还是存在着明显差别。市场营销观念强调的是"企业需要考虑到顾客"，但只是强调企业需要考虑到"顾客"，顾客的具体特征、顾客的具体需求并没有得到具体关注。客户观念强调的是"企业需要考虑到每一位顾客"，强调企业需要考虑到每一位顾客的具体特征、每一位顾客的具体需求。市场营销观念的顾客是一个整体，没有差异性和特殊性，而客户观念中的顾客是一个个区别明显的个体，具有差异性和特殊性。

现代营销战略从产品导向转变为顾客导向，企业也更加注重顾客的需求。在实际经营中，企业逐渐发现，不同的细分市场存在不同的特殊需求，即使在相同的细分市场内，顾客也存在不同的特殊需求。因此，为了满足市场需求，进一步提升顾客满意度，企业需要更好地研究顾客需求，并尽最大可能满足每一位顾客的特殊需求。在这个背景下，越来越多企业的营销指导思想从市场营销观念逐步转变为客户观念。要满足每一位顾客的特殊需求并非易事，因此，并不是所有企业都能够顺利将客户观念融入自己的生产经营中。举例来说，房地产企业在建造一个住宅小区时，就面临着顾客的不同需求，有些顾客希望卧室足够大且都要朝南，有些顾客希望卧室够用就行而客厅要足够大，因此企业很难同时满足每一位顾客的每一个特殊需求。客户观念适合针对单个顾客进行服务的企业，这类企业可以针对每一位顾客提供具体化的产品或服务。

【营销实例2-3】

扫一扫，了解一下大规模定制。

四、社会市场营销观念

社会市场营销观念是客户观念的补充和延伸。它出现在20世纪70年代，当时西方资本主义国家正在经历能源短缺、通货膨胀、失业率上升、环境污染严重等问题，消费者保护运动和环境生态保护运动盛行，这些都促使企业的营销活动要考虑到消费者和社会的长远利益。在这一背景下，西方营销学界提出了一些新的理论和观点，这些观念的共同特征是，均认为企业的生产和管理不仅要考虑到消费者的需求，还要考虑到消费者和整个社会的长远利益。这些观念统称为社会市场营销观念。社会市场营销观念避免了消费者需求、消费者利益、长期社会福利之间存在的冲突，要求营销人员在制定营销策略时需要考虑三方的利益，即企业的利润、消费者的需求和社会的利益。

社会市场营销观念与客户观念既有联系，也有区别。两者的联系在于，这两种观念都强调了市场营销活动中消费者的重要性。两者的区别在于，社会市场营销观念还强调了社会利益在市场营销活动中的重要性。社会市场营销观念提出，企业的使命是确定每个目标市场的需求、愿望和利益，有效、有力地向目标市场提供产品和服务，从而实现消费者满意和社会长期福利。

正是因为社会市场营销观念强调了企业要兼顾消费者、企业、社会三方的利益，提出企业在提高自身经济效益的同时，也要提高消费者利益和社会效益，因而是符合社会可持续发展要求的营销观念。

五、大市场营销观念

当前的世界经济逐步走向区域化、全球化发展，企业之间的竞争不再是国内企业之间的竞争，而是世界范围内企业的竞争，"无国界竞争"成为发展趋势。但是，各国风土人情各异、制度形态有别，这些都对企业的跨国发展造成一定阻碍。有鉴于此，营销大师菲利普·科特勒提出了大市场营销观念。大市场营销观念是传统市场营销观念的延伸与发展。大市场营销观念认为，企业可以通过使用经济、心理、政治、公共关系等方式，获得外国或地方各有关方面如分销商、供应商、消费者、政府组织、传播媒体等的协作和支持，进而进入特定市场，并在此特定市场开展业务，从而达到预期目标。在这个特定市场中，现有参与者和审批者往往会设置各种障碍以阻碍新企业的进入，从而使得企业的业务开展困难重重。

大市场营销观念是市场营销观念和社会营销观念的进一步发展，具体体现在以下几个方面。首先，企业与外部环境的关系发生了变化。市场营销观念和社会营销观念认为企业只能被动适应外部环境；而大市场营销观念认为，企业是可以影响和改变外部因素的，使其向有利于自身的方向转变。其次，企业与目标顾客的关系发生了转化。以往的观念认为，企业只能简单地发现、适应、满足消费者；而大市场营销观念认为，企业可以主动引导、培育市场，激发消费者认知，创造消费者新的需要。最后，企业的市场营销组合和策略发生了变化。大市场营销观念认为，原有的营销组合(即 4P 市场营销组合，将在下一节讲解)是不够的，需要增加权力和公关关系这两个手段，以更好地确保营销活动的有效性。

(1) 权力。要进入特定市场并从事生产经营活动，企业需要能够获得有影响力的高管、立法部门、政府机构、专业组织等的支持。例如，如果制药公司想要在一个国家引入新的药品，那么它就需要获得本国卫生部门的批准。因此，以大市场营销观念为指导的企业就需要在权力上采取一定的技巧和策略。

(2) 公共关系。公共关系主要是指社会舆论。舆论需要很长时间的努力才能发挥作用，但一旦舆论的力量形成并增强，它就可以帮助企业有效地占领当地市场。

大市场营销观念具有以下实际意义。首先，有助于具有大市场营销观念的企业充分了解企业自身与外部环境之间的复杂关系。它鼓励企业对不断变化的外部环境采取更积极的态度，特别是在国际市场营销实践中，企业不仅要积极适应外部环境，还要发挥主观能动性，积极影响和改变恶劣的外部环境，从而实现业务目标。其次，有助于企业意识到公共关系的重要性。它鼓励企业与不同组织和公众打交道，促使企业重视产品形象。再次，有助于企业认识到市场营销与需求之间的辩证关系。企业不仅需要积极满足市场需求，还应当主动培育消费者，开发新市场。最后，有助于营销人员开阔视野，扩大营销方式和营销资源，增强企业实力和竞争力。总而言之，大市场营销观念强调，企业应当通过动态的变化思维来面对不断变化的市场和消费者，综合地运用各种资源，主动出击，从而达到企业生产经营目标。

六、绿色市场营销观念

绿色市场营销观念是指企业在促进环境保护，充分利用环境资源和绿色资源的背景下，开发绿色产品，将日常生产经营过程中产生的废品和自然界中的绿色资源转化为绿色环保的消费品，从而满足消费者需求的市场营销观念。当前，世界范围内的环境问题引起了众多消费者的重视，节能环保、绿色消费成为众多消费者的关注点。绿色市场营销观念很好地满足了消费者的需求。它基于消费者的绿色消费需求，广泛利用各种资源来实现企业的整个绿色营销过程。这种绿色营销理念促进了社会环境的发展和人们的健康。企业的绿色市场营销不仅有利于企业的长远发展，还对社会和民众的健康生活起着重要作用。

第二节　市场营销组合

市场营销组合这个概念是由尼尔·博登提出来的。他认为，市场需求会受到各种营销要素的影响，而企业为了达到预期的市场营销目标，就需要对这些营销要素进行有效组合。换言之，市场营销组合要回答的是"哪些因素会影响企业的市场营销活动"这一问题。市场营销组合经历了一段时期的发展，不同学者从不同切入点对其进行了阐述、发展，丰富了市场营销组合的相关理论。

一、企业导向的市场营销组合

(一)4P：传统市场营销组合

4P 市场营销组合是在 20 世纪 60 年代由美国学者提出来的。为了寻求市场反应，企业必须有效地结合这些元素，以满足市场需求和利润最大化。实际上营销组合中包含有几十个要素，杰罗姆·麦卡锡将这些元素归纳为四类：产品、价格、渠道、促销。这四个元素的英文名称分别为 Product、Price、Place、Promotion，首字母均为 P，因此这四个元素集合被称为 4P 市场营销组合。4P 市场营销组合是后续其他营销组合的基本理论框架。

(1) 产品是企业能够提供给市场的产品与服务。产品包括了产品性能、设计、样式、包装、型号、售前服务、售后服务等。企业应当专注于产品功能的研发，使得产品或服务拥有独特的亮点，将产品的功能诉求放在重要位置。

(2) 价格是企业购买产品或服务时的价格。价格包括了标价、折扣、折让、支付期限、利润等。企业应当根据市场定位制定不同的价格策略。

(3) 渠道是企业将产品或服务送达市场和顾客手中所进行的活动总和。渠道包括了中间商选择与培育、仓储、运输物流等。有时企业是直接面对消费者的，但有时企业并不是直接面对消费者，而是面向中间商的，企业与消费者之间的联系是通过中间商产生的，因此，这类企业应当加强中间商的培育和分销体系的管理。

(4) 促销是企业为宣传其产品，说服消费者购买而产生的各类活动。促销包括了广告、人员推销、宣传、公关等。企业可以专注于一些销售行为的变化以刺激消费者，如通过短期行为(打折促销、买一送一、免费体验等)来促进消费者购买企业产品。

作为早期的理论，4P 市场营销组合不免受到一些争议，学界对其的批评主要包括：其一是从企业内部角度出发的，并没有考虑到外部的顾客和社会长期利益，本质上仍然是生产观念的反映；二是过分简化与抽象，忽略了市场营销组合中其他的影响因素；三是在消费品领域中的作用存在一定约束；四是将营销活动与企业内的其他活动相分离，导致营销部门可能会与其他职能部门形成矛盾；五是缺乏牢固的理论基础，普适性较弱。针对这些批评，后来的学者不断地对 4P 营销组合进行补充和延伸，因此时至今日，4P 营销组合仍然能够有效地指导企业的营销实践。

(二)6P：大市场营销组合

20 世纪 80 年代中期，全球经济放缓，市场竞争变得更加激烈，政治和社会因素日益影响到企业的市场营销活动。也就是说，企业的市场营销活动不仅受到企业内部资源和目标的影响，还受到企业外部的不可控因素的影响。但是，麦卡锡提出的 4P 市场营销组合重点关注企业内部的可控因素，而忽视了外部环境，如竞争对手和宏观政策的变化等。基于 4P 理论，菲利普·科特勒创立了大市场营销理论，即 6P 市场营销组合理论。科特勒认为，公司可以而且应该影响它们进行生产运营的外部环境，而不是简单地适应外部环境。在出现了各种形式的国家干预和贸易保护主义的背景下，在面临国际和国内市场激烈竞争的形势下，各企业应当利用外部权力和公共关系打破国际或国内市场的贸易壁垒，为企业的市场营销活动铺平道路。6P 可以理解为 4P+2P，除了 4P 市场营销组合中的产品、价格、渠道、促销外，还包括另外两个因素，即权力(Power)和公共关系(Public Relations)。而这两个因素强调了企业的外部环境因素，这也是 6P 和 4P 之间的最明显区别。

(1) 权力是企业进入特定市场并从事生产经营活动时，获得各权力单位的支持，如来自立法部门、政府机构、专业组织等的支持。

(2) 公共关系是企业需要借助的外部社会舆论力量，如意见领袖、相关少数群体组织等的舆论支持。

科特勒将大市场营销定义为，为了成功进入某个特定的市场，企业有必要战略性地协调内外部资源，通过使用经济、心理、政治、公共关系等手段，主动地获取外部或地方当局的合作和支持。这里提到的特定市场通常是指封闭或受保护的市场。为了进入这样一个特定的市场，企业可能需要做出一定的让步和妥协，同时还需要主动地全面运用 6P 市场营销组合。大市场营销理念的关键在于，企业营销人员需要化被动为主动，利用权力和公共关系来消除目标市场的各种障碍，获得相关方的支持与合作，从而实现企业的营销目标。

与一般的市场营销相比，大市场营销具有以下五个特点。

(1) 大市场营销强调主动出击以应对外部变化，可以采用积极的诱导方式，也可以采用消极的诱导方式。

(2) 大市场营销的目的是主动进入特定市场。

(3) 大市场营销的涉及面更广，除了包含与市场营销活动直接发生联系的中间商、供应商外，还包括了党政机关、宗教组织、社会团体等。

(4) 大市场营销的手段较为复杂，需要多管齐下、数箭齐发。

(5) 大市场营销所需的成本较大。

与 4P 市场营销组合相比，6P 市场营销组合具有一定进步性。现在的企业营销活动面临着市场竞争全球化的趋势，了解国内外政治和经济政策的变化，是企业在市场营销活动中应该认真考虑的事情。积极与政府等有关机构合作，了解国内外政治动向，并根据现状做出更快的营销决定，有利于企业更好地实现经营目标。

(三)10P：战略市场营销组合

如果说 4P 市场营销组合从理论上阐述了企业的内部营销战术，6P 市场营销组合中的权力和公共关系强调了企业的外部力量，那么 10P 市场营销组合则强调了企业更为宏观的战略营销计划。随着企业经营者对营销战略计划的逐步重视，科特勒在 6P 组合的基础上，又提出了新 4P，即战略营销计划组合，其中包括了探查(Probing)、划分(Partitioning)、优先(Prioritizing)、定位(Positioning)。人们将原来的 6P 市场营销组合与新提出来的 4P 战略营销计划组合相结合，形成了比较完整的 10P 市场营销组合理论。10P 市场营销组合也是真实市场中由于环境变化所导致的产物。生产力的发展导致市场供过于求，有效需求的缺乏使得市场竞争变得更加激烈。市场营销学的逐步发展，使企业意识到，在日益复杂的营销环境中，如果单纯依靠较为具体的营销战术 6P 市场营销组合，企业将很难在竞争中占有一席之地，因此，企业需要高屋建瓴、高瞻远瞩，需要建立一个长期的战略营销计划。在这种历史背景下，包含了战略营销计划的 10P 市场营销组合理论也就应运而生了。10P 市场营销组合中新增加的四个过程具体解释如下。

(1) 探查。在市场营销学中，探查实际上指的是市场营销调研，其含义是在市场营销观念的指导下，以消费者需求为中心，通过科学的方法，系统地收集、记录、组织和分析市场营销活动中的相关信息。市场营销的相关信息包括了哪些人组成了这个市场、市场如何细分、顾客需求是什么、竞争对手是谁、通过什么方式方法进行信息分析、相关问题的解决方案等。探查有利于保障企业的市场营销活动顺利进行。

(2) 划分。在市场营销学中,划分实际上指的是市场细分,即使用系统的方法,根据消费者的不同需求,将整个市场划分为若干个消费者群体的过程。每个细分市场代表一组具有相似需求的消费者,因此,属于不同细分市场的消费者可能对同一产品的需求存在明显差异,而属于同一细分市场的消费者的需求则具有相似之处。

(3) 优先是指对目标市场的选择。在市场进行了细分的基础上,企业会选择希望进入的那部分目标市场,或者优先地、最大化地满足部分消费者。企业有限的资源和不同的消费者需求决定了企业无法提供所有产品并满足所有消费者的需求。每个企业只能根据自身的资源优势和消费者需求,生产并销售某些产品,从而满足部分消费者的部分需求。

(4) 定位是指市场定位,其含义是基于竞争者在市场中的地位、消费者对产品的关注程度等因素,企业会努力塑造出本企业及其产品某些特色鲜明的个性或形象,从而让企业在行业中处于适当的地位,产品在市场上具有恰当的位置。

科特勒认为,战略营销计划在企业的营销过程中具有重要意义,即只有宏观的战略营销计划过程制订得当,微观的战术营销组合才能顺利进行。因此,为了更好地满足消费者的需求并获得最佳营销效益,营销人员需要首先做好探查、划分、优先、定位这四个营销战略;其次,营销人员需要掌握产品、价格、渠道、促销这四种营销战术,同时,营销人员需要具有灵活应用外部环境的能力,即权力和公共关系。这便是科特勒的10P市场营销组合理论。科特勒的10P市场营销组合理论的形成和发展为整个市场营销理论做出了突出贡献,为企业营销分析提供了比较完整的理论基础。

(四) 7P:服务市场营销组合

服务业在世界范围内逐步发展,很多企业开始意识到,服务业与传统的制造业在很多方面都存在不同,基于产品营销的4P市场营销组合有时候并不能够很好地应用到服务业企业当中去。因此,1981年,布姆斯和比特纳在4P市场营销组合基础上,以服务业市场营销为主要背景,增加了三个因素,进而形成了7P市场营销组合。增加的三个因素分别是人员(People)、有形展示(Physical Evidence)、过程(Process)。7P市场营销组合构成了服务市场营销的基本框架。新增加的三个因素的具体含义如下。

(1) 人员是指服务过程中的人为因素,包括提供服务的人为因素和接受服务的人为因素。换句话说,人员包括了服务过程中的服务人员和顾客及其相关行为,如顾客态度、员工负责、沟通、顾客参与等。在现代市场营销实践中,企业的服务人员至关重要,他们可以影响顾客对服务质量的感知和服务的选择偏好。特别是在服务业,企业员工的素质参差不齐,这导致服务质量不能完全标准划一。在顾客方面,顾客可以细分为未购买服务的顾客和已经购买了服务的顾客。营销人员不仅要处理企业与已购买服务的顾客之间的互动关系,还要处理企业与未购买服务的顾客之间的关系。

(2) 有形展示是指展示给顾客有关商品与服务的一些相关信息。有形展示能够使所促销的产品或服务更加接近顾客。有形展示包括环境设计、设备设施、实体包装等。有形展示的重要性在于它能够为顾客提供合理的线索,以便让顾客更容易地了解服务质量。因此,最好的服务是将无法触及的东西转化为有形的服务。

（3）过程是指顾客在获得服务之前所必须经历的过程，简而言之，就是服务的传递过程。举例来说，如果顾客在获得服务之前需要经历漫长的等待，那么等待时间就是服务过程中需要重点考虑的一个问题。

7P 理论中的其余四个因素与 4P 理论中的一样，分别是产品、价格、渠道、促销。

（1）产品。服务营销中的产品包含了服务质量、服务水平、品牌、服务项目、服务保证与承诺、售后服务等。服务产品的这些因素组合与传统制造业的产品具有较大的差异，如生产工业用电机设备的工厂和提供海外游学服务的公司，其产品因素组合就存在着差异。

（2）价格。服务营销中的价格包含了折扣、付款条件、顾客认知价值、性价比等。很多时候，直接的价格差别是区分两个服务的最直观表现，而有时候则需要考虑到性价比，即价格与服务质量之间的关系。

（3）渠道。服务营销中的渠道包括了服务所在地、服务可及性、地缘便利性等。服务能够涵盖的地区范围与服务便利性息息相关。随着移动互联网的发展，服务涵盖地区在扩大，服务便利性也在同步提升。

（4）促销。服务营销中的促销包括了广告、人员推销、公共关系、销售促进等。服务通常是无形的，多种促销组合有利于服务的形象说明与展示。

7P 市场营销组合的核心有两个。第一，员工对整个营销活动具有重要意义。企业员工是企业组织的主要组成部分，员工所作所为能够转化为顾客对企业服务的具体感知，能够对企业形象产生一定影响。因此，每个员工都应积极参与企业的经营决策，充分发挥员工的积极性。第二，通过企业与顾客沟通、企业部门间协作，全面提升服务质量。企业应当积极关注服务的整个过程，通过与顾客的沟通，了解顾客在接受服务过程中的感受，让顾客参与服务营销过程，以便及时改善服务、满足顾客期望。同时，企业还应注重跨部门协作，因为市场营销活动本来就是一项需要几乎所有部门和员工参与的活动，而有效的分工和跨部门协作是良好营销活动的根本保证。

7P 市场营销组合与 4P 市场营销组合的差别主要体现在后面新增加的三个 P 上，即人员、有形展示和过程。总体而言，4P 市场营销组合重点关注产品，是实物市场营销的基础框架，而 7P 市场营销组合重点关注服务，是服务市场营销的基础框架。

二、顾客导向的市场营销组合

随着市场竞争愈演愈烈、媒体传播速度越来越快，4P 市场营销组合的局限性愈发明显。1990 年，美国学者罗伯特·劳特伯恩提出了以顾客需求为导向的 4C 市场营销组合，这与传统的以企业生产为导向的 4P 市场营销组合相对应。4C 市场营销组合重塑了市场营销组合的四个基本要素，即变为顾客(Customer)、成本(Cost)、便利(Convenience)、沟通(Communication)。4C 市场营销组合从顾客的角度出发，强调企业首先应该追求顾客满意度，其次是努力降低顾客购买成本，最后要注意顾客购买过程中的便利性。4P 市场营销组合转变为 4C 市场营销组合，具体来说就是产品转变为顾客、价格转变为成本、渠道转变为便利、促销转变为沟通。

（1）顾客。顾客主要是指顾客需求。企业必须首先了解和研究顾客，分析顾客需求，并根据顾客需求提供产品。企业在提供产品和服务的同时，还由此产生了顾客价值。举例来说，企业直接面向顾客，因此应考虑顾客的需求和愿望，建立以顾客为中心的零售概念，并贯穿于整个市场营销活动中。企业应该从顾客的角度出发，站在顾客的立场思考问题，帮助顾客选择合适的产品或服务。

(2) 成本。成本不仅是企业的生产成本(即 4P 市场营销组合中的价格)，还包括顾客的购买成本。顾客的购买成本不仅包括了所花费的金钱，还包括所花费的时间、精神消耗、体力消耗和承担的购买风险。也就是说，当顾客购买特定产品或服务时，顾客的总购买成本包括了货币成本、时间成本、体力成本等。顾客总是希望最大限度地降低各种成本，因此在购买产品或服务时，企业需要考虑顾客愿意付出的总成本，以最大限度地满足顾客的需求。这意味着，企业应当从顾客的角度出发，先计算顾客愿意为需求支付多少成本，然后再对产品或服务定价，而不是首先给产品或服务定价，然后再向顾客收钱。理想的定价是既低于顾客的心理预期价格，又能够使企业盈利。努力降低顾客的购买总成本，可以降低采购成本和营销成本，进而降低商品价格和顾客成本；也可以努力提高工作效率，帮助顾客节省时间；还可以提供多种渠道为顾客提供详细信息，同时为顾客提供良好的售后服务，降低顾客的精神和体力成本。

(3) 便利。便利是指企业为顾客提供最大的便利，考虑产品或服务应该如何方便顾客使用。在目前过度竞争的状况下，如何最大限度地给顾客以方便，是企业应当认真考虑的问题。4C 市场营销组合强调，在制定营销策略时，公司应该考虑顾客的方便而不是企业自身的方便。在购买过程中，有必要为顾客提供便利的售前、售中和售后服务；在选择地理位置时应充分考虑"顾客易访问性"这一因素，以便顾客可以轻松完成消费。举例来说，一些大型超市专门为地理位置偏远的顾客安排了购物班车，使这些顾客可以通过便利的交通方式到达超市。同时，一些商场在设计和布局上也大下功夫，从顾客的角度出发，设计了方便顾客购物的路线。

(4) 沟通。沟通对应的是 4P 市场营销组合中的促销。4C 市场营销组合认为，企业应积极有效地与顾客沟通，整合内部和外部营销资源，建立基于共同利益的新型企业—顾客关系，将双方的利益进行"绑定整合"。沟通不是一条单行道，不是企业单向地对顾客进行促销说服，而是一条双行道，是双方在沟通中找到同时实现各自目标的道路。为了建立竞争优势，企业必须不断与顾客沟通。与顾客沟通包括提供关于企业的位置、商品、服务、价格等信息；影响顾客态度和偏好，促成顾客购买产品或服务；在顾客心目中建立良好的企业形象。在当今市场竞争激烈的环境中，企业的管理者应该意识到与顾客进行沟通，比选择合适的产品、定价、地点和促销更重要，更有利于企业的长期发展。

4C 市场营销组合也存在一些不足。总体而言，与市场导向的 4P 市场营销组合相比，4C 市场营销组合侧重于顾客需求，有了很大的进步和发展。但是，从企业营销实践和市场开发的角度来看，4C 市场营销组合仍然存在以下缺点。

(1) 4C 市场营销组合是顾客导向，而市场经济是竞争导向，4C 市场营销组合在适应市场经济方面显得"力不从心"。顾客导向与竞争导向的关键区别在于，前者关注的是新的顾客需求，而后者不仅关注顾客需求，还更加关注竞争对手。通过分析企业在竞争中的优势和劣势，企业可以提出相应策略以在竞争中谋发展。

(2) 4C 市场营销组合难以让企业形成个性化的营销优势。4C 市场营销组合已经融入到了营销策略和行为中，但这容易造成企业营销在新的层次上同一化，进而无法创造营销优势以确保企业顾客份额的稳定、积累和发展。

（3）4C 市场营销组合是以顾客为导向的，但顾客的需求存在一个合理性的问题。顾客总是希望产品或服务质量好、价格低，特别是在价格方面，顾客的要求总是可以无止境的。无限满足顾客需求会使企业不可避免地支付更多费用；随着时间的推移，这对业务发展会产生巨大影响。从长远来看，如何平衡顾客与企业，形成双赢局面，这是 4C 市场营销组合需要解决的问题。

（4）4C 市场营销组合仍然没有反映出关系营销的想法，即既能吸引顾客，又能长期拥有顾客。4C 市场营销组合并没有说明如何解决满足顾客需求的实操性问题，如快速响应、提供一揽子方案等。

（5）4C 市场营销组合具有较强的被动适应顾客需求的特性。市场进一步发展，4C 市场营销组合有必要在更高层次上更有效地建立企业与顾客之间的新型关系，如互动关系、双赢关系等。

4C 市场营销组合受到企业的关注，也成功地指导了一些公司的实践。然而，4C 市场营销组合过于强调顾客，而顾客的多变性、个性化需求使得企业不断调整产品结构、工艺流程等，这容易使企业的成本上升、利润降低。此外，企业的目标是"生产顾客需要的产品"，在市场体系尚不完善的国家或地区，这很容易形成恶性竞争，以及"推销大于产品本身"等问题，进而严重损害顾客的利益。

三、以关系为导向的市场营销组合

4R 市场营销组合是以关系营销为导向，侧重于建立顾客忠诚度。无论是为了企业的利益还是为了顾客的需求，它都是一种更加实用和有效的市场营销组合。4R 市场营销组合的提出者目前尚有争议，有人认为是艾略特·艾登伯格，也有人认为是唐·舒尔茨。值得注意的是，4R 市场营销组合是一种新的营销组合，并不是传统 4P 市场营销组合的延伸与拓展。4R 市场营销组合包括四个因素，即关联(Relevance)、反应(Response)、关系(Relation)、回报(Return)，具体解释如下。

（1）关联。关联是指企业应当与顾客建立某种形式的关联，企业和顾客是命运共同体。与顾客建立和发展长期合作关系，是企业市场营销的核心理念和最重要的内容，这有助于保持顾客忠诚度、保持市场份额的稳定。

（2）反应。反应是指企业及时对顾客的诉求做出快速及时的反应。在企业与顾客相互影响的市场环境中，对于企业而言，目前最现实的问题不是如何制订、实施和控制计划，而是如何从顾客的角度出发，及时倾听其诉求，并快速回应其需求。

（3）关系。关系是指企业对顾客进行关系营销，建立良好的与顾客之间的关系。在当前企业与顾客之间的关系发生重大变化的市场环境中，抢占市场的关键是与顾客建立长期稳定的关系。这需要企业的经营理念发生变化，从一次性交易转变为维持长期友好的合作关系，从重视短期利益转变为重视长期利益，从顾客的被动适应转变为顾客参与到生产过程中，从相互利益的冲突转变为共同和谐发展，从管理营销组合转变为管理企业与顾客之间的互动。

（4）回报。回报是指企业的短期与长期的收入和利润。任何交易和合作，归根结底都是经济利益问题。因此，一定的合理的回报，不仅是企业正确处理市场营销活动中各种矛盾的起点，也是市场营销活动的终点。

4R市场营销组合具有以下特点。

(1) 4R市场营销组合以竞争为导向，在新的层面上提出新的营销理念。市场竞争日益激烈，4R市场营销组合重点关注企业与顾客之间的关系，建立互利共赢的机制。它不仅积极满足顾客的需求，还主动创造需求，通过关联、反应、关系等形式将企业与顾客联系起来，从而形成独特的竞争优势。

(2) 4R市场营销组合真实地反映并实现了关系营销的理念。4R市场营销组合提出建立顾客关系、长期保持顾客、确保自身长期利益的具体方法，这是关系营销史上的一大进步。

(3) 4R市场营销组合是企业与顾客互利共赢的保证。4R市场营销组合的反应机制为建立企业与顾客互动和双赢的关系提供了基础和保障，同时也延伸了营销便利性的内涵。

(4) 4R市场营销组合使企业能够同时考虑到成本和双赢。为了追求利润，企业可以实施低成本战略，充分考虑顾客愿意支付的成本，并在此基础上获得更多的顾客份额，以形成规模效益。通过这种方式，企业提供的产品或服务能够与企业所追求的回报相结合，从而实现企业与顾客的双赢。

当然，4R市场营销组合与其他组合一样也存在着一定不足。例如，与顾客建立关联、提高对市场的反应速度等，都需要企业自身具备一定的实力和某些基础条件，这对任何企业来说都绝非易事。但无论如何，4R市场营销组合从关系的角度提供了一个较好的思路，值得管理者和营销人员理解和掌握。

【营销新视野2-1】

4R市场营销组合与现代科技进行有机结合，从而促进了企业生产经营活动质量与效率的提升。

以迪士尼公司为例。迪士尼乐园落户上海，吸引了众多游客的到访。迪士尼公司对于如何建立并维护和顾客的关系相当在行，它的一项新计划有助于增加游客在乐园中的逗留时间，进而增加营业收入。游客在乐园门口可以选择一位可爱的米奇玩偶，这个米奇玩偶可以帮助游客通过手机获取一些有用的游园信息，避免游客因不熟悉乐园设施及活动而造成遗憾。乐园的员工会通过米奇玩偶、手机APP、乐园广播等多种渠道及时通知游客各种信息，如游行开始时间、游行路线、游乐设施排队时间、孩子喜欢的卡通人物在何处可以遇到等。利用GPS定位系统，迪士尼乐园的服务反应性又提升了一个台阶。例如，游客可以知道目前有多少人在车站排队，又有多少人在等候游玩某个娱乐设施。同样的信息也会传递给园区的摆渡车司机，他们可以根据可能的人流量灵活排班，以应对潜在的大客流。这些技术都是为了保证游客能够在迪士尼乐园拥有更好的顾客体验，从而更好地与顾客建立积极的关系、保障迪士尼的盈利。

通过与顾客建立"开心快乐"的共同理念与顾客产生关联，利用多种科技对顾客诸如信息获取等需求做出及时告知，与顾客建立良好的互动机制，并从顾客体验中获取经济回报，迪士尼将4R市场营销组合很好地运用到了实际的生产经营活动中。

(资料来源：卡尔·麦克丹尼尔，小查尔斯·W.兰姆，小约瑟夫·F.海尔. 市场营销学：案例与实践[M]. 上海：格致出版社，2010.)

第三节　市场营销哲学的发展新趋势

当前，随着知识经济、共享经济、互联经济的发展，市场营销哲学面临着新的发展趋势。以人工智能和大数据为代表的信息技术快速发展，市场营销全球化加速，非营利组织对市场营销活动的关注加强，社会对企业责任与道德的要求提高，这些都对市场营销造成了深刻的影响。

一、企业营销道德与社会责任

现今，信息流传递愈加快速，信息的传播也更加透明，企业的一举一动几乎都被民众看在眼里。当前，随着消费者对自身利益的重视以及环保意识的增强，企业的营销人员更需要关注自身的营销道德，肩负起回馈社会、保护环境的社会责任。关注消费者福祉成为企业肩负社会责任时必须要面对的事情。消费者福祉连接着消费者对产品的满意度和消费者的生活质量。消费者福祉是消费者在消费生命周期的不同阶段中，具备主观幸福感和客观幸福感的一种理想状态。消费生命周期指的是消费者从购买产品到处置产品的全过程，包括产品购买、产品准备、产品消费、产品所有权占有、产品维修、产品处置等。消费者的主观幸福感与客观幸福感是有区别的，主观幸福感是消费者对自身消费过程的评价，属于消费者的主观感知；客观幸福感是由外部专家对消费生命周期中消费者成本与获利的实际评价。

企业需要关注消费者福祉，在给消费者带来满意产品或服务的同时，还要改善消费者在消费过程中的各个环节，为提高消费者的生活质量做出努力。企业在进行市场选择和执行 4P 市场营销组合的过程中，同样也需要保护消费者的利益，这有利于企业为自身建立一个良好的内外部环境，进而提升企业的生产经营水平和盈利能力。基于消费者福祉的营销是一种新的市场营销哲学，是以企业营销道德与伦理为基础，对关系营销的进一步延伸，这不仅能为企业带来长期的经济方面的回报，也有助于企业提升自身的道德水平与社会责任感。

无论是大型跨国企业，还是本土中小型公司，它们在企业营销道德与社会责任方面都将接受舆论的监督，在出现企业营销道德或社会责任问题时，也会受到公众的谴责。公众对企业的营销道德与社会责任要求会越来越严格，因此，许多优秀的公司将企业营销道德与社会责任看成企业树立竞争优势与提升公共关系的良好机会，并通过遵守营销道德、肩负社会责任，为消费者提供长期利益而获得盈利。

二、国际营销

当今世界经济全球化、一体化趋势明显，几乎所有的企业都不得不面对全球化的竞争，不得不参与到国际贸易中。跨国企业早已将其业务开展到了世界上几乎每一个角落，而中小企业需要面对跨国企业的竞争，同时也可以通过经济全球化，在家门口就可以获得来自世界各地订单的机会。国际营销正成为市场营销新的发展趋势之一。因此，企业需要从国际化的视角来重新看待市场营销，放眼世界、面向全球，而不是管中窥豹、坐井观天。越来越多的企业开始重新思考国际营销这个命题，而在学界，国际营销也成为市场营销研究的新领域。

三、数字营销

当前社会进入了数字信息时代，大数据、人工智能、物联网、区块链、移动互联等新技术的发展对企业的市场营销活动产生了巨大影响。市场营销人员可以充分利用这些新技术，进行市场营销分析、产品定位、市场细分等活动，为消费者提供个性化的产品或服务，满足其特殊需求。具体内容将在后续章节详细介绍。

数字信息为市场营销的工具带来了一次革新。当前，许多企业都已经开设了网上业务、进行数字营销，进而可以争取到来自全世界的新客户，并与之建立良好关系。数字营销的应用领域广泛，衣食住行、吃喝玩乐、生老病死，几乎每个场景都有数字营销的身影。数字信息技术为市场营销活动打开了一扇新的大门，给市场营销人员提供了更多的机会和可能。

本 章 小 结

本章对市场营销观念的演变进行了探讨，从传统市场营销观念、市场营销观念、客户观念、社会市场营销观念、大市场营销观念、绿色市场营销观念等方面，对市场营销观念的演变与区别进行了梳理。同时，本章对不同的市场营销组合进行了梳理。本章还探讨了若干个市场营销哲学的发展新趋势，在未来的市场营销过程中，企业需要肩负起营销道德与社会责任。

课 后 习 题

一、思考题

1. 市场营销哲学中，传统市场营销观念、市场营销观念、社会市场营销观念分别注重什么？
2. 市场营销观念与客户观念在对待客户上有什么区别？
3. 市场营销组合中，4P、4C、4R 市场营销组合分别以什么为导向？
4. 4P、6P、10P、7P、4C、4R 市场营销组合分别包括什么因素？具体含义是什么？

二、案例分析

中国品牌能够走向海外吗？

中国企业在本土市场上已经显示出了自己的营销智慧，在"一带一路"的背景下，很多中国企业对走向世界市场跃跃欲试。一般来说，中国的制造商在国内市场的发展是遵循了一定范式的：通过引进国外先进技术成长，然后不断改良革新，发展出自己的技术与产品。很多制造商在国内都有自己的分销渠道以及大量相对廉价的销售人员。但是，如果在欧美等发达国家的市场使用这种范式，这些制造商会发觉营销成本猛增，营销管理也捉襟见肘。很多中国企业在国外并没有建立非常好的渠道，品牌知名度也不高。

近几年，总部位于上海的上广电(SVA)进军海外，如在美国的 Costco 超市推出自己生产的等离子电视。SVA 采取了以下措施开拓美国市场。第一，它使用美国当地的团队来经营美国业务。SVA 招聘美国本土的管理者，提供给他们公司股权。第二，SVA 的消费者专题调研小组进行了详尽的消费者意愿调查，帮助 SVA 针对美国当地市场调整产品目录。第三，SVA 巧妙地避开了低端彩电市场，而将自己的精力放在了高端市场。SVA 希望树立这样一种企业形象，那就是该企业能够提供专业产品和服务，能够为懂技术、不在乎品牌的顾客提供高性价比的产品。第四，SVA 依靠分销商开展活动，这使企业能够有机会了解美国市场，并有足够的时间培育自身的海外营销能力。功夫不负有心人，SVA 在美国市场获得了初步成功，仅 2003 年的收入就达到了 8 000 万美元。

(资料来源：卡尔·麦克丹尼尔，小查尔斯·W.兰姆，小约瑟夫·F.海尔.市场营销学：案例与实践[M]. 上海：格致出版社，2010.)

请思考：SVA 的发展体现了哪种市场营销观念，使用了哪种市场营销组合？请具体举例说明。

三、实操题

【实训目的】

对市场营销的发展脉络进行深入了解，掌握市场营销的发展前沿与趋势。

【实训内容】

讨论以下问题：当前社会，传统的市场营销观念是否已经过时？绿色市场营销观念是不是市场营销观念的最终归宿？在其之后可能会出现什么观念？

【实训组织和要求】

学生进行分组后，首先自行查找并阅读市场营销发展的相关材料，然后组织学生进行课堂讨论或辩论。

第三章

营销战略计划与营销管理

【学习目标与任务】
- 掌握企业营销战略分析的主要方法。
- 掌握企业发展战略的主要内容。
- 掌握营销管理的任务。
- 掌握营销管理的过程。

【重点与难点】
- 企业营销战略分析的方法。
- 战略计划的过程。

【能力目标】
- 提升市场营销理论的归纳总结能力。
- 提升营销战略与管理的理论认知。

市场营销学

【案例导入】

　　大型客机是一个国家工业、科技水平等综合实力的集中体现，被誉为"现代工业之花"和"现代制造业的一颗明珠"。中国商飞公司因民族的百年飞天梦想和国家的战略而生，肩负着国家的意志，承载着民族的梦想和人民的重托。让中国的大飞机翱翔蓝天的神圣使命，召唤和激励着中国商飞公司全体员工将人生追求和价值目标融入为大型客机事业的不懈奋斗中，攻坚克难、奋勇前行，使中国航空工业向更高领域迈进。中国商飞公司是实施国家大型飞机重大专项中大型客机项目的主体，也是统筹干线飞机和支线飞机发展、实现我国大飞机产业化的主要载体，主要从事大飞机及相关产品的科研、生产、试验试飞，从事大飞机销售及服务、租赁和运营等相关业务。中国商飞公司按照现代企业制度组建和运营，实行"主制造商—供应商"发展模式，重点加强飞机设计研发、总装制造、市场营销、客户服务、适航取证和供应商管理等能力，坚持中国特色，体现技术进步，走市场化、集成化、产业化、国际化的发展道路，全力打造更加安全、经济、舒适、环保的大型客机，立志让中国人自主研制的大型客机翱翔蓝天。

　　中国商飞公司研制的其中一款飞机就是C919。这是一款受到全国民众关注的、名副其实的"明星飞机"。C919飞机是由中国商飞公司于2008年开始研发、拥有自主知识产权、中国第一款符合最新国际适航标准的干线民用飞机，对标国外的空客320、波音737飞机。"C"是英文China(中国)一词的首字母缩写，也是中国商飞公司英文缩写COMAC的第一个字母。第一个"9"的含义是永恒与天长地久，"19"代表中国首架中型客机190座的最大客运量。C919使用了大量先进的复合材料，复合材料占所有材料使用量的20%左右；飞机内部的结构也进行了优化设计，飞机重量进一步降低，有利于飞机的节能减排。飞机结构重量的30%左右为国产钛合金、国产铝合金、国产钢，这体现了C919客机为国内其他产业提供动力的能力。与此同时，由于使用了较多的复合材料，C919的机舱噪音预计将降至60dB以下，而国外同类机型的机舱噪音往往为80dB。

(资料来源：http://www.comac.cc)

　　如果说市场营销策略是具体的执行方案，那么市场营销战略就是宏观的指导政策。我们常说"站得更高、望得更远"，市场营销战略就是要从一个更高远的视角把握市场营销全局，为后续的市场营销实践提供宏观指导。制订市场营销战略计划有多个步骤，需要有效的分析方法和工具。同时，也需要根据消费者的需求，对市场营销进行合理有效的管理。

第一节　战　略　计　划

一、战略、策略、战术

　　战略、策略和战术是经常同时被提及但又经常被混淆的三个词。

　　(1) 战略一词最初是一个军事概念，源于希腊语，原来的意思是军事将领或当地的首席执行官，后来它演变成一个军事术语，指的是指挥军队进行战斗的谋略。如今，"战略"一词泛指在一定历史时期内指导全局发展的谋略。从管理角度来看，战略是企业实现其预期目标的整体考虑和总体安排。战略旨在确定企业的长期发展目标，且战略设定的目标必须与企业的使命保持一致。战略可以说是贯穿企业的指导思想，也是一种分析工具和一种长期的整体计划。

(2) 策略是指组织根据内外部形势发展而制定的行动方针，是实现组织目标的各种方案的集合。策略是在一个动态过程中产生的思考或行动，是根据可能或已经出现的问题所制定的对应方案，以期实现组织目标。

(3) 战术是指为了实现目标而采取的指导组织行为的具体方法和具体措施。相比较而言，战略更为宏观，从大方向明确了企业要"走向何处"；策略更为中观，指出企业要"走向该处"需要从哪些方面或环节进行考虑，即"如何走"；而战术则更为微观，从细节上说明企业具体要采取何种方式、何种步骤，需要配置多少资源，即具体"怎么走"。

二、战略计划过程

作为事先安排，计划可以指导企业的发展，进而实现企业自身的目标。战略计划是指企业通过分析内外部环境和自身资源，制定关于企业各方面的全局性重大安排。战略计划强调的是企业整体性、全局性的安排，并非局限于市场营销方面。战略计划过程是指企业通过制定任务、目标、业务计划等，使企业自身能力与内外部环境变化相适应，进而使企业发展切实可行、与战略相适应的动态管理过程。战略计划过程可以说是企业制定总战略的一系列重要流程，包括分析企业使命、企业目标确定、业务组合安排、新业务计划制定等多个环节。

(一)分析企业使命

企业使命回答以下问题：我们的业务是什么？我们是干什么的？认真分析企业使命、确定企业使命，并将其贯穿于企业的日常生产中，有利于提升员工士气，调动其工作积极性。例如，珠海格力电器股份有限公司的企业使命是"弘扬工业精神，追求完美质量，提供专业服务，创造舒适环境"，这份企业使命就像一只无形的手，促使格力人在追求卓越的道路上奋力前行、齐心协力。分析并确定企业使命时，企业可以向包括股东、分销商、消费者等在内的相关人士广泛征求意见，需要考虑企业的历史发展、企业文化、高级管理层思想、外部政治与经济环境、外部竞争、企业资源等因素。分析好企业使命后，企业需要撰写正式的、详细的企业使命报告书以深入阐述企业使命。企业使命报告书需要具备以下特征。

(1) 市场导向。企业使命报告书中要充分体现目标顾客的需求，如以装备制造为主业的三一集团有限公司制定的企业使命是"品质改变世界"，这就显示出其认为目标顾客的最大需求是产品品质。

(2) 切实可行。企业使命报告书中企业需要根据自身能力和资源来确定其业务范围，业务范围划分得过宽或过窄、业务范围描述太过具体或太过笼统都容易造成可行性差的情况，不利于企业的生产实践，同时也容易使企业内的员工失去奋斗目标。

(3) 具有鼓动性。企业使命报告书需要能够鼓舞员工士气，让员工拧成一股绳，为实现企业的使命而努力付出、持续奋斗。

(4) 明确具体。企业使命报告书需要有明确的方向和具体的指导路线，让员工的工作可以有章可循，缩小每位员工的自由处理范围与权限。例如，企业使命报告书应当明确规定企业员工在处理重大问题时，应当遵循怎样的准则和行为。

企业使命需要认真分析，而一旦确定之后，企业使命就具有较强的稳定性，往往能够指导企业未来10~20年的发展。企业使命一般不会朝令夕改，不会随着环境的变化每隔几年就变化一次。当然，环境变化越快，企业就越需要经常检查其企业使命是否符合当前的需要。

【营销新视野 3-1】

外包、制造外包、服务外包

外包又称外部资源利用，是指企业生产经营中的某一个或某几个环节不再由自己完成，而是交给其他企业承担，以达到整合资源、提高效率、关注重点、增强竞争力的目的。外包根据范围和性质的差异，可以分为制造外包和服务外包。

(1) 制造外包是指产品制造过程或环节外包的行为，又称生产外包、蓝领外包。美国苹果公司将手机组装业务外包给富士康科技集团，就是制造外包的具体案例。企业将非核心的生产业务外包给其他企业完成，可以充分利用外部企业的专业化资源，同时还可以集中精力于自己的设计、品牌等核心业务，以降低生产经营成本、增加经营收益、提高核心竞争力。

(2) 服务外包是指企业将原本由自己提供的，具有基础性的、共性的、非核心的IT业务和基于IT的业务流程外包给外部专业服务商的企业行为，又称白领外包。印度之所以IT产业蓬勃发展，成为"世界办公室"，得益于美国和欧洲众多IT企业将其部分IT业务外包给印度公司。服务外包从20世纪80年代的软件开发和测试外包开始，到现在已经取得了迅猛发展，很多企业将原来由内部负责的非核心业务，如人力资源管理、财务结算等外包给其他企业承担，以降低运营成本、提高管理效益、优化供应链、提升核心竞争力。随着经济全球化的加速和科学技术的进步，越来越多的企业开始采用服务外包的形式。

(资料来源：格利哥，鲁丹萍，肖步哲. 国际服务外包理论与实务[M]. 北京：清华大学出版社，2012.)

(二)企业目标确定

确定好企业使命之后，企业需要将企业使命进行分解，具体化为各层级的目标。员工应当对自己所对应的目标深入分析，并对完成这些目标负责，这种以目标完成为导向的制度称为目标管理。企业在确定各层级的目标时，需要注意目标要切实可行，太难或太容易的目标都将失去目标管理的意义。具体而言，较好的企业目标应具备以下特征。

(1) 层次化。企业往往有许多目标，但是这些目标具有不同的重要性。同时，企业的不同部门、相同部门间的不同科室往往有各自不同的目标。因此，确定各层级目标时，需要按照目标的重要性来排列，优先显示主要的、重要的目标，之后再显示次要的、相对不重要的目标。

(2) 可量化。企业目标应当可以量化，有明确的量化指标，如离职率、销售额、市场占有率等。举例来说，"今年的销售额比去年提高 10%"这个目标就要比"今年的销售额要大幅提升"好，因为其可以量化。

(3) 现实性。企业目标切忌拍脑袋决定，不可根据主观想法随意确定，需要对内外部环境和条件进行调查研究和深入分析之后，比照企业自身资源和能力来确定其目标。通过分析之后得出的目标往往比主观臆断定下的目标更容易实现。举例来说，企业将目标设定为"今年要将产品卖给全国 3 000 万应届傣族女博士毕业生"，这个目标就不具备现实性，因为截至 2018 年，全国当年的应届傣族女博士毕业生不可能达到 3 000 万这个数字。

(4) 一致性。企业往往会确定多个企业目标，这些目标需要相互一致，不能够出现矛盾，这样才能更好地体现企业目标的指导作用。举例来说，大幅度减少营销投入和大幅度增加销售额往往是两个矛盾的目标，这容易导致企业的营销工作出现问题。

(三)业务组合安排

企业目标确定之后，往往就需要对业务组合进行适当安排。特别是大企业，往往拥有多种产品品牌，分支公司、业务部门众多，但是不同的业务、不同的分支公司具有不一样的盈利能力和发展潜力，企业的资金和资源也有限，不可能做到"雨露均沾"，将资源平均地分配给每一个业务或分支公司。因此企业必须对现有业务进行分析，评估哪些业务具有较大的潜力应当大力支持，哪些业务应当减少投入。企业对自己拥有的业务进行合理的组合与安排，将有限的资源投入到最需要的业务中，有利于资源配置达到最优。安排业务组合是战略计划过程当中的一个重要任务。对业务组合进行安排需要进行以下两个步骤。

(1) 划分战略业务单位。在进行业务组合的安排时，企业需要先把已有业务划分为若干战略业务单位。一个战略业务单位可能是一个或多个部门的集合，可能是一个或多个产品的集合，也可能是一个或多个品牌的集合，具体需要根据企业的外部环境及内部条件与资源进行划分。一个战略业务单位往往具有以下特点：①有独立或一组相关的业务；②使命有别于其他战略业务单元；③存在竞争者；④有管理人员和领导班子；⑤拥有一定资源；⑥能通过战略计划得到一定的利益；⑦可以独立计划、拓展、开发业务。

(2) 评价战略业务单位。划分好战略业务单位之后，企业要对各战略业务单位的经营情况进行分析评价，以确定哪些战略业务单位要大力扶持，哪些需要被淘汰。评价战略业务单位有多种方法，相对著名的方法是波士顿矩阵法和通用电气矩阵法。关于这两种方法的具体介绍将在本章的第三节进行阐述。

(四)新业务计划制订

企业的经营环境是变化的，因此企业应当及时考虑制定新业务，为未来的业务发展做出战略性规划，即制订新业务计划。企业制订新业务计划有以下几种方法。

1. 密集增长

如果在现有产品或市场中尚存有潜在机会，那么企业就可以采取密集增长战略。通过分析产品市场发展矩阵，密集增长战略可以有以下三种具体策略：市场渗透、产品开发、市场开发，如图 3-1 所示。

	现有市场	新市场
现有产品	市场渗透	市场开发
新产品	产品开发	多元化增长

图 3-1　产品市场发展矩阵图

(1) 市场渗透。市场渗透是指企业通过各种手段与措施，在现有市场扩大现有产品的销售。例如，企业可以通过促销等活动，使现有顾客购买本企业更多的产品或服务；在现有市场吸引竞争者的顾客，使其购买本企业的产品或服务；吸引尚未购买过本企业产品或服务的顾客进行购买等。举例来说，某手机制造商通过各种活动和促销办法，促使已有顾客再次购买该款手机，并将其作为礼物送给亲朋好友，这种形式就属于市场渗透。

(2) 产品开发。产品开发是指企业可以通过改进产品或制造新产品，如增加产品品种型号、增加产品花色尺寸、提供限量版产品、提供新款产品等，向现有市场提供改良款产品或新产品。举例来说，某手机制造商与其他企业合作，开发新款定制版、限量版手机，促使顾客购买，这种形式就是产品开发。

(3) 市场开发。市场开发是指企业通过新增网点或渠道，在新的市场扩大产品销售。企业用已有的产品或服务开拓新的市场，获取新的顾客。举例来说，某手机制造商使用已有款型的手机产品进军从未涉足的外国市场，这种形式就是市场开发。

当然，从图3-1中可以发现，企业还可以通过使用新产品或服务进入新的市场，这就是接下来要阐述的多元化增长战略。

2. 多元化增长

多元化增长战略认为，企业可以有选择性地增加一些产品种类(增加新产品)，跨行业、跨领域进行生产经营(进入新市场)，进而使企业的资源利用率得到提高，企业特长得到发挥，企业的管理水平和经营效益得到提升。多元化增长战略包括以下几种具体策略。

(1) 同心多元化。同心多元化是指企业可以基于现有生产经营技术、管理经验，开发同现有产品存在一定相关性的新产品。以企业已有产品为圆心，逐步扩大其经营范围，如生产公交车的企业可以增加生产轿车的产品线。同心多元化的特点是，新产品与现有产品的基本用途存在一定差异，但是两者的技术相关性较强。

(2) 水平多元化。水平多元化是指企业可以基于现有市场，使用不同技术开发新的产品。企业以现有市场为水平线，逐步扩大其经营项目，如生产农用拖拉机的企业基于农业市场开发新的农药产品。水平多元化的特点是，新产品与现有产品在基本用途上存在较大差异，两者的技术相关性较弱，但是两者可以共享相同的分销渠道和市场。

(3) 集团多元化。集团多元化是指企业将自身业务拓展到完全崭新的一个行业，且该企业在这个新行业内提供的新产品与已有产品在技术相关性、市场渠道等方面几乎毫无联系，如航空运输公司跨界涉足电影院线领域，或者发动机制造公司跨界涉足幼儿教育领域。集团多元化的特点是，新产品与现有产品几乎毫无联系，新市场与现有市场也几乎毫无关系。"鸡蛋不会放在一个篮子里"，企业以多元化的形式发展，这往往是实力雄厚的大集团常常采取的经营措施。

【营销新视野3-2】
扫一扫，了解一下均瑶集团是如何在市场竞争中占据一席之地的。

3. 一体化增长

一体化增长战略认为，企业可以在所处的行业中进行产、供、销一体化发展，进而提高生产经营效率，提升盈利水平。一体化增长战略包括以下几种具体措施。

(1) 前向一体化。批发商或零售商往往直接面向前端顾客，制造商可以通过收购、兼并批发商或零售商等形式，控制其分销体系，进而实现产销一体的前向一体化。

(2) 后向一体化。原材料供应商往往属于产品的"后台"，制造商可以通过收购兼并原材料供应商的形式，控制其供应体系，进而实现供产一体的后向一体化。举例来说，部分视频播放网站收购、兼并，甚至自己成立视频制作公司，控制视频这一原材料的供应，就属于后向一体化。

(3) 水平一体化。制造商可以收购、兼并同行业的企业，或者与其他同类型企业进行合资经营，进而从同一个行业水平面上形成一体化。优酷视频收购土豆视频、滴滴打车合并优步中国打车都是水平一体化的体现。

三、战略计划过程中的市场导向

(一)市场营销部门对战略计划的贡献

市场营销部门能够从以下几个方面对战略计划做出贡献。

(1) 市场营销部门可以提供新产品和新市场机会的启发。

(2) 市场营销部门可以分析新市场是否有足够潜量，以评估企业是否应当进入新市场。

(3) 市场营销部门可以为新机会、新产品制订详尽的、新的市场营销计划，并详细阐明产品、价格、渠道、促销等市场营销策略。

(4) 市场营销部门需要对以上市场营销策略担负责任。

(5) 市场营销部门需要对市场营销活动进行管理，对其效果做出评价，并采取适当控制措施使市场营销活动保持在正确的轨道上。总而言之，市场营销部门在战略计划过程中具有重要作用。

(二)市场导向的含义

市场导向可以从宏观和微观两个角度进行定义。从宏观角度看，市场导向阐明了经济运行机制，以及经济体系的运作范围和重点；从微观角度看，市场导向是营销观念在组织中的执行，是提高运营效率、获得竞争优势的一种手段，是提供顾客让渡价值、实现顾客满意的价值观，是实现这种价值观的组织内相互协调的行为，是组织价值观与执行力的统一。市场导向可以分为行为观和文化观两类。

(1) 市场导向行为观。市场导向行为观回答的问题是"我应该为顾客做什么？"市场导向行为观认为，企业应当以顾客为中心，为此，企业内各部门需要协调一致，其行为应当以顾客为导向。市场导向包括信息产生、信息传播、信息响应三个维度。信息产生是指企业通过多种形式收集顾客的需求和影响顾客需求的其他变量，如政策法规、科学技术、竞争产品等。信息传播是指企业通过多种渠道，将与顾客相关的信息传递给企业内的有关人员。信息响应是指企业对收集到的市场信息采取积极的应对措施，包括目标市场的选择、生产市场所需的产品、提供市场所需的服务等。

(2) 市场导向文化观。市场导向文化观回答的问题是"在以顾客为中心的前提下，我们各方面应该注意什么？"市场导向文化观认为，市场导向包括顾客导向、竞争者导向、部门协调三个维度。顾客导向是指企业充分了解顾客的需求，能够预测其需求的变化，并能够根据变化做出相应的反应。竞争者导向是指企业对竞争者的优势和劣势进行分析判断，并以此制定相应的对策策略。部门协调是指企业加强内部资源整合，提高部门之间的协同性，以此创造顾客价值。

市场导向水平较高的企业往往具有较好的绩效表现，市场导向、顾客满意度与财务绩效之间存在着相关性。因此，企业应当树立市场导向的文化，激发企业为顾客创造价值，进而持续提升企业绩效。

第二节　市场营销战略

一、营销战略的含义

营销战略也称市场营销战略，是指在一定时间内，企业营销发展的整体构想和规划，以实现其在现代营销理念下的业务目标。现代营销之父菲利普·科特勒将营销战略定义为，业务部门打算在目标市场实现其各种营销目标的广泛原则。营销战略是企业发展所需的重要战略之一，是企业营销部门根据战略规划，综合外部市场机会和内部资源条件，确定目标市场，选择相应的营销策略组合，并有效实施和控制所选策略组合的一系列动态过程。营销战略作为企业的一项重要战略，旨在增加企业的营销资源，提高其利用效率。营销战略是业务管理和企业运营过程中不可或缺的一部分，常见的商业管理课程通常都会把"营销战略"作为重要的课程内容。

二、营销战略的作用

(一)界定变化中的市场机会

市场机会是指消费者需求在没有得到较好满足的情况下，如果企业的产品或服务能够给消费者带来满足，那么企业则可能有产生盈利的机会。市场机会具有时间性、空间性、动态性等特征。市场机会瞬息万变，企业需要经常进行市场调研，主动识别市场机会。从产品和市场的组合方式进行考虑，可以从市场渗透、产品开发、市场开发三个方面寻求市场机会。如果现有产品或市场已经不存在合适机会，那么企业可以考虑一体化发展或多元化发展，在新的市场寻找机会。

(二)进行长期规划

企业外部各种环境因素以及企业的内部因素时刻都在发生新的变化，这些变化在带来机会的同时，往往也带来了风险。风险是客观存在的，企业要合理规避可能产生不良效果的市场风险。市场营销战略就需要企业从自身当前现状和外部环境出发，未雨绸缪、高屋建瓴，从长远考虑企业发展规划。通过预测市场的变化趋势、化解潜在风险和危机、开发新的战略业务单元，企业可以寻求新的增长点。

(三)资源整合，实现资源配置效率最大化

企业的资源是有限的，企业不可能将资源无限地投入到所有战略业务单元中，因此企

业就需要从整体上对已有资源进行有效整合。为了保证市场营销目标的达成，市场营销组合就是对可以控制的多个手段(产品、价格、渠道、促销等)进行整合考虑，通过合理的资源配置，实现资源配置效率最大化，优化市场营销组合，使其可以协调配合，进而达到最佳的市场营销效果。

(四)实现企业的可持续发展

科学发展观提出，企业应当具有可持续发展的能力。因此，企业首先就要从营销战略上保证自身具有合理的市场定位。企业若想实现可持续发展，适当的营销战略就显得非常重要。良好的市场营销战略意味着企业能够将有限的资源投入到适当的生产经营当中，将生产优势转化为商品优势，将商品优势转化为市场优势，将市场优势转化为可持续发展的能力。

三、营销战略的特点

营销战略具有如下特点。

(1) 长远性。市场营销战略需要考虑企业的长远发展，市场营销战略是企业未来较长一段时期内市场营销的全盘规划。

(2) 全局性。市场营销战略是全局性战略，其对企业的生产经营活动特别是市场营销活动具有重要的指导意义。市场营销战略确定以后，各部门，特别是市场营销部门，就需要为这个战略付出坚持不懈的努力，其目标制定、行为规则等都需要服从于市场营销战略。

(3) 应变性。市场是变化的，因此市场营销战略也应当随机应变。市场营销战略应当根据企业的外部环境变化和企业自身内部资源的变动进行适当调整，以适应变动的环境。

(4) 观念性。市场营销战略不是长篇大论，不是理论模型，它是通过简明扼要的语言传达出来的企业核心观念。这种观念有助于企业形成积极奋进的意识，促使企业内部的员工产生相应的行为，使企业精神、制度、行为能够达到协调统一，从而促进企业发展。

(5) 逆向思维性。传统的思维是顺向思维，即先考虑供应，再考虑生产，最后再考虑市场营销。而市场营销战略强调的是以市场为主体，市场需求决定生产。与传统的顺向思维相比，这种市场决定生产的思维就是逆向思维。

(6) 影响因素多样性。市场本身就由生产者、消费者等诸多方面构成，影响市场的因素有很多，如政治、经济、文化、地理、历史等。这些因素多种多样，相互影响、相互作用，给市场营销战略的确定带来了一定难度。

(7) 竞争与合作性。市场营销战略体现了企业之间的关系。同行业之间的企业本身就存在着天然的竞争关系。但是，随着经济和社会的发展，企业仅凭一己之力，很难在竞争激烈的市场中占据更有利的地位，与其他企业势不两立、水火不容的关系很容易使当今的企业陷入营销困境。因此，单纯的竞争战略在当今的市场竞争环境中逐渐被合作竞争性战略取代，战略联盟、战略合作成为企业在制定市场营销战略时需要重点考虑的方面。

(8) 顾客导向性。市场营销战略是以顾客为导向的。市场营销战略首先要分析市场的需求，然后再根据市场需求确定企业的生产内容、生产形式、销售模式、售后服务等。

四、营销战略的基本框架

市场营销战略是连续决策的过程,其基本思路是:企业的高层管理人员确定市场营销的使命和目标,然后进行营销战略的外部环境分析,确定外部环境存在的机会与威胁,同时进行营销战略的内部资源分析,确定自身存在的优势与劣势。此处分析工具可以使用SWOT分析法,具体将在下一节进行阐述。在分析结果的基础上,确定宏观的市场营销战略,并根据市场营销战略,制定相对微观具体的策略和目标方案。根据不同的策略和目标要求,管理者应当进行合适的资源配置,以确保市场营销战略能够顺利实施。在具体的实施过程中,还需要对其实施效果进行评价,各种相关信息要及时反馈到营销管理系统中,通过即时分析,采取适当的控制措施,保证实施战略的有效性。如果现有战略、策略和目标无法适应当前环境变化,那么企业就要及时重新制定市场营销战略。市场营销战略是一个动态调整、不断变化的连续过程,其基本框架如图3-2所示。

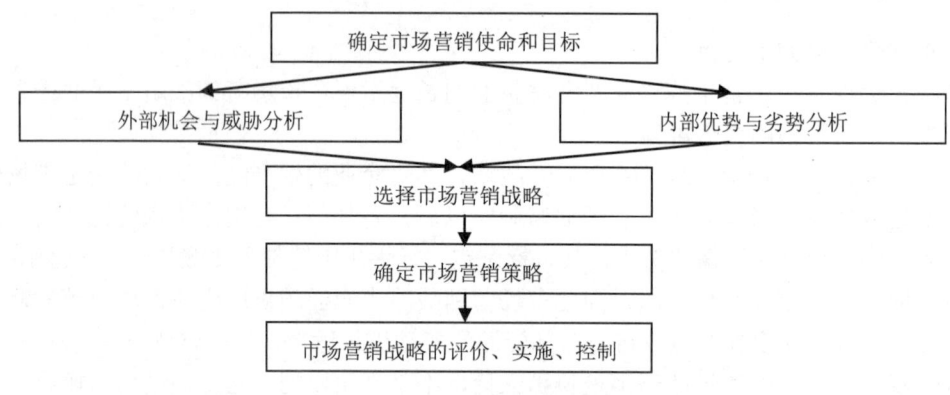

图 3-2 营销战略的基本框架

五、营销战略的形成

市场营销战略的形成可以分为战略分析、战略制定、战略实施三个阶段。

(一)战略分析阶段

战略分析阶段是形成营销战略的准备阶段。战略分析阶段主要采取以下三个步骤。

1. 企业能力分析

通过对企业的能力进行分析,可以发现企业的优势和劣势,作为提出战略的着眼点。对企业能力进行分析,主要是分析其经营资源、经营职能、竞争能力等。

(1) 企业经营资源的分析。通过分析企业的经营资源,可以掌握企业的人、财、物等资源的情况。

人力状况分析。首先要对企业的高层管理人员进行分析,了解其思想文化、经营哲学、管理能力、道德素质、公关能力、智囊团水平等。其次,要对各机构、各部门的负责人和部门内职工进行分析,了解其教育背景、工作经历、培训历史、个人禀赋、工作能力、人际关系、职业理想等。

财力状况分析。需要分析资金的来源、现金流、负债率等情况,并与同行业的其他企业进行比较。

物力状况分析。需要对原材料进行分析，如原材料的采购渠道、采购金额、库存状况、周转状况、供应商等信息；需要对生产资源进行分析，如生产设备的数量、质量、生产效率等信息；需要分析企业所在地的自然条件，如厂区供电、供水、道路交通、废物处理、劳动力补给、社区支持等。

(2) 企业经营职能的分析。需要分析企业各项经营职能的现状，找出优势并继续保持，找出差距并努力改进。对企业经营职能的履行程度，可以分为五个等级来进行详细分析。第一个等级是企业没有认识到该经营职能的重要性，企业内也不存在该经营职能；第二个等级是企业认识到了该经营职能的必要性，但是目前企业还不存在该经营职能；第三个等级是企业内虽然存在这个经营职能，但还需要进一步加强该职能；第四个等级是企业的该经营职能可以正常发挥其作用；第五个等级是企业内该经营职能被过度使用。

(3) 企业竞争能力的分析。企业需要对其自身的竞争能力进行深入分析，以掌握各项产品的竞争能力，为市场营销战略提供依据。企业的竞争能力分析包括了解产品的盈利情况、价格与成本、销售渠道、生产优势、营销优势、市场占有率等。

2. 企业环境分析

企业需要分析其外部环境因素，了解影响企业市场营销活动的机会与威胁，并预测机会与威胁的变化趋势。需要注意的是，企业的外部环境因素包括了宏观环境因素和微观环境因素两个部分。宏观环境因素是指能够影响全国及各行业的共有因素，如政治制度、法律法规、经济发展、社会文化、历史道德、自然地理、科技发展等因素。微观环境因素是指对某个特定区域或某个特定企业具有直接影响的因素，如市场供需情况、消费者行为、消费者心理等。市场营销战略的制定，需要充分利用外部的宏观或微观环境中的优势，避免宏观或微观环境中的威胁，从而使企业可以得到良性发展。

3. 企业绩效分析

首先，企业需要分析自己的经营绩效，并对下一年的绩效做出预测。在分析内外部环境因素的基础上，企业需要分析和预测未来在该环境中的销售额及盈利变化趋势。其次，企业需要根据预测结果，分析当前企业的市场营销行为与未来趋势是否有不匹配的地方，并据此提出整改建议，为企业提出市场营销战略提供依据。

【营销实例3-1】

扫一扫，了解一下中安创投是如何引领教育行业的。

(二)战略制定阶段

制定市场营销战略，是发现企业在发展过程中的战略性问题，并探讨解决方法的过程。制定市场营销战略，包括制定长远的市场营销目标、提出市场营销战略课题、选择市场营销战略、编制市场营销战略项目计划等内容。

1. 制定长远的市场营销目标

长远的市场营销目标是指用具体的市场营销指标体现出企业的理想状态和美好愿景。

市场营销目标有不同的分类方法，企业可根据自身的特点，确定组成企业长远营销目标。举例来说，企业可以按经济性目标和非经济性目标进行分类，可以按企业的能力目标、环境的适应目标和企业的绩效目标进行分类，可以按综合目标、产品目标、市场目标、生产目标、经营结构目标等进行分类，还可以按生产技术水平目标、经济效益目标、人文发展目标、管理效能目标、生产环境目标等进行分类。每一个目标又可以按照定性目标和定量目标进行细分，最终组成企业整体的市场营销目标。理想的市场营销目标需要具备以下条件。

(1) 符合营销目的，能够同时考虑企业的长远发展、企业的经济效益和企业的社会责任。

(2) 能够适应企业的历史发展脉络和当前的企业文化。

(3) 能够体现出面向未来的创新性，可以描绘出企业的未来蓝图。

(4) 能够有效调动企业内部员工的工作积极性。

企业长远的营销目标制定可以分为以下两个阶段。第一个阶段是根据企业的市场营销目的，描绘出在充分利用当前环境和资源的情况下，企业所能达到的最理想的企业形象。第二个阶段是根据预设的企业形象制定市场营销战略，在制定市场营销战略的过程中，应当根据实际情况随时进行修正，以确定长远的、可实现的市场营销目标。

2. 提出市场营销战略课题

根据企业长远的市场营销目标，在进行战略分析之后，提出能够发挥企业优势、弥补企业劣势的战略设想，作为企业的战略课题。企业的战略课题既要符合当前实际情况，又要具备一定创新性和理想性；既要听取广大企业员工的意见和建议，也要充分贯彻高层领导人员的想法。通过分析企业能力，了解企业应当如何适应环境的变化，从而在市场中保持竞争优势；通过对企业内外部环境的分析，明确充分运用已有优势、补足相对劣势的路径；通过对企业绩效的分析和预测，明确企业目前存在的问题和可能存在的危机；通过制定长远的市场营销目标，找到当前绩效与长远的营销目标之间的差距，并对所提出的市场营销战略设想进行分类处理。

3. 选择市场营销战略

对于所提出的市场营销战略，企业应当仔细分析其目标形式、预期成果及所需要的时间、资源、资金、技术、人力等，并在分析的基础上进行综合评价，最终选择出最优的、可行的市场营销战略。在分析评价市场营销战略时，需要从以下几个方面出发进行考虑。

(1) 应变性。需要考虑该市场营销战略能否适应外部环境的变化。

(2) 效益性。需要考虑该市场营销战略能否为企业带来长期效益。一般而言，我们可以用资金利润率来测定该市场营销战略是否具有效益性。

(3) 必要性。从企业的营销道德和社会责任角度出发，评价该市场营销战略是否存在执行的必要性。如果该战略有违企业的营销道德和社会责任，那么该市场营销战略的制定就是没有必要的。

(4) 可能性。考虑在已有条件下，该市场营销战略是否能够实现。一般而言，我们可以从该市场营销战略所需要的资金、技术、设备、管理能力等方面来进行评价，评估该市场营销战略是否具有执行的可能。

(5) 时效性。市场营销战略的实施是需要一定时间的,我们可以考虑该市场营销战略实施过程所需要的全部时间以及在这段时间中内外部环境的变化,以此评价该市场营销战略在这段时间实施是否适当。

(6) 风险性。考虑该市场营销战略执行的风险。一般而言,风险越大,收益也越高。企业可以根据自身的经营方针和能力,排除风险过大或收益较小的市场营销战略选项。

4. 编制市场营销战略项目计划

战略项目计划又叫作单向计划,也就是对市场营销战略的目标、手段、投入、预期做出较为详细的计划,并根据项目所需要的时间制定市场营销战略项目计划进度表。编制市场营销战略项目计划往往需要掌握企业资源投入与产出的关系。编制战略项目计划时,需要根据企业能力,适时调整项目的投入时机,以便使企业在长远的市场营销战略项目计划控制下得以持续健康发展。

(三)战略实施阶段

在战略实施阶段,企业需要确定实施市场营销战略的组织。企业的长远战略能否完成,主要取决于企业是否能够建立起一个有利于该战略有效实施的组织机构。一般而言,在企业里承担市场营销战略分析、市场营销战略决策、市场营销战略组织实施的机构有以下四种形式。

(1) 管理委员会。管理委员会是以企业的最高责任人为首所组成的企业最高层级的决策领导机构,该机构往往也会肩负着市场营销战略的组织实施任务。管理委员会适合人员缺乏、没有办法再设置专门机构的企业。管理委员会的成员通常分管企业各个部门的工作,能够代表各方利益。他们承担制定市场营销战略决策、实施市场营销战略计划的任务,往往能通盘考虑、综合各方面的情况、协调多方关系,实施市场营销战略也相对比较容易。但是,管理委员会常常忙于日常业务决策,而忽略了市场营销战略决策。同时,最高领导层的意见可能会有冲突和矛盾,这往往会影响市场营销战略的制定。另外,市场营销战略决策由少数领导决定,忽视了企业内大部分成员的想法,阻碍了他们发挥主观能动性。

(2) 专业部门。专业部门负责企业的市场营销战略决策、制订市场营销战略计划、组织市场营销战略实施。在企业里,专业部门可以是战略规划部、规划发展部、集团发展研究办公室、市场营销部等。

(3) 项目小组。企业在一段特定的时期内,从相关部门抽调人员组成临时项目小组,专门承担企业市场营销战略制定和组织实施工作,等该项工作完成后,项目小组随即解散,项目小组的成员又回到各自原先的工作岗位。

(4) 外部专家。企业可以聘请本专业领域的专家,就本企业市场营销战略的制定和组织实施进行专项工作。外部专家与企业的各个部门没有直接利害关系,分析问题相对比较客观。同时,就知识和经验而言,外部专家可能超出了企业员工,甚至超出了本行业,因此,外部专家对环境的变化可能掌握得更透彻。但是聘请外部专家的费用常常较高,且有时候外部专家所提出的市场营销战略可能并不完全适用于该企业。

第三节　营销战略的分析方法

一、SWOT 分析法

SWOT 分析法在营销管理领域中被广泛使用。该分析法将企业的内部优势(Strength)与劣势(Weakness)、外部的机会(Opportunity)与威胁(Threat)列在同一张表中进行对比分析，使人一目了然，让人可以从内外部的环境中找到相互联系，并做出分析评价，进而为企业选择合适的营销战略。SWOT 分析法的步骤如下。

1. 分析外部环境

调查、分析企业目前所处的各种外部环境因素，这些因素既包括对企业发展有利的因素，也包括对企业发展不利的因素。一般而言，外部环境包括政治因素、经济因素、社会因素、人口因素、市场因素、竞争对手因素等。某一项因素对这个企业可能是有利因素，而对另一个企业来说可能是不利因素；或者说某一项因素的某个方面对该企业可能是有利因素，而该因素的另一个方面对该企业来说可能是不利因素。

2. 分析内部环境

通过调查研究，分析企业内部影响企业发展的因素，包括自身发展的优势和自身在竞争中所具有的弱点。一般而言，内部因素包括管理因素、组织因素、企业历史因素、财务因素、营销因素、人力资源因素等。不同的因素在不同的企业和同一个企业的不同发展阶段当中，可能会是积极因素，也可能会是消极因素。在分析这些因素时，不仅要考虑这些因素对企业的过往历史和发展现状造成了怎样的影响，还要考虑这些因素对企业的未来发展可能会造成怎样的影响。

3. 建立 SWOT 分析矩阵

将各种因素填入 SWOT 分析矩阵表中，并对该企业的营销战略进行分析。先将重要因素排列出来，再将那些相对不太重要的因素放在后面。对于不同企业，在不同经营时期，各个因素的重要性是有差异的，需要谨慎选择与排列。举例来说，在 20 世纪 60 年代的中国，对企业影响较大的可能是政治因素而非经济因素；对今天的某家面向国内企业的机械制造厂来说，相对重要的因素可能是国内经济发展因素；对今天的某家外贸企业来说，相对重要的因素可能是关税因素和贸易国的经济发展因素。

4. 分析 SWOT 矩阵，选择合适策略

将企业的战略与公司外部环境、内部资源结合进行分析，其中优势和劣势主要通过与竞争对手进行比较而得出，机会与威胁主要通过分析外部宏观环境而得出。对优势、劣势、机会、威胁进行排列组合，可以有四种策略(SO 增长型策略、WO 扭转型策略、ST 多种经营策略、WT 防御型策略)可供企业选择，而企业通常需要经过分析之后才能选择最适合自身的策略。

【营销实例 3-2】

下面以某企业的营销转型 SWOT 分析为例进行说明。企业在分析了内外部环境之后，建立了 SWOT 分析矩阵，并将内外部环境的影响因素填入了矩阵中，具体如表 3-1 所示。

表 3-1 SWOT 分析表

内部因素 外部因素	优势(S) 1. 历史悠久，客户源稳定 2. 产品质量好，拥有良好口碑与品牌美誉度 3. 员工业务能力强、素质高 4. 企业形象佳，企业服务有保证 5. 财力雄厚，利于业务的拓展 6. 企业欲对现有市场营销模式进行变革 7. 具备新产品研发能力	劣势(W) 1. 员工在营销转型方面的理论建设能力较弱 2. 企业发展与转型沿袭民营企业的固有缺点 3. 经营模式单一，国内业务规模偏小 4. 企业对售前售后服务重视程度不足
机会(O) 1. 国内经济增长回速，趋势向好 2. 国家政策利好，有利于企业扩大市场 3. 科技技术进步，助力企业加速转型	SO 策略：增长型策略 该企业具有较多优势，而外部环境又为发挥这方面优势提供了非常有利的机会	WO 策略：扭转型策略 存在较多外部机会，但该企业存在的劣势会妨碍其利用这些机会，需要先克服这些缺点
威胁(T) 1. 竞争对手的有力竞争 2. 客户更加理性，对服务、产品的要求提高 3. 全行业整体投资发展疲软	ST 策略：多种经营策略 该企业需要利用自身优势，回避或减轻外部威胁所造成的影响，同时保持业务的持续开展	WT 策略：防御型策略 该企业需要减少内部劣势，同时抵御外部环境威胁，从而摆脱生存危机

综合表格分析，该企业现阶段处于威胁比机会的影响更深远、优势明显多于劣势、但劣势影响大于优势的形势中。该企业具有产品研发、产品质量、客户评价等方面的天然优势，而外部环境又为发挥这方面的优势提供了非常有利的机会，但是现有的营销模式不能够适应其产品销售，其服务无法对企业盈利做出贡献，对企业的未来发展形成了相当大的阻碍。

因此，选择 WT 策略，即防御型策略更加适合该企业。该企业自身的优势并不能非常明显地掩盖其劣势，威胁逐渐开始具有致命性，劣势已经相当明显，因此，SO 策略、ST 策略和 WO 策略并不适合该企业。该企业应当紧紧抓住外部机会，充分弥补在服务方面的劣势，实现新一轮的营销转型与快速发展。

SWOT 分析法因其使用简单、分析直观，已经成为营销管理中的重要分析工具。但是该方法因为使用了定性研究方法，所以根据 SWOT 分析法所做出的判断，往往带有很强的主观色彩。因此在使用 SWOT 分析法时，需要注意该研究方法的局限性，在罗列事实时需要尽量客观描述，并最好提供数据说明，以弥补 SWOT 分析法在定量分析方面的不足。

二、波士顿矩阵法

(一)基本原理

波士顿矩阵法是美国波士顿咨询公司提出的一种投资组合分析方法。这种方法将企业所生产的所有产品或服务进行通盘考虑，将每一个产品或服务组合视为一个战略业务单位，并比较不同战略业务单位的市场增长率与相对市场占有率的关系。波士顿矩阵经常用来分析企业相关战略业务单位之间的现金流平衡问题，有利于企业找到自身的资源产生单位与资源使用单位。波士顿矩阵法如图 3-3 所示。

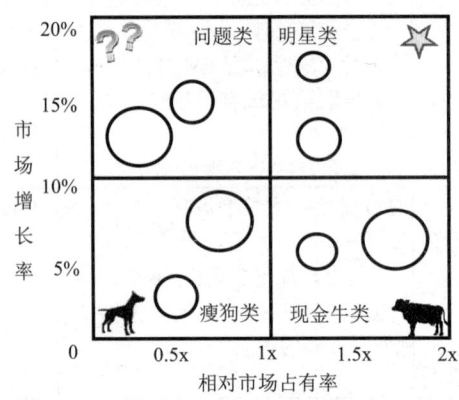

图 3-3 波士顿矩阵法

波士顿矩阵的横坐标表示企业在行业当中的相对市场占有率，即企业各战略业务单位的市场占有率与本行业最大竞争者的市场占有率的比例。一般而言，相对市场占有率的分界线为 1～1.5，并以此划分出低相对市场占有率和高相对市场占有率两个区域。如果某项产品或服务的相对市场占有率较小，则说明其在市场中的竞争地位较低。例如，某企业产品的相对市场占有率为 0.2，则意味着其实际市场占有率仅为同行业最大竞争者的市场占有率的 20%，若某企业产品的相对市场占有率为 2，则意味着其是市场上的最大竞争者，其实际市场占有率为第二名的两倍。波士顿矩阵的纵坐标表示企业在行业当中的市场增长率，即企业在特定区域或时间内销售额的增长速度。市场增长率表示企业的产品或服务在所在市场的相对吸引力。市场增长率越高，就意味着企业需要投入更多的资源以应对竞争。一般使用 10%的平均增长率作为界限，将矩阵分为高市场增长率区域与低市场增长率区域。图中的圆圈代表企业的若干战略业务单位，其所在位置能够表示各战略业务单位的市场增长率和相对市场占有率的高低，其面积大小能够表示各战略业务单位的销售额大小。

(二)分析方法

波士顿矩阵图共有四个象限，分别表示问题类、明星类、现金牛类、瘦狗类四种战略业务单位类型。

(1) 问题类。位于问题类象限的战略业务单位，往往具有较高的市场增长率和较低的相对市场占有率。大多数处于初级发展阶段的战略业务单位往往都属于问题类业务。这类业务常常现金流量状态较差，需要大量的资金，以提高相对市场占有率。同时因为其相对市场占有率较低，能够产生的利润比较小，因此企业需要慎重考虑该类业务是否合算，未来是否可以盈利；如果不合算，则应尽快将其淘汰，如果合算，可以加强对其投资，促进其转变为明星类业务。

(2) 明星类。问题类的战略业务单位如若经营得当，可以转变为明星类业务。明星类业务具有较高的市场增长率和较高的相对市场占有率，与其他类型的业务相比，明星类业务往往表现亮眼，有着较好的增长潜力，但其往往处于产品生命周期中的成长期，因此需要占据大量的企业资源，需要企业大量投入。为了使明星类业务在市场竞争中逐渐占据主导地位，在短期内，企业应当优先提供其所需要的资源，支持其快速发展。明星类业务如果发展顺利，其增长速度会逐步降低，并成为现金牛类业务。

(3) 现金牛类。现金牛类的战略业务单元具有较低的市场增长率和较高的相对市场占有率。因为这类业务相对市场占有率比较高、盈利较多，不需要企业太多的投入，因此可以为企业提供大量的资金和资源。通常现金牛类业务处于产品的成熟期，其产生的利润可以补贴其他三类业务。企业应当具备尽量多的现金牛类业务，以防某一个现金牛类业务的相对市场占有率突然下降而导致的企业资金和资源紧张。

(4) 瘦狗类。瘦狗类战略业务单元具有较低的市场增长率和较低的相对市场占有率。这类业务通常处在饱和的市场当中，能够为企业带来的利润较低，甚至还会产生亏损。如果这类业务还能够维持运营，那么企业可以继续将其运营下去，但是要时刻考虑缩小其经营范围，甚至退出该市场，如果这类业务的发展潜力令人担忧，那么企业则可以尽早采取措施，退出该项业务的运营。

(三)战略选择

企业对其战略业务单元进行分类之后，可以采取不同的战略，有以下四种战略可供选择。

(1) 发展。发展的目标是提高该战略业务单位的相对市场占有率。企业为了业务的发展，可能需要放弃短期的收入。发展战略适用于问题类业务，因为这部分业务如果要转变成明星类业务，就必须要提高相对市场占有率。举例来说，2017 年发展起来的共享单车就是通过用户补贴的方式快速提高自己的相对市场占有率，即便用户补贴会意味着大量的资金损失。

(2) 保持。保持旨在维持该业务的相对市场占有率。保持战略适用于现金牛类业务，因为这种业务并不需要大量的投入，而保持在相对稳定的市场占有率状态下，现金牛类业务还能够为企业提供大量的运营资金与资源。

(3) 收割。收割旨在增加战略业务单元的短期收入，而不用考虑长期利益。通过考虑短期利益，企业可以快速地获取资金。收割战略适用于相对效益已经开始出现明显颓势的现金牛类业务，因为这类业务开始进入衰退期，企业可以从其身上"收割最后一拨韭菜"。当然，收割战略也适用于问题类和瘦狗类业务。

(4) 放弃。放弃旨在抛弃、变卖、清理某些战略业务单位，从而可以将所投入的资源转移到更需要扶持的战略业务单元去。放弃战略适用于部分问题类业务和瘦狗类业务。例如，收购了诺基亚移动手机业务的微软最终逐渐抛弃了诺基亚的手机业务，主要原因之一就是该业务给微软带来了较大的亏损。

【营销实例 3-3】

扫一扫,阅读案例"微软承认 WP 手机失败:诺基亚被放弃"。

(四)波士顿矩阵的贡献与局限

波士顿矩阵有以下重要贡献。

(1) 波士顿矩阵明确了每个战略业务单位在市场竞争中的地位,有助于企业有的放矢地将有限的资源投入到不同的业务中去。例如,企业可以将现金牛类业务放在重要的位置上,使其作为资金来源;将明星类业务和问题类业务放在比较重要的位置上,并投入相对较多的资源;而部分问题类业务和瘦狗类业务则可以有选择地放弃。波士顿矩阵避免了企业一刀切、眉毛胡子一把抓的做法,企业可以通过波士顿矩阵对自有业务进行规划。

(2) 波士顿矩阵能够将企业中所拥有的、不同类型的战略业务单元放入同一个矩阵中进行比较,一目了然。企业可以通过波士顿矩阵,了解各业务目前的经营状况和未来的发展趋势,有助于企业比较选择业务投资组合。

当然,波士顿矩阵也存在一定的局限性。

(1) 在实际生产实践过程中,要确定一项业务的相对市场占有率和市场增长率并不很容易,因为行业数据不一定很容易就能取得。

(2) 波士顿矩阵仅按照相对市场占有率和市场份额对业务进行划分,很多重要指标并没有被考虑进去。企业在进行战略评价的时候,往往还需要其他指标,如技术水平、服务质量等。

(3) 波士顿矩阵过于强调相对市场占有率和市场份额对企业盈利的影响,但在实际生产过程中,更高的相对市场占有率和市场份额并不一定意味着更高的企业盈利水平。在某些行业,过高的市场份额意味着企业经营成本的快速增加,这并不能形成单位成本优势;而有些相对市场占有率比较小的企业,通过提供差异化产品或服务,也能够具有良好的盈利水平。

三、通用电气矩阵法

(一)基本原理

通用电气公司提出的通用电气矩阵法又称多因素投资组合矩阵,用来对企业的战略业务单元进行分析与评价,对企业的业务选择和定位具有重要意义。通用电气矩阵法认为,进行营销战略分析时,除了要考虑相对市场占有率和市场增长率之外,还需要考虑很多其他因素,这些因素可以用行业吸引力和业务力量两个主要变量进行概括,如图 3-4 所示。

行业吸引力位于通用电气矩阵的纵坐标,用高、中、低进行概括表示。行业吸引力主要包括了各类外部因素,如政治、社会、法律等环境因素,市场大小、竞争强度等市场因素,以及技术要求等行业因素。业务力量位于通用电气矩阵的横坐标,用强、平均、弱进行概括表示。业务力量主要包括企业的自身因素,突显企业在行业当中的竞争力,如市场占有率、市场增长率、品牌口碑、服务质量、生产成本、研发能力、管理水平等。企业对两个变量当中的各个因素进行打分,最高分数为五分,然后对各个因素进行加权,进而求出两个变量各自的加权平均数。矩阵图中的一个圆代表企业的一个战略业务单元，其大小表示该业务所在行业本身的大小，圈内的阴影表示该业务在该市场的市场占有率。圆圈越大，表明该行业具有较大的市场容量；阴影部分越大，表明该业务在该市场占有较大的市场占有率。

通用电气矩阵图可以分为三个条带。在图 3-4 中，左上角条带又称绿色条带(左上角虚线椭圆表示)，位于此条带的业务往往具有较强的业务力量和较大的行业吸引力，因此企业应当为这类业务大开绿灯，可以采取增长与发展的战略，优先分配资源、增加投资。从右上角到左下角的对角线条带又称黄色条带(中间虚线椭圆表示)，位于此条带内的业务，要么业务力量较为薄弱，要么行业吸引力不大，要么资质平庸，整体评价并不亮眼，因此企业可以内这类业务亮黄灯，可以采取维持或发展战略，要么维持现有投入、维持现有规模，要么相对加大投入，使其进入绿色条带。右下角条带又称红色条带(右下角虚线椭圆表示)，位于此条带内的业务，通常企业的业务力量薄弱、行业吸引力较小，很有可能不能为企业带来较好的盈利，因此企业可以视情况亮红灯，采取收割或放弃的战略，将资源投入其他条带的业务中。

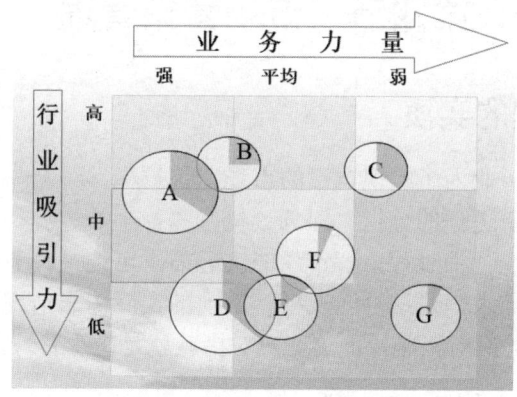

图 3-4 通用电气矩阵法

(二)分析方法

使用通用矩阵分析法，一般需要经历五个步骤。

(1) 确定战略业务单元，并对其进行内部和外部的环境分析。战略业务单元的确定，可以根据企业的实际经营情况，或产品的面向地域，或企业的经营业务等进行划分。

(2) 确定评价因素及其权重。矩阵中的两个变量，即业务力量和行业吸引力，由很多因素组成，企业需要选择合适的因素，并对每一个因素的权重进行赋值。业务力量和行业吸引力这两个变量并没有通用标准，企业需要根据行业特点和企业发展现状进行确定。总体而言，业务力量主要由企业自身的财务、人力、技术、经验等资源决定；行业吸引力主要由企业外部的行业发展潜力、盈利能力等决定。

(3) 进行评估打分。对每一个因素进行打分之后，进行加权求和，进而得到业务力量和行业吸引力这两个变量的最终得分。

(4) 将战略业务单位标记在通用电气矩阵图上。依据战略业务单位的业务力量和行业吸引力的总得分，将该业务标注在通用电气矩阵图上。在标注时需要注意，圆圈大小表示该业务所在的市场总体规模，用扇形阴影表示企业的业务在该市场的市场占有率。

(5) 对战略业务单元所需要采取的策略进行说明。战略业务单元会标注在不同的条带上，根据其所在位置，对其发展战略进行阐述说明。

(三)需要注意的问题

在使用通用电气矩阵分析法时，需要注意以下几个问题，以更好地、客观地确定每项业务的定位和具体策略。

(1) 评价因素需要量化。每一项评价因素要能够划分具体量级，可以用数字进行量化表示，同时可以对每个量级的分值进行统一确定。

(2) 不同战略业务单元之间的评价因素及其权重可以有所差异。企业所开展的多项业务可能会处在不同的生命周期当中，且每一项业务都具有各自的特性和侧重点，因此评价因素及其权重理应有所不同。例如，对于成长型的业务，企业可能会更加关注其增长速度；对于成熟型的业务，企业可能会更关注其盈利能力。

第四节　市场营销管理

一、市场营销管理的实质

市场营销管理是指企业为了实现自己的市场营销目标，维持与目标市场之间的交换关系，而对营销设计方案所进行的分析、计划、执行和控制等过程。市场营销管理的实质是需求管理。在实际的市场营销过程中，市场的实际需求可能是没有需求、需求很少、需求满足或需求过量。除了需求满足这种情况外，其他的实际需求情况都与需要的预期有所不同，需要企业采取不同的应对措施，而这些应对措施就是需求管理。

二、市场营销管理的任务

市场营销管理的任务是企业为了实现其自身的目标而调节需求的水平、性质和时机等。目标市场可以总结为八种不同的需求状况，在这些不同的需求状况下，市场营销管理的任务也会有所区别。

1. 负需求

负需求是指大多数人对某个产品或服务感觉到厌恶，甚至愿意采取各种措施主动回避它的一种需求。举例来说，将垃圾回收站建在自己小区旁边就是一种负需求，因为大多数居民都不希望有异味的垃圾回收站建在自己的房屋旁边，而为了回避垃圾回收站，有人愿意花更高的价格买其他房屋，或者采取示威游行、开听证会、民意上访等方式以避免垃圾回收站的建设。在负需求的情况下，市场营销管理的任务是改变市场营销，分析消费者为什么厌恶这种产品或服务，是否可以通过重新设计产品、增加产品属性等方式改变市场态度，进而转化为正需求。

2. 无需求

无需求是指消费者对产品或服务毫不关心的一种需求状态。通常情况下，人们会认为废旧物资这种毫无价值的东西是无需求的，或者某些产品在特定市场、特定环境下也会没有需求。在无需求的情况下，市场营销的任务是刺激市场需求，通过宣传、沟通、促销等方式，将产品的功能和消费者的需求与兴趣进行联系，从而产生市场需求。

3. 潜伏需求

潜伏需求和潜在需求是有区别的。潜在需求是指消费者对某种产品或服务是有实际需求的，但是由于目前没有购买力或不急于购买而暂时没有需求的一种状态；而潜伏需求是指消费者对某种产品或服务具有强烈的需求，但是现有产品或服务无法满足其需求的状态。举例来说，目前消费者可能想要一款同时有七种颜色的彩虹色耳机，但目前市面上出售的可能都是单色耳机，目前产品无法满足消费者需求，这种情况下的消费者需求就是潜伏需求。在潜伏需求的状态下，市场营销管理的任务就是要深入了解消费者需求，开发有效的、能够满足消费者需求的产品或服务，进而将潜伏需求转变为现实需求。

【营销实例3-4】

扫一扫，了解一下"车牌摇号"在贵阳市的故事。

4. 下降需求

下降需求是指消费者对产品或服务的需求呈现下降的状态。需求减少的原因有很多，如消费者的偏好转移，或者是消费者需求总量降低等。例如，市面上移动手机普及之后，消费者对固定座机的需求就是下降需求。市场营销管理的任务是提振市场需求，分析市场需求降低的原因，改进产品或服务的质量与特色，重新刺激需求，扭转需求下降的态势。

5. 不规则需求

不规则需求是指消费者对某种产品或服务在不同的年份或一年中的不同时间内，甚至是一天中的不同时间内，产生较大的需求波动这样一种状态。举例来说，居民的用电需求波动很明显，白天的用电需求明显大于凌晨用电需求；城市的出租车使用需求波动也很明显，高峰期的用车需求明显大于夜间的用车需求。此时市场营销管理的任务是协调市场需求，通过多种手段，如波峰波谷灵活定价等措施调节需求的产生时间，使产品或服务的供给与需求在时间上保持相对一致。

6. 充分需求

充分需求是指消费者对某种产品或服务当前的需求水平与预期需求水平保持相对一致的状态。充分需求是企业追求的一种理想状态，但现实是，在动态的市场竞争过程中，消费者的偏好在变化，内外部环境也在变化，包括企业自身也有变化，因此要达到充分需求是比较难的。在充分需求的情况下，市场营销管理的任务是维持当前市场需求，通过改进产品或服务的质量，保持或降低产品或服务的价格，提升消费者满意度，维持目前的需求水平。

7. 过量需求

过量需求是指消费者对某种产品或服务的需求比企业实际能够提供的产品或服务要多，或者说企业提供的产品或服务满足不了消费者的实际需求。以一些网红产品为例，其门店经常出现人满为患的现象,供不应求,这就是过量需求的表现。在这种情况下,市场营销管理的任务就是降低市场需求或者提高供应量。降低市场需求有很多办法,如提高价格、减少服务、减少促销、退出盈利较少的细分市场等。需要注意的是,降低市场需求水平可以是暂时性措施或永久性措施;同时,降低市场需求并不意味着杜绝需求,而是降低一定量的需求水平。

8. 有害需求

有害需求是指消费者对某种有害产品或服务的需求。例如,吸烟有害健康且污染环境,对香烟的需求就属于有害需求。在这种情况下,市场营销管理的任务是反市场需求,尽量让消费者放弃对有害产品或服务的需求。具体措施包括宣传该产品或服务的有害性甚至是违法性、大幅度提高产品或服务的价格、停止生产或供应等。值得注意的是,反市场需求与降低市场需求是不一样的,反市场需求是消灭需求,而降低市场需求只是减少需求。

三、市场营销管理的过程

战略计划过程从较为宏观的角度阐明了企业如何找到需要重点关注与经营的领域和业务,而市场营销管理过程则较为具体地阐述在确定关注领域与业务后,企业应当如何系统性地在这个业务领域寻找市场机会,进而再找准时机,将市场机会转变为企业机会。市场营销管理过程就是企业发现机会、分析机会、选择机会、利用机会的动态管理过程,进而实现企业的营销任务。具体而言,市场营销管理过程包括了分析市场机会、选择目标市场、设计市场营销组合、管理市场营销活动四个步骤。

(一)分析市场机会

市场需求总是在不断变化中,产品也有其生命周期,因此,企业不能只依靠某一个产品维持生产经营,必须经常寻找合适的市场机会。具体而言,企业可以采取以下办法分析市场机会。

(1) 广泛搜集市场信息。企业营销人员可以通过阅读报纸期刊、浏览网页、使用多种社交媒体、参加展销会、研究竞品、组织消费者访谈等方式,寻找发现新的市场机会。

(2) 分析产品市场矩阵。营销人员可以使用产品市场发展矩阵来寻找新的、合适的市场机会。分析产品市场矩阵是发现市场机会的一种非常有用的办法。

【营销实例3-5】
扫一扫,帮生产电动牙刷的公司的管理人员做出抉择。

(3) 进行市场细分。企业营销人员可以通过市场细分寻找合适的市场机会,并对各种市场机会进行评价,决定哪些市场机会能够成为对企业真正有利的机会。

(4) 进行协同分析。协同分析是指寻找营销效率和研发—生产效率之间的平衡性分析,进而发现市场机会。换言之,协同分析要解决的是"我在这个新的机会中行不行、是否能够很好地发展"这个问题。一般而言,企业可以通过寻找新市场或通过产品开发来取得内部协同,也可以通过兼并或收购来获得外部协同。

市场机会能否成为企业的有利机会，需要看这种市场机会与企业的愿景、目标、任务是否一致，而且还要看该企业是否能够利用已有资源，使用好这个市场机会，获得比其他潜在竞争者更大的竞争优势，即获得更大的差别优势。

【营销实例3-6】

扫一扫，帮"龙门架"找一个合适的销售商。

(二)选择目标市场

企业营销人员在选定企业机会后，需要进一步做市场营销研究和信息分析的工作，分析营销环境，了解消费者和生产者的心理，以决定企业将通过生产经营哪些产品、进入何种目标市场。在这一环节，营销人员需要回答以下几个问题：谁将购买这些产品？他们的心理价位是多少？他们要买多少？他们将在哪里购买这些产品？竞争对手又是谁？他们的资源和能力怎样？

企业选择目标市场，可以考虑以下几个策略。

(1) 市场集中化。市场集中化是指企业只考虑一个目标市场，只生产一类产品，只面向一类顾客人群。由于集中关注某一个市场，企业对这个市场的需求更为了解，进而能够更好地树立企业形象。同时，企业通过专业化分工的形式，可以有效实现规模经济效益。

【营销实例3-7】

扫一扫，看看留学中介服务机构与贵州茅台之间有什么关系。

(2) 选择专业化。选择专业化是指企业用不同的产品，分别有选择地进入几个子市场，这些子市场彼此之间没有太多的联系，每个子市场的盈利潜力都很好，企业的已有资源也可以很好地满足这些子市场，如企业将 A 产品投入 B 市场，将 C 产品投入 D 市场，将 E 产品投入 F 市场。正所谓"将鸡蛋放在不同的篮子里"，企业选择不同的子市场有助于企业分散风险。但是选择专业化也分散了企业自身已有的资源和力量，因此选择该策略的企业一般具有比较强的实力。例如，新希望集团就涉足了农业、房产、化工、金融、投资等领域，而这些领域之间的关联性比较小。

(3) 产品专业化。产品专业化是指将同一种产品销售到不同的子市场。企业采用这种策略，有助于企业在这个产品领域中树立良好的企业形象，但是如果有新产品、新技术的出现，企业就容易面临经营危机。例如，柯达胶卷曾经风靡全球，柯达公司在胶卷领域有着非常好的企业形象，但是随着数码相机和智能手机的出现，胶卷逐渐退出了人们的视野，柯达公司也不得不面临效益滑坡的窘状。

(4) 市场专业化。市场专业化是指企业集中自己的所有资源，满足某一个顾客群体的各种需要。产品专业化是为不同的市场提供相同的产品，而市场专业化是为相同的市场提供不同的产品。市场专业化有助于企业在某一顾客群体中建立良好的企业形象。但是如果顾客需求发生了变化，企业就容易面临经营困难。

(5) 市场全面化。市场全面化是指企业为所有顾客群体提供他们在所有市场中所需要的所有产品或服务。消费者的需求各异,因此能够实行市场全面化策略的公司往往是实力非常强大的大型企业。

(三)设计市场营销组合

市场营销组合是指企业为了满足目标顾客群体的需要,而将各种可控制的变量加以组合。一般而言,市场营销组合包括以下四个基本的变量:产品、价格、渠道和促销。产品是指企业能够给目标市场所提供的产品和服务的总和,包括产品质量、品牌、包装、外观、服务、退换货等。价格是指顾客购买商品时的价格,包括价格、折扣、支付期限、信用条件等。渠道是指企业使产品或服务进入目标市场所进行的活动总和,包括渠道选择、仓储、运输等。促销是指企业促进顾客购买所进行的活动总和,包括广告、宣传、人员推销等。市场营销组合是可控制变量的组合,因为企业可以根据实际需求,对这几个变量进行合理变化与搭配。当然,企业的各种市场营销活动,还受到外部的微观和宏观环境影响,而这些都是企业难以控制的,即"不可控变量",所以市场营销组合需要适当安排,使之与不可控变量相适应,进而成功保证市场营销活动的开展。

(四)管理市场营销活动

市场营销活动的管理是整个市场营销活动中一个很重要的步骤,对于市场营销活动而言意义重大。市场营销活动管理主要包括市场营销计划、组织执行和控制。对整个市场营销活动进行管理,有助于企业实现其战略和目标,如果没有对市场营销活动的有效管理,那么之前所做的计划都是没有任何意义的。因此,企业在制订市场营销计划之后,往往需要付出更多的努力来执行市场营销计划,并确保市场营销计划在预定的轨道上发展。

四、市场营销信息系统

市场营销信息系统是指由人员、计算机程序及数据构成的相互作用复合体。企业通过收集、分析、评估、分配相关市场营销信息,为市场营销管理者改进市场营销计划、管理市场营销执行流程、加强市场营销工作的控制提供信息依据。市场营销信息系统收集外部环境的市场营销数据,然后将这些数据加以转换,并通过市场营销信息流程传递给管理者,为管理者就市场营销计划的制订提供参考依据。

(一)市场营销环境

市场营销信息系统是企业收集、处理、使用相关环境数据的工具。相关环境包括微观环境与宏观环境,这些环境含义广泛,且经常变化。企业在制定决策时,首先需要明确哪些范围内的哪些环境需要被考虑。不同的企业需要考虑的市场营销环境是不同的,但一般而言,企业往往需要收集与消费者和竞争者相关的数据,如地区人口、消费方式、物价水平、竞争者能力等。企业从获取数据到管理层做出决策,需要一定的时间,而这一段时间对于企业的市场营销信息系统来说非常重要。良好的市场营销管理系统往往是高效的,能够为决策者提供快速、准确的信息。

(二)市场营销信息系统的构成

一般而言,市场营销信息系统由以下四个子系统组成。

(1) 内部报告系统。内部报告系统是指向管理者提供企业经营现状的信息系统。企业经营现状包括销售额、经营成本、库存、现金流等。管理者可以以人员、地区、产品类型为类别进行分类，分析产品销售及成本的有关信息。

(2) 市场营销情报系统。市场营销情报系统是指管理者可以用来了解企业外部环境发展状况的信息系统。市场营销情报系统可以将最新的市场信息及时传递给有关管理者。一般而言，企业比较重视普查数据、企业统计数据和市场研究报告这三方面的市场营销情报。

(3) 市场营销调研系统。市场营销调研系统是指对市场需求进行调查研究，并对调查结果进行收集分析，进而将相关数据结果传递给决策者的信息系统。市场营销调研系统通常要提供市场环境、消费者偏好、渠道研究、广告传播评估等信息。该系统的侧重点是特定问题的解决。也就是说，调研系统不仅仅要收集数据，更重要的是将这些数据进行深度挖掘与分析，将所得到的结论提供给管理层参考。

(4) 市场营销分析系统。市场营销分析系统是指以改善经营为目的，借助数理分析模型，使用数据信息处理技术，帮助管理者分析复杂营销问题的信息系统。市场营销分析系统具有先进的统计功能和数理模型分析功能，借助这些程序与功能，管理者可以更容易地发现隐藏在现象之后的普适性规律和更有价值的启示。

【营销新视野3-3】

经济全球化对市场营销调研提出了新的要求。尽管具备挑战，但是全球制造商和销售商现在基本能做到以下几点。

(1) 能够使用相同的假设和研究方法来比较不同国家之间的结果。
(2) 能够使企业内部对各个地区的消费者都有所了解。
(3) 完善工作流程，加速全球化创新。

市场营销调研的发展，受到了企业内外部两股力量的推动，在全球舞台上将继续前进。在当今全球化的发展趋势下，市场营销调研将表现出以下新的特征。

(1) 互联网将被大量运用于跨国消费者的定量市场研究调查。
(2) 跨国调查的分析将会通过大数据进行，而非使用个人台式计算机。
(3) 大部分调查将利用互联网专门小组进行。

(资料来源：卡尔·麦克丹尼尔，小查尔斯·W.兰姆，小约瑟夫·F.海尔. 市场营销学：案例与实践[M]. 上海：格致出版社，2010.)

(三)营销管理者

营销管理者显然是上述四个市场营销信息子系统的受益者。但是，有时候市场营销信息系统的设计存在一些缺陷，其中最容易出现的问题就是信息过载。也就是说，市场营销信息系统里面的信息量过于庞大，管理者没有足够的时间和精力去获取所需要的信息，进而导致市场营销活动效率的降低。因此，市场营销信息系统的设计人员在设计该系统时，需要考虑以下两个方面。

(1) 营销管理者获取信息的作风。不同的管理者在获取信息时具有不同的作风。也就是说管理者在决定如何收集数据、收集哪些数据、需要多少数据等方面是存在差异的。市场营销信息系统的设计人员需要认真考虑该系统的用户友好性，面对具有不同作风的管理者,所设计的市场营销信息系统都能够有效发挥其作用。

(2) 市场营销信息系统的有效性。一个有效的市场营销信息系统一般具有以下特征:一是能够向各级管理者提供该工作所需要的一切相关信息;二是管理者可以使用该系统进行有效的信息筛选;三是提供信息的时间应在管理者能够且应当采取行动的时间之前;四是能提供所需的分析、数据、信息等;五是能提供最新信息,且这些信息容易被了解与掌握。

本 章 小 结

市场营销战略的作用有很多,包括界定变化中的市场机会、进行长期规划、进行资源整合、实现企业可持续发展。分析市场营销战略的方法和工具有很多,如 SWOT 分析法、波士顿矩阵法、通用电气矩阵法等。市场营销的管理过程中,我们需要了解消费者的需求,进而实行有效管理。市场营销管理的过程包括分析市场机会、选择目标市场、设计市场营销组合、管理市场营销活动等。我们可以通过市场营销信息系统对市场营销活动进行管理。

课 后 习 题

一、思考题

1. 战略和战术有什么区别?
2. 战略计划过程的四个步骤是什么?
3. 波士顿矩阵法中,哪个类别的业务单位盈利最大?
4. 通用电气矩阵法中,圆圈大小和阴影分别表示什么?
5. 市场营销管理的任务有哪些?
6. 市场营销管理过程的步骤有哪些?
7. 市场营销信息系统包括哪几个子系统?

二、案例分析

来自德国的大众汽车一直秉持对客户友好的形象,并逐渐获得了成功。"甲壳虫"这款汽车在设计方面具有突破性,帮助大众汽车获得了一批忠实的粉丝。大众汽车曾经拍摄了一条广告,描绘两个年轻人从垃圾堆中找到了一个躺椅,于是将它放入车中,并驾车环游旧金山;在广告的结尾,两个年轻人又将这把躺椅放回了原来的地方。年轻人追逐自由、展示自我的精神在这条广告中获得了极佳的展现。

同时为了突出大众汽车面向年轻人的细分市场,大众公司与苹果公司合作,在每一辆甲壳虫汽车内都安装了一个 iPod 音乐播放。大众公司与苹果公司具有相似的市场受众群体,它们的产品简单、富有个性、与众不同,品牌理念相似。大众汽车与苹果电脑相结合,代表了基于使用者的一次定位。这两家公司都认为,它们的受众群体比市场上的其他消费者更加新潮。

请思考：大众汽车的定位和其同苹果公司的合作，体现出哪种公司营销战略的什么特点？由此可见营销战略在企业的整个发展战略中具有怎样的作用？

三、实操题

【实训目的】

掌握SWOT分析法的实际应用。

【实训内容】

模拟演练：以电气行业为背景，自行收集该行业企业的有关信息，使用SWOT分析法对其目前的经营状况进行分析，并指出该企业下一步发展需要采取何种战略。

【实训组织和要求】

学生进行分组后，首先自行查找并阅读相关材料，然后组织学生进行课堂讨论。

第四章

市场营销环境分析

【学习目标与任务】
- 了解市场营销微观环境内容。
- 了解市场营销宏观环境内容。
- 掌握环境对企业市场营销的影响。

【重点与难点】
- 市场营销环境分析的方法。
- 获取市场营销环境信息的渠道。
- 市场营销微观环境和宏观环境对市场营销的影响。

【能力目标】
- 能够使用市场营销环境分析方法,依据市场环境变化,对企业的市场营销战略的策划和调整做出全面分析。
- 根据市场营销微观环境和宏观环境分析,初步分析出企业生存和发展的环境状况。

第四章　市场营销环境分析

【案例导入】

你的大众消费品如何满足中产的"小众情怀"？

什么是"小众需求"？

一个小女生手握着五月天的歌词瓶可乐——伤心的人别听慢歌——走出便利店时，我仿佛都能读到她一连串的故事。而这也正是她挑选五月天歌词包装的用意——让你们看到"我"的内心，体会到"我"的不同，甚至能通过某种方式，给"我"一些共鸣。这就是一种小众，准确地说，是一种小众情怀。

当我们参加朋友婚宴或生日，或乔迁，或生子，或入学，或升职等很自我的宴请，看见其中各种独特的定制酒时，我所感受到的，是朋友属性之外的个性之美。

这些不同需求引发的"小众消费"，有的甚至超出了产品本身的功用，而消费者自我性的诉求与色彩更加浓厚。

在商业领域，小众之需就是商家重视消费者体验高于利益追求的一种情怀契机。谁触到了消费者的"痛点"与"痒点"，谁就洞悉了消费者的心思与钱包，赚钱，就只是时间问题了。

"小众消费"产生的根源，始于越来越多的人生活变得富足，于是乎，消费动机开始向多样化和个性化发展。经济改变生活，小众消费的核心价值，就是人彰显自我的价值。一切以人为诉求与服务的产品，"满意"就是消费者对产品的最高奖赏。

小众消费者希望拥有话语权，注重品位与形象，不想自己买的东西被别人重复，所以在未来，中产阶层将会成为个性化小众产品的主流消费群体。

目前中国中产阶层这个群体的总量，消费能力强劲而可观。而中产阶层的消费心理、消费模式，与过去的温饱阶层消费者有着本质的区别，是拉动小众消费市场的一支重要力量。

从追求价格到追求价值，中产阶层更关注产品品质，它能给客户带来什么感觉和体验，都会成为衡量一个产品价值的标准，这种完整产品的概念会逐渐深入人心。

大众的"小众需求"和小众的"大众可能"

面临这样的社会与时代变化，"小众"产品有了非常稳定的需求基础，并催生越来越多的厂家商家投入到更加个性化的市场中去。最近几年，有的"小众"产品，完成了大众化；也有的"大众"产品，开始追求"小众"特色……一时间，小众与大众的价值边界，几乎难以再用几个简单的术语来界定。

前者如苹果手机。你会发现，这款曾经被少数人士追捧的手机，如今实现了"小众商品大众化"。又如可口可乐在包装上的创新。从流行词标签，到流行歌词标签，可口可乐在最大程度释放规模化生产效率的前提下，也最大程度上为用户提供了"小众"的可能。

现如今谈"小众"，已经不能基于满足"小部分人的需求"，而应该基于满足"人的小部分需求"。

(资料来源：欧阳瑾，高丽艳. 你的大众消费品如何满足中产的"小众情怀"？[J]. 销售与市场(渠道版)，2017(4).)

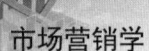
市场营销学

第一节　市场营销环境概述

一、市场营销环境的概念

美国著名市场学家菲利普·科特勒认为，一个企业的营销环境(Marketing Environment)是影响企业的市场和营销活动不可控制的参与者和影响力。具体地说就是"影响企业的市场营销管理能力，是其能否卓有成效地发展和维持与其目标顾客交易及关系的外在参与者和影响力"。因此，市场营销环境是指与企业营销活动有潜在关系的所有外部力量和相关因素的集合。对企业来说，在这些因素里，随时蕴藏着商业机遇和潜在威胁。为此，企业必须经常调查研究环境的现状和预测其发展变化的趋势，善于分析和判断由于环境的发展变化而新出现的机会和威胁，以使企业结合自身的条件，及时采取趋利避害的对策，使企业的营销活动能和周围的环境相适应，以取得最佳的营销效果，达成企业的营销目标。

企业的市场营销环境由微观环境(micro-environment)和宏观环境(macro-environment)组成。微观环境是指与企业紧密相连、直接影响企业营销能力和服务消费者能力的参与者，主要包括企业自身、供应商、营销中介、顾客、竞争者及社会公众。由于这些环境因素对企业的营销活动有着直接的影响，所以又称直接营销环境。宏观环境是指企业无法直接控制的因素，是通过影响微观环境来影响企业营销能力和服务消费者能力的社会力量，主要包括人口、经济、自然、科学技术、政治法律和社会文化。由于这些环境因素对企业的营销活动起着间接的影响，所以又称间接营销环境。微观市场营销环境和宏观市场营销环境之间不是并列关系，而是主从关系。微观市场营销环境受制于宏观市场营销环境，微观市场营销环境中的所有因素均受到宏观市场营销环境中的各种力量和因素的影响。

二、市场营销环境的特点及重要性

(一)市场营销环境的特点

为了更好地把握和理解市场营销环境，我们首先要了解其特点。其主要特点如下。

1. 客观性

市场营销环境作为一种客观存在，是不以企业的意志为转移的。企业总是在特定的社会经济和其他外界环境条件下生存、发展的。企业从事市场营销活动，就会受到各种各样环境因素的影响和制约，包括微观的、宏观的。因此，企业决策者必须清醒地认识到这一点，要及早做好充分的思想准备，随时应对企业面临的各种环境的挑战。

2. 差异性

市场营销环境的差异性不仅表现在不同的企业受不同环境的影响，而且同样一种环境因素的变化对不同企业的影响也不相同。例如，不同的国家、民族、地区之间在人口、经济、社会文化、政治、法律、地理等各方面存在着广泛的差异性。这些差异性对企业营销活动的影响显然是很不相同的。这种差异可能来自企业所处的地理环境不同、生产经营性质的差别和政府管理上的差异等。由于外界环境因素的差异性，所以企业必须采取不同的营销策略才能应对和适应这种情况。

3. 相关性

营销环境的各种力量并不是彼此孤立的,而是互相关联的,它们互相影响、互相制约、互为条件、互相渗透。这种相关性表现在两个方面:一是某一因素的变化会引起其他因素的互动变化;二是企业营销活动受多种环境因素的共同制约。例如,商品的价格不但要受市场供求关系的影响,而且还要受财政税收政策的影响;企业的产品开发,要受国家环保政策、技术标准、消费者需求特点、竞争者产品、替代性等多种因素的制约。如果不考虑这些外在的力量,生产出来的产品要进入市场也是不可能的。

4. 动态性

营销环境是企业营销活动的基础和条件,但这并不意味着营销环境是一成不变的、静止的。以中国所处的间接营销环境来说,今天的环境与十多年前的环境已经有了很大的变化。例如,国家产业政策过去重点放在重工业上,现在已明显向农业、轻工业倾斜,这种产业结构的变化给企业的营销活动带来了决定性的影响。再如,我国消费者的消费倾向已从追求物质的数量化向追求物质的质量及个性化转变。也就是说,消费者的消费心理正趋于成熟。这无疑对企业的营销行为产生最直接的影响。当然,市场营销环境的变化是有快慢、大小之分的,有的变化快一些,有的变化则慢一些;有的变化大一些,有的则变化小一些。例如,科技、经济等因素的变化相对快而大,因而对企业营销活动的影响相对短且跳跃性大;而人口、社会文化、自然因素等的变化相对慢而小,对企业营销活动的影响相对长而稳定。因此,企业的营销活动必须适应环境的变化,不断地调整和修正自己的营销策略,否则,将会丧失市场机会。

5. 不可控性

影响市场营销环境的因素是多方面的,也是复杂的,并表现出企业的不可控性。例如一个企业不能控制国家的政治法律制度、人口增长和变化趋势等;同样,企业也不可能控制竞争对手的生产经营情况。

6. 可影响性

企业可以通过对内部环境要素的调整与控制,来对外部环境施加一定的影响,最终促使某些环境要素向预期的方向转化。现代营销学认为,企业经营成败的关键,就在于企业能否适应不断变化着的市场营销环境。"适者生存"既是自然界演化的法则,也是企业营销活动的法则,如果企业不能很好地适应外界环境的变化,则很有可能在竞争中失败,从而被市场淘汰。强调企业对所处环境的反应和适应,并不意味着企业对于环境是无能为力或束手无策的,只能消极地、被动地改变自己以适应环境,而是应从积极主动的角度出发,能动地去适应营销环境,或者说运用自己的经营资源去影响和改变营销环境,为企业创造一个更有利的活动空间,然后再使营销活动与营销环境取得有效的适应。

7. 复杂性

营销环境包括影响企业市场营销能力的一切宏观和微观因素,这些因素涉及多方面、多层次,而且彼此相互作用和联系,既蕴含着机会,也潜伏着威胁,共同作用于企业的营销决策。

(二)市场营销环境分析的重要性

现代营销学认为，企业经营成败的关键，就在于企业能否适应不断变化着的市场营销环境。因此，分析和过滤企业外部的各种错综复杂的环境，就变得非常有意义了。

(1) 市场营销环境分析是企业开展市场营销活动的出发点。

企业的生存和发展是以适应环境为前提的，环境是不断变化的，企业的营销活动受周围环境制约，同时它也对周围的环境产生影响。对制约因素和作用对象的分析是企业开展营销活动的首要步骤和前提。社会生产力水平、技术进步变化趋势、社会经济管理体制、国家在一定时期的政治经济任务等，都直接或间接地影响着企业的生产经营活动，左右着企业的发展。环境不断变化，企业应该相应调整战略。成功的企业经营者，都十分重视调查和分析市场营销环境，如果仅仅埋头生产，而忽视了经营环境的变化，结果必然是被市场淘汰出局。

(2) 市场环境的分析有助于企业趋利避害，发现营销机会和避免环境威胁。

市场营销环境对企业有两方面影响：发展空间与环境威胁。营销机会是指企业能取得优势和差别利益的市场条件，如世界杯足球赛的举办带动了各种足球体育用品的需求；环境威胁则是营销环境中对企业营销活动不利的因素。市场营销环境变化按变化状态分为三类：稳定的环境(如食品)；变化缓慢的环境(如石英表)；急剧变化的环境(如石油危机)。营销环境的变化不断制造新的机会和新的威胁，现实生活中，机会与威胁往往同时并存。营销的任务就在于抓住机会，化解威胁，以有力的措施迎接市场的挑战。因此，分析营销环境的变化有助于企业制定和适时调整营销策略，有效地利用环境变化带来的机遇，及时预测和防范环境中出现的不利因素。

(3) 市场营销环境的分析是企业制定和开展具体营销策略的依据。

企业在开展具体营销活动时，必须保证企业的外部环境、内部条件和经营目标之间的动态平衡。通过对内外部环境的分析，企业的营销资源得到最优的配置，并与外部需求取得最佳结合，从而获得最佳的经营效果。例如，针对不同的经济发展水平、社会文化环境，企业需要对营销组合中的诸多因素做出相应的调整，以期达到预期的营销目标。针对不同的产品，也需要对产品性能、市场需求结构、竞争状况以及替代产品的可能性等因素做出分析，以便制定恰当的营销策略。

第二节 企业的微观环境

企业的微观营销环境主要由企业的供应商、营销中介、顾客、竞争者、社会公众以及企业内部参与营销决策的各部门组成。这些因素对企业的营销活动比宏观环境有更加直接的影响，并且企业经过努力对一些因素可以不同程度地加以控制。供应商—企业—营销中介—顾客，这一链条构成了企业的核心营销系统。一个企业的成功，还受到另外两个群体的影响，即竞争者和社会公众。

一、企业

现代企业为了开展营销活动，必须设立某种形式的营销部门。为使企业的营销活动卓有成效地开展，一个企业的市场营销部门由品牌经理、营销研究人员、广告及促销专家、销售经理及销售代表等组成。市场营销部门负责制订现有各个产品、各个品牌及新产品、新品牌的研究开发的营销计划。不仅营销部门内各类专职人员需要尽职尽力通力合作，更重要的是必须与企业内部其他部门，如高层管理、财务部门、研发部门、采购部门、生产部门等协调一致。所有这些企业的内部组织，就形成了企业内部的微观环境。

企业营销活动的成功不仅取决于营销部门很好地运行，还取决于企业不同部门之间的协调活动，营销部门需要取得其他部门的帮助。首先，营销活动需要与高层管理制定企业战略相结合，这意味着企业的战略应该以与重要客户建立营利性的客户关系为中心；营销部门要帮助识别有吸引力的市场机会和评估企业利用这些机会的潜力，为战略规划的制定者提供有用的信息。其次，是企业的其他部门，企业营销活动与其他部门的工作息息相关。例如，沃尔玛是否能以低价向顾客提供合适的产品取决于采购部门能否寻找到合适的供应商，并以低价从供应商那里购买产品；沃尔玛的信息技术部门必须快速而又精准地提供每家门店正在出售产品的信息；同时，沃尔玛的运营部门需要有效、低成本地处理掉商品。可见，企业营销部门必须与其他部门紧密合作，形成有效的价值链。

二、供应商

供应商是指向企业及其竞争者提供生产经营所需资源的企业或个人。供应商所提供的资源主要包括原材料、零部件、设备、能源、劳务、资金及其他用品等。供应商对企业的营销活动有着重大的影响。1992年，科特勒提出了整体市场营销(total marketing)的观点。他认为，从长远利益出发，企业的市场营销活动应囊括构成其内外部环境的所有重要行为者。供应商市场营销就是其中很重要的内容。因这种市场营销活动与产品流动的方向相反，故也称反向市场营销。供应商市场营销主要包括两个方面：一是为选择优秀的供应商严格确定资格标准，如技术水平、财务状况、创新能力和质量观念等；二是积极争取那些业绩卓越的供应商，与它们建立良好的合作关系。

供应商对企业营销活动的影响主要表现在以下三个方面。

1. 供货的稳定性与及时性

原材料、零部件、能源及机器设备等货源的保证，是企业营销活动顺利进行的前提。例如，粮食加工厂需要谷物来进行粮食加工，还需要具备人力、设备、能源等其他生产要素，才能使企业的生产活动正常开展。供应量不足、供应短缺，都可影响企业按期完成交货任务。

2. 供货的价格变动

毫无疑问，供货的价格直接影响企业的成本。如果供应商提高原材料价格，生产企业亦将被迫提高其产品价格，由此可能影响企业的销售量和利润。

3. 供货的质量水平

供应货物的质量直接影响企业产品的质量。从短期来看，企业损失销售额；从长远来看，损害企业在顾客中的声誉。针对上述影响，企业在寻找和选择供应商时，应特别注意两点。第一，企业必须充分考虑供应商的资信状况。要选择那些能够提供品质优良、价格合理的资源，交货及时，有良好信用，在质量和效率方面都信得过的供应商，并且要与主要供应商建立长期稳定的合作关系，保证企业生产资源供应的稳定性。第二，企业必须使自己的供应商多样化。企业过分依赖一家或少数几家供应商，受到供应变化的影响和打击的可能性就大。为了减少对企业的影响和制约，企业就要尽可能多地联系供应商，向多个供应商采购，尽量避免过于依靠单一的供应商，以免与供应商的关系发生变化时，使企业陷入困境。

三、营销中介

(一)营销中介分析的必要性

营销中介是指为企业融通资金、销售产品给最终购买者提供各种有利于营销服务的机构，包括中间商、实体分配公司、营销服务机构(调研公司、广告公司、咨询公司)、金融中介机构(银行、信托公司、保险公司)等。它们是企业进行营销活动不可缺少的中间环节，企业的营销活动需要它们的协助才能顺利进行，如生产集中与消费分散的矛盾需要中间商的分销予以解决，广告策划需要得到广告公司的合作等。

(二)营销中介分析的主要对象

1. 中间商

中间商是指把产品从生产商流向消费者的中间环节或渠道，是协助公司寻找顾客或直接与顾客进行交易的商业企业。中间商对企业营销具有极其重要的影响，它能帮助企业寻找目标顾客，为产品打开销路，为顾客创造地点效用、时间效用和持有效用。一般企业都需要与中间商合作，来完成企业营销目标。为此，企业需要选择适合自己营销风格的合格中间商，必须与中间商建立良好的合作关系，必须了解和分析其经营活动，并采取一些激励性措施来推动其业务活动的开展。

中间商的出现，对促进商品生产和流通的发展起着重要作用，中间商在分销渠道中发挥着重要作用。中间商分两类：代理中间商和经销中间商。代理中间商包括代理人、经纪人、制造商代表，它们专门介绍客户或与客户磋商交易合同，但并不拥有商品持有权。经销中间商包括批发商、零售商和其他再售商，它们购买产品，拥有商品持有权，再售商品。中间商对企业产品从生产领域流向消费领域具有极其重要的影响。在与中间商建立合作关系后，要随时了解和掌握其经营活动，并可采取一些激励性合作措施，推动其业务活动的开展，而一旦中间商不能履行其职责或市场环境发生变化时，企业应及时解除与中间商的关系。现代营销中间商又出现了一些新的形式，它是由系统化、集团化的大集团组织构成的，它们的代表形式有连锁商店、特许经营、购物中心和制造商的销售公司。

2. 营销服务机构

营销服务机构是指企业营销中提供专业服务的机构，包括广告公司、广告媒介经营公司、市场调研公司、营销咨询公司、财务公司等。这些机构对企业的营销活动会产生直接的影响，它们的主要任务是协助企业确立市场定位，进行市场推广，提供活动方便。一些大企业或公司往往有自己的广告和市场调研部门，但大多数企业则以合同方式委托这些专业公司来办理有关事务。为此，企业需要关注、分析这些服务机构，选择最能为本企业提供有效服务的机构。

3. 物资分销机构

物资分销机构是指协助企业储存产品和把产品从原产地运往销售目的地，帮助企业进行保管、储存、运输的物流机构，包括仓储公司、运输公司等。其主要任务是协助企业将产品实体运往销售目的地，完成产品空间位置的移动。到达目的地之后，还有一段待售时间，还要协助保管和储存。这些物流机构是否安全、便利、经济直接影响企业的营销效果。因此，在企业营销活动中，必须了解和研究物资分销机构及其业务变化动态。

4. 金融机构

金融机构是指企业营销活动中进行资金融通的机构，包括银行、信托公司、保险公司等。金融机构的主要功能是为企业营销活动提供融资及保险服务。在现代化社会中，任何企业都要通过金融机构开展经营业务往来。金融机构业务活动的变化还会影响企业的营销活动。例如，银行贷款利率上升，会使企业成本增加；信贷资金来源受到限制，会使企业经营陷入困境。为此，企业应与这些公司保持良好的关系，以保证融资及信贷业务的稳定和渠道的畅通。

四、顾客

(一)顾客分析的必要性

顾客，亦即目标市场，是指使用进入消费领域的最终产品或劳务的消费者和生产者，也是企业营销活动的最终目标市场。企业与供应商和中间商保持密切关系的目的，是为了有效地向目标市场提供商品与劳务。没有顾客就没有市场，企业的生命力体现在顾客的高度信任和忠诚上。顾客是企业产品销售的市场或服务的对象，是企业经营活动的出发点和最终归宿，或者说是企业赖以生存和发展的支柱。企业的一切活动都必须以顾客的需求为中心，想顾客所想、应顾客所需，用适销对路的产品把顾客紧紧地吸引住，只有这样才能在市场经济的浪潮中立于不败之地。顾客对企业营销的影响程度远远超过前述的环境因素。顾客是市场的主体，任何企业的产品和服务，只有得到了顾客的认可，才能赢得这个市场，现代营销强调把满足顾客需要作为企业营销管理的核心。

(二)顾客分析的市场类型

(1) 消费者市场，指为满足个人或家庭消费需求购买产品或服务的个人和家庭。

(2) 生产者市场，指为生产其他产品或服务，以赚取利润而购买产品或服务的组织。

(3) 中间商市场，指购买产品或服务以转售，从中营利的组织。

(4) 政府市场，指购买产品或服务，以提供公共服务或把这些产品及服务转让给其他需要的人的政府机构。

(5) 国际市场，指国外购买产品或服务的个人及组织，包括外国消费者、生产商、中间商及政府。

上述五类市场的顾客需求各不相同，要求企业以不同的方式提供产品或服务，它们的需求、欲望和偏好直接影响企业营销目标的实现。为此，企业要注重对顾客的研究，分析顾客的需求规模、需求结构、需求心理以及购买特点，这是企业营销活动的起点和前提。企业应该从不同的角度对顾客进行细分，以便掌握不同类型顾客各不相同的需求特点和购买方式，使企业的营销活动能够针对不同类型顾客的需要进行，只有这样企业才有可能取得成功。

五、竞争者

(一)分析竞争者的必要性

竞争是商品经济的必然现象。在商品经济条件下，任何企业在目标市场进行营销活动时，都不可避免地会遇到竞争对手的挑战。即使在某个市场上只有一个企业在提供产品或服务，没有"显在"的对手，也很难断定在这个市场上没有潜在的竞争对手。

企业竞争对手的状况将直接影响企业营销活动，如竞争对手的营销策略及营销活动的变化就会直接影响企业营销，最为明显的是竞争对手的产品价格、广告宣传、促销手段的变化，以及产品的开发、销售服务的加强都将直接对企业造成威胁。为此，企业在制定营销策略前必须先弄清竞争对手，特别是同行业竞争对手的生产经营状况，做到知己知彼，有效地开展营销活动。竞争者的类型一般包括以下四种。

1. 愿望竞争者

愿望竞争者是指提供不同产品、满足不同消费欲望的竞争者。

2. 一般竞争者

一般竞争者是指满足同一消费欲望的不同产品之间的可替代性，是消费者在决定需要的类型之后出现的次一级竞争，也称平行竞争。

3. 产品形式竞争者

产品形式竞争者是指满足同一消费欲望的同类产品不同产品形式之间的竞争。消费者在决定了需要的属类产品之后，还必须决定购买何种产品。

4. 品牌竞争者

品牌竞争者是指满足同一消费欲望的同种产品形式但不同品牌之间的竞争。

(二)竞争者分析的内容

一般来说，企业在营销活动中需要了解竞争企业的数量多少、规模大小和能力强弱，竞争企业对产品的依赖程度，竞争企业所采取的营销策略及其对其他企业策略的反映程度等内容，具体分析将在第八章中阐述。

六、社会公众

(一)社会公众分析的必要性

社会公众是指企业在营销活动中与企业营销活动发生关系的各种群体的总称。社会公众对企业的态度，会对其营销活动产生巨大的影响，它既可以有助于企业树立良好的形象，也可能妨碍企业的形象。因此企业必须处理好与主要公众的关系，争取公众的支持和喜爱，为自己营造和谐、宽松的社会环境。

(二)社会公众分析的对象

1. 财务公众

财务公众是指影响企业融资能力的金融机构,如银行、投资公司、证券经纪公司、保险公司等。

2. 媒介公众

媒介公众是指报纸、杂志社、广播电台、电视台等大众传播媒介,还有互联网等新媒体,它们对企业的形象及声誉的建立具有举足轻重的作用,能直接影响社会舆论对企业的认识和评价。

3. 政府公众

政府公众是指负责管理企业营销活动的有关政府机构。企业在制订营销计划时,应充分考虑政府的政策,研究政府颁布的有关法规和条例。

4. 社团公众

社团公众是指保护消费者权益的组织、环保组织及其他群众团体等。企业营销活动关系到社会各方面的切身利益,必须密切注意并及时处理来自社团公众的批评和意见。

5. 社区公众

社区公众是指企业所在地附近的居民和社区组织。

6. 一般公众

一般公众是指上述各种公众之外的社会公众。一般公众虽然不会有组织地对企业采取行动,但企业形象会影响他们的惠顾。

7. 内部公众

内部公众是指企业内部的公众,包括董事会、经理、企业职工。

所有这些公众,均对企业的营销活动有着直接或间接的影响,处理好与广大公众的关系,调动公众开展市场营销活动的积极性和创造性,是企业营销管理的一项极其重要的任务。

第三节 企业的宏观环境

宏观营销环境是指对企业营销活动造成市场机会和环境威胁的主要社会力量。分析宏观营销环境的目的在于更好地认识环境,通过企业营销努力来适应社会环境及其变化,达到企业营销目标。

宏观市场营销环境的变化对企业产生的影响可以从两个方面进行分析。一是宏观市场营销环境的变化对企业的市场营销活动产生有利的影响,这对企业是一种环境机会。二是宏观市场营销环境的变化对企业的市场营销活动产生不利的影响,这对企业是一种环境威胁。面对市场机会吸引力和威胁程度不同的营销环境,需要通过环境分析来评估市场机会与环境威胁,进而提出相应的对策。通常,企业可采用机会分析矩阵图和威胁分析矩阵图来分析、评价营销环境。

一、人口环境

人口学研究人口的数量、密度、所在地、年龄、性别、种族、职业和其他的人口统计变量。人口是构成市场的第一因素，人口环境因素是营销者关注的重点，因为它包括人，以及由人组成的市场。市场是由具有购买欲望与购买能力的人所构成的，人口的多少直接决定着市场的潜在容量，人口越多，市场规模就越大。而人口的性别、年龄结构、地理分布、婚姻状况、出生率、死亡率、人口密度、人口流动性及其受教育程度等人口特性会对市场格局产生深刻影响，并直接影响企业的市场营销活动。对人口环境的分析可包括以下几方面的内容。

(一)人口数量分析

人口数量是决定市场规模的一个基本要素。人口数量的多少与社会购买力水平的高低并没有必然的联系，一个人口众多的发展中国家的总体购买力可能比一个人口少得多的发达国家的总体购买力水平低。但是，由于人们的购买力总是首先投向基本消费品，人口越多，这部分基本消费需求及其派生出来的产品需求的绝对数量就会越大，对于那些与生产基本消费品相关的企业，这是一种发展机遇。企业营销首先要关注所在国家或地区的人口数量及其变化，尤其对人们生活必需品的需求内容和数量影响很大。

从世界范围看，发达国家的人口出生率下降，儿童减少。这种人口动向对儿童食品、用品、服装、玩具等行业是一种环境威胁。因此，近几年来美国等发达国家某些经营儿童食品和用品的公司，或者到人口出生率高的国家去寻找市场，或者采取"转移"的对策，改行经营其他业务，如美国吉宝公司过去经营儿童食品，现在转向老年人食品、人寿保险等盈利较多的行业。此外，这种人口动向对某些行业有利。例如，许多年轻夫妇有更多的闲暇时间和资金用于旅游、在外用餐、娱乐，因而给旅游业、餐饮业、体育娱乐业提供了有吸引力的市场机会，促进了第三产业的发展。

(二)地理分布

人口有地理分布上的区别，人口在不同地区密集程度是不同的。各地人口的密度不同，则市场大小不同、消费需求特性不同。居住在不同地区的人们由于地理位置、气候条件、传统文化、生活习惯的不同，而表现出消费习惯和购买行业的差异。南方和北方、热带和寒带、山区和平原等不同地理环境的人口在消费需求方面有显著差异。另外，特别值得企业营销者关注的是人口的流动性和人口迁移的趋势。在我国，劳动力迁移和收入水平的提高致使城镇居民的数量增加，这种城市迁移的主要趋势是小家庭数量的增加，以及年轻人为了寻求更大的机会选择更早地离开家庭。

(三)人口结构分析

1. 年龄结构

不同年龄的消费者对商品和服务的需求是不一样的。不同年龄结构就形成了具有年龄特色的市场。企业了解不同年龄结构所具有的需求特点，就可以决定企业产品的投向，寻找目标市场。更重要的是，按出生日期对人口进行界定可能不如按生活方式或生命阶段进行细分有效。

2. 性别结构

男性市场和女性市场在需求上表现为明显的差异性，这种差异为营销带来了契机。企业可以针对不同性别的不同需求，生产适销对路的产品，制定有效的营销策略，开发更大的市场。例如，传统的化妆品市场一直是女性的专属，但是近年来，企业纷纷推出了针对男性特点的化妆品；在饮料市场，商家推出了主要面向男性的运动功能饮料，面向女性的减肥可乐等。

3. 受教育程度

人口的受教育程度不同，对市场需求表现出不同的倾向。随着高等教育规模的扩大，人口的受教育程度普遍提高，影响着一定的社会生产力、生产关系和经济状况。受教育人口数量的上升会带来对高质量产品、书籍、杂志、旅游、电子产品和网络服务的需求的增长。

4. 家庭结构

家庭是商品购买和消费的基本单位。一个国家或地区的家庭单位的多少以及家庭平均人员的多少，可以直接影响某些消费品的需求数量。随着经济的发展、劳动力的流动和家庭观念的更新，家庭结构呈现小型化、特殊化趋势，作为营销者应当考虑非传统家庭的特殊需求，反映到市场上就是对某些以家庭为购买单位的商品的营销，多开发一些小型化产品，在数量、规格、型号、包装上适应现代家庭的需求状况。

5. 民族结构

例如，我国是一个多民族的国家。民族不同，其文化传统、生活习惯也不相同。具体表现在饮食、居住、服饰、礼仪等方面的消费需求都有自己的风俗习惯。企业营销要重视民族市场的特点，开发适合民族特性、受其欢迎的商品。

【营销实例4-1】
扫一扫，阅读案例"深探药妆狂热现象"。

二、经济环境

市场不仅需要一定的人口数量，还需要有购买力。经济环境是影响企业营销活动的主要环境因素，它包括收入因素、消费支出、产业结构、经济增长率、货币供应量、银行利率、政府支出等因素，其中收入因素、消费结构对企业营销活动影响较大。

(一)消费者收入的变化

收入因素是构成市场的重要因素，甚至是更为重要的因素。营销者在关注平均收入的同时也应该关注收入分配。这种收入分配会创造一个阶梯式市场。

1. 个人可支配收入

个人可支配收入是指在个人收入中扣除消费者个人缴纳的各种税款和交给政府的非商

业性开支后剩余的部分,可用于消费或储蓄的那部分个人收入,它构成实际购买力。个人可支配收入是影响消费者购买生活必需品的决定性因素。

2. 个人可任意支配收入

个人可任意支配收入是指在个人可支配收入中减去用于维持个人与家庭生存不可缺少的费用(如房租、水电、食物、燃料、衣着等项开支)后剩余的部分。这部分收入是消费需求变化中最活跃的因素,也是企业开展营销活动时所要考虑的主要对象。因为这部分收入主要用于满足人们基本生活需要之外的开支,一般用于购买高档耐用消费品、旅游、储蓄等,它是影响非生活必需品和劳务销售的主要因素。

3. 家庭收入

很多产品是以家庭为基本消费单位的,如冰箱、抽油烟机、空调等。因此,家庭收入的高低会影响很多产品的市场需求。一般来讲,家庭收入高,对消费品需求大,购买力也大;反之,需求小,购买力也小。需要注意的是,企业营销者在分析消费者收入时,还要区分货币收入和实际收入。只有实际收入才影响实际购买力。因为,实际收入和货币收入并不完全一致,由于通货膨胀、失业、税收等因素的影响,有时货币收入增加,而实际收入却可能下降。实际收入即是扣除物价变动因素后实际购买力的反映。

(二)消费者支出模式和消费结构的变化

随着消费者收入的变化,消费者支出模式会发生相应变化,继而使一个国家或地区的消费结构也发生变化。西方一些经济学家常用恩格尔系数来反映这种变化。恩格尔系数表明,在一定的条件下,当家庭个人收入增加时,收入中用于食物开支部分的增长速度要小于用于教育、医疗、享受等方面的开支增长速度。食物开支占总消费量的比重越大,恩格尔系数越大,生活水平越低;反之,食物开支所占比重越小,恩格尔系数越小,生活水平越高。

食物、住房和交通用去了家庭收入的大部分,而且消费者在不同生活方式或生命阶段有不同的支出模式。据调查,没有孩子的年轻人家庭,往往把更多的收入用于购买冰箱、电视机、家具、陈设品等耐用消费品上,而有孩子的家庭,则在孩子的娱乐、教育等方面支出较多,而用于购买家庭消费品的支出减少。当孩子长大独立生活后,家庭收支预算又会发生变化,用于保健、旅游、储蓄部分就会增加。

(三)消费者储蓄和信贷情况的变化

一般情况下消费者并不是将其全部收入完全用于当前消费,而会把收入的一部分以各种形式储蓄起来,如银行存款、债券、股票等,以求保值增值,又能积少成多。这是一种推迟了的、潜在的购买力。企业营销人员应当全面了解消费者的储蓄情况,储蓄目的的不同,往往也会影响潜在需求量、消费模式、消费内容、消费发展方向的不同。这就要求企业营销者在调查、了解储蓄目的的基础上,制定不同的营销策略,为消费者提供有效的产品和服务。

消费者信贷对购买力的影响也很大。所谓消费者信贷,就是消费者凭信用先取得商品使用权,然后按期归还贷款,以购买商品。这实际上就是消费者提前支取未来的收入,提前消费。消费者信贷主要有：短期赊销；购买住宅分期付款；购买昂贵的消费品分期付款；信用卡信贷等几类。信贷消费允许人们购买超过自己现实购买力的商品，从而创造了更多的就业机会、更多的收入以及更多的需求；同时，消费者信贷还是一种经济杠杆，它可以调解积累与消费、供给与需求的矛盾。当市场供大于求时，可以发放消费信贷，刺激需求；当市场供不应求时，必须收缩信贷，适当抑制、减少需求。消费者信贷把资金投向需要发展的产业，刺激这些产业的生产，带动相关产业和产品的发展。

(四)其他间接影响营销活动的经济环境因素

除了上述因素直接影响企业的市场营销活动外，还有一些经济环境因素也对企业的营销活动产生或多或少的影响。

企业的市场营销活动要受到一个国家或地区的整个经济发展水平的制约。经济发展阶段不同，居民的收入不同，顾客对产品的需求也不一样，从而会在一定程度上影响企业的营销活动。

美国学者罗斯顿根据他的"经济成长阶段"理论，将世界各国的经济发展归纳为六个阶段：传统社会阶段、准备起飞阶段、起飞阶段、走向成熟阶段、大众消费阶段和超越大众消费阶段。经济成长阶段的特征如下。

(1) 传统社会阶段。此阶段没有现代科学技术，主导产业是农业。

(2) 准备起飞阶段。此阶段是从传统社会向起飞阶段转变的过渡阶段，农业产量的增长具有重要意义。主导部门是工业部门，如食品、饮料、烟草、水泥。

(3) 起飞阶段。增长成为各部门的正常现象。此阶段农业劳动力逐渐从农业中解脱出来，进入城市劳动，人均收入大大提高。主导产业体系是非耐用消费品的生产部门(如纺织业)和铁路运输业。

(4) 走向成熟阶段。起飞后经济持续发展，已经有效吸收了当时技术的先进成果，并有能力生产自己想要生产的产品。主导部门是重化工业和制造业体系，如钢铁、机械和肥料。

(5) 大众消费阶段。此阶段工业高度发达，经济主导部门转向耐用消费品部门，主导部门是耐用消费品工业(如汽车)。

(6) 超越大众消费阶段。此阶段以服务业为代表的提高居民生活质量的有关部门成为主导部门。

在这几个阶段中，起飞阶段是关键，是社会发展过程中的重大突破。主导产业的更替和科学技术的进步是决定区域经济发展处于哪个阶段的主要因素。在不同发展阶段的国家开展营销活动，其营销策略也不同。

三、自然环境

自然环境是指营销者所需要或受营销活动所影响的自然资源。营销学上的自然环境，主要是指自然物质环境，即自然界提供给人类的各种形式的物质财富，如矿产资源、森林资源、土地资源、水力资源等。自然环境也处于发展变化之中。当代自然环境最主要的动向是，自然资源日益短缺，能源成本趋于提高，环境污染日益严重，政府对自然资源的管理和干预不断加强。所有这些，都会直接或间接地给企业带来威胁或机会。因此，企业必须积极从事研究开发，尽量寻求新的资源或代用品。同时，企业在经营中要有高度的环保责任感，善于抓住环保中出现的机会，推出"绿色产品""绿色营销"，以适应世界环保潮流。例如，控制污染的技术及产品如清洗器、回流装置等，创造了一个极大的市场，并探索出一些不破坏环境的方法去制造和包装产品。

20世纪90年代以来，企业和公众面临的主要问题之一是日益恶化的自然环境。自然环境的发展变化对企业的发展越来越产生强烈的影响。因此，企业的最高管理层必须分析研究自然环境的发展动向。

(一)某些自然资源短缺或即将短缺

地球上的资源包括无限资源、可再生有限资源和不可再生资源。目前，这些资源不同程度上都出现了危机。

无限资源，如空气和水等。从总体上讲是取之不尽、用之不竭的，但污染问题严重，亟待解决。此外，近几十年来，世界各国尤其是城市用水量增加很快(估计世界用水量每20年增加一倍)，与此同时，世界各地水资源分布不均，而且每年和各个季节的情况也各不相同，所以目前世界上许多国家和城市面临缺水问题。

可再生有限资源，如森林和食物，也必须得到合理的利用。如果人们忽视其得以再生的条件，随时可能因耕地面积的减少、森林的过量采伐、渔业的过度捕捞等多种原因损害这些资源的再生能力而出现短缺。

不可再生资源，如石油、煤和金属等矿物。由于这类资源将随着开发利用的程度而相应减少，最后不可避免地趋于耗竭。在这种情况下，就需要研究与开发新的资源和原料，这就给某些企业带来了新的市场机会，如新能源汽车的商业化、风力发电的推广等。

(二)环境污染日趋严重

在许多国家，随着工业化和城市化的发展，环境污染程度日益增加，公众对这个问题越来越重视。这种动向一方面对那些造成污染的行业和企业就是一种环境威胁，它们在社会舆论的压力和政府的干预下，不得不采取措施控制污染；另一方面，这种动向给控制污染、研究和开发不致污染环境的行业和企业带来了新的市场机会。

(三)政府对自然资源管理的干预日益加强

随着经济发展和科学进步，许多国家的政府对自然资源管理加强了干预。但是，政府为了社会利益和长远利益而对自然资源加强干预，往往与企业的经营战略和经济效益相矛盾。例如，为了控制污染，企业必须购置昂贵的控制污染设备，这样就可能影响企业的经济效益。目前我国最大的污染制造者是工厂，如果政府按照法律和规定的污染标准严格控制污染，有些工厂就要关、停、转，从短期来看，这样可能影响工业的发展。因此，国家必须统筹兼顾地解决这种矛盾，力争做到既能减少环境污染，又能保证企业发展，提高经营效益，以达到经济可持续发展的目的。

对自然环境的关注造就了人们所称的绿色运动。现在，受绿色运动启迪的公司正在开发环境可持续战略并且坚持不懈地实践。有些企业用更加生态安全的产品来满足消费者的需求。有的企业开发可回收和可降解的包装袋，可循环的物料和成分，采取更好的环境控制和更多的能源效率措施。可见，企业意识到健康生态和健康经济之间的关系，意识到环保行动也是一个好的商机。企业对资源和环境有保护的义务，消费者判断企业的一种视角是看企业的环境可持续承诺。

四、科学技术环境

企业的科学技术环境是指企业所处的社会环境中的科技要素及与该要素直接相关的各种社会现象的集合。粗略地划分企业的科学技术环境，大体包括四个基本要素：社会科技水平、社会科技力量、国家科技体制、国家科技政策和科技立法。社会科技水平是构成科技环境的首要因素，它包括科技研究的领域、科技研究成果门类分布及先进程度、科技成果的推广和应用三个方面。社会科技力量是指一个国家或地区的科技研究与开发的实力。国家科技体制是指一个国家社会科技系统的结构、运行方式及其与国民经济其他部门的关系状态的总称，主要包括科技事业与科技人员的社会地位、科技机构的设置原则与运行方式、科技管理制度、科技推广渠道等。国家科技政策与科技立法是指国家凭借行政权力与立法权力，对科技事业履行管理、指导职能的途径。

如今，变革性的技术正对企业的经营活动发生着巨大的影响。企业要密切关注与本企业的产品有关的科学技术的现有水平、发展趋势及发展速度，对于新的硬技术，如新材料、新工艺、新设备，企业必须随时跟踪掌握，对于新的软技术，如现代管理思想、管理方法、管理技术等，企业要特别重视。当代企业的科技环境有以下发展趋势：①科技工艺的发展速度越来越快；②创新机会广泛；③研究预算增加；④集中在小的改革上；⑤关于科技工艺革新的法规增多。

科学技术环境是社会生产力中最活跃的因素，它影响着人类社会的历史进程和社会生活的方方面面，对企业营销活动的影响更是显而易见。现代科学技术突飞猛进，科技发展对企业营销活动影响作用表现在以下四个方面。

(一)科技发展促进社会经济结构的调整

每一种新技术的发现、推广都会给有些企业带来新的市场机会，导致新行业的出现。同时，也会给某些行业、企业造成威胁，使这些行业、企业受到冲击甚至被淘汰。例如，计算机的运用代替了传统的打字机，复印机的发明挤排了复写纸，数码相机的出现将夺走胶卷的大部分市场，等等。

(二)科技发展促使消费者购买行为的改变

随着多媒体和网络技术的发展，出现了"电视购物""网上购物"等新型购买方式。人们还可以在家中通过"网络系统"订购车票、飞机票、戏票和球票。工商企业也可以利用这种系统进行广告宣传、营销调研和推销商品。随着新技术革命的进展，"在家便捷购买、享受服务"的方式还会继续发展。

(三)科技发展影响企业营销组合策略的创新

科技发展使新产品不断涌现，产品生命周期明显缩短，要求企业必须关注新产品的开发，加速产品的更新换代。科技发展运用降低了产品成本，使产品价格下降，并能快速掌握价格信息，要求企业及时做好价格调整工作。科技发展促进流通方式的现代化，要求企业采用顾客自我服务和各种直销方式。科技发展促使广告媒体的多样化，信息传播的快速化，市场范围的广阔性，促销方式的灵活性。为此，要求企业不断分析科技新发展，创新营销组合策略，适应市场营销的新变化。

(四)科技发展促进企业营销管理的现代化

科技发展为企业营销管理现代化提供了必要的装备，如计算机、传真机、电子扫描装置、光纤通信等设备的广泛运用，对改善企业营销管理，实现现代化起了重要的作用。同时，科技发展对企业营销管理人员也提出了更高要求，促使其更新观念，掌握现代化管理理论和方法，不断提高营销管理水平。

【营销新视野4-1】

企业在进行技术环境分析时需要回答的有关技术的关键性问题

(1) 公司拥有的主要技术是什么？
(2) 公司在业务活动及产品和零部件生产中采用了何种技术？
(3) 这些技术对各种业务活动及产品和零部件生产的重要程度如何？
(4) 外购的零件及原材料中包含了哪些技术？
(5) 上述外部技术中哪些是至关重要的？为什么？
(6) 企业是否能持续地利用这些外部技术？
(7) 这些技术曾经发生过何种变革？是哪些公司开创了这种变革？
(8) 这些技术在未来可能会发生何种变化？
(9) 公司在以往对关键技术进行了哪些投资？
(10) 公司在技术上的主要竞争者，其以往的和计划的投资内容和投资方式如何？
(11) 公司及其竞争者在产品的研制与设计、工艺、生产及服务等各方面进行了哪些投资？
(12) 人们对各公司的技术水平的主观排序如何？
(13) 公司的业务和产品是什么？
(14) 公司的产品包含哪些零部件？
(15) 这些零部件、产品和业务的成本及价值增值结构是什么？
(16) 以往企业的财务及战略实施绩效如何？
(17) 这些绩效对现金增值和盈利、投资需求、业务增长、企业市场地位及份额的影响如何？
(18) 公司现有技术可以有哪些应用？
(19) 公司实施了哪些应用？没有实施哪些应用？为什么？
(20) 在这些技术应用方面的投资会在多大程度上扩大企业的产品市场、增加企业盈利、增强企业的技术领先优势？这里应当考虑的因素包括：用户需要与需求的变化，当前与正在出现中的细分市场，各细分市场的增长速度，企业的竞争地位及主要竞争者可能会采取的经营战略。
(21) 公司的技术对于各种应用的重要程度如何？
(22) 对这些应用至关重要的其他技术有哪些？

(23) 在各种应用中，不同的技术有哪些区别？
(24) 在各种应用中相互竞争的技术有哪些？决定各种技术各自替代优势的因素是什么？
(25) 这些技术目前正在发生和将要发生哪些变化？
(26) 公司应当考虑实施哪些技术应用？
(27) 公司进行技术资源投资的优先顺序是什么？
(28) 公司为实现目前的经营目标需要哪些技术资源？
(29) 公司应有怎样的技术投资水平及增长速度？
(30) 哪些技术投资应当予以削减或取消？
(31) 为实现企业目前经营目标需要增加哪些新技术？
(32) 公司的技术及业务组合对企业经营战略的影响如何？

(资料来源：https://wiki.mbalib.com)

五、政治法律环境

政治法律环境是影响企业营销的重要宏观环境因素，分为政治环境和法律环境，包括影响和制约企业营销活动的政府机构、法律法规及公众团体等。政治环境引导着企业营销活动的方向，法律环境则为企业规定经营活动的行为准则。政治与法律相互联系，共同对企业的市场营销活动产生影响和发挥作用。政治法律环境的变化往往是突变的，企业必须密切注意国家的每一项政策和立法及其对市场营销所造成的影响，根据政治法律环境来制定营销活动的战略。

(一)政治环境分析

政治环境是指企业市场营销活动的外部政治形势。一个国家的政局稳定与否，会给企业营销活动带来重大的影响。如果政局稳定，人民安居乐业，就会给企业营销营造良好的环境。反之，政局不稳，社会矛盾尖锐，秩序混乱，就会影响经济发展和市场的稳定。企业在市场营销中，特别是在对外贸易活动中，一定要考虑东道国政局变动和社会稳定情况可能造成的影响。

政治环境分析主要分析国内的政治环境和国际的政治环境。对国内政治环境的分析要了解党和政府的各项方针、路线、政策的制定和调整对企业市场营销的影响。对国际政治环境的分析要了解"政治权力"与"政治冲突"对企业营销的影响。政治权力指一国政府通过正式手段对外来企业权利予以约束，包括进口限制、外汇管制、劳工限制、国有化等方面。进口限制是指在法律和行政上限制进口的各项措施：一类是限制进口数量的各项措施；另一类是限制外国产品在本国市场上销售的措施。外汇管制是指一个国家政府对外汇的供需及利用加以限制。国有化是指国家将所有外国人投资的企业收归国有，有的给予补偿，有的不给予任何补偿。劳工限制是指所在国对劳工来源及使用方面的特殊规定。这些"政治权力"对市场营销活动的影响往往有一个发展过程，有些方面的变化，企业可以通过认真地研究分析预测得到。"政治冲突"是指国际上重大事件和突发性事件对企业营销活动的影响，包括直接冲突与间接冲突两种。直接冲突有战争、暴力事件、绑架、恐怖活动、罢工、动乱等给企业营销活动带来的损失和影响；间接冲突主要是指由于政治冲突、国际上重大政治事件带来的经济政策的变化，国与国、地区与地区观点的对立或缓和常常影响其经济政策的变化，进而使企业的营销活动或受到威胁，或得到机会。

国内的政治环境包括政治制度、政党和政党制度、政治性团体、党和国家的方针政策、政治气氛。

国际政治环境主要包括国际政治局势、国际关系、目标国的国内政治环境。

政治环境对企业营销活动的影响主要表现为国家政府所制定的方针政策，如人口政策、能源政策、物价政策、财政政策、货币政策等，都会对企业营销活动带来影响。例如，国家通过降低利率来刺激消费的增长；通过征收个人所得税调节消费者收入的差异，从而影响人们的购买；通过增加产品税，如对香烟、酒等商品征收增值税来抑制人们的消费需求。

(二)法律环境分析

法律环境是指国家或地方政府所颁布的各项法规、法令和条例等，它是企业营销活动的准则，企业只有依法进行各种营销活动，才能受到国家法律的有效保护。近年来，为适应经济体制改革和对外开放的需要，我国陆续制定和颁布了一系列法律法规，如《产品质量法》《企业法》《经济合同法》《涉外经济合同法》《商标法》《专利法》《广告法》《食品卫生法》《环境保护法》《反不正当竞争法》《消费者权益保护法》《进出口商品检验条例》，等等。企业的营销管理者必须熟知有关的法律条文，既保证企业自身严格按法律办事，不违反各项法律，同时又能够用法律手段保障企业自身权益。企业营销人员应熟悉和了解有关经济法规、条例。对法律环境的研究，除了要研究各项与国际、国内市场营销有关的法律、规定，研究有关竞争的法律及环境保护、资源管理方面的条例规定外，还要了解与法律的制定与执行有关的监督、管理服务于企业市场营销活动的政府部门的职能与任务。这样才能保证企业经营的合法性，运用法律武器来维护企业与消费者的合法权益。

法律环境分析主要分析以下几个因素。

(1) 法律规范，特别是和企业经营密切相关的经济法律法规，如《公司法》《中外合资经营企业法》《合同法》《专利法》《商标法》《税法》《企业破产法》等。

(2) 国家司法执法机关。在我国主要有法院、检察院、公安机关以及各种行政执法机关。与企业关系较为密切的行政执法机关有工商行政管理机关、税务机关、物价机关、计量管理机关、技术质量管理机关、专利机关、环境保护管理机关、政府审计机关。此外，还有一些临时性的行政执法机关，如各级政府的财政、税收、物价检查组织等。

(3) 企业的法律意识。企业的法律意识是法律观、法律感和法律思想的总称，是企业对法律制度的认识和评价。企业的法律意识，最终都会物化为一定性质的法律行为，并造成一定的行为后果，从而构成每个企业不得不面对的法律环境。

(4) 国际法所规定的国际法律环境和目标国的国内法律环境。对从事国际营销活动的企业来说，不仅要遵守本国的法律制度，还要了解和遵守国外的法律制度和有关的国际法规、惯例和准则。例如，前一段时间欧洲国家规定禁止销售不带安全保护装置的打火机，这无疑限制了中国低价打火机的出口市场；日本政府也曾规定，任何外国公司进入日本市场，必须要找一个日本公司同它合伙，以此来限制外国资本的进入。只有了解这些国家的有关贸易政策，才能制定有效的营销对策。

【营销实例 4-2】

扫一扫，阅读案例"中美史克：从'PPA事件'中恢复元气"。

六、社会文化环境

社会文化主要指一个国家、地区的民族特征、价值观念、生活方式、风俗习惯、宗教信仰、伦理道德、教育水平、语言文字等的总和。主体文化是指占据支配地位的，起凝聚整个国家和民族的作用，由千百年的历史所形成的文化，包括价值观、人生观等；次级文化是指在主体文化支配下所形成的文化分支，包括种族、地域、宗教等。文化对所有营销的参与者的影响是多层次、全方位、渗透性的。它不仅影响企业营销组合，而且影响消费心理、消费习惯等，这些影响多半是通过间接的、潜移默化的方式来进行的。

社会文化基本上可以分成三大要素：物质文化、关系文化和观念文化。首先，物质文化是指人们在从事以物质资料为目的的实践活动过程中所创造出来的文化成果，以生产力为首要。其次，关系文化是人们在创造、占有和享受物质文化的过程中形成的社会关系，包括以生产关系为基础的经济关系、民族关系、国际关系等，还包括为维护这些关系而建立的各种社会组织形式和与之相应的政治法律制度、社会道德规范等。最后，观念文化是在前两种文化基础上形成的意识形态文化，包括人们在长期的文化历史发展中积淀而成的社会文化心理、历史文化传统、民族文化性格等，以及社会有意识地宣传和倡导的思想理论、理想精神和文学、艺术、宗教、道德等。任何一个社会文化都是这三方面的统一。其中，以价值观为内核的观念文化是最深沉的核心文化，有高度的连续性，不会轻易改变。营销者应分析自己的市场营销活动将涉及哪些层次的文化因素，灵活地采取相应的策略。

任何人都在一定的社会文化环境中生活，存在于特定社会文化环境中的个体，其认识事物的方式、行为准则和价值观等都会异于生活在其他社会文化环境中的人。例如，由于价值观念不同，使得不同的人对周围事物的是非、善恶和重要性的评价不同，即便是同一种款式的商品，甲认为是美的，乙也许认为是丑的。再如，由于风俗习惯、礼仪交往等方面的差异，往往影响销售促进的内容与形式(如广告内容的设计)，致使商务谈判的风格与技巧呈现不同的特点。因此，无论在国内还是在国际上开展市场营销活动，企业都必须全面了解、认真分析所处的社会文化环境，以利于准确把握消费者的需要、欲望和购买行为，正确决策目标市场，制定切实可行的营销方案。对于进入国际市场和少数民族地区的企业来说，这样做尤为重要。

为此，企业应了解和分析社会文化环境，针对不同的文化环境制定不同的营销策略，组织不同的营销活动。企业营销对社会文化环境的研究一般从以下几个方面入手。

1. 教育状况分析

受教育程度的高低，影响消费者对商品功能、款式、包装和服务要求的差异性。通常文化教育水平高的国家或地区，消费者对商品的鉴别力强，容易接受广告宣传和接受新产品，购买的理性程度高，对附加功能也有一定的要求。因此企业营销开展的市场开发、产品定价和促销等活动都要考虑到消费者所受教育程度的高低，使产品的复杂程度、技术性能与之相适应。另外，企业的分销机构和分销人员的受教育程度等，也对企业的市场营销产生一定的影响。

2. 宗教信仰分析

宗教是构成社会文化的重要因素,宗教对人们消费需求和购买行为的影响很大。不同的宗教有自己独特的对节日礼仪、商品使用的要求和禁忌。在具有宗教信仰的目标市场上,宗教信仰对营销活动的影响往往是巨大的,某些宗教组织甚至在教徒购买决策中具有决定性的影响。从市场营销的角度来看,宗教不仅只是一种信仰,更重要的是它反映了消费者的某些理想、愿望和追求。天主教强调礼拜和圣餐仪式,要求教徒绝对依从教会和神职人员。新教则否认世俗生活和宗教生活的差别,主张人们通过努力工作来愉悦上帝。佛教的核心思想与追求财富和世俗成就的思路是格格不入的。这些都对市场营销产生直接或间接的影响。为此,企业在营销活动中也要注意到不同的宗教信仰,以避免由于矛盾和冲突给企业营销活动带来损失。

3. 价值观念分析

价值观念是指人们对社会生活中各种事物的态度和看法,它的形成与个人所处的社会地位、心理状态、时间观念以及对变革和对生活的态度有关。不同文化背景下,人们的价值观念往往有着很大的差异,消费者对商品的色彩、标识、式样以及促销方式都有自己褒贬不一的意见和态度。营销人员应了解目标市场的价值观念状况,有针对性地制定营销措施。例如,一家美国公司在日本市场推销某产品时用的鼓动性口号是曾风靡美国市场的"做你想做的!"但没有达到效果,颇感意外。调查后得知,日本文化与美国文化在价值观上有很大差异,并不喜欢标新立异、突出个性,而是非常强调克己、规矩。后来,这家公司更改口号为"做你应做的!"市场反应转好。口号虽一字之差,引发的思考却耐人寻味。企业营销必须根据消费者不同的价值观念设计产品,提供服务。

4. 消费习俗分析

消费习俗是指人们在长期社会与经济活动中所形成的一种消费方式与习惯。不同的消费习俗,具有不同的商品要求。例如,中华民族对龙凤呈祥、松鹤延年的美好祈盼,在消费者对产品设计、包装、商标、色彩和推销方式的特殊心理偏好上都有反映。色彩禁忌在世界各国之间有很大的不同,主要表现如白色在亚洲一些国家常与死亡有关,成为丧服色,但在欧洲它却代表着纯洁、神圣;黄色在欧美、阿拉伯地区成为禁忌,是绝望和死亡的象征,而在亚洲一些国家它则是一种高贵的颜色,代表着智慧和财富;红色在阿拉伯地区、非洲一些国家如尼日利亚以及美洲的墨西哥不受欢迎,被认为有晦气之意,但在亚洲的中国、印度等国红色则是吉祥色,意味着喜庆和幸福;诸如此类,不一而足。因此,研究消费习俗,不但有利于组织消费用品的生产与销售,而且有利于正确、主动地引导健康的消费。了解目标市场消费者的禁忌、习惯、避讳等是企业进行市场营销的重要前提。

5. 审美情趣分析

审美情趣是指对音乐、艺术、形状、色彩等的鉴赏与偏好,这对产品的包装、命名、广告、宣传等的设计有很大的影响。例如,色彩是人们辨别和认识事物的重要依据,还能够表达一定的感情。世界各国对颜色都有所喜好和禁忌,营销工作者在商品包装以及广告画面上要注意这一点。美国可口可乐公司在我国春节期间推出了一部广告片:红墙红瓦的闽南式建筑,身穿中式蓝色小长衫的胖男孩儿,红色墙上写着巨大的福字,在可口可乐诱人的泡沫中叠映出贴春联、烧佳肴、亲朋好友开怀畅饮的图画。这部广告片的成功在于它的文化创意，其中对色彩的准确使用发挥了重要作用，正是对中国传统色彩红与蓝的认同，才使得东西方文化的交融、古老与现代生活的交融得到认可，并愉快地表现出来。

【营销实例4-3】

扫一扫，阅读案例"可口可乐的中国化"。

本 章 小 结

市场营销环境是企业借以寻找市场机会和密切监视可能受到的威胁的场所，它由能影响企业有效地为目标市场服务的能力的外部所有行动者和力量所组成。企业的营销环境可分为宏观环境和微观环境两类。企业与环境是对立统一的关系，能动地适应环境是企业市场营销成功的关键。

企业的微观环境包括企业自身、供应商、营销中介、顾客、竞争者及社会公众；企业宏观环境包括与企业营销活动密切相关的六大社会力量——人口、经济、自然、科学技术、政治法律、社会文化。分析宏观环境和微观环境的发展变化趋势、可能出现的结果、确定机会与威胁是市场营销环境分析的工作重点。把市场营销环境分析的结果与企业的内部优势与劣势分析相结合，就可以为企业制定出恰当的市场营销战略和策略。

任何一个企业都是在不断变化的整体经营环境中运行的，都是在与其他组织、目标顾客和社会公众的相互协作、竞争、服务和监督中开展市场营销活动的。企业需要全面、深入、及时、准确地了解和把握市场营销环境的现状、特点和发展方向，把握好营销环境发展变化的趋势，才能审时度势、趋利避害地开展营销活动。我国的企业管理决策者应站在新的起点，以全新的思想、视野，接受企业营销环境变化新趋势的挑战，制定与营销环境新趋势相适应的营销战略和组织战略。

课 后 习 题

一、思考题

1. 市场营销环境对企业营销活动产生什么影响？
2. 企业在向目标市场销售产品时，将面临哪些不同类型的竞争？
3. 科学技术的发展对企业经营有什么影响？
4. 举例说明社会文化因素对市场营销的影响。

二、案例分析

韩国现代制胜美国市场

美国是世界上最大的轿车市场，而且也是世界上利润最高的轿车市场。据分析，日本汽车制造商的利润大部分来自北美市场。不难想象，各国汽车制造商都想打入美国市场。

在过去的几年中，进入美国的汽车商中韩国的现代汽车取得了显著的成功。

分析原因有以下三个有利因素。

（1）时机有利。当前世界贸易保护主义盛行，但由于国与国之间的经济发展不平衡，对一个国家的贸易壁垒可能成为其他国家打入市场的绝好机会。由于日本对美国的汽车出口受到所谓"自愿配额"的限制，出口数量停留在每年 230 万辆上。日本采取了向高档车转移的方针，逐步提高售价。美国的三大汽车商出于最优利润的考虑，采取了保持销量、提高售价的做法。这就使低档小型的经济车的市场出现了缺口。这给韩国汽车提供了打入美国市场的机会。

（2）币值有利。由于韩元对美元是稳定的，比价基本不变。因美元对日元大幅度贬值，韩元对日元也就相应贬值，这就使韩国汽车的美元成本大大低于日本汽车的美元成本。

（3）员工素质有利。美国轿车工业趋向于"夕阳工业"，三大美国汽车商相继关闭多条生产线、解雇工人，新一代有才华的青年都不愿去汽车业谋职，使得工人年龄相对上升，素质相对下降。而韩国的汽车工业正处于上升时期，汽车工人社会地位很高，汽车厂可毫不费力地招到最优秀、最能干的工人，而其工资只是美国汽车工人的 1/10。现在韩国汽车工人的平均年龄只有 27 岁，比日本的 34 岁还要年轻 7 岁。

在自己的产品上，现代汽车采用的并不是当代最先进的汽车技术，而是 20 世纪 80 年代初日本三菱汽车公司的技术。这一技术在美国市场上已有 5 年历史，产品可靠、耐用、标准度高，维修非常方便。与之成为对照的日本铃木汽车，采用的是当代最新技术生产的马达，油耗量是轿车问世以来最低的，但其维修难度相应上升，产品成本也相应偏高，而其可靠性、耐久性还是一个问号。

在产品的价格上，现代汽车采用了快速渗透定价策略，比同等级的日本车定价约低 1 000 美元，被美国汽车界评价为"日本技术，韩国价格"。

现代汽车采取了在产品的开发与生产过程中联合，但在销售环节上独立，保证 100%的销售控制的市场运作方法。

在渠道上，现代汽车选择了先出口加拿大，后打入美国的迂回路线。加拿大市场与美国市场极为相似，世界主要厂商均在加拿大销售汽车。由于加拿大市场比美国市场小得多，有问题易于发现，也易于及时解决，代价也小得多。现代汽车采取了"少而精"的网点策略，在全美只建立了总共 200 个经销点，使每个经销点都有较高的销售量，保证了经销商有厚利可图。

现代汽车充分考虑了政治因素，把零部件的采购纳入到整个经营战略中来统一考虑，尽可能地采用美国零部件，以保证其产品有较高的"美国成分"。而在加拿大，现代汽车中的"加拿大成分"也是进口国中最高的。现代汽车集团总经理说，我们必须考虑双向贸易。

（资料来源：https://baike.baidu.com）

请思考：从市场营销角度来看，韩国的现代汽车之所以能成功打入美国市场的原因有哪些？

三、实操题

【实训目的】

(1) 具有分析市场营销宏观环境的能力。

(2) 具有分析市场营销微观环境的能力。

【实训内容】

(1) 分析某一个具体企业的市场营销环境。

要求从宏观环境的政治、经济、社会和技术环境分析；从微观环境的企业自身条件、供应商、营销中介、顾客、竞争者、社会公众环境分析。

(2) 撰写市场营销环境分析报告。

每个小组完成一份市场营销环境分析报告。

【实训组织和要求】

(1) 将学生分组，每组3~5人。

(2) 结合各小组确定分析的具体对象制定分析策划方案。

(3) 完成市场营销分析报告一份。

第五章

市场营销调查与市场需求预测

【学习目标与任务】
- 掌握市场营销调查与预测的内容。
- 了解市场营销调查的方法。
- 掌握市场营销调查报告的撰写。

【重点与难点】
- 市场营销调查与预测的内容。
- 基本市场营销调查方法。
- 基本市场需求预测方法。

【能力目标】
- 能够领会市场调查的内容,掌握市场调查的数据收集的方法。
- 根据市场调查的结果撰写调查报告,并做出市场预测分析。

第五章　市场营销调查与市场需求预测

【案例导入】

开展市场调查，为企业营销决策提供依据

某市场研究公司为深入了解居民的洗衣习惯，曾在全国六大城市开展了一次市场调查。这六大城市分布在不同地域。在实际调查过程中，调查人员在每个城市选择了数百户居民进行入户访问，要求被访者在试用新品洗衣液的同时详细描述洗衣过程。为了不遗漏细节，调查人员还去具体观察了被访者的洗衣方法。此次调查的被访者分布于平房、楼房等不同居住环境，以全面了解因环境不同采用不同洗衣设备而导致的洗衣习惯差异。

根据调查结果，洗衣液公司摄制了广告片，在画面上再现了不同地区居民洗衣的实景，令观众倍感亲切，对新品洗衣液产生了认同和好感，该公司的洗衣液在市场上获得了巨大成功。

(资料来源：楼红平，涂云海. 现代市场调查与预测[M]. 北京：人民邮电出版社，2012.)

第一节　市场营销调查概述

一、市场营销调查的含义

美国市场营销协会指出，市场营销调查具有通过信息将顾客和公众与营销者连接起来的职能。这些信息用于识别、确定营销机会和问题，产生、改进和评估营销活动，监督营销绩效，改进人们对营销过程的理解。市场营销调查规定了解决这些问题所需的信息，设计收集信息的方法，管理并实施信息收集过程，分析结果，最后要沟通所得的信息并理解其意义。

菲利普·科特勒指出，市场营销调查是系统地设计、收集、分析并报告与公司面临的特定市场营销状况有关的数据和调查结果。

我国学者景奉杰提出，市场营销调查是针对企业特定的营销问题，采用科学的研究方法，系统、客观地收集、整理、分析、解释和沟通有关市场营销方面的信息，为营销管理者制定、评估和改进营销决策提供依据。

此外还有，小卡尔·迈克尔丹尼尔认为，市场营销调查是指对与营销决策相关的数据进行计划、收集和分析，并把分析结果向管理者沟通的过程。阿尔文·C.伯恩斯认为，市场营销调查是指对那些可用来解决特定营销问题的信息所进行的设计、分析和报告的过程。

综合不同解释，我们认为市场营销调查就是指运用科学的方法，有目的地、系统地收集、记录、整理有关市场营销信息和资料，分析市场情况，了解市场的现状及其发展趋势，为市场预测和营销决策提供客观的、正确的资料。

市场营销调查的内容很多，有市场环境调查，包括政策环境、经济环境、社会文化环境的调查；有市场基本状况的调查，包括市场规范、总体需求量、市场的动向、同行业的市场分布占有率等；有销售可能性调查，包括现有和潜在用户的人数及需求量、市场需求变化趋势、本企业竞争对手的产品在市场上的占有率、扩大销售的可能性和具体途径等；还可对消费者及消费需求、企业产品、产品价格、影响销售的社会和自然因素、销售渠道等开展调查。

二、市场营销调查的作用

(1) 市场营销调查有助于更好地吸收国内外先进经验和最新技术，改进企业的生产技术，提高管理水平。

当今世界，科技发展迅速，新发明、新创造、新技术和新产品层出不穷，日新月异。这种技术的进步自然会在商品市场上以产品的形式反映出来。通过市场调查，可以得到有助于我们及时地了解市场经济动态和科技信息的资料信息，为企业提供最新的市场情报和技术生产情报，以便更好地学习和吸取同行业的先进经验和最新技术，改进企业的生产技术，提高人员的技术水平，提高企业的管理水平，从而提高产品的质量，加速产品的更新换代，增强产品和企业的竞争力，保障企业的生存和发展。

(2) 为企业管理部门和有关负责人提供决策依据。

任何一个企业都只有在对市场情况有了实际了解的情况下，才能有针对性地制定市场营销策略和企业经营发展策略。在企业管理部门和有关人员要针对某些问题进行决策时，如进行产品策略、价格策略、分销策略、广告和促销策略的制定，通常要了解的情况和考虑的问题是多方面的，主要有：本企业产品在什么市场上销售较好，有发展潜力；在哪个具体的市场上，其预期可销售数量是多少；如何才能扩大企业产品的销售量；如何掌握产品的销售价格；如何制定产品价格，才能保证销售量和利润两方面都能得到提高；怎样组织产品推销，销售费用又将是多少等。这些问题都只有通过具体的市场调查，才可以得到具体的答复，而且只有通过市场调查得来的具体答案才能作为企业决策的依据。否则，就会形成盲目的和脱离实际的决策，而盲目则往往意味着失败和损失。

(3) 增强企业的竞争力和生存能力。

商品市场的竞争由于现代化社会大生产的发展和技术水平的进步，而变得日益激烈化。市场情况在不断地发生变化，而促使市场发生变化的原因，不外乎产品、价格、分销、广告、推销等市场因素和有关政治、经济、文化、地理条件等市场环境因素。这两种因素往往又是相互联系和相互影响的，而且不断地发生变化。因此，企业为适应这种变化，就只有通过广泛的市场调查，及时地了解各种市场因素和市场环境因素的变化，从而有针对性地采取措施，通过对市场因素，如价格、产品结构、广告等的调整，去应付市场竞争。对于企业来说，能否及时了解市场变化情况，并适时适当地采取应变措施，是企业能否取胜的关键。

第二节 市场营销调查的类型和内容

一、市场营销调查的类型

(一)按调查的时间分类

由于市场调查涉及的内容很多，其类型也多种多样。按照不同的分类方法，市场调查可划分为不同的类型。

1. 定期市场调查

定期市场调查是指企业针对市场情况和经营决策的要求，按时间节点定期所做的市场调查。其形式有月末调查、季末调查、年终调查等。通过定期调查，分析研究一定时间内企业所从事的各种经营活动的情况，以便科学地认识市场环境等动态，定期有计划地调整经营活动的指导意见。

2. 不定期市场调查

不定期市场调查又称经常性市场调查。企业在市场营销活动中，需要随时根据市场变化，不断地调整经营部署。为了科学地决策，需要掌握必要的市场信息，由此也就要经常开展市场调查活动。不定期调查按照企业管理、经营决策的要求来进行，每次调查的时间、内容一般都是不固定的。

3. 临时性市场调查

临时性市场调查是指企业投资开发新产品、开拓新市场、建立新的经营机构或者根据市场某些特殊情况而开展的临时性的市场调查活动。这种调查可以了解市场的基本情况，如市场范围、规模、交通条件和竞争对手等。一般来说，这类信息的变化并不十分频繁，在一定时间内有某种相对稳定性，因此，只需针对这些问题做一次性调查，一般就能获取所需的数据资料。

(二)按调查的范围分类

1. 全面调查

全面调查就是普查，是对所要调查研究的对象总体进行逐一的、普遍的、全面的调查。这是全面收集数据资料的一种方法，可以获得较为完整、系统的信息。企业在市场调查中，可以根据经营决策的要求，确定一定的市场范围，对市场情况进行普查。有时，也可用于获得某一方面专项的市场数据资料，如进行商品库存量普查、试销新产品的跟踪调查等。采用全面调查形式，一般要组织专门机构，调配专门人员，在规定的时间内，按照统一要求，分头了解市场某一方面的情况，然后集中进行统计、汇总。

全面调查具有明显的优势，但是在调查实践中较少采用。其主要有以下几个原因。

(1) 全面调查涉及的调查对象数量多、工作量大，需要很长时间才能获得满意结果。

(2) 进行全面调查，要消耗大量的人力、物力、财力。

(3) 进行全面调查，调查质量在很大程度上取决于参与调查人员的知识水平、业务能力、调查经验等因素，每次全面调查开始前还要花费时间进行人员培训。

(4) 全面调查是对市场总体进行逐一调查，但在通常情况下，企业难以做到这一点。

2. 抽样调查

抽样调查是指根据概率统计的随机原则，从被调查的总体中抽出一部分单位作为样本进行调查分析，以此推断总体基本特征的一种非全面性的调查方法。抽样调查分为随机抽样和非随机抽样两大类。随机抽样又有单纯随机抽样、系统随机抽样、分层随机抽样和整群随机抽样等几种类型；非随机抽样则有便利抽样、判断抽样、配额抽样和滚雪球抽样等几种类型。抽样调查具有方法多样、技术性强的特点，是市场调查的一种常用方法。由于样本的选择直接影响调查的质量，因此要特别注意抽样的客观性与代表性，使其特征能较为充分地表现总体特征，避免主观倾向。

(三) 按调查的功能分类

1. 探索性调查

探索性调查又称探测性调查、初步调查，它是市场调查人员对所出现的问题不知症结所在，心中无数，无法确定要调查哪些内容而进行的简单调查。其目的是针对市场营销所存在的问题，探寻关键的变量和主要的联系，为探寻解决问题的途径而获取数据资料，为正式深入调查做好准备。进行探索性调查时，方法要尽量简单，时间要短，关键是要发现问题所在。例如，某公司半年来销售量严重下滑，公司方面不能确定究竟是整个经济大环境所致，还是广告支出减少所致；是因为销售渠道不通畅，还是竞争对手崛起。要解决这一问题，就需要进行探索性调查。

探索性调查主要采用深度访谈或小组座谈会等方法，通过对专家或具有专门知识的人员，如批发商、零售商或特殊消费者的访问，以期对问题进行深入的了解。此外，探索性调查还可借助对二手资料(如政府统计资料、学术机构研究资料)的分析，来了解问题的实质。

2. 描述性调查

描述性调查是以获得一般性市场营销信息为主的调查，多数以问卷调查的形式出现，在实际市场调查中是最普遍、最常见的。描述性调查所要了解的是有关问题的相关因素和相关联系，它所要回答的是"什么""何时""如何"等问题，并非要回答"为什么"的问题(要找出现象之间的因果关系，需要采用因果性调查)。因此，描述性调查的结果通常说明事物的表征，并不涉及事物的本质及影响事物发展变化的内在原因。

描述性调查通常用于下述情形。

(1) 描述某些群体的特征，如描述消费者、销售人员、广告代理、地区市场等的特征。例如，铁路公司想知道选择乘坐高铁或动车出行的人员有何特征，在《××都市报》上刊登广告的工商企业想了解该报读者群的特征等。

(2) 确定消费者对产品或服务特征的理解和反应，如确定消费者对产品的质量、价格、款式、品牌等的理解，以及这些因素对其购买决策的影响。例如，消费者对某品牌运动鞋市场影响力的理解，工业用户对某供应商供货及时性的反应等。

(3) 估计某个特殊的群体在具有某种行为特征的群体中的比重。例如，估计大学生使用××平板电脑的比重，估计白领阶层在购物时使用信用卡的比重等。

(4) 确定各种变量对市场营销问题的关联程度。例如，确定住宅建设(主要是竣工面积)与装饰材料的需求之间的关系，人均可支配收入与出境旅游之间的关系等。

一般来讲，如果想了解市场中有多少个相关的竞争品牌，各竞争品牌的市场占有率、广告策略及广告投入、产品的分销渠道等问题，通常采用描述性调查方法。

3. 因果性调查

因果性调查是为了挖掘市场某一问题的原因与结果之间的变化关系而进行的专题调查。市场的变化直接影响着企业的经营成果。有结果就有原因，因果性调查就是侧重了解市场变化原因的调查。市场的各种现象是互相联系的，但这种联系并不一定都是确定性的因果关系。因果性调查旨在发现、寻找市场营销现象之间的因果联系，从而确定解决问题从何处着手，以便做出科学的营销决策。因果性调查强调调查方法的科学性，有关市场变量的选择要考虑它们的相关性、出现时间的先后顺序以及量化的因果关系模式。

例如，要了解产品包装形式是否影响产品的销量、广告费的投入量在多大程度上影响产品的知名度和销售量、品牌知名度究竟与广告重复次数存在多大关系等问题，都要进行因果性调查研究。因果关系研究是建立在假设的基础上的，如假设 A 促销手段比 B 促销手段更有利于产品的销售。其基本思路是在对其他变量(即干扰变量或无关变量)加以严格控制的条件下，考查某一个或某几个变量(即自变量)的变化对另一个变量(因变量)所产生的影响及影响的程度。这类调查研究主要采用实验法。

4. 预测性调查

预测性调查是对市场未来可能再现的情况所做的调查研究。这类市场调查事实上是调查研究方法在市场预测中的应用，它将市场调查与市场预测有机地结合起来。预测性调查是有较大深度的，它必须在说明目前市场状况的基础上，充分考虑影响市场的各种因素及影响程度，进一步说明市场将来可能是怎样的。预测性调查所获取的数据资料具有较高的实用价值，是进行商品生产和组织商品营销的重要依据。

二、市场营销调查的主要内容

市场营销调查不仅涉及面广，而且内容广泛。一般而言，市场营销调查的主要内容有市场需求调查、市场环境调查、消费者调查、产品调查、销售渠道和促销调查、竞争对手状况调查等。

(一)市场需求调查

市场需求调查也叫市场商品需求调查，主要内容包括市场商品需求总量调查、市场商品需求结构调查，同时还包括市场需求相关因素的调查。市场需求调查是市场营销调查的主要内容。

市场商品需求总量调查是对全国或地区市场商品的需求总量进行调查。它是从宏观上对市场需求的调查研究。它由居民个人购买力和社会集团购买力决定。对市场商品需求总量的调查一般由国家统计局和各地统计局以及经济管理部门组织进行。企业可以应用文案调查法获得这一方面的资料。

市场商品需求结构调查包括两方面的内容。一是对消费者吃、穿、用、住、行需求比例的调查，即居民在吃、穿、用、住、行上各花多少钱，占消费总支出的比例有多大。二是了解每类商品的品种、规格、款式、价格、数量等需求的具体结构。为了准确把握市场需求总量和市场需求结构，我们还要进行与市场需求总量和市场需求结构相关的因素调查。市场需求相关因素的调查，主要是对人口统计特征(包括数量及构成和家庭及构成等)、收入水平等因素的调查。

1. 数量及构成

人口数量是计算市场需求量时必须考虑的因素。因为人口数量多，对商品的需求量就大，尤其是日常食品和日用工业品这类商品，其需求量随着人口的增加必然增加。市场需求不仅与人口数量有关，还与人口构成有关。由于人口的性别、年龄、职业、文化程度、民族等的不同，其消费取向会有很大差异。就消费者的性别而言，女性消费者在美容、服装、零食等方面的开销较大；而男性消费者则在烟酒、社交等方面的开销较大。就年龄而言，儿童在食品、玩具等方面的支出占很大比重；青年则崇尚时髦和新奇的商品，对新产品认可过程很快；老年人则更注重商品的实用性和营养、保健方面的功能。

2. 家庭及构成

家庭是由消费者组成的消费品的基本购买单位，全国或地区的家庭户数及其构成是影响商品需求的重要因素。家庭规模的大小决定了家庭户数的多少。目前，我国家庭中两个大人、一个小孩类型的家庭比重上升，即家庭向小型化发展。在消费品中，有许多商品的需求量与人口数成正比，如粮、菜、油、副食品等；也有许多商品的需求量与家庭数成正比，如电冰箱、洗衣机、炊具等。家庭结构的小型化，无疑会增加许多以家庭为单位消费商品的需求数量，也会改变需求的品种。随着近几年经济的迅速发展，住房条件的不断改善，家庭装饰材料及大件高值家用电器的需求量逐年稳步上升。这些现象说明，家庭因素是影响市场需求的一个十分重要的因素。

3. 消费者收入

消费者需求数量的大小取决于其货币收入的多少。在拥有一定货币收入的条件下，消费者才可能挑选和购买自己所需的商品。需要注意的是，不同的职业阶层，货币收入的多少是有很大差别的。不同职业阶层的消费者会根据自己的收入水平选择适合本人身份及收入的商品。消费者的收入水平直接决定其购买力，从而决定了市场需求的大小。

(二)市场环境调查

企业的生产经营活动离不开所处的社会环境。一个地区的社会环境是由政治、经济、文化、地理、气候等因素组成的，而这些因素往往是企业自身难以驾驭和影响的，只有在了解的基础上去适应它，才能取得经营的成功。对市场环境的调查包括以下几个方面。

1. 政治法律环境调查

市场调查所指的政治法律环境主要是国家各项政策、方针、法律、法规等，这些环境因素对市场营销活动的影响很大。关于政治环境的调查，主要是了解国家有关政策、方针的具体内容，如国家在一定发展时期的工农业生产发展的方针政策、工资政策、物价政策、对外贸易政策等。关于法律环境的调查，主要是了解与企业生产经营活动相关的法律法规，如《合同法》《商标法》《环境保护法》《反垄断法》《消费者权益保护法》等。随着我国加入世界贸易组织(World Trade Organization，WTO)，企业对政治法律环境的调查还包括熟悉WTO的规则，了解国际贸易的惯例和要求。

2. 经济技术环境调查

经济技术环境调查包括经济环境调查和技术环境调查。经济环境调查主要是对工农业生产发展状况，经济发展水平，自然资源和能源的开发、供应状况，进出口产品数量及变化状况，税收和银行利率及其变动等的调查。例如，经济发展水平增长快，就业人员就会相应增加。而失业率低、企业开工率高以及经济形势的宽松，必然引起消费需求的增加和消费结构的改变；反之，需求量就会减少。又如，进出口产品数量结构及其变化会在很大程度上影响相关企业产品的生产和销售。因此，企业必须重视经济环境的调查。

技术环境调查主要是对行业技术发展趋势和新产品开发动向的调查。当代科学技术发展日新月异，对社会经济生活的影响越来越大。这就要求企业密切注意科技进步的新动向，不断研制开发新产品，采用新工艺、新材料、新能源，利用新技术改善营销管理，从而发挥科学技术是第一生产力的作用。

3. 社会文化环境调查

社会文化环境调查主要是对消费者的文化背景、社会教育水平、民族与宗教状况、风俗习惯、社会心理等的调查。

消费者的文化背景和社会教育水平，是影响消费水平和消费结构的重要因素。一般来说，在不同的社会教育水平下，不同文化程度的消费者，具有不同的消费观念和消费结构。民族与宗教状况也是对市场发生重要影响的社会文化因素。各民族有着自己的传统民俗，也具有相对集中的生活地域，因而形成了独特的消费需求。

(三)消费者调查

满足消费者的需求，是企业生产和经营的根本任务。因此，消费者调查也是企业开展市场调查的主要内容。消费者调查的内容主要有：现有消费者的数量及地区分布状况；消费者的背景材料(如性别、年龄、职业、民族、文化程度、收入状况等)；消费者对产品及服务的满意程度评价；消费者的购买心理和购买行为等。下面着重说明消费者购买心理和购买行为调查的必要性。

消费者心理需要是促成消费者购买行为的关键因素。因此，开展市场调查时，非常有必要调查消费者出于何种心理需要来购买某种商品，怎样去迎合这种心理需要进行产品的宣传。消费者购买心理是多种多样的，如经济心理需要，即注重经济实惠、价廉物美、货价相等的心理需要；好奇心理需要，即追求新颖、奇特的心理需要；美观心理需要，即要求商品美观，使人赏心悦目或产生舒适感的需要；求名心理的需要，即要求商品必须是名牌，以便能体现自己社会、经济地位的需要。这些特征说明了不同的消费心理，对产品和服务的要求也不同。消费者购买行为调查主要是针对消费者购买行为的类型、购买行为模式的调查。消费者购买行为类型表现在消费者不同的购买态度上。例如，理智型购买，即消费者根据自己的经验和学识判断商品，对商品进行认真的分析、比较和衡量后才做出购买决定；感情型购买，即在购买时因受感情因素的影响甚至支配，容易受到某种宣传和广告的吸引，经常以商品是否符合感情的需要进行购买；冲动型购买，即消费者为商品的某一方面(商标、样式、价格等)所强烈吸引，迅速做出购买决策，而不愿对商品做反复比较；经济型购买，即消费者多从经济方面着眼考虑购买，特别是对价格非常敏感，购买高级商品求好、而购买低级商品求廉的购买行为。我们不仅要了解消费者不同的购买类型，还要了解消费者购买行为的模式，即何时购买、何处购买、如何购买、由谁购买。对上述内容的调查，便于企业探索消费者行为的活动规律，使企业能根据消费者的行为来确定自己的营销策略。

(四) 产品调查

这一方面的调查主要有产品实体调查、产品包装调查、产品生命周期调查等。

1. 产品实体调查

产品实体调查是对产品本身的性能质量、规格、品种等因素的调查。

产品性能质量调查。产品性能质量是产品最基本的内容，也是消费者或用户最为关注的问题。产品的性能质量，直接关系到产品的有用性、耐用性、安全性、维修方便性等问题。例如，某企业在对燃气热水器市场进行调查时了解到，燃气热水器的安全性是消费者购买热水器时所考虑的最重要的因素。为此，该企业狠抓燃气热水器安全质量，很快就使产品的安全性能指标达到国内一流水平，产品大受消费者欢迎。

产品规格、式样、颜色、品位等方面的调查。消费者的需求是丰富多彩的，不同的消费者对产品的规格、式样、颜色、品位等有不同的爱好和需求，企业通过对这一方面的调查，努力生产、销售各种规格、式样、颜色、品位的产品，以满足消费者的不同需求。

2. 产品包装调查

现代商品包装除了保护商品，保证商品安全外，还要起到美化商品、宣传商品，从而吸引消费者购买的作用。对产品包装的调查，主要是要了解商品包装对消费者的吸引程度，什么样的产品包装能受到消费者的喜爱，现有的产品包装功能是否完善等。

3. 产品生命周期调查

产品的生命周期包括导入期、成长期、成熟期和衰退期四个阶段。企业首先要明确自己所生产和经营的产品处于生命周期的哪一个阶段，需要在产品的销售量、利润率、经营者和消费者对产品的兴趣等方面进行调查。当产品处于导入期时，这时产品初次进入市场，带有一定的风险性。此时，市场调查的重点应是消费者选择此种产品的动机，消费者对此种产品价格的承受力，消费者对此种产品的需求程度等。当产品处于成长期时，产品已在市场上保住了自己的阵地，并开始出现上升的势头。这时的调查内容应包括产品受欢迎的原因，产品在哪些方面尚有不足，产品在哪些方面还需要改进，是否出现了竞争产品，潜在的消费需求量有多大等。在产品的成熟期，产品已进入销售的最高点，市场上出现了多家竞争对手。此时，生产或经营单位应考虑转向或改进产品，因而市场调查应着重在消费者减少购买的原因，竞争产品的优势等。当企业已确定产品进入衰退期后，就要停止生产或经营，而转向其他产品。企业着重调查的重点是，用什么新产品来替代老产品。

(五) 销售渠道、促销调查及销售服务调查

1. 销售渠道调查

销售渠道是指商品从生产者手中转移到消费者手中所经过的中间环节。销售渠道调查的主要内容有：企业现有的销售渠道能否满足销售商品的需要；现有销售网点的布局是否合理、科学；销售渠道中各环节的商品运输、库存是否合理经济；各类中间商的营销实力如何；各类中间商对经销本商品有何要求等。通过对这些问题的调查，有助于企业选择更为合适的中间商，开辟更合理、效益更好的销售渠道。

2. 促销调查

促销的主要目的是向消费者传递商品和服务的信息，以激发消费者的购买欲望，进而扩大销售。促销活动形式多样，除了人员推销外，还包括广告宣传、公关活动、现场演示、降价销售、有奖销售等。促销活动调查应着重调查消费者对促销活动的反应，了解消费者最喜爱的促销形式。具体内容包括：调查各种促销形式的特点，促销活动是否独具一格，是否具有创新性；是否突出了产品和服务特点，消费者接受程度如何；能否给消费者留下深刻印象，效果与投入之比有无不良反应；是否最终起到了吸引现实消费者、争取潜在消费者的作用。

3. 销售服务调查

商品的售前、售中、售后服务已日益成为广大消费者购买商品时考虑的重要因素之一。在生活水平日益提高的情况下，小件商品的售后服务并不被人们特别看重，而在耐用产品和一些技术性产品的购买上，服务是非常重要的考虑内容。正因为如此，企业之间的竞争往往在服务上做文章。对销售服务的调查应了解消费者服务需要的具体内容和形式；了解企业目前所提供服务在网点数量、服务质量上能否满足消费者的要求，消费者对目前服务的意见反馈；了解竞争者提供服务的内容、形式和质量情况等。

(六)竞争对手状况调查

商场如战场，任何企业要想在市场中生存和发展，都面临着各种竞争。竞争可以是直接竞争，如生产或经营同类产品的厂家；也可以是间接竞争，即产品不同，但用途相同的产品，如榨汁机制造厂商对生产果汁、汽水的厂商来说就构成了间接竞争。不论何种竞争，不论竞争对手的实力如何，要想使自己处于有利地位，首先要对竞争对手进行调查，以确定企业的营销策略。

有关竞争对手状况调查的内容，具体包括主要竞争对手调查，竞争对手注册资料及发展现状，竞争对手历史变更情况及重大新闻调查，竞争对手投资方及消费者调查，竞争对手组织结构、管理层及主要员工调查，竞争对手内部运营机制调查，竞争对手产品质量及市场占有率调查等。

总之，市场调查的内容涉及与企业经营相关的一切方面，市场调查人员应当根据企业状况进行有针对性的调查。

三、市场营销调查数据来源

市场调查需要收集和用到各类资料，资料的种类不同所采用的收集方法也不同。调查资料一般分为原始的一手资料和二手资料。二手资料一般只作为调查课题的方向性参考，调查人员更应该积极着手实地调查，以便掌握第一手原始资料，这对自己的调查课题更具说服力和实际价值。

一般而言，在开始任何市场调查以前，调查人员都会收集相关可用的内外部资料，如果没有相关资料可以使用，或者相关资料对调查主题价值不大时，就必须动手收集一手资料。

(一) 一手资料

1. 一手资料的概念及收集方法

一手资料是市场调查人员通过实地调查获取的资料，具有直观、具体、零碎等特点。一手资料的收集是市场调查中一项复杂、辛苦的工作，关系到市场调查的效率与成本，往往需要耗费一定的人力、物力，涉及调查人员对调查对象的直接感受与接触，又影响调查结果。

一般来说，为取得一手资料，主要采用访问法、观察法、问卷调查以及实验法等，有时还需要多种方法的混合使用。具体采取何种方法，需结合市场调查的主题与目的而定。一手资料调查方法详见本章第三节。

2. 一手资料的必要性与有效性

根据调查目的，判断是否有必要获取一手资料，所收集的资料是不是此次调查目的所需要的，即资料的有效性。例如，有的市场调查目的仅是趋势预测、定性分析或探测性调查，可从一些相关二手资料中发现及推测出想要的结果，而没必要从头做调查。

从理论上而言，一手资料比二手资料更具可靠性。但任何调查都需要时间与成本，成本往往是调查人员在选择原始资料收集方法时需要考虑的重要因素之一。

(二) 二手资料

1. 二手资料的概念及特点

二手资料又称已有资料、次级资料，是指其他人或机构组织收集、整理的各种现成的相关资料，如年鉴、报告、文件、期刊、文集、数据库、报表等。

二手资料的优点是，相比一手资料来说成本低，并能很快地获取，而且有些二手资料是不可能由任何一个调查公司提供的，如由国家统计局普查结果所提供的数据。二手资料可以帮助调查者更好地定义和明确调查问题，初步探测性地回答一些调查问题，检验某些方案及假设等，因此，先考查及借鉴相关的二手资料是进一步考虑进行实际调查收集原始资料的先决条件。

尽管二手资料对调查很有帮助，但调查者在使用二手资料时应当谨慎，因为二手资料存在一定的局限性和缺点。由于二手资料是为其他目的而不是为当下调查问题而收集的，资料的相关性和准确性可能都不够，在资料的收集范围、数据测量和分类的标准等方面也存在着不同。有些二手资料时效性差，容易过时。因此，在使用二手资料之前，有必要先对其进行评价。

2. 二手资料的来源

二手资料的来源一般分为内部和外部已有资料，可以通过查找、索取、购买等方式获得。

(1) 内部二手资料。内部二手资料主要指那些来源于机构内部的数据，或是由本机构记录的数据。主要有以下几类：

- 营销资料——不同产品、时期、顾客、分销渠道的销售记录及市场占有率等。
- 业务资料——订货单、进货单、发货单、销售记录等。

- 统计资料——统计报表、企业销售、库存等。
- 财务资料——财务报表、会计核算、产品价格、成本等。
- 顾客资料——顾客档案、服务记录、退货信息等。

(2) 外部二手资料。外部的二手资料主要指其他机构而非调查人员所在机构收集或记录的资料数据。常见的外部二手资料来源于以下几大类。

- 出版物——书籍、报刊等出版物，如名录、指南、索引、导读、统计资料、行业杂志等。
- 计算机数据库——文献数据库、数据类数据库、指南性数据库、计算机检索服务、案例研究和论文数据库等。
- 互联网——国家统计局网站、商务部网站、世界贸易组织网站、国际货币基金组织网站、零点指标数据网、美国商务部普查局网站、美国商务部经济分析局网站等。

【营销新视野 5-1】

辛迪加数据

辛迪加数据指的是一种具有高度专业化，从一般数据库中所获得的外部次级资料。信息供应商把信息卖给多个信息需要者，这样使得每一个需要者获得信息的成本更为合理。

辛迪加数据的一个优点是可以分摊信息的成本，其另一个优点是信息需要者可以非常快地获得所需的信息，原因在于信息供应商总在不间断地收集有关的营销信息。

辛迪加数据主要应用于测量消费者的态度以及进行民意调查，确定不同的细分市场，进行长期的市场跟踪。

(资料来源：楼红平，涂云海. 现代市场调查与预测[M]. 北京：人民邮电出版社，2012.)

第三节　市场营销调查的方法和过程

一、市场营销调查的方法

市场调查收集原始数据的方法分为直接观察法和实际痕迹测量法两种方法。所谓直接观察法，指调查者在调查现场有目的、有计划、有系统地对调查对象的行为、言辞、表情进行观察记录，以取得第一手资料，它的最大特点是总在自然条件下进行，所得材料真实生动，但也会因为所观察对象的特殊性而使观察结果流于片面。实际痕迹测量法是通过某一事件留下的实际痕迹来观察调查，一般用于对用户的流量、广告的效果等的调查。例如，企业在几种报纸、杂志上做广告时，在广告下面附有一张表格，请读者阅读后剪下，分别寄回企业有关部门，企业从回收的表格中可以了解在哪种报纸或杂志上刊登广告最为有效，为今后选择广告媒介和测定广告效果提供可靠资料。

市场营销调查主要有下列四种方法。

1. 观察法(observation)

观察法是社会调查和市场调查研究的最基本的方法。它是由调查人员根据调查研究的对象，利用眼睛、耳朵等感官以直接观察的方式对其进行考察并搜集资料。例如，市场调查人员到被访问者的销售场所去观察商品的品牌及包装情况。

2. 实验法(experimental)

实验法由调查人员根据调查的要求，用实验的方式，将调查的对象控制在特定的环境条件下，对其进行观察以获得相应的信息。控制对象可以是产品的价格、品质、包装等，在可控制的条件下观察市场现象，揭示在自然条件下不易发现的市场规律，这种方法主要用于市场销售实验和消费者使用实验。

3. 访问法(interview)

访问法可以分为结构式访问、无结构式访问和集体访问。

结构式访问是事先设计好的、有一定结构的访问问卷的访问。调查人员要按照事先设计好的调查表或访问提纲进行访问，要以相同的提问方式和记录方式进行访问。提问的语气和态度也要尽可能地保持一致。

无结构式访问没有统一问卷，是调查人员与被访问者自由交谈的访问。它可以根据调查的内容，进行广泛的交流，如对商品的价格进行交谈，了解被调查者对价格的看法。

集体访问是通过集体座谈的方式听取被访问者的想法，收集信息资料。这又可以分为专家集体访问和消费者集体访问。

4. 问卷法(survey)

问卷法是通过设计调查问卷，让被调查者填写调查表的方式获得所调查对象的信息。在调查中将调查的资料设计成问卷后，让接受调查者将自己的意见或答案填入问卷中。在进行一般的实地调查中，问卷法采用最广；同时问卷法在网络市场调查中运用得较为普遍。

> 【营销实例 5-1】
> 扫一扫，对比一下文中的营销调查类型分析与自己认为的有什么不一样。

二、市场营销调查的基本过程

市场调查是企业制订营销计划的基础。企业开展市场调查可以采用两种方式，一是委托专业市场调查公司来做，二是企业自己来做，企业可以设立市场研究部门，负责此项工作。市场调查工作的基本过程包括明确调查目标、设计调查方案、制订调查工作计划、组织实地调查、调查资料的整理和分析、撰写调查报告。

(一)明确调查目标

进行市场调查首先要明确市场调查的目标，按照企业的不同需要，市场调查的目标有所不同，企业实施经营战略时，必须调查宏观市场环境的发展变化趋势，尤其要调查所处行业未来的发展状况；企业制定市场营销策略时，要调查市场需求状况、市场竞争状况、消费者购买行为和营销要素情况；当企业在经营中遇到了问题，这时应针对存在的问题和产生的原因进行市场调查。

(二)设计调查方案

一个完善的市场调查方案一般包括以下几个方面的内容。

1. 调查目的

根据市场调查目标,在调查方案中列出本次市场调查的具体目的。例如,本次市场调查的目的是了解某产品的消费者购买行为和消费偏好情况等。

2. 调查对象

市场调查的对象一般为消费者、零售商、批发商。零售商和批发商为经销被调查产品的商家,消费者一般为使用该产品的消费群体。在以消费者为调查对象时,要注意有时某一产品的购买者和使用者不一致,如对婴儿食品的调查,其调查对象应为孩子的母亲。此外还应注意一些产品的消费对象主要针对某一特定消费群体或侧重于某一消费群体,这时调查对象应注意选择产品的主要消费群体,如对于化妆品,调查对象主要选择女性;对于酒类产品,调查对象主要选择男性。

3. 调查内容

调查内容是收集资料的依据,是为实现调查目标服务的,可根据市场调查的目的确定具体的调查内容。例如,调查消费者行为时,可按消费者购买、使用、使用后评价三个方面列出调查的具体内容。调查内容要全面、具体、条理清晰、简练,避免内容过于烦琐,避免把与调查目的无关的内容列入其中。

4. 调查表

调查表是市场调查的基本工具,调查表的设计质量直接影响市场调查的质量。设计调查表时要注意以下四点。

(1) 调查表的设计要与调查主题密切相关,重点突出,避免可有可无的问题。

(2) 调查表中的问题要容易让被调查者接受,避免出现被调查者不愿回答或令被调查者难堪的问题。

(3) 调查表中的问题次序要条理清楚,顺理成章,符合逻辑顺序,一般可将容易回答的问题放在前面,较难回答的问题放在中间,敏感性问题放在最后;封闭式问题在前,开放式问题在后。

(4) 调查表的内容要简明,尽量使用简单、直接、无偏见的词汇,保证被调查者能在较短的时间内完成。

5. 调查地区范围

调查地区范围应与企业产品销售范围相一致,当在某一城市做市场调查时,调查范围应为整个城市;但由于调查样本数量有限,调查范围不可能遍及城市的每一个地方。一般可根据城市的人口分布情况,主要考虑人口特征中收入、文化程度等因素,在城市中划定若干个小范围调查区域。划分原则是使各区域内的综合情况与城市的总体情况分布一致,将总样本按比例分配到各个区域,在各个区域内实施访问调查。这样可相对缩小调查范围,减少实地访问工作量,提高调查工作效率,减少费用。

6. 样本的抽取

调查样本要在调查对象中抽取，由于调查对象分布范围较广，应制定一个抽样方案，以保证抽取的样本能反映总体情况。样本的抽取数量可根据市场调查的准确程度的要求确定。市场调查结果准确度要求愈高，抽取样本数量应愈多，但调查费用也愈高，一般可根据市场调查结果的用途情况确定适宜的样本数量。实际市场调查中，在一个中等以上规模城市进行市场调查的样本数量，按调查项目的要求不同，可选择200～1 000个样本，样本的抽取可采用统计学中的抽样方法。具体抽样时，要注意对抽取样本的人口特征因素的控制，以保证抽取样本的人口特征分布与调查对象总体的人口特征分布相一致。

7. 资料的收集和整理方法

市场调查中，常用的资料收集方法有调查法、观察法和实验法，一般来说，前一种方法适宜于描述性研究，后两种方法适宜于探测性研究。企业做市场调查时，采用调查法较为普遍，调查法又可分为面谈法、电话调查法、邮寄法、留置法等。这几种调查方法各有其优缺点，适用于不同的调查场合，企业可根据实际调查项目的要求来选择。资料的整理方法一般可采用统计学中的方法，利用 Excel 工作表格，可以很方便地对调查表进行统计处理，获得大量的统计数据。

【营销新视野 5-2】

扫一扫，阅读案例"大数据时代的市场调查"。

(三)制订调查工作计划

1. 组织领导及人员配备

建立市场调查项目的组织领导机构，可由企业的市场部或企划部来负责调查项目的组织领导工作，针对调查项目成立市场调查小组，负责项目的具体组织实施工作。

2. 访问员的招聘及培训

访问员可从高校的经济管理类专业的学生中招聘，根据调查项目中完成全部问卷和实地访问的时间来确定每个访问员一天可完成的问卷数量，核定需招聘访问员的人数。对访问员需进行必要的培训，培训内容包括：访问调查的基本方法和技巧；调查产品的基本情况；实地调查的工作计划；调查的要求及注意事项。

3. 工作进度

将市场调查项目整个进行过程安排一个时间表，确定各阶段的工作内容及所需时间。市场调查包括以下几个阶段。

第一阶段：调查工作的准备阶段，包括调查表的设计、抽取样本、访问员的招聘及培训等。

第二阶段：实地调查阶段。

第三阶段：问卷的统计处理、分析阶段。

第四阶段：撰写调查报告阶段。

4. 费用预算

市场调查的费用预算主要有调查表设计印刷费；访问员培训费；访问员劳务费；调查表统计处理费等。企业应核定市场调查过程中将发生的各项费用支出，合理确定市场调查总的费用预算。

> 【营销实例 5-2】
> 扫一扫，阅读案例"超市冷柜市场调查计划"。

(四)组织实地调查

市场调查的各项准备工作完成后，开始进行问卷的实地调查工作，组织实地调查要做好两方面工作。

1. 做好实地调查的组织领导工作

实地调查是一项较为复杂烦琐的工作。要按照事先划定的调查区域确定每个区域调查样本的数量、访问员的人数、每位访问员应访问样本的数量及访问路线，每个调查区域配备一名督导员；明确调查人员及访问人员的工作任务和工作职责，做到工作任务落实到位，工作目标责任明确。

2. 做好实地调查的协调、控制工作

调查组织人员要及时掌握实地调查的工作进度完成情况，协调好各个访问员间的工作进度；要及时了解访问员在访问中遇到的问题，帮助解决，对于调查中遇到的共性问题，提出统一的解决办法。要做到每天访问调查结束后，访问员首先对填写的问卷进行自查，然后由督导员对问卷进行检查，找出存在的问题，以便在后面的调查中及时改进。

(五)调查资料整理和分析，撰写调查报告

1. 调查资料的整理和分析

实地调查结束后，即进入调查资料的整理和分析阶段，收集好已填写的调查表后，由调查人员对调查表进行逐份检查，剔除不合格的调查表，然后将合格的调查表统一编号，以便于调查数据的统计。调查数据的统计可利用 Excel 软件完成。将调查数据输入计算机后，使用 Excel 软件处理后，即可获得所需要的统计数据，利用上述统计结果，就可以按照调查目的的要求，针对调查内容进行全面的分析工作。

2. 撰写调查报告

撰写调查报告是市场调查的最后一项工作内容，市场调查工作的成果将体现在最后的调查报告中，调查报告将提交企业决策者，作为企业制定市场营销策略的依据。市场调查报告要按规范的格式撰写。一个完整的市场调查报告格式由题目、目录、概要、正文、结论以及建议、附件等组成。

市场调查报告应坚持用事实说话，切忌主观臆断，条理要清楚，文字要简明扼要。市场调查报告应在规定时间内给出，否则，调查报告会失去时效性。有关调查报告撰写的详细内容将在下一节介绍。

三、市场营销网络调查

与传统的市场调查一样，网络市场调查主要探索以下几个方面的问题：市场可行性研究；分析不同地区的销售机会和潜力、影响销售的各种因素；竞争分析、产品研究、包装测试、价格研究；广告监测和效果研究、企业形象研究；消费者研究；市场性质动态变化分析。

(一)网络市场调查的特点

网络市场调查可以充分利用互联网的开放性、自由性、平等性、广泛性和直接性等特点，开展调查工作。与传统的市场调查相比，通过网络进行的市场调查具有如下特点。

1. 网络信息的及时性和共享性

网络信息能迅速传递给上网的用户，任何网民都可以参加投票和查看结果，保证了网络信息的及时性和共享性。

2. 网络调查的便捷性和低费用

节省传统调查中所耗费的大量人力和物力。

3. 网络调查的交互性和充分性

在调查时，被调查对象可以及时就问卷相关的问题提出自己更多的看法和建议，可减少因问卷设计得不合理而导致的调查结论偏差等问题。

4. 网络调查结果的可靠性和客观性

被调查者是在完全自愿的原则下参与调查，调查的针对性更强；问卷的填写是自愿的，填写者一般都会对调查内容有一定的兴趣，回答问题相对认真；可以避免传统调查中人为错误所导致的调查结论的偏差。

5. 网络调查无时空和地域的限制

网络调查可以 24 小时全天候进行，这与区域制约和时间制约的传统调查方式有很大的不同。

6. 网络调查的可检验性和可控制性

网上调查问卷可以附加全面规范的指标解释，有利于消除因对指标理解不清或调查员解释口径不一而造成的调查偏差；问卷的复核检验由计算机依据设定的检验条件和控制措施自动实现，可以有效地保证对调查问卷 100%的复核检验；通过对被调查者的身份验证技术可以有效地防止信息采集过程中的舞弊行为。

7. 网络调查的局限性

网络调查的局限性有不可述信息(信息是未加码的、不能用语言表达)与人的有限理性(生理上的局限和语言的局限)。

(二)网络市场调查的主要手段

(1) 诱导访问者访问。

(2) 利用电子邮件或来客登记簿询问访问者。
(3) 在企业站点上设计问卷调查。
(4) 网上德尔菲调查法。
(5) 利用企业站点收集市场信息。
(6) 利用搜索引擎调查。
(7) 利用数据库调查。
(8) 收集互联网上适合的市场信息调查内容。

网络市场调查没有空间和地域的限制，一切都是随机的，调查人员无法预期谁将是企业站点的访问者，也无法确定调查对象的样本。即使那些在网上购买企业产品的消费者，要准确了解其身份、职业、性别、年龄等也是一个很复杂的问题。

【营销新视野5-3】

扫一扫，阅读案例"网络营销市场调查的策略有哪些？"

【营销实例5-3】

扫一扫，阅读案例"默多克的新闻集团经营大数据3年，如今开始用来赚钱"。

第四节　市场营销调查报告的撰写

调查所获得的数据资料经过统计、整理与分析之后，下一步的工作就是如何利用这些素材，采用合适的研究方法得出客户感兴趣的最终结论。基于这些结论，得出有针对性的行动建议，使调查真正能够起到帮助客户解决营销中的实际问题、服务于客户企业的作用，这时就需要撰写调查报告。一项市场调查活动的成功与否，调查报告的内容和质量起着十分重要的作用。在实践中，具体的市场调查活动可能并不顺利，所获取的数据资料也可能极其零乱，可经整理后写出的调查报告非常出色，则能够为调查结果锦上添花；反之，即使市场调查活动过程井井有条，各方面都把握得很好，可最终提交的调查报告十分糟糕，仍会使调查活动暗然失色。

市场调查报告是指用书面表达的方式反映调查过程和调查结果的一种分析报告，它是通过文字、图表等形式将调查研究成果表现出来，以使委托者和决策者对所调查的市场现象和所关心的问题有全面、系统的认识。调查报告是调查活动成果的集中体现，是对调查活动工作的介绍和总结。调查活动的成败以及调查结果的实际意义都表现在调查报告上，所以，调查报告的撰写是市场调查总结反馈阶段的一项重要工作。对于企业来说，开展市场调查活动的目的就是为了获得包含决策所需信息和依据的调查报告。

一、市场调查报告的撰写原则与要求

(一)调查报告的写作原则

市场调查报告的撰写应符合以下两个基本原则。

1. 调查报告必须真实、准确

调查报告必须真实、准确,以实事求是的科学态度,准确而又全面地总结和反映调查结果。真实性主要表现在一切结论来自客观实际,有具体的数据资料为依据,从事实出发,而不是从个人观点出发,先入为主地做出主观判断。调查之前所涉及的理论模型或先行的工作假设,都应毫无例外地接受调查资料的检验,凡是与事实不符的观点,都应该坚决舍弃;凡是暂时还拿不准的,应如实写明,或放在附录中加以讨论。调查报告的真实性还表现在所用的数据要准确,只有建立在精确数据上的论点才真实可信。因此,调查报告所提供的事实材料必须经过认真审核,数据应当经过反复检验。

2. 调查报告要满足决策者的需求

因为市场调查是为经营决策服务的,经营决策是由主要决策者依据调查结果而做出的,而决策者必然要求有一个适合其阅读使用的最终报告。因此,报告起草人应尽量了解主要决策者的类型,了解他们的兴趣、偏好及思维模式,以使提交的报告最大限度地符合决策者的需求,使报告能一次通过。

(二)调查报告的写作标准

市场调查报告对整个营销研究起着非常重要的作用,为此,要写出优质的调查报告,必须遵循以下写作标准。

1. 内容全面,重点突出

调查报告应该用报告使用者所能理解的语言向其提供所需的全部信息,需要将一项调查的来龙去脉详细地加以介绍,让阅读者(多数是企业的决策人员和管理人员)通过阅读报告能够了解调查过程的全貌,能够对调查的质量做出评价,能够对调查所获得的结果有一个清楚的认识,能够明确调查对他们有哪些用处,调查能够帮助他们解决什么问题。也就是说,报告要回答和说明调查为何进行,采用什么方法进行调查,得到什么结果和结论,有什么建议等。

2. 资料翔实,表述准确

要将调查过程中各个阶段收集到的全部数据资料组织在一起,不能遗漏重要的数据资料,也不能将一些无关的数据资料写进报告中。确保所有调查步骤调查所得信息的可靠性和有效性。但是,为了能准确地向委托者提供调查成果,报告起草者要精心准备,数据资料中粗心大意、不合逻辑的推理,不合语法和习惯的表述,都会降低报告的准确性。要做到调查报告的准确性,首先要注意用词准确,每个概念都有特定的内涵和外延。在选用词语时,要准确地把握概念,做到词义相符。调查报告和科研论文一样,讲求的是数据资料的准确性和逻辑的正确性,不要像文学作品那样用夸张、拟人、借代、比喻等修辞手法,避免使用带有感情色彩的语言。

3. 结构严谨，脉络清晰

在撰写调查报告时，各部分内容的中心意思要突出，各部分之间的逻辑关系性要强，努力使阅读者看一遍报告就能明白整个调查的基本过程，千万不可把一大堆数据资料简单地堆砌在一起。

所谓清晰，就是要求脉络清楚，思维符合逻辑，文字表达严密。首先要做到脉络清楚，如文章所要说的几个大方面，大方面中的小方面，都要树立好框架，将其按逻辑时序安排好，然后再配以具体的内容。调查报告主体部分的脉络问题，即结构划分，有纵式结构、横式结构和纵横交错式结构。纵式结构就是按照事物发展的历史顺序来叙述事实，阐明观点。横式结构就是把调查得到的数据资料和形成的观点，按类别和设计问题方面分成几个部分，并列排放，分别展开。横纵交错式结构就是把纵式结构与横式结构结合起来使用，或以纵为主，纵中有横，或以横为主，横中有纵。以上提到的几种结构都具有各自的特点，究竟以什么结构为好，只能具体题目具体对待。

4. 语言简洁，结论明确

尽管要求调查报告要具有完整性，但简洁也是不可忽视的一项标准。因而报告起草人必须对材料加以选择，而不能试图把所发现的一切都写入报告中。对于与报告主旨关系不大的数据资料，要舍得放弃。报告的阅读者阅读报告的目的是从报告中快速地获得信息，而不是为了像欣赏小说一样欣赏报告。因此，用词不必追求华丽，但要讲究简洁、准确，要让阅读者一眼就能看懂。在调查报告中，对调查获得什么样的结论要明确地加以阐述，不能模棱两可，含糊其词。

二、调查报告的写作步骤

(一)构思

调查报告的构思过程，主要是通过收集到的数据资料，认识客观事物；经过判断推理，确立主题思想；在此基础上，确立观点，列出论点、论据，安排文章层次结构，编写详细提纲。构思是根据思维运动的基本规律，从感性认识上升到理性认识的过程。它主要包括五个阶段。

1. 通过收集到的资料，认识客观事物

通过调查中获得的实际数据资料及各方面背景材料，初步认识客观事物，然后深入研究客观事物的性质、作用、表层原因和本质原因，得出客观事物的一般性规律。

2. 在认识客观事物的基础上，确立主题思想

主题的提炼，要努力做到准确、集中、深刻、新颖。准确是指主题能根据调查的目的，如实反映客观事物的本质及其规律性；集中是指主题突出、中心明晰；深刻是指主题能深入揭示事物的本质；新颖是指主题有新意。

3. 确立观点

确定主题后，对收集到的大量数据资料，经过分析研究，逐渐消化、吸收，形成概念，再通过判断、推理，把感性认识提高到理性认识。

4. 列出论点、论据，得出结论

在做出结论时，应注意以下两个问题：一是一切实际情况及调查资料是否都已考虑，是否有足够的事实来说明相反的结论；二是立场是否公正客观，前后是否一致。

5. 安排文章层次结构

在完成上一步骤之后，构思基本上就有个框架了。在此基础上，考虑调查报告正文的大致结构与内容，安排文章层次段落。层次一般分为三层，即基本情况介绍、综合分析、结论与建议。

(二)选材就是围绕调查主题来选取数据资料

有无丰富的、准确的数据资料做基础，是撰写调查报告成败的关键。调查报告的撰写必须根据数据资料进行分析，即介绍情况要有数据资料做依据，反映问题要用数据资料做定量分析，提建议、措施同样要用数据资料来论证其可行性与效益性。恰当选材可以使分析报告主题突出、观点明确、论证有力。

在开始进行市场调查、收集数据资料的过程中，思想上还没有形成任何固定的观点，因此，收集到的大量数据资料，不一定都是切中主题且能准确反映事物本质特征的典型材料，必须对所收集的数据资料进行去粗取精、去伪存真、由此及彼、由表及里的分析研究、加工判断，才能挑选出符合选题需要，最能够反映事物本质特征，并形成观点，作为论据的准确资料。

选取数据资料后，还要运用得法。运用数据资料的过程就是一个用数据资料说明观点、揭示主题的过程。在写作时，要努力做到用数据资料说明观点，用观点论证主题，详略得当、主次分明，使得观点与数据资料协调统一，以便更好地突出主题。

(三)形成初稿

根据写作提纲的要求，由单独一人或数人分工负责撰写初稿。初稿各部分的写作格式、文字数量、图表和数据要协调，统一控制。初稿完成后，就要对其进行修改，先看各部分内容和主题的连贯性，有无修改和增减，顺序安排是否得当，然后整理成完整的全文提交审阅。

(四)定稿

写出初稿，在征得各方意见并进行修改后，就可以定稿。定稿阶段一定要坚持公正客观、服从真理的态度，使最终报告较完善、较准确地反映社会经济活动的客观规律。

三、市场营销调查报告内容

(一)标题

标题和报告日期、委托方、调查方，一般应打印在扉页上。

关于标题，一般要在标题中把被调查单位、调查内容明确而具体地表示出来，如《关于哈尔滨市家电市场调查报告》。有的调查报告还采用正、副标题形式，一般正标题表达调查的主题，副标题则具体表明调查的单位和问题，如《消费者眼中的〈海峡都市报〉——

《海峡都市报》读者群研究报告》。

(二)目录

如果调查报告的内容、页数较多，为了方便读者阅读，应当使用目录或索引形式列出报告所分的主要章节和附录，并注明标题、有关章节号码及页码，一般来说，目录的篇幅不宜超过一页。

例如：
(1) 调查设计与组织实施。
(2) 调查对象构成情况简介。
(3) 调查的主要统计结果简介。
(4) 综合分析。
(5) 数据资料汇总表。
(6) 附录。

(三)概述

概述主要阐述课题的基本情况，它是按照市场调查课题的顺序将问题展开，并阐述对调查的原始资料进行选择、评价、做出结论、提出建议的原则等。

概述主要包括三个方面的内容。

(1) 简要说明调查目的，即简要地说明调查的由来和委托调查的原因。

(2) 简要介绍调查对象和调查内容，包括调查时间、地点、对象、范围、调查要点及所要解答的问题。

(3) 简要介绍调查研究的方法。介绍调查研究的方法有助于使人确信调查结果的可靠性，因此对所用方法要进行简短叙述，并说明选用方法的原因。例如，是用抽样调查法还是用典型调查法，是用实地调查法还是文案调查法。另外，在分析中使用的方法，如指数平滑分析、回归分析、聚类分析等方法都应做简要说明。如果部分内容很多，应有详细的工作技术报告加以说明补充，附在市场调查报告最后的附录中。

【营销实例5-4】
扫一扫，阅读"2013年全国年宵花市场调查报告(摘要)"。

(四)正文

正文是市场调查分析报告的主体部分。这部分必须准确阐明全部有关论据，包括从问题的提出到引出的结论，论证的全部过程，分析研究问题的方法，还应当有可供市场活动的决策者进行独立思考的全部调查结果和必要的市场信息，以及对这些情况和内容的分析评论。

(五)结论与建议

结论与建议是撰写综合分析报告的主要目的。这部分包括对引言和正文部分所提出的主要内容的总结，提出如何利用已证明为有效的措施和解决某一具体问题可供选择的方案与建议。结论和建议与正文部分的论述要紧密对应，不可以提出无证据的结论，也不要出现没有结论性意见的论证。

【营销实例5-5】
扫一扫，了解家用净水器常州市场调查报告的结论与推广建议。

(六)附件

附件是指调查报告正文包含不了或没有提及，但与正文有关必须附加说明的部分。它是对正文报告的补充或更详尽的说明。包括数据汇总表及原始资料背景材料和必要的工作技术报告，如为调查选定样本的有关细节资料及调查期间所使用的文件副本等。

第五节 市场营销预测

一、市场营销预测概述

(一)市场营销预测的概念

通过广泛的市场调查，我们获得了各种资料，包括第一手资料和第二手资料。在对这些资料进行整理分析后，我们对市场的历史和现状有了较清晰的认识。但在很多情况下，还需要对市场的未来趋势进行估计，这时候就要用到市场预测的各种方法。市场预测与市场调查的区别在于，前者是人们对市场未来的认识，后者是人们对市场的过去和现状的认识。市场预测能帮助经营者制定适应市场的行动方案，使自己在市场竞争中处于主动地位。

所谓市场营销预测是指企业在通过市场调查获得一定资料的基础上，针对企业的实际需要以及相关的现实环境因素，运用已有的知识、经验和科学方法，对企业和市场未来发展变化的趋势做出适当的分析与判断，为企业营销活动等提供可靠依据的一种活动。市场预测是一种经济预测，而市场需求预测又是一种在实际应用中为企业所重视的市场预测。市场需求预测是在对影响市场需求变化的诸因素进行调查研究的基础上，运用科学的方法，对未来市场商品需求的发展趋势以及有关的各种因素的变化进行分析、估计和判断，预测的目的在于最大限度地减少不确定性因素对预测对象的影响，为科学决策提供依据。

预测为决策服务，是为了提高管理的科学水平，减少决策的盲目性，我们需要通过预测来把握经济发展或未来市场变化的有关动态，减少未来的不确定性，降低决策可能遇到的风险，使决策目标得以顺利实现。

市场预测作为现代经营管理活动的重要组成部分和一门完整的现代管理科学，具有倾向性、关联性、近似性、时间性、科学性、局限性的基本特征。

(二)市场营销预测的原理

虽然企业对未来不可把握，但是人类的认识、思维的进步使人们发现"规律"的重要性，古人很早就有"辨道、顺道"的说法，"道"就是规律，随着历史经验的积累和科技的进步，人类认识自然的能力大大增强。作为企业，发现、认识和利用"规律"(包括市场的、顾客的、技术的、企业发展的)对企业的未来经营必定增大胜算把握。

营销预测本身要借助数学、统计学等方法论，也要借助先进的手段。我们先不讲技术和方法，对企业的管理者而言，可能最先关注的是怎样形成一套有效的思维方式。以下几个原则可能会有些启发。

1. 相关原则

相关原则是建立在"分类"的思维高度，关注事物(类别)之间的关联性，先了解(或假设)到已知的某个事物发生变化，再推知另一个事物的变化趋势。

最典型的相关有正相关和负相关，从思路上来讲，不完全是数据相关，更多的是"定性"的。

(1) 正相关是事物之间的"促进"。例如，居民平均收入与"百户空调拥有量"；有企业认识到"独生子女受到重视"推知玩具、教育相关产品和服务的市场潜力。

(2) 负相关是指事物之间相互"制约"，一种事物发展导致另一种事物受到限制，特别是替代品。例如，资源政策、环保政策出台必然导致"一次性资源"替代品的出现，像"代木代钢"发展起来的 PVC 塑钢；某地强制报废助力车，该地一家电动自行车企业敏锐地抓住机遇也是一样。

2. 惯性原则

惯性原则是指事物发展具有一定惯性，即在一定时间、一定条件下保持原来的趋势和状态，这也是大多数传统预测方法的理论基础，如线性回归、趋势外推等。

3. 类推原则

类推原则也是建立在"分类"的思维高度，关注事物之间的关联性。

(1) 由小见大，这是从某个现象推知事物发展的大趋势。例如，现在许多人都购买了私家汽车，企业从中能预见到什么。运用这一思路时要防止以点代面、以偏概全。

(2) 由表及里，这是从表面现象推实质。例如，"统一食品"在昆山兴建，无锡的"中萃面"应意识到什么；"海利尔"洗衣粉到苏南大做促销，"加佳洗衣粉"意识到可能是来抢市场的。换个最简单的例子，一次性打火机的出现，真就有火柴厂没有意识到威胁。

(3) 由此及彼，引进国外先进的管理和技术可以由这一思路解释。例如，发达地区被淘汰的东西，落后地区可能有市场。

(4) 由过去、现在类推以后。例如，20 年以前，谁会想到家家都有空调、计算机、电话？那么现在，可以预想 10 年后人们会拥有什么，这种推理对商家是颇具启发的。

(5) 由远及近。例如，国外的产品、技术、管理模式、营销经验、方法，因为可能比较进步，就代表先进的方向，可能就是"明天要走的路"。

(6) 自下而上，这是从典型的局部推知全局。例如，一个规模适中的乡镇，需要 3 台收割机，这个县有 50 个类似的乡镇，可以初步估计这个县的收割机可能的市场容量为 150 台。

(7) 自上而下，这是从全局细分，认识和推知某个局部。例如，调查一个 40 万人口的城市电动车市场容量，40 万人口中，去掉 12 岁以下 60 岁以上的人，还有 20 万人，再调查一下千人骑电动车的比率，假设为 60%，则可能的市场容量为 12 万。这对大致了解一个市场是很有帮助的。

4. 概率推断原则

我们不可能完全把握未来，但根据经验和历史，很多时候能大致预估一个事物发生的大致概率，根据这种可能性，采取对应措施。有时我们可以通过抽样设计和调查等科学方法来确定某种情况发生的可能性。

二、市场营销预测的分类

(一)依据预测范围的分类

(1) 宏观市场预测。这是对整个市场的预测分析，研究总量指标、相对数指标以及平均数指标之间的联系与发展变化趋势。宏观市场预测对企业确定发展方向和制定营销战略具有重要的指导意义。

(2) 微观市场预测。这是对一个生产部门、公司或企业的营销活动范围内的各种预测。微观市场预测是企业制定正确的营销战略的前提条件。

微观市场预测是宏观市场预测的基础和前提，宏观市场预测是微观市场预测的综合与扩大。

(二)依据预测时间的分类

(1) 近期预测，时间在 1 周到 1 季度之间的预测。

(2) 短期预测，时间在 1 季度到 1 年之间的预测。这能帮助企业适时调整营销策略，实现企业经营管理的目标。

(3) 中期预测，时间在 1 到 5 年之间的预测。这能帮助企业确定营销战略。

(4) 长期预测，时间在 5 年以上的市场变化及其趋势的预测。这为企业制定总体发展规划和重大营销决策提供科学依据。

(三)依据预测对象的分类

(1) 单项产品预测。这是市场预测的基础，按照产品的品牌、规格与型号进行预测，为企业编制季度计划、年度计划与安排生产进度提供科学依据。

(2) 同类产品预测。这是按照产品类别进行预测。一般而言按照同一类产品的具体标志性特征进行具体预测。

(3) 产品总量预测。这是对消费者需要的各种产品的总量进行预测，一般属于行业预测。

三、市场营销预测的基本步骤

(一)确定预测目标

确定目标就是明确要预测什么，达到什么目标。预测目标一般是根据企业要解决的问题去确定。预测目标包括预测的项目(即要解决的具体问题)、地域范围要求、时间要求、各种指标及其准确性要求等。预测目标是进行其他预测步骤的依据。

(二)分析整理资料

根据预测目标进行市场调查，对市场调查所收集的资料进行认真的核实与审查，去粗取精，去伪存真，并进行归纳分类，分析整理，分门别类地编号保存，力争使之系统、完整、准确，为预测做好资料准备。

(三)选择预测方法

根据预测目标和资料情况，选择可行的预测方法。在预测过程中，仅仅使用一种方法进行预测不太多见，也不太可靠。通常企业以定性和定量的方法同时进行预测，或以多种预测方法互相比较印证其预测结果，这样可使预测的准确度提高。

(四)建立预测模型

进行定量预测时，往往要建立预测模型。预测模型是以数学方程式表达的各种变量之间的函数关系，它抽象地描述企业市场营销活动中各种因素、现象之间的相互关系。根据预测模型，运用数学方法，或借助于电子计算机，做出相应的预测。

(五)编写预测报告

对预测结果进行检验、评价之后，应编写预测报告。一般要求预测结果简单明了，并要求对预测过程、预测指标、资料来源等做出简明的解释和论证。报告应及时传递给决策者，以供决策之用。

【营销实例5-6】

扫一扫，看特步如何深耕中国跑步领域。

四、市场营销预测的内容

市场预测的内容十分广泛丰富，从宏观到微观，二者相互联系、相互补充。具体来讲，主要包括以下内容。

(一)预测市场容量及变化

市场商品容量是指有一定货币支付能力的需求总量。市场容量及其变化预测可分为生产资料市场容量预测和消费资料市场容量预测。生产资料市场容量预测是通过对国民经济发展方向、发展重点的研究，综合分析预测期内行业生产技术、产品结构的调整，预测工业品的需求结构、数量及其变化趋势。而消费资料市场容量预测重点有以下三个方面。

1. 消费者购买力预测

预测消费者购买力要做好两个预测。一是人口数量及变化预测。人口的数量及其发展速度在很大程度上决定着消费者的消费水平。二是消费者货币收入和支出的预测。

2. 预测购买力投向

消费者收入水平的高低决定着消费结构，即消费者的生活消费支出中商品性消费支出与非商品性消费支出的比例。消费结构规律是收入水平越高，非商品性消费支出会增大，如娱乐、消遣、劳务费用支出增加，在商品性消费支出中，用于饮食费用支出的比重大大降低。另外还必须充分考虑消费心理对购买力投向的影响。

3. 预测商品需求的变化及其发展趋势

根据消费者购买力总量和购买力的投向，预测各种商品需求的数量、花色、品种、规格、质量等。

(二)预测市场价格的变化

产品的生产成本和产品的销售价格直接关系到企业盈利水平。在商品价格的预测中，要充分研究劳动生产率、生产成本、利润的变化，市场供求关系的发展趋势，货币价值和货币流通量变化以及国家经济政策对商品价格的影响。

(三)预测生产发展及其变化趋势

对生产发展及其变化趋势的预测是对市场中商品供给量及其变化趋势的预测。

五、市场营销预测的方法

(一)定性预测法

定性预测主要依赖于预测人员用丰富的经验和知识及综合分析能力，对预测对象的发展前景做出性质和程度上的估计和推测。

定性预测法不用或很少用数学模型，预测结果并没有经过量化或定量分析，所以具有不确定性。定性预测适合预测那些模糊的、无法计量的社会经济现象，并通常由预测者集体来进行。集体预测是定性预测的重要内容，能集中多数人的智慧，克服个人的主观片面性。

定性预测法简便、易于掌握，而且时间快、费用少，因此得到广泛采用。但是，定性预测法缺乏数量分析，主观因素的作用较大，预测的准确度难免受到影响。因此，在采用定性预测法时，应尽可能地结合定量分析方法，使预测过程更科学，预测结果更准确。

定性预测法的具体形式较多，使用频率较高的方法有集合意见法、专家会议法、德尔菲法等。

1. 集合意见法

集合意见法是指各方人士(可以是企业内部经营管理人员、业务人员，也可以是企业外部的业务人员或用户)凭自己的经验判断，对市场未来需求趋势提出个人预测意见，再集合大家意见做出市场预测的方法。这种方法简便易行、可靠实用、注重发挥集体智慧，在一定程度上克服了个人直观判断的局限性和片面性，有利于提高市场预测的质量。

集合意见法的操作步骤如下。

(1) 提供资料。预测组织者根据企业经营管理的要求，向参加预测的相关人员提出预测项目和预测期限的要求，并尽可能提供有关背景资料。

(2) 提出预测方案。有关人员根据预测要求及掌握的背景资料，凭个人经验和分析判断能力，提出各自的预测方案。在方案中，要确定以下三个重点。

① 确定未来市场的几种可能状态(如市场销路好或市场销路差的状态)。
② 估计各种可能状态出现的概率(主观概率)。
③ 确定每种可能状态下可能达到的具体销售值(状态值)。

(3) 计算各方案期望值。预测组织者计算有关人员预测方案的方案期望值。方案期望值等于各种可能状态主观概率与状态值乘积之和。

(4) 计算各类综合期望值。将参与预测的有关人员分类,如厂长(经理)类、管理职能科室类、业务人员类等,计算各类综合期望值。由于预测参与者对市场的了解程度以及经验等因素不同,他们每个人对最终预测结果的影响也不同。

为表示这种差异,对每类人员要分别给予不同的权数,最后采用加权平均法获得各类综合期望值。若给每个预测者以相同的权数,则表示各预测者的重要性相同。综合期望值可直接采用算术平均法或中位数法获得。

(5) 确定最后的预测值。预测组织者将各类人员的综合期望值通过加权平均法等计算出最后的预测值。

【营销实例5-7】
扫一扫,看看某皮革鞋厂是如何做产品销售额预测的。

2. 专家会议法

专家会议法是通过组织一个具有相关知识的专家参与的专家会议,运用专家各方面的专业知识和经验,相互启发、集思广益,对市场未来发展趋势或企业某个产品的发展前景做出判断的一种预测方法。

专家会议法预测能否取得成功,在很大程度上取决于对专家的选择。专家选择应依据以下要求。

(1) 专家要有丰富的经验和广博的知识。专家一般应具有较高学历,有丰富的与预测课题相关的工作经验,思维判断能力敏锐,语言表达能力较强。

(2) 专家要有代表性。专家应覆盖面广,如市场营销专家、管理专家、财务专家、生产技术专家等,不能只局限于某一个方面。

(3) 专家要有一定的市场调查和市场预测方面的知识和经验。

专家会议法的实施程序如下。

(1) 做好会议的准备工作。

准备工作包括确定会议的主题,确定合适的主持人,选好会议的场所和时间,确定会议的次数,准备会议的记录、分析工具。确定主持人对于会议的成功与否起着非常重要的作用,要求其具有丰富的调查经验,掌握与讨论内容相关的知识,并能左右或引导会议的进程和方向。

(2) 邀请专家参加会议。

邀请出席会议的专家人数不宜太多,一般 8~12 人最好,要尽量包括各个方面的专家。被邀请的专家必须能独立思考,不受某个权威意见左右。

(3) 控制好会议的进程。

会议主持人提出预测题目，要求大家充分发表意见，提出各种各样的方案。在这一步中，需要强调的是在会议上不要批评别人的方案，要让与会者打开思路畅所欲言。同时，要做好会议的记录工作。可以由主持人边提问边记录，也可以由助手进行记录，还可以通过录音、录像的方法记录。

在会议结束后，主持人再对各种方案进行比较、评价、归类，最后确定预测方案。

3. 德尔菲法

德尔菲法也叫专家小组法，由美国兰德公司在 20 世纪 40 年代末首创，最先用于科技预测，20 世纪 60 年代以来在市场预测中也得到了广泛应用。

德尔菲法是专家会议法的改进和发展，是为避免集体讨论存在的屈从于权威或盲目服从多数的缺陷而提出的一种专家预测方法。在预测过程中，各专家不通过会议形式交换意见和进行讨论，而是在互相保密的情况下，用书面形式独立地回答预测者提出的问题，并反复多次修改各自的意见，最后由预测者综合确定市场预测的结论。德尔菲法的这一特点克服了在专家会议法中经常发生的专家们不能充分发表意见、权威人士的意见左右其他人的意见等弊病。

德尔菲法的实施程序如下。

(1) 确定预测题目，选定专家小组成员。

确定预测题目即明确预测目的和对象；选定专家小组成员则是决定向谁做有关的调查。这两点是有机地联系在一起的，即被选定的专家，必须是对确定的预测对象具有丰富知识的人，既包括理论方面的专家，也包括具有丰富实际工作经验的专家，这样组成的专家小组，才能对预测对象提出可信的预测值。专家小组人数一般不超过 20 人，某些特殊情况除外。

(2) 设计调查表，准备相关材料。

预测组织者要将预测对象的调查项目按次序排列绘制成征询表，准备向有关专家发送；同时还应将填写要求、说明一并设计好，使各专家能够按统一要求做出预测值。除设计调查表，预测组织者还应准备与预测有关的资料，以便专家在预测时参考。这是因为，各位专家虽对预测对象有所了解，但对全面情况的了解有时不够，或对某一方面的情况了解不多，这都需要预测组织者事先准备好尽可能详尽的材料。

(3) 专家进行预测。

各个专家根据他们所收到的材料，提出自己的预测意见，并说明自己是怎样利用这些材料提出预测值的。

(4) 对专家意见进行初次汇总。

将各位专家第一次判断意见汇总，列成图表，进行对比，再分发给各位专家，让专家比较自己同他人的不同意见，修改自己的意见。也可以把各位专家的意见加以整理，或请身份更高的其他专家加以评论，然后把这些意见再分送给各位专家，以便他们参考后修改自己的意见。

(二)定量预测法

定量预测法是依据市场调查所得出的比较充足的历史统计资料，运用数学特别是数理统计方法，建立预测模型，对市场未来发展做出定量预测结果的一种方法。运用定量预测法一般需具有大量的统计资料和先进的计算手段。预测方法大致可分为：时间序列预测法和因果分析预测法。

1. 时间序列预测法

时间序列预测法就是通过编制和分析时间序列，根据时间序列所反映的发展过程、方向和趋势，加以外推或延伸来预测下一时间周期所能达到的水平。对于不同的预测对象或预测对象的不同发展趋势，应采用不同的方法，配合不同的曲线，主要有如下几种。

(1) 水平型发展趋势。预测对象的发展变化表现为围绕某一水平上下波动，对此应采用一次移动平均法、加权移动平均法和一次指数平滑法进行预测。

(2) 线性变化趋势。预测对象在各时期的增长量接近于某个常数，与此相对应的预测方法有二次移动平均法、二次指数平滑法和直线趋势法。

(3) 二次曲线趋势法。如果时间序列的二次差接近常数，即每期增长量大致相同，这种趋势称为二次曲线趋势，可采用最小平方法、三点法、三次移动平均法、三次指数平滑法，配合二次曲线进行预测。

(4) 对数直线趋势。当某个时间序列资料各期的发展速度基本相等，或者说，资料在一定时期里增加或减少的百分率相等或接近时，应配合对数直线趋势进行预测。

(5) 修正指数曲线趋势。这种趋势表现为原始数列初期增长速度快，随后逐渐减慢并且各期的增长速度大体相等，可用三段法配合修正指数曲线进行预测。

(6) 龚佩子曲线趋势。龚佩子曲线可配合一种常见的发展趋势进行预测，即初期增长速度较慢，随后增长速度渐次加快，达到一定程度后，虽然还有增长量，但增长率降低，终至平复。

2. 因果分析预测法

因果分析预测法是以事物之间的相互联系、相互依存关系为根据的预测方法，是在定性研究的基础上，确定出影响预测对象(因变量)的主要因素(自变量)，从而根据这些变量的观测值建立回归方程，并由自变量的变化来推测因变量的变化。因果分析预测法的主要工具是回归分析技术，因此又称其为回归分析预测方法。利用这种方法进行预测时，首先要确定事物之间相关性的强弱，还需研究事物之间的相互依存关系是否稳定。运用回归方程进行分析预测的方法主要有三种。

(1) 一元回归预测，即分析一个自变量与因变量之间的相关关系，利用一元回归方程进行预测。例如，依据居民货币收入的变化预测某种耐用消费品的需求量。

(2) 多元回归预测，即分析因变量与若干个自变量之间的相关关系，运用多元回归方程从若干个自变量的变化去预测因变量的变化。例如，依据区域人口、商品价格、工资水平、银行利率的变化，预测商品销售量。

(3) 自回归预测，即用因变量的滞后值作为自变量，建立回归方程进行预测。例如，根据消费者目前的食品消费水平，可以预测下一期的食品消费水平。

本 章 小 结

市场信息是商品经济的产物，是企业经营管理的一项重要资源，是企业在市场上取得竞争优势举足轻重的砝码。商品经济越发展，市场营销信息越重要，及时、准确、可靠地掌握市场信息并对信息进行科学有效的处理和运用，是现代企业的一项重要任务。因此，现代市场营销理论把市场信息、市场调查、市场预测作为企业掌握经营环境、分析市场动向及供求发展趋势和相关联系的三大支柱。市场信息是营销决策的基础，而市场信息离不开市场营销调查和预测的支持，需要运用科学营销调研与预测方法进行市场分析，把握市场趋势。

市场营销调查是指运用科学的方法，有目的、有计划地收集、整理、分析和研究有关市场营销方面的信息，发现机会和问题，得出合乎客观事实发展规律的结论、提出建议，为市场预测和营销决策提供依据。

市场营销调查的内容包括市场需求调查、市场环境调查、产品调查、销售渠道和促销调查，以及竞争对手状况调查。市场营销调查的数据来源主要是一手资料和二手资料。

市场营销调查报告的撰写内容包括标题、目录、概述、正文、结论与建议和附件。这对于企业预测和进一步决策至关重要。

市场预测就是在市场调查的基础上，利用各种信息资料，运用科学的方法，对影响市场供求变化的各种因素进行调查研究，分析和预见其发展趋势，掌握市场供求变化的规律，为市场营销决策提供可靠的依据。市场预测是市场调研的发展与延续，是市场分析研究的结果。市场预测的方法有定性预测法、定量预测法。

课 后 习 题

一、思考题

1. 市场信息通常包括哪些信息？
2. 市场调查问卷由哪几部分组成？在问卷设计中，要注意哪些问题？
3. 某企业所经营的产品有很大的潜在市场，但由于顾客收入水平所限，有效市场的规模较小。这个企业怎样才能进一步扩大它的有效市场的规模？
4. 简述市场调查的程序。

二、案例分析

为了适应人们生活的快节奏，雀巢公司率先研制出了速溶咖啡并投入市场，着力宣传它的优点，但出乎意料的是，购买者寥寥无几。

厂商请调查专家进行研究。先是用访问问卷直接询问，很多被访的家庭主妇回答，不愿选购速溶咖啡，是因为不喜欢速溶咖啡的味道。

但这个是真正的答案吗？

调查专家实施了口味测试，试饮中，主妇们大都辨认不出速溶咖啡和豆制咖啡的味道有什么不同。

显然，消费者说谎了。

为什么说谎？

为了寻找真正的原因，调查专家改用了间接的方法进行调查。

他们编制了两种购物单，除一张上写的是速溶咖啡，另一张上写的是新鲜咖啡这一项不同之外，其他各项均相同。然后把清单分给两组家庭主妇，请她们描写按购物单买东西的家庭主妇是什么样的妇女。

调查发现，两组妇女所描写的两个家庭主妇的形象截然不同。她们认为购买速溶咖啡的家庭主妇是个懒惰的、邋遢的、生活没有计划的主妇；购买新鲜咖啡的则是勤俭的、讲究生活的、有经验的和喜欢烹调的主妇。

原来，速溶咖啡被人们拒绝，并不是由于产品本身，而是由于人们的动机，即都希望做一名勤劳、称职的家庭主妇，而不愿做被人谴责的懒惰的主妇。

消费者不知道真相。

很多调查是基于这样一个基本问题开始的：请问您需要什么？

而实际上，很多消费者并不能准确地表达他们的动机、需求和其他思想活动。当他们努力想要告知调查者他们心中所想时，其实有时候也不完全了解自己的真正需要。

一个人没调闹钟，早上 6 点突然醒来。人们就问他为什么会那么早起床？他的大脑皮层就会产生各种各样的原因去解释他的行为：为了早上起来读英语；为了赶一个工作上的报告等。其实真正的背后原因可能是一阵风吹过，或者是被噩梦惊醒。

乔布斯也曾表示"消费者并不知道自己需要什么，直到我们拿出自己的产品，他们就发现，这是我要的东西"。

消费者故意撒谎？

实际经验告诉我们，很多时候被调查者显然是故意撒谎。有时是因为问题涉及的内容过于敏感，有时是因为答案会导致被调查者外在形象受损。

曾经有家手机厂商设计一台老人用的手机，调查了大量的老年人对手机的功能需求，包括大字体、紧急呼叫、语音留言等，可当这台为老年人量身定制的手机面市以后，却得不到老年人的认可。

原来从老年人的角度来看，使用这款手机就等于向别人承认自己年纪大了、老眼昏花了。

行为发生时刻和调查时刻的区别。消费者发生行为，同仅仅是处于调查阶段的状态是不同的。调查过程中，被调查者往往受到心理学上已知影响的干扰。当其意识到调查正在进行、自己正处于旁人的观测之中时，被调查者的反应和做出的选择往往会与真实情况产生偏差，这一问题被称为"霍桑效应"。

中央电视台曾用问卷的方式对一个区域做节目收视率调查，很多被调查者在"经常看的节目"中，会倾向于选择新闻联播、经济半小时、今日关注、百家讲坛等栏目。但真实的统计中却发现，娱乐、体育、电视剧节目的收视率被明显低估，而"正统类"电视节目的收视率并没有问卷调查结果那么高。

事后，不少被调查者提及，在接受调查的过程中，他们会认为自己应该多看一些正统性的电视节目。这是"霍桑效应"导致的结果。

样本不具有代表性。传统的市场调查方法是"实地调查+问卷发放"的模式，是一种基于样本的统计分析方法，即通过局部样本特性去判断总体特性。这时必须让样本具有一般意义的典型性才具有参考价值。不然即使抽取样本量很大，也具有较大的误差性。

1936 年的美国总统大选是样本问题的一个典型例子。那年的美国总统选举在民主党的罗斯福和共和党的兰登之间举行。当时，美国的《文学摘要》杂志是预测总统大选结果的权威媒体机构，几乎把过去历届的选举结果都预测准确了。这次，他们依旧运用过去传统的做法——大规模的样本调查统计。

根据电话簿上的地址，发出了1 000万封信，并回收200万封。样本的规模是空前的，可谓是花费了巨大的人力和物力。根据他们的调查统计结果，兰登将以57%对43%的投票数战胜罗斯福获胜。可是，最后的选举结果令人大跌眼镜，罗斯福以62%对38%的票数大获全胜，连任总统。

原因是样本选择范围的不均衡。

20世纪30年代，能用得起电话的都是美国的中上流阶层，而他们大都是共和党的支持者。相反，绝大多数支持民主党的中下层选民却没有被杂志社纳入样本中，进而导致了预测失败。

如何不被消费者的谎言"糊弄"？

观察消费者的决策行为，洞察其隐形需求。

消费者会撒谎，但行为就是决策结果，具有可参考性。因此，关注消费者的购买决策，将行为结果与消费者的回答进行对比。如果两者相同，则证明消费者做出了诚实的回答；如果不一致，则以消费者的决策行为为准。

日本电通公司的策划总监山口千秋曾为三得利公司的罐装咖啡 WEST 品牌做市场调查。通过前期市场销售数据将 WEST 咖啡的目标人群定位为中年劳工，如出租车司机、卡车司机、底层业务员等。当时品牌方对咖啡口味拿捏不准，味道是微苦好，还是微甜好？

按一般调查公司的做法，先是请一批劳工到电通公司办公室里，把微苦、微甜两种口味的咖啡放在同样的包装里，请他们试饮，大部分人都表示喜欢微苦的。

但山口千秋发现办公室并不是顾客日常饮用的场所。于是，他把两种口味的咖啡放到出租车站点、工厂等劳工真正接触的场景，发现微甜味咖啡被拿走得更多！真相是："害怕承认自己喜欢甜味后，会被别人嘲笑不会品味正宗咖啡。"

找准消费者烦恼，戳中其痛点。人们对痛点往往很敏感，戳到"痛点"，离真相就不远了。心理学家表明，痛点、抱怨往往能够反映消费者真实的想法。因此，不管是直接问消费者还是找资料，都不要问正面的问题，因为当你要求消费者正面描述某个产品或服务的时候，他往往无法真实表达。你需要询问他对于产品和服务的不满，当你这样问，他们就会开始抱怨，而这种抱怨，最终会让你找到你想要的答案。

如果你是海飞丝市场部工作人员，直接问消费者，没头屑有什么好处，消费者会冷眼无语地看着你，因为即使他知道也很难表达出来。

但是如果你问消费者，有头屑会有什么烦恼，消费者自然就会告诉你，最大的问题就是尴尬。特别是如果有头屑，别人靠近你的时候，你会感到相当尴尬，同时也从不敢穿黑衣服。所以，海飞丝早期的广告就戳中了消费者内心的心声，去除头屑和尴尬。这也诞生了海飞丝许多广告的创意。

以消费者视角，将自己代入与消费者相同的情境中。有的时候，调查人员自己就可以充当被调查者，将自己代入消费者角色去看待问题，这样也能挖掘到消费者内心的心声。

例如，负责某二锅头品牌策划的创作部经理曾经遇到一个难题，究竟如何将二锅头的品牌植入受众身上。他没有急着去调查，而是将自己代入，自己去亲身尝试产品，最后他发现二锅头这种烈酒喝起来就是痛快，自己的感受在那一刹那是快活的。

同样，曾经很火的一句广告语——孤独的人总是晚回家，原创作者本身就是一个孤独的人。他自己有意识地记录自己一天的行踪,结果发现自己一个星期几乎绝大部分时间是晚归的,后来他自己也醒悟过来,确实是自己害怕每天下班面对空空的家,十分无聊,所以选择晚归。他有意识地观察与他同类的其他人,大家都有类似的习惯。因此这句话"孤独的人总是晚回家"是一群孤独的人的真实写照。

(资料来源:七叔. 我的市场调研是这样拆穿了消费者的谎言[J]. 销售与市场(渠道版). 2017(6): 32-34.)

请思考:营销调查人员如何发现、识别、减少"消费者的谎言"?如何有效地做好市场预测?

三、实操题

【实训目的】

(1) 具有设计市场营销调查方案的能力

(2) 具有设计市场调查问卷的能力

【实训内容】

(1) 调查项目:×××企业(公司)某一目标市场调查策划方案。内容包括时间、项目团队成员、项目负责人、调查方案的目的、调查方法等。

(2) 调查方案设计。

将调查问卷/访谈提纲设计范例、调查方案范例、调查报告范例、口头调查报告范例等作为实训项目操作的参考。

【实训组织和要求】

(1) 将学生分组,每组3～5人。

(2) 结合各小组确定的调查对象和调查目的制定调查策划方案。

(3) 设计调查问卷。

第六章

消费者市场分析

【学习目标与任务】
- 掌握消费者市场的基本内容。
- 掌握影响消费者行为的因素。
- 掌握消费者购买过程和心理。
- 了解新时代的消费趋势。

【重点与难点】
- 消费者市场的基本内容。
- 影响消费者行为的因素。
- 消费者在消费过程中的心理。
- 消费者购买的过程和阶段。

【能力目标】
- 通过现有材料或数据，分析消费者购买的欲望和需求以及其原因，并对消费者进行分类和细化。
- 根据消费者和市场的信息，制定相应的针对消费者的营销方案。

第六章 消费者市场分析

【案例导入】

低线城市逆袭,"小镇青年"消费崛起

2018 年 10 月 31 日,经济日报联合京东、京东到家、沃尔玛和腾讯正式发布《2018 中国零售商超全渠道融合发展年度报告》(2018 China Retail Omni Channel Integration and Development Report)。跨平台的数据分析显示,伴随着消费者年轻化、消费实力增强、追求高质量消费以及消费潜力下沉等特点,零售商超开启了新一轮的自我升级和迭代,行业进入了线上线下融合的新阶段。

该报告分析了消费者的新特征主要有理性化和消费潜力下沉。近五年来,我国城镇居民人均可支配收入持续增长,2013 年我国城镇居民人均可支配收入为 26 467 元,2017 年增长至 36 396 元。但是,2017 年城镇居民人均消费支出增长率较 2016 年有所降低。主要原因是,近年来,我国城镇居民特别是一线城市居民的医疗、教育、房价等生活成本与日俱增。现阶段,一线城市居民消费趋于理性,更倾向于高性价比的产品。相比一二线城市消费者的高生活成本来说,三线及以下城市的消费者所面临的负债压力较小,同时物价相对较低,生活成本较低,购买力提升较快。根据京东超市数据,三线及以下城市在 2016 年 7 月到 2018 年 6 月的销售额增长率高于新一线城市及二线城市,随着收入持续提高,三线及以下城市具有较大的消费潜力。

(资料来源: https://www.useit.com.cn/thread-20993-1-1.html)

第一节 消费者市场及其特点

消费者市场是指所有为了满足个人消费而购买产品和服务的个人和家庭所构成的市场。消费者市场的内容主要包括以下几个。

(1) 消费者市场的概念。
(2) 消费者市场的特点,特性多样且主导因素多元。
(3) 消费者市场的购买对象,主要分为便利品和选购品。

一、消费者市场的概念

按顾客购买产品和服务的目的或用途不同,市场可分为组织市场和消费者市场。消费者市场是指所有为了满足个人消费而购买产品和服务的个人和家庭所构成的市场。生活消费是产品和服务流通的终点,故消费者市场也被称为最终产品市场。一般而言,组织市场虽然购买数量庞大,但最终服务对象还是消费者,仍要以满足消费者的需要为中心。成功的市场营销者是那些能够有效地开发对消费者有价值的产品,并运用富有吸引力和说服力的方法将产品有效地呈现给消费者的企业和个人。因而,消费者市场是市场体系的基础,是起决定性作用的市场,是现代营销理论研究的主要对象。研究影响消费者购买行为的主要因素及其购买决策过程,对于开展有效的市场营销活动至关重要。

二、消费者市场的特点

消费者市场的特点往往是由一个或多个特性随机组合而成的,不同的消费者所引起的市场特性也有所不同。

(一)普遍性与多样性

普遍性是指人人都是消费者。消费者市场人数众多,具有购买次数频繁,购买数量少的特征,因此消费者的购买行为与企业购买行为明显不同,与消费者购买行为相比,企业购买行为具有购买次数少,每次购买量大的特征。

多样性是指由于消费者市场人多面广,消费者受到年龄、职业、受教育程度、经济收入、性格及所处的市场环境不同的影响,导致消费者购买行为千差万别。

(二)层次性与发展性

消费需求的层次性是指消费者对于同一类产品,在质量、价格、款式、规格、性能等方面需求的差异性在消费品市场上以多层次性特征表现出来。例如,按照产品价格高低划分,可以把产品分为高、中、低三个档次。这种特征有利于企业细分市场,所提供的产品更有针对性。

消费需求的发展性是指随着时代的变迁、科技的进步、经济收入的提高,消费者的需求会经历一种由低到高,由粗到精的发展过程。特别是由于科学技术的迅猛发展,新产品层出不穷,产品生命周期日益萎缩,人们更换产品速度加快,进一步促进了消费需求的发展性。

(三)情感性

消费需求的情感性是指消费者购物带有明显的感情色彩。由于消费者缺乏专业的知识,大部分是外行,多属非专家购买,往往是根据个人的喜好和情感购物。例如,在情人节,恋爱中的男女要送玫瑰花、巧克力来表达自己的爱恋之情,因此,每年的2月14日的情人节都是玫瑰花和巧克力最畅销、价格上涨最快的日子。

(四)可诱导性

消费需求的可诱导性是指消费需求受消费者收入、嗜好、商品价格、税收和储蓄利率、心理预期、经济发展趋势的影响,购买具有很大的伸缩性,容易受到外界因素的诱导。一般来讲,消费者对商品的不同偏好程度决定了他们的购买意愿。消费者的嗜好取决于个人生理和心理需求,也取决于社会消费时尚。企业可以通过示范效应的广告效应来影响消费时尚。示范效应是某一消费团体的消费方式对其他团体的影响;广告效应是广告对形成消费时尚的影响。由于示范效应和广告效应的重要性,许多企业不惜重金利用这两种效应来诱导消费者,如百事可乐不惜重金聘请国际足球明星做广告来诱导喜爱这些足球明星的消费者购买百事可乐。

(五)互补性和替代性

消费需求的互补性是指消费者为了满足个人的某种需求,需要同时购买两种或两种以上产品。消费者购买的这些产品一般来讲都是互补品,如购买相机就必须买胶卷,因为相机和胶卷是互补品。其中互补品中的一种商品价格下跌,会引起另一种商品需求的增加,反之则减少。柯达公司就曾采取低价卖相机,高价卖胶卷的市场价格策略。

消费需求的替代性是指商品功能近似可以相互替代满足消费者的同一种需求,如消费者既可买羽绒服御寒,也可以买棉大衣、裘皮大衣御寒。羽绒服、棉大衣、裘皮大衣是替代品。有替代关系的商品,当一种商品价格下跌时,另一种商品的需求就会减少。最近几年由于羽绒服价格大幅度下降,人们对棉大衣的需求急剧减少。

(六)地区性

消费需求的地区性是指同一地区的消费者在生活习惯、收入水平、消费需求等方面具有很大的相似性,因而在消费行为上表现出地区的特点。例如,羽绒服在北方地区冬季销量很好,在海南岛则无人问津。中国饮食北咸南甜,山西人喜酸,四川人、湖南人、湖北人喜辣。

(七)季节性

消费需求的季节性是指由于气候条件、风俗习惯不同而引起的季节性消费。这些商品的供应与消费有显著的淡、旺季之分,如蔬菜价格夏天便宜、冬天贵。另外,在中国一些传统的节日中会引起某种商品的旺销,如元宵节的汤圆、端午节的粽子、中秋节的月饼。

(八)流动性

消费需求的流动性是指消费品具有在地区间流动的特性。例如,服装的流动趋势是从欧美流动到日、韩、香港地区,然后流动到中国内地的东南沿海地区,再流动到中国的北方和西部地区。在消费品流动的过程中有两种现象,一种是顺流,即商品的流行趋势从上层社会流动到下层社会;另一种是逆流,即商品的流行趋势是从下层社会流动到上层社会。例如,牛仔服装最初是美国西部牛仔穿的一种从事体力劳动的服装,现在世界各个阶层的人都在穿这种服装,这种服装已成为世界通用的休闲服装。

三、消费者市场的购买对象

购买对象直观地反映了市场中某种商品在某种领域的性质,消费者在一定程度上会对即将购买的商品有初步认识。因此,合理地区分购买对象的类别对于消费者市场的投放具有重要意义。

消费者进入市场,其购买对象是多种多样的。如果以消费者的购买习惯为划分标准,消费者的购买对象一般分为三类:便利品、选购品和特殊品。

(一)便利品

便利品又称日用品,是指消费者日常生活中所需要的需重复购买的商品,如食品、饮料、肥皂、洗衣粉等。消费者在购买这类商品时,一般不需要花很多的时间比较价格和质量,愿意接受其他代用品,多数选择就近购买。因此,便利品的生产者应注意分销的广泛性和经销网点的合理分布,以便消费者能及时就近购买。

(二)选购品

它是指价格比便利店的贵,消费者花较多时间对许多同类商品进行比较之后才决定购买的商品,如服装、家电等。消费者在购买前,对这类商品了解不多,因而在决定购买前总是对同一类型的商品从价格、款式、质量等方面进行比较。生产经营选购品的企业应将销售网点设在商业网点较多的商业区，并将同类商品销售点加以集中，以便顾客进行比较和选择。

(三)特殊品

它是指消费者对其有特殊偏好并愿意花较多时间和精力去购买的消费品，如汽车、高档家具等。消费者在购买前对这些商品已经有了一定的认识，偏爱特定的品牌，不愿接受代用品。为此，企业应注意争创名牌产品，扩大本企业品牌的知名度。

如按照商品的耐用程度和使用频率分类，消费者的购买对象可分为耐用品和非耐用品。非耐用品是指使用频率较高，消费者需经常购买的商品，如食品、化妆品等。生产这类产品的企业，要特别注意销售点的设置，以方便消费者的购买。耐用品是指能多次使用，寿命较长的商品，如电视机、电冰箱及计算机等。消费者在购买这类商品时，决策较为慎重。生产这类商品的企业，要注重技术创新，提高产品质量，同时要做好售后服务，满足消费者的购后需求。

第二节　消费者购买行为的影响因素

消费者购买行为的内容主要包括：消费者购买行为的类型与模式、影响消费者购买行为的内在因素、影响消费者购买行为的外在因素。

一、消费者购买行为

消费者购买行为是指消费者在寻找、购买、使用、评估和处理满足其需要的产品或服务过程中所表现出来的反应或行动。市场购买行为是人类行为的一个重要组成部分，而人的行动是受心理活动支配的。因此，认识购买者的行为，首先要从人类认识反应的一般模式开始。人类行动的一般模式是 S-O-R 模式，即"客观刺激—心理活动过程—行为反应"模式。

当人类的一般行为模式反映在市场经济的购买行为之上时，消费者的购买行为主要由客观刺激所引起，如图 6-1 所示。这种刺激既来自市场营销者的产品、价格、地点及促销所构成的质量、款式、服务、广告、社会效应等情况，也可以来自外部的刺激，包括市场购买者所处环境的经济、技术、政治与文化的因素与事件。

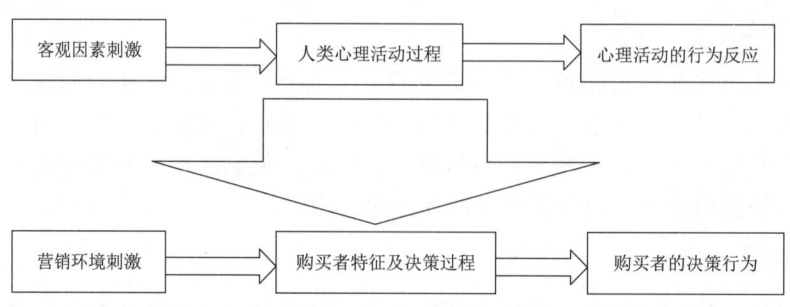

图 6-1　人类行为模式向市场购买行为模式的转变

二、消费者购买行为的类型与模式

(一)消费者购买行为的类型

消费者购买决策随其购买行为类型的不同而变化。较为复杂和花钱较多的决策往往凝结着购买者的反复权衡和众多人的参与决策。根据参与者的介入程度和品牌间的差异程度，可将消费者购买行为分为四种类型，如表 6-1 所示。

表 6-1 消费者购买行为类型

	高介入度	低介入度
品牌差异大	复杂型购买行为	变换型购买行为
品牌差异小	协调型购买行为	习惯型购买行为

1. 习惯型购买行为

它是一种对于价格低廉、经常购买、品牌差异小的产品，不需要花时间进行选择，也不进行信息收集、产品评价就进行购买的最为简单的购买行为类型。消费者只是被动地接收信息，出于熟悉购买，也不一定进行购后评价。针对习惯型购买行为企业应采取以下营销策略。

(1) 产品改良，突出品牌效应，即增加产品新的用途与功能，保质保量，创立品牌。
(2) 价格优惠。
(3) 在居民区和人口流动性大的地区广设销售网点，使消费者随时随地可以购买。
(4) 加大促销力度。利用促销吸引新顾客，回报老顾客；在广告宣传上力争简洁明快，突出视觉符号与视觉形象。例如，生产绿茶的企业可以针对消费者绿茶减肥，补充微量元素的心理特征，在广告宣传上突出绿茶的减肥功效，促销绿茶。

2. 变换型购买行为

它是一种对于品牌差异明显的产品，不愿多花时间来选择和估价，而是不断变化所购产品品牌的购买行为类型。消费者这样做并不是因为对产品不满意，而是为了寻求更多的尝试、比较和评价。针对该类消费者，企业应该采取以下营销策略。

(1) 多品牌策略，突出各品牌优势。多品牌策略是指企业在相同产品类别中同时为一种产品设计两种或两种以上互相竞争的品牌决策。此决策为宝洁公司所首创，今天宝洁公司的洗发用品品牌众多，如飘柔、海飞丝、潘婷等。飘柔突出的特点是柔顺秀发，海飞丝突出的特点是去屑，潘婷突出的特点是护理、营养头发。宝洁公司凭借强大的企业实力，多方位的广告宣传，使其品牌深入到消费者的心中，创造了骄人的业绩。
(2) 价格拉开档次。
(3) 占据有利的货架位置，扩大本企业产品的货架面积，保证供应。
(4) 加大广告投入，树立品牌形象，使消费者形成习惯性购买。

3. 协调型购买行为

它是一种对于品牌差异小而购买风险大的产品，花费大量时间和精力去选购，购买后又出现不满意、不平衡的心理，为寻求平衡而在使用过程中继续收集产品信息的购买行为类型。有些产品品牌差异不大，消费者不经常购买，而购买时有一定的风险，所以，消费者一般要比较、看货，只要价格公道、购买方便、机会合适，消费者就会决定购买。购买以后，消费者也许会心理不平衡或不够满意，在使用过程中会了解更多情况，并寻求种种理由来减轻、化解这种失衡感，以证明自己的购买决定是正确的。经过由不协调到协调的过程，消费者会有一系列的心理变化。针对这种购买行为类型，企业应采取以下营销策略。

(1) 价格公道、真诚服务、创品牌、树立企业良好形象。

(2) 选择最佳的销售地点，即与竞争对手同处一地，便于消费者选购。

(3) 采用人员推销策略，及时向消费者介绍产品优势，化解消费者心理的疑虑，消除消费者的失落感。

4．复杂型购买行为

它是一种对于品牌差异大的产品，广泛收集相关信息，慎重选择，仔细比较后才购买，以求降低风险的购买行为类型。当消费者购买一件贵重的、不常买的、有风险且又非常有意义的产品时，由于产品品牌差异大，消费者对产品缺乏了解，因而需要有一个学习的过程，以广泛了解产品性能、特点，从而对产品做出某种评价，最后决定购买。对于这种复杂型购买行为，企业应采取以下营销策略。

(1) 制作产品说明书，帮助消费者及时全面了解本企业产品知识、产品优势及同类其他的产品状况，增强消费者对本企业产品的信心。

(2) 实行灵活的定价策略。

(3) 加大广告力度，创名牌产品。

(4) 实行人员推销策略，聘请训练有素、专业知识丰富的推销员推销产品，简化购买过程。

(5) 实行售后跟踪服务策略，增强企业与消费者之间的亲和力。

(二)消费者购买行为的模式

消费者的购买行为表现为一个投入产出过程。他们一方面接受各种外部刺激；另一方面做出相应的购买反应。外部刺激和消费者的反应，可能看得见、摸得着；然而他们如何"消化"这些外部刺激，进而形成某种反应，则常常难以捉摸，似乎是一种"黑箱机制"，如图6-2所示。

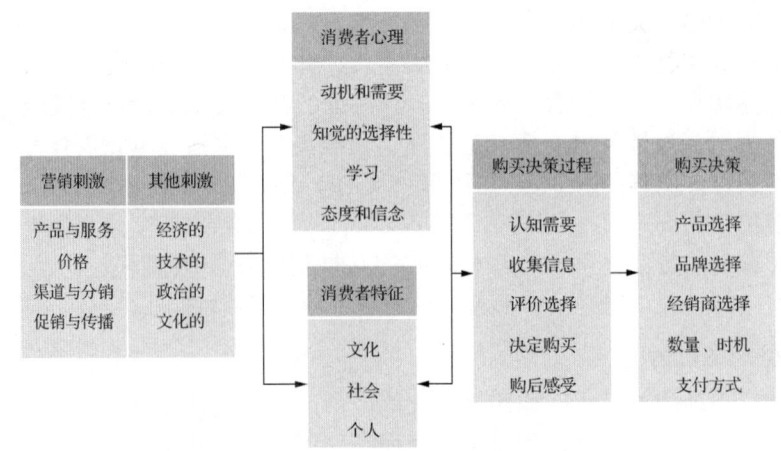

图6-2　消费者行为模式

1. 刺激

消费者购买行为中的投入因素,首先是相关的营销刺激。它们以企业可控的因素,即各种市场营销手段为基础,并受制于宏观环境因素。这些可控因素的变化和不同组合形式,成为影响消费者行为的"黑箱"中具体、直接的"小环境"。各种不可控因素形成的宏观环境刺激,构成笼罩整个市场的"大气候",制约着消费发展的动向和需求变化的趋势,并对消费者的"黑箱"产生显著的影响。

2. 黑箱机制

消费者购买行为中的"黑箱",虽然难以一窥其完整内幕,但可重点考查两大方面。

(1) 消费者心理。从接受外部的营销刺激到最终购买决策之间,在人们意识中究竟发生了什么?可以明确的是,动机、感知、学习和态度等,是其中几个关键性的心理过程,从根本上影响着消费者的反应。

(2) 消费者特征。购买决策不仅受到反映消费者特征的心理过程制约,也被环境因素等外部刺激影响。文化的、社会的和个人的因素等外部刺激,会影响人们在购买过程中对不同事物的认识和情绪、意志等心理活动,制约他们的反应倾向。

3. 反应

诸多因素的共同作用,使消费者最终做出一定的反应——认识或否定需要,收集信息、评价选择以决定是否购买,直到购买后使用、消费完毕方告一段落。这个过程是循环往复的,并且不断发生变化的。其间,消费者要做出一系列判断和选择,以决定是否以及如何满足需要和欲望。

(1) 购买什么,即购买对象。它受制于具体需求,是人们满足欲望的实质内容。通常可区分为便利品、选购品和特殊品,耐用品和非耐用品,产品和服务等,以便企业考虑不同的营销方式和措施。

(2) 为何购买,即购买目的。与消费者购买动机有关,受制于具体的需要及人们对需要的认识。

(3) 由谁购买,即购买组织。消费者市场人多面广,人人都可以是消费者,但未必都是购买决定者、执行者。无论是以家庭还是个人为基础的基本消费单位,购买过程都大抵如此。

(4) 何时购买,即关于购买时机的选择。因此,也导致了一些商品的购买、服务消费的季节性差异,出现淡季旺季等。

(5) 何地购买,即关于购买地点与场合的选择。过去消费者购买多以实体店铺为基本场所,日常必需的一般生活用品就近购买。选择性较强的或贵重物品,喜欢在商业街、购物中心等处比较、购买;某些特殊商品的购买,习惯于前往专卖店;一些地方特色产品或专用产品,更愿意到产地或厂家购买。随着互联网的普及和电子商务、物流快递行业的发展,网上商品种类日渐繁多,在线购物的便利性大大提高,消费者可随时上网寻找所需并下单购买,对网络购物的依赖性越来越强。实体店铺当今只是购物场合的一种选择,常常以为顾客提供体验为主。对于许多网络购物者,在线购物甚至成为一种生活方式。

(6) 如何购买,即购买方式,包括具体的购买类型、付款方式等。后者如近年发展得风生水起的在线支付,通过第三方提供的与银行之间的支付接口进行支付,直接把款项从用户银行卡转账到网站账户，款项即刻到账。最常见的有支付宝、微信等，使手机、计算机成了消费者的电子钱包。

因此，企业和营销人员不仅要善于利用环境因素，以构建有利于推动营销的小环境，还要擅长分析消费者对外部刺激的反应规律和产生购买反应的规律，尤其是互联网带来的新变化和影响，采取行之有效的营销战略和方式。

【营销实例6-1】

如何像喜茶一样引爆营销点？

很多人都以为喜茶是一夜之间冒出来的黑马。实际上，喜茶在成名前，已经偏安广东5年多了，然后才辐射珠三角，进军全国。

喜茶究竟如何蓄力起爆，直到用"排队"来引爆营销点？答案用定位之父艾·里斯先生的一句话概括就是：做品牌，做营销，要营造势能，顺势而为。

《孙子兵法》里对"势能"有一个恰到好处的比喻就是巨大的积水从千仞之高的山涧奔流而下，圆石从千仞之高的山飞滚而下，形成巨大的冲击和能量，这就叫"势能"。

在营销中，品牌的势能无法具体量化，但用户的心智是可以感知到你的品牌和对手的品牌势能之间的差异。这种能被目标用户感知到的品牌势能，驱动着定位被更广泛的人群接受，保障在更大的市场上获得成功。

品牌势能是一个累积的过程。商家一定要聪明地借助这个势能，而不能依靠企业的蛮力，强行推进一个定位进入心智。

怎样构建出品牌势能？

要想在用户心智里构建起品牌势能，经典定位理论一共提出了三个要点：界定原点人群、界定原点市场、聚焦渠道。

1. 界定原点人群

新品牌新定位的潜在消费者通常由多个不同的消费群体组成，首先要影响到哪个人群，对一个新品牌的启动来说至关重要。

原点人群可能是品类消费的高势能人群，他们可能是某一品类的专家或重度消费人群，也就是通常人们所说的"意见领袖"。新的定位一旦获得这些高势能人群的认可和消费，将对其他消费群体产生影响和示范作用。

2. 界定原点市场

与原点人群的目的和作用类似，原点市场就是那些新产品、新品类较容易立足，同时又便于其未来发展的地方。通常，成功或者有影响的品牌，一开始都是从单一市场起步的。由于经济、历史、文化的原因，不同品类的原点市场并不相同。例如，令史玉柱翻身的脑白金，在经历了前几个初期市场的失败，才在无锡市场上获得了成功，奠定了全国市场成功的基础。究其原因，是无锡经济发达，购买能力强，当地人的保健意识超前。

3. 聚焦渠道

新产品、新品类推出的初期，应该避免广铺渠道，这对于刚刚创业，或者资金实力不强的中小型企业来说，尤为重要。很多创业型企业或中小型企业，都是经历了在一个渠道或一个区域市场上获得突破后，才实现全面成功的。

（资料来源：https://www.sohu.com/a/221278709_256505.）

三、影响消费者购买行为的内在因素

消费者的购买行为受到内在因素的影响。所谓内在因素,主要是指个人消费者行为的个人因素和心理因素。个人因素主要包括个人的收入水平、年龄和性别、职业、受教育程度、个性与生活方式等因素;心理因素主要包括行为动机、认知、学习、信念和态度等。

(一)个人因素

1. 收入水平

市场需求是指具有购买能力的有效需求,人们的消费行为必然受到收入水平的制约。消费者收入水平的变化必然会在消费商品或服务的数量、质量、结构以及消费方式等各个方面体现出来。因此,有人认为消费者是一种"经济人",由于其他各种因素的作用,对收入变化的反应程度会有所不同。例如,在外资企业工作的职员与经营服装生意的个体经营者收入都比较高,但两者的消费行为却有相当大的差别。但不管反应程度如何,做出反应是必然的。

2. 年龄和性别

年龄和性别是消费者最为基本的个人因素,具有较明显的共性特征,如年轻人和老年人由于各自的生活经历不同,接受的价值观、审美观的教育不同,因而思维方式也存在较大的差异。例如,年轻人可能会花半个月的工资购买一件奢侈品服装;而多数大半辈子生活贫困的老年人即使有这样的经济实力也不会这么消费。男女之间在购买内容和购买行为上也会表现出较为明显的差异。例如,在感兴趣的商品方面,男女之间会表现出明显的不同,女性往往对时装、化妆品等比较关心,而男性往往对影视设备、家用电器等更感兴趣;在挑选商品时,女性往往表现得比较挑剔,男性则相对较为随意。

3. 受教育程度

由于受教育程度不同,消费者往往在价值观、审美观方面会存在较大的差异,而这种差异必然会在消费行为上表现出来。例如,接受过较高程度文化教育的人群用于精神生活消费的支出往往要高于文化层次较低的人群。再如,新产品往往容易被文化层次较高的人群首先接受。因为人们接受新事物的倾向与其接受的知识成正比,受教育程度越高,对产品的相关知识了解越多,对产品性能的认识就越全面,早期尝试的可能性也越大。

4. 职业

职业的不同实际上体现了一个人所扮演的社会角色的不同,由于人的社会性,决定了不同社会角色的人会形成不同的消费特征。例如,公司白领和大学生、大学教授和农民在消费行为上就会有明显的不同。这里除了消费者收入、文化程度等原因以外,还有社会对不同职业所扮演的社会角色的要求不同。例如,公司为了体现公司形象和职工的精神面貌,往往对职工言谈举止、服装等有特殊要求,而农民则很少受这方面的约束。

5. 个性与生活方式

每个人的生活方式会影响其购买行为。生活方式的差异往往与人的个性相关,如人的气质、性格的差异就会表现出不同的生活方式。有些人直率、热情、好交友;有些人内向、感情很少外露、不善交友;有些人属于情绪型的,易冲动,决策往往跟着感觉走;有些人则较为理智，善思考，决策时往往反复权衡。不同个性及其导致的不同生活方式的人当然在消费方式方面也会表现出不同的特点。例如，一个情绪型的人，往往会凭着一时冲动做出消费决策，而一个理智的人的消费决策则往往是再三权衡利弊的结果。再如，一个性格外向、好交友的人，用于交际方面的费用可能要占其每月收入的一大部分，而一个性格内向、不善交友的人，可能把他每月收入的大部分花在购买计算机游戏上。

(二)心理因素

消费者行为常常受到许多心理因素的影响。四个关键的心理活动(行为动机、认知、学习、信念和态度)从根本上影响着消费者对于外界刺激的反应。

1. 行为动机

在任何时候人总有一些需要，这些需要有生理上的，如饥饿、寒冷等；也有心理上的，如尊重、归属等。当需要升华到足够强度的水平时，这种需要就会变为动机。在影响消费者行为的诸多心理因素中，需要和动机占有特殊、重要的地位，与行为有着直接而紧密的联系。这是由于人们的任何消费行为都是有目的的，这些目的或目标的实质是为了满足人们的某种需要或欲望。需要、动机与行为的关系如图6-3所示。

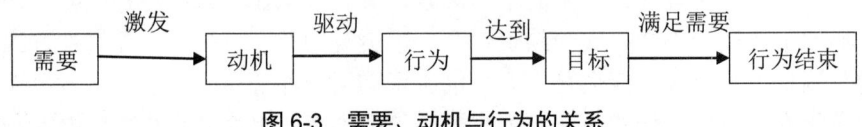

图6-3　需要、动机与行为的关系

从图6-3中可以看出，就一次行动过程而言，直接引起、驱动和支配行为的心理要素是需要和动机。其中，需要是消费者行为的最初原动力，动机则是消费者行为的直接驱动力。人们面对产品的时候，不仅会对产品已知的明显特征有反应，而且会对那些潜意识方面的特征有反应，这些潜意识方面的特征会引起人们的联想和感情方面的感觉。

2. 认知

认知是根据消费者对外在事物的各个属性之间的有机联系进行综合性、整体性反映和认识的心理过程。认知是在感觉基础上形成的。一般情况下，人们反映某客观事物时很少有孤立的认识和强制的感觉，而是以知觉的直接方式去比较完整地看待事物。人们常常经历以下三种知觉过程。

(1) 选择性注意。在人们的日常生活中，外界环境常有许多刺激因素，如广告、商品陈列等。每个人对这些信息并非全部接收，而是有选择地接受，大部分信息被筛选掉，仅仅留下少量的有用的信息被接收或存储起来，这就是选择性注意。营销人员应尽可能设法让消费者对其商品给予选择性注意，如在广告设计中，力求新、奇、巧、趣，便能吸引消费者的注意力。

(2) 选择性扭曲。消费者即使对某些信息十分注意，有时也并不一定能带来营销人员所期望的结果。因为每个人都有自己的思维逻辑方式，同时也有各种内、外因素影响消费者。因此，人们常常为了使得到的信息适合于自身的思维形式而对其进行扭曲，使信息更适合自己的思想倾向。有人对某些广告会产生怀疑，提出"真有这样好吗？""是否夸大其词？"的疑问，这就需要营销人员尽可能设法使传递给消费者的信息不被扭曲。

(3) 选择性保留。消费者对外界许多信息不可能都留在记忆中，而被记住的是经消费者选择过的信息，这些信息常常能支持消费者对企业、商品的态度和信念。有时，消费者记住了某一家企业在某品牌的优点而忽视了其竞争对手同类产品的优点。营销人员也应采取有效措施，使自己商品的优点能保留在消费者的记忆中。

3. 学习

学习是人类活动的基础。人们吸收、积累和运用各种知识、经济、技能，并在某种程度上改变自己的行为方式。消费者的学习是消费者在购买和使用商品的活动中不断获取知识、经验和技能，不断完善其购买行为的过程。消费者的购物过程常常也是一个学习过程。消费者对其想购买但又不了解的商品，常常是先收集有关这种商品的多种资料、信息，学习这种商品的知识，然后再做出购买决策和实施购买行动。营销人员应设法给希望学习的消费者创造学习的机会和提供学习的方便，这样才有助于促成消费者的购买行为。

4. 信念和态度

信念是指一个人对某种事物所持有的思想。例如，当消费者对某品牌商品了解较多时，就可能在其思想中建立起该品牌商品质量是可靠的、价格是合理的、服务是满意的，购买这种品牌的商品是明智的信念。这种看法或多或少带有感情色彩，即使以后发现该品牌产品质量差一点也可能不会改变他原来的购买决定。因此，企业应对消费者思想信念的建立给予特别的重视，努力树立起良好的企业形象、品牌形象和产品形象。

态度是人们对外界事物做出反应的一种心理倾向，是一个人对某些事物或观念长期持有的认知上的评价、感情上的感受和行动上的倾向。态度由情感、行为和认识三个因素组成。

【营销实例6-2】
扫一扫，你真的了解拼多多吗？扫一扫，就知道。

四、影响消费者购买行为的外在因素

影响消费者购买行为的外在因素主要包括政治、经济、文化、社会等因素。

(一)政治因素

影响消费者购买行为的政治因素主要包括一国的政治制度和政府政策等因素。

1. 政治制度

政治制度是指一个国家或地区的政权组织形式和所奉行的根本性的社会政治制度，它对消费者的消费方式、内容、行为具有很大的影响。政治制度对市场购买活动的影响是客观存在的，对消费者的购买行为有不可忽视的影响。

2. 政府政策

政府的消费政策一方面反映了政府的偏好，另一方面也是调节宏观经济发展的需要，无论在调节消费总量还是在引导消费方向、调节消费结构方面都起着非常重要的作用。例如，政府为了刺激消费，可以通过降低利率甚至对利息收入征收利息税的方法，鼓励人们减少储蓄，扩大消费。再如，政府为了促进住房商品化改革，对购买住宅采取低息贷款、购房款可抵扣所得税等一系列优惠政策，这对于调节人们的消费水平、消费结构都起到了非常重要的作用。

(二)经济因素

影响消费者购买行为的经济因素主要表现在社会生产力的发展水平、社会生产关系和商品价格等方面。

1. 社会生产力的发展水平

社会生产力的发展水平影响人们的消费水平和消费结构，客观上制约了人们能够消费什么、消费多少。例如，在几十年前，手表、自行车、缝纫机、电视机等被称为高档耐用消费品，只有少数人能够购买；而几十年后的今天，随着生产力的发展，所谓高档耐用消费品的含义发生了很大的变化，更多的人在追求住宅、汽车等。

2. 社会生产关系

不同的社会生产关系下有不同的收入分配政策，而不同的收入分配政策则决定了国民收入差距的大小。在国民收入既定的情况下，收入分配差距的大小必然会在消费水平和消费结构上体现出来。例如，在一个贫富差距较大的社会里和在一个收入分配较为平均的社会里，即使人均国民收入相近，人们的消费结构仍要表现出很大的差异。

3. 商品价格

商品价格包括价格总水平和价格结构，即比价关系，商品价格与收入水平共同作用于人们的消费行为。在名义收入既定的情况下，商品价格水平决定了人们的实际收入水平。理性的消费者在名义收入既定的情况下，为实现实际收入的效用最大化必然会对自己的消费行为做出合理的选择。例如，人们预期不久的将来可能会出现通货膨胀或通货紧缩时，就可能会出现抢购或持币待购，即提前或推迟购买。例如，日本政府关于将消费税率由3%调高至5%的决定正式实施前，许多居民便抢购、囤积了大量商品，特别是一些高价商品或生活必需品，以致在相当长的一段时期内市场需求萎靡不振。又如，人们对先购买汽车还是先购买住宅做出决策时，如果预期未来住宅价格将大幅上扬，而汽车价格可能进一步下降，就可能会暂时放弃购买汽车而首先购买住宅，反之则可能推迟购买住宅而先购买汽车。

(三)文化因素

文化是影响消费行为的重要的宏观因素。深层次的文化因素主要是为一个社会绝大多数人所接受并受其制约的价值观念和思维方式，它会体现在社会生活的各个方面，当然人们的消费行为也必然受到特定文化的制约。社会学者爱德华·霍尔把世界上的文化环境分为高背景文化和低背景文化。所谓高背景文化，是指在一个较大的社会群体中很少存在亚文化；所谓低背景文化，即在一个大的社会群体中存在较多的亚文化。在高背景文化中，由于社会内部较少存在亚文化，相互沟通容易，信息传播快，有时信息的传播甚至无须通过语言，共同文化背景的约定俗成就能使交流双方心领神会。由于这种文化的中介作用，"传染性"较强，因此，一种新产品一旦首先被少数人接受，很快就能普及。反之，在低背景文化中，由于诸多亚文化的存在，各亚文化群组之间相互独立，信息既不易传播，也不易被接受，因此，新产品的普及就表现为模仿者少，因而普及速度就慢。

另外，作为社会文化重要表现形式之一的社会习俗对人们的消费行为也会产生较大的影响。社会习俗是指在长期的社会生活中形成的习俗、习惯等的总称。风俗是某一国家、民族、地区、宗教经历史的演变而形成的一种许多人都遵循的风尚、礼节或生活方式、行为方式。而习惯是由于长期重复采用而逐渐稳固和稳定下来的生活方式和行为方式。风俗与习惯常常是相互影响、相辅相成的。习俗是一种社会现象，习俗所涉及的范围十分广泛，既有政治、经济、生产、消费等许多方面，也有语言、思想观念、感情、行为等方面。不同的国家、民族、地区、宗教等，由于历史文化背景、社会政治经济状况的差异，便形成不同的习俗。

(四)社会因素

消费者的行为也常常受到各种社会因素的影响。这些社会因素主要有社会阶层、参考群体、家庭、角色和地位。

1. 社会阶层

社会阶层是一个社会中具有相同性质和持久性的群体，它们以等级排列，每一阶层成员具有相似的社会价值观、兴趣、爱好和行为方式。不同阶层的人，其消费观念、消费方式、消费行为均有差异。例如，我国在中外合资企业或外商独资企业中工作的管理人员，经常购物的地方是有名的商厦，购买的商品常是名牌产品，他们一般不去跳蚤市场购物。

2. 参考群体

参考群体也称相关群体，是指对人的思想、态度、信念形成具有一定影响的社会关系群体，也指那些直接或间接影响人的看法和行为的群体。广义上说，政党、军队、机关、学校、企业、社团、朋友、邻里，都可以成为参考群体。参考群体的标准、目标、规范、要求、观念、行为方式，往往成为成员的行动指南，是人们努力达到的标准。参考群体的范围十分广泛，人们也可以同时接受各个不同参考群体的影响。

消费者接受参考群体的影响有三个方面。第一，参考群体为消费者提供新的可供选择的生活方式和消费行为。第二，由于人们通常希望能适合群体的要求，所以参考群体常常使人们的行为趋向于某种"一致化"，这是因为参考群体会形成一种群体压力，使成员的行为自觉或不自觉地符合群体规范。第三，参考群体常引起消费者的效仿欲望，从而影响他们的消费态度与购买行为，如某钓鱼协会的成员都使用同一种品牌的钓鱼竿。

3. 家庭

家庭是以婚姻、血缘和有关继承关系的成员为基础组成的社会生活组织形式或社会单位。家庭是社会最基本的细胞，也是最基本的消费单位，是群体的主要形式。家庭对消费活动的影响有三个方面。第一，家庭决定了其成员的消费方式。常常是父母影响子女，子女继承父母的消费行为方式。第二，家庭的消费价值观影响其成员的价值观。但并非绝对，有时子女常常接受新时代的价值观。第三，家庭的消费决策方式。家庭消费决策方式有多种情况，子女往往继承家庭决策方式。此外，不同的家庭生命周期、发展阶段，由于家庭成员有所变化，购买心理与购买行为也有一定的差异。

4. 角色和地位

一个人有可能成为多种群体的成员，如政党、家庭、社团、俱乐部等，可以用角色和地位来表示其在群体中的位置。角色是周围人对每一个人的要求，是指某人在各种不同群体或场合中应起的作用。每个角色都伴随着一定的地位，这一地位反映了社会对他的总评价，如市长的地位可能高于某公司的总经理，而总经理的地位又高于一般员工。不同角色和地位都会在某种程度上影响其购买行为。因此，在营销活动中要有针对性地对已选定的目标市场供应适应不同角色和地位的产品。

【营销实例6-3】

扫一扫，一起来感受一下喜茶的饥饿营销。

第三节　消费者的决策过程

消费者决策过程是消费者行为研究中重要的部分之一。消费者决策包含了购前行为、决策和购后行为。在了解消费者决策之前首先需要熟悉与消费者决策相关的理论。消费者的决策过程包括消费者购前行为和消费者购买决策过程。

一、消费者购前行为

消费者的购买前行为包含问题认知和信息收集行为。

(一)问题认知

每天我们都会面对各种各样的购买问题。有些购买问题，如家里的大米没有了我们很容易认识到，也很容易解决。另一些问题，如电视机或冰箱出了毛病容易认识到，但不易解决。还有一些问题既不容易认识，解决也较为复杂。例如，对整容、对到国外旅游之类问题的认识，对大多数人来说可能颇费时间，因为此类问题既复杂且决策较慢。虽然现实生活中的消费者问题形形色色，但从市场营销角度来看，将消费者问题分为主动型和被动型是有一定意义的。

主动型问题是指在正常情况下，不经提示消费者就会意识到的问题。例如，家里的电视机出了毛病，即使别人不提醒，消费者也会意识到要找人修理。被动型问题则是消费者尚未意识到或需要在别人提醒之后才可能意识到的问题。

迪恩伯莱木料公司经营洪都拉斯油松，这是一种天然木材，即使在潮湿的情况下也能用火柴一点即燃，且持续燃烧15~20分钟。在燃烧过程中，它不会爆出火花，因而安全性相对较高。这种木材可加工成15~18英寸(1英寸≈2.54厘米)长，直径为1英寸的小木棍，用于壁炉点火，也可以压成碎木片用来引燃供烧烤用的木炭。

在该产品推向市场之前，公司进行了一项市场调查，以预测需求和据此制定市场营销策略。两组潜在用户接受了调查。第一组被访问者被要求回答如何点燃壁炉，以及在此过程中遇到了哪些问题。几乎所有应答者都说是用报纸或类似的引火物，几乎没有人认为这有什么问题。接着公司向他们介绍了用油松做的这种新产品,并询问他们的购买意愿,结果很少人有兴趣购买。富有戏剧性的是,在这些人实际使用该产品几个星期之后,他们纷纷感到该产品是对现有引火方法的改进,并表达了继续使用该产品的强烈愿望。由此清楚地表明,引火中的问题是存在的,只是大多数消费者没有意识到这一点。这就是被动型问题。因此,在向"壁炉点火"市场销售这种点火木棍时,要获得积极反应,公司必须首先唤起消费者对问题的认识。

从上面的例子可以看出,主动型问题与被动型问题需要运用不同的营销策略。主动型问题情境下,营销者只要令人信服地向消费者说明其产品的优越性就行了,因为消费者对问题已经有了认识。对于被动型问题,营销者不仅要使消费者意识到问题的存在,而且还要使其相信企业所提供的产品或服务是解决该问题的有效办法。

(二)信息收集

消费者一旦意识到某个需求问题的存在,并且感到有必要采取行动解决这一问题,那么,他就会开始收集相关信息。消费者花多大力气收集信息,收集哪些信息,从哪里和如何收集信息,对营销者来说十分重要。

1. 内部信息收集

内部信息收集是指消费者将过去存储的长期记忆中的有关产品、服务和购买的信息提取出来,以解决当前面临的消费或购买问题。假设消费者的计算机出了问题,他可能会回忆一下平时是怎么解决这一问题的,有哪几种解决方法,各种方法有什么特点等。内部信息收集一般先于外部信息收集,而且在不同类型的决策条件下,内部信息收集的程度也存在差别。越是重要的、复杂的购买问题,内部信息收集范围也越广泛。

2. 外部信息收集

如果通过内部信息收集尚未找到合适的解决办法,那么消费者将进行外部信息收集,即通过外部来源如朋友、熟人或专业性服务公司获得更多的与解决问题有关的信息。进行外部信息收集,一方面是为了了解市场上有哪些可供选择的品牌,应当从哪些方面对这些品牌进行比较,另一方面也希望借此获得有关产品评价标准及各种标准的相对重要性的信息,以及不同品牌在各种产品属性上的差异性数据。

二、消费者购买决策过程

消费者的购买活动是一个解决自身需要的过程。这个过程中,既有看不见的心理活动,又有表露于市场上的有形行为。一般来说,消费者的这一过程可能多达五个阶段,如图6-4所示。

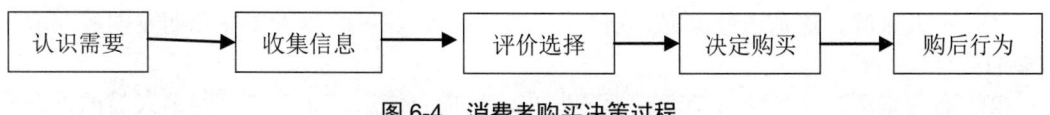

图6-4　消费者购买决策过程

(一)认识需要

行为源于动机,动机产生于需要。所谓认识需要,就是消费者发现现实状况与所想之间存在一定差距，因而出现了解决相应问题的想法和意图。如前所述，主动型问题和被动型问题是认识需要的两种类型。人们对于需要的认识可能是由于身体内在机能的感受，如饥饿、寒冷、干渴等，这就是主动型问题，也可能因为特定的外部刺激诱发，如广告信息、朋友推荐等而触动消费和购买的想法，也就是被动型问题。市场营销尤其欧式营销传播活动，对于后者大有用武之地。

一般有以下几种情况，容易促使消费者认识到需要。

(1) 现有生活的缺口。例如，打开冰箱，发现储备食物快要吃完了，便要考虑购买问题。

(2) 收入的变化。收入增加，使消费者认识到新的需要；收入减少，要考虑节省花销，也会产生新的需要，如买更便宜的物品。

(3) 消费风气的影响。例如，当今市场上，人们也有不少购买就是"大家都有，我也要有"的结果。

(4) 促销的有效性。许多新产品正是在强力促销下，得以进入人们的头脑。促销和其他营销手段配合，可对消费者欲望产生较大的影响。

在这一阶段，企业可通过营造特定的外部环境和氛围，刺激消费者的感受。必须认真进行市场调研，以认定那些可促使人们认识到需要的因素。特别要注意了解消费者产生的是何种需要，为何产生了这种需要，以及这种需要如何将他们引向对特定品牌、产品的购买。

(二)收集信息

如果消费者对需要的目标清晰，动机强烈，并已发现合乎要求的购买对象，购买能力又允许，他可能会立即购买。但在许多情境中，人们认识到的需要并不能马上得到满足，会留存在记忆中。以后，这种需要或者逐渐淡化，不再进一步关注；或者收集更多的相关信息。收集信息充分，可避免决策失误，减少购买风险。例如，以较低的价格获得同样的产品，或以同样价格享受更多、更好的服务。如前所述，在收集信息的方式中有内部信息收集和外部信息收集。

1. 内部信息收集

消费者经由使用或试验等获得的看法，也是一种非常有限的信息来源。

企业和营销人员不仅要注意目标顾客的信息来源，更要分析不同来源或途径对他们购买决策的相对影响力。一般来说，商业来源信息数量最多，其次为公共来源、个人来源，经验来源信息较少。但人们一般对经验来源、个人来源信息更为信任，然后是公共来源，最后才是商业来源。在消费者的购买决策中，商业来源信息更多扮演传达、告知的角色；个人来源、经验来源和公共来源信息则发挥权衡、鉴定等作用。

2. 外部信息收集

(1) 个人来源。这是通过家庭、朋友、邻居和熟人等，即私人交往和朋友圈等获取和掌握的信息。

(2) 商业来源。这是由营销者、卖方发布、传播的信息，如广告、营销人员的推介、包装、展览展示、企业网站、企业自媒体广告等。典型的如各种形式的硬性广告和软文广告，是企业可控制的一种传播途径，也是它们的营销手段和主要促销方式。

(3) 公共来源。人们通过新闻媒体、消费者组织和官方机构及一些社会化媒体等获得的相关信息。其特征是公开,非商业性。

(三)评价选择

消费者在收集信息的过程中,或在认为信息够用之后,会分析、处理所得信息,并逐渐对市场上能满足其需要、欲望的品牌、产品等形成不同的看法。

消费者购买的评价选择过程,是一个不断比较并逐步缩小目标范围的过程。在这个过程中,企业要通过努力补充消费者决策所需的信息,使自己的品牌、产品进入他们的视野和考虑范围,进而进入备选范围,最终成为选定的购买对象。还要分析在评价选择过程中,消费者用于选择的标准是什么,以及他们是如何建立这一评价标准的。

在人们如何建立及运用什么标准进行选择的相关解释中,影响较大的一种看法是认知导向,即假定消费者是有意识的,在理性的基础上进行判断。

1. 建立产品属性概念

一种产品在消费者心中,首先表现为一系列基本属性,即产品或质量特征的集合。例如,酒店的地点、卫生状况、环境和价格;汽车轮胎的安全性、耐用性、行驶质量和价格等。对各种产品属性的关心程度因人而异,但人们一般更注意那些与自己需要关系密切的属性。尤其需要注意的是,显著的属性不一定就是重要的属性。例如,购买食品,人们可能更关心美味与否、营养如何,这里美味、营养等通常是显著的属性;一些不显著的属性如安全与否,也许消费者表现得不太在意,但一经提及就会感到极其重要。企业和营销人员应当注意哪些是重要的属性,而不能只是关心哪些是显著的属性。

2. 建立品牌形象的概念

消费者可能会就每一属性,对不同的品牌产生不同的信念,如哪个品牌的哪一属性更好,哪一属性相对较弱,以及总体表现如何等。消费者的信念会依据其经验衍生的真实属性以及选择性注意、选择性扭曲和选择性保留的差异不尽相同。

3. 建立"理想产品"概念

购买是为了满足需要和欲望,人们期望的满足会随产品每一属性的不同而变化。例如,消费者购买汽车,其满足既会随着产品性能优异性的增加而上升,又会随着价格的提高而下降。市场上已有的各个品牌,未必完全符合消费者心中的理想。人们一般会在"理想产品"概念的前提下做某些修正,考虑那些更接近"理想"的品牌。

(四)决定购买

人们通过评价选择会对备选范围的品牌形成一定的偏好顺序。但此时这些品牌在消费者的脑子里,更多的还只是购买意向。从意向到最终购买,还要注意两个因素的影响。

1. 他人态度

消费者的购买意向很容易受到他人态度的影响。例如,决定购买 A 品牌汽车的消费者由于家人反对,购买决心很可能会大打折扣。他人态度的影响力取决于以下几点。

(1) 他人否定态度的强度。反对得越强烈,影响越大。
(2) 他人与本人的关系。彼此关系越是密切,影响越大。
(3) 他人的权威性。他人对此项购买越有权威性、越有话语权,影响越大。例如,表示反对的是一位汽车专家或 A 汽车公司的资深员工,消费者对 A 品牌的购买意向就可能完全打消。

2. 意外情况

消费者的购买意向是以一定前提,如预期收入、预期价格、预期购买所得利益等为依据形成的。突然出现的意外情况,也很可能使其改变意向。例如,消费者在其他方面必需的支出突然出现,不得不放弃原定的购买;更符合"理想产品"的新品牌、新产品将要上市等。总之,偏好与购买意向并不完全决定最终的购买结果。

(五)购后行为

在使用和消费过程中,消费者会有意无意地继续检验其购买决策,衡量购买决策是否正确,并确认满意程度作为今后的参考。购后行为是指消费者在购买产品以后产生的某种程度的满意或不满意所带来的一系列行为表现。消费者对产品的期望值越高,不满意的可能性越大,因此企业在采取促销措施时,如果盲目地扩大消费者的期望值,虽然在短期内会扩大产品的销售量,但会引起消费者的心理失衡,退货、投诉增加,从长期来看有损企业形象,影响消费者以后的购买行为。

购后行为阶段的营销任务有以下三个。

(1) 广告宣传等促销手段要实事求是,最好是有所保留,以提高消费者的满意度。

(2) 采取有效措施减少或消除消费者的购后失调感,及时处理消费者的意见,给消费者提供多种解除不满情绪的渠道。

(3) 建立与消费者长期沟通机制,在有条件的情况下进行回访。

本 章 小 结

本章围绕消费者市场分析展开。首先,消费者市场是指所有为了满足个人消费而购买产品和服务的个人和家庭所构成的市场。它具有普遍性与多样性、层次性与发展性、情感性、可诱导性、互补性和替代性、地区性、季节性、流动性这些特征。消费者购买的类型包含习惯型购买行为、变换型购买行为、协调型购买行为和复杂型购买行为。消费者心理过程,包括认知过程、情感过程和意志过程。消费者决策过程包含认识需要、收集信息、评价选择和决定购买。

课 后 习 题

一、思考题

1. "互联网+"时代下消费者出现了哪些新特征?
2. "互联网+"时代下消费者的信息收集行为有哪些变化?
3. 请分析情绪是如何影响消费者行为的。
4. 影响消费者购买行为的因素有哪些?

第六章 消费者市场分析

二、案例分析

中国零售商超消费新趋势

2018年10月31日，经济日报联合京东、京东到家、沃尔玛和腾讯正式发布《2018中国零售商超全渠道融合发展年度报告》(2018 China Retail Omni Channel Integration and Development Report)。该报告提出，中国零售商超消费新趋势主要体现在以下几个方面。

第一，理性化消费，"买精买好"比"买多买贵"更重要。中国的中等收入人群消费时除了关注产品质量及时间以外，有73.8%的消费者在消费时更关注商品的性价比。随着消费需求的变迁，"只买贵的，不买对的"等消费观念已经被"买精买好"的观念取代，品质的对应商品不再与最贵挂钩，追求用合适的价格高效地选到有用的好东西是当前消费者的主要消费观。

第二，追求个性化需求，紧跟潮流，彰显个性愈发成为"80、90后"的标签。与2016年相比，有44%的"90后"和44%的"80后"家庭希望增加价值开支比例，25%的"90后"和19%的"80后"更愿意尝试新产品。居民消费现已步入新的发展阶段，"80、90后"消费者已经成为消费主力军，相对于其他年龄层消费者来说，"90后"最愿意尝试新品，其对品牌的选择更加离散和多元化，小众品牌和定制化商品迅速被市场接受。

第三，追求方便快捷，一站式服务更受青睐。当前，人们的生活节奏加快，工作压力增大，衣食住行各方面都追求方便、快捷，催生了众多商超零售新业态。根据艾瑞调研数据显示，有67.6%的消费者选择O2O平台购买商品的原因是"送货上门、上门服务，方便快捷"。除此之外，随着主要消费人群的代际变迁，消费者更愿意提高效率，一次性地购齐所有需要的产品，且消费者愈发追求多元化、个性化商品，提供"一站式"服务的商超更迎合消费者的需求。

第四，线上线下消费者边界逐渐模糊，购物渠道从割裂走向融合。79%的消费者通过线上线下相结合的方式进行购物。尼尔森的调研数据显示，18～30岁的消费者更爱在线上购物，有41%的18～30岁的消费者选择线上购物，29%的18～30岁消费者选择单一的线下购物；从性别来看，男性更爱线上购物，消费者中男性占比高达44%，明显高于线下20%的比率。随着线上线下消费渠道的融合，越来越多的消费者选择通过线上线下相结合的方式进行购物，来自麦肯锡的一份消费者调研报告显示，目前，5%的消费者选择了纯线上购买商品，79%的消费者是线上线下相结合的方式购物，而有16%的消费者只进行单一的线下消费。随着消费者需求的变化及行业的发展，消费者已经不再单纯地采用单一的线上或线下来进行消费，而是根据自己的需求，选择当前最合适的方式。消费场景多元化，消费选择愈加多样化、便利化，用户体验也越来越好。

请思考：

1. 应用案例内容结合消费者决策过程理论，分析零售商超的新趋势对消费者决策过程的影响。

2. 产生这一新趋势的消费者心理因素是什么？

三、实操题

【实训目的】

通过实训，使学生掌握分析消费者市场的方法，为营销的运营环节提供指导性建议或决策性文件。

【实训内容】

提供当前现实存在的四家知名企业的部分信息(四选一)。以小组为单位，各小组选择其中一家企业展开研究，模拟其营销决策者和建议者，针对该企业目前存在的消费者市场问题，并按照所学内容，提供一份关于该企业消费者调查的报告，同时涉及宏观和微观内容，选择同一家企业的小组参加同一场会议。鼓励学生从心理学、社会学、生物学等多方面进行解读。

【实训组织和要求】

将学生分组，每组3~5人。每个小组选举一名组长，负责组织和协调小组内成员的分工与合作。小组成员在分工的基础上共同完成小组任务。指导老师应及时检查学生对各项任务的完成情况。任务完成后，各小组提交报告，并以"商业会议+PPT"的形式进行小组汇报。最后由组长共同组成决策小组，确定方案，指导老师现场分析。

第七章

组织市场分析

【学习目标与任务】
- 了解组织市场的概念。
- 了解影响组织购买行为的因素。
- 掌握组织购买行为的类型。
- 掌握组织市场的购买过程。
- 了解网络时代组织购买的趋势。

【重点与难点】
- 识别并区分组织市场。
- 影响组织购买行为的因素。
- 组织市场的三种类型及其特征和购买行为。
- 网络时代的组织市场趋势。

【能力目标】
- 通过对本章的学习,对组织市场有比较全面的认识,能在一般的实业市场分析中融合组织市场内容。
- 从宏观上重视组织市场,从微观上能运用组织市场相关知识进行营销。

【案例导入】

格力的经销模式

格力经销商大军对《中国机电工业》说,"格力的销售模式中,最重要的是销售政策。"

作为格力的签约经销商,老赵要签订销售任务,并要保证每年都有一定幅度的销售增长,增长幅度因人因时而异——老赵近几年要保证每年增长 20%;大军说他原来要保证每年增长 30%;另一位县城的经销商老曾则要保证 20%~30%的增幅。"格力要求先打款,后提货……签完约后,一般首期出款要达到全年任务的 30%"。

格力所给的"返利",才是他们真正的利润来源。大军说:"如果你只想一进一出赚差价,那你根本就赚不到钱。"据他介绍,格力的产品按价格一般可分为标牌机、活动机、特价机等几种,提标牌机、活动机等都会有相应的"返利","比如提标牌机的货,可能会对你当期提货给予 15 个点的'返利',按标牌价提货一般给的'返利'都比较高。"大军说道。接下来,格力的提货"政策"会一拨接一拨地"袭来",并且环环相扣。"第二次提货不仅会有相应的'返利',而且可能会告诉你,如果这次的提货政策跟了,会对你第一次的提货追加几个点的'返利';第三次可能还会对你前两次的提货追加'返利'……"政策的释放是不定时的,大军说道,"格力会根据自身的情况来适时制定相应的政策,比如在感觉到经销商提货不积极的情况下、在需要资金的时候、在'五一''十一'等重大促销活动期间,或者针对竞争对手的行动等,都会释放相应的政策,鼓励经销商提货。这样一期政策连着另一期,环环相扣,经销商一旦不跟,损失就比较惨重。"

事实上,格力的"返利"不会以现金的形式返还给经销商,而是以货物的形式;但在"返利"的使用上,会有所限制。"用'返利'提货不是说你想提什么都可以,会给你规定只能提什么类型的货,一般提的都是高端机型或比较难卖的机型,价格比较高,提回来销售的话平均折扣率在 15%以上。"大军说道。老曾的情况与之类似,他也曾用"返利"提过许多高端机型,因为所处地区并不富裕,销售往往会有大幅折扣。"19 000 多元提回来的空调最后可能只能卖到 1 万元,贬值比较大。"他说。

"下一年度开盘时,'返利'结算清楚后,比如说你有 10 万元的'返利',你得按照一定的比例打款过去,这个比例是不定的,有时是 1:3,有时是 1:4,今年的比例是 1:6,这就意味着,你得打 60 万元过去,然后格力会给你 70 万元的货。"老赵说。对于那些销售规模越大、提货越多、"返利"越高的经销商来说,"买'返利'"时所需的资金也越多。

就这样一个周期接着另一个周期。格力在急速膨胀、飞奔前行,而对于老赵他们来说,却往往跟三四年就跟不动了。"一般情况下,那些选择不买'返利'的经销商,下一年度也就选择不再续约。为什么?因为他手中所压的货物已经足够他下一年度去销售了,他已经没有钱再跟着做了。大部分人都是这种情况,因为手中所剩的货物实在太多了,下一年度根本就跟不动,损失就损失吧,我先卖卖,以后再说。"大军说道。即便他们萌生了退意,也并非真的就此彻底与格力"一刀两断"。大多数情况下,他们在资金回笼之后,又会重新与格力走在一起。"格力的品牌实在太强大了,根本就不存在卖不出去的情况。"大军说道,"在我们这个地方,凡是买空调的顾客,没有不知道格力的。它的品牌拉动力十分强大,对于我们这种综合性的家电卖场来说,有时成套购买的顾客过来,一看没有格力空调,他可能掉头就走了,其他的电视、冰箱、洗衣机等也都不买了。"他顿了一下,接着说道,"有些综合性的店可能就没跟格力签约,但他也会想办法弄点格力空调来卖,他们或许根本不指望卖格力挣钱,只是想让格力起到一个拉动作用。缺了这个东西,还真不行。"

当然,除了品牌认知度高、拉动力强之外,格力所给予的"返利"回报,其实并不低。"如果所有的政策你都能跟上,一期也不落下,那你所获得的那份回报确实很丰厚,平均毛利率至少在 25% 以上,高的时候能超过 30%。"大军说道。他的言辞间,洋溢着一种"爱恨交加"的味道。"不过格力始终是把你套在里面,到你最后'解套'的时候,用'返利'提回来的货得打一个折扣,所以如果真的不做了,你的收益率其实会有一个折扣。"他说。

老曾也表达了类似的感受。"如果你能把政策都吃全,那格力所给的回报的确很高。我可以说是这个县里第一家做格力空调的,这么多年下来,也是断断续续,跟两年就跟不动了,能倒腾开的时候再去做。"除此之外,经销格力还让他在其他方面有所收获——比如格力的言出必行、作风强硬的行事风格对他在管理员工上有所启发——"格力要是通知经销商们开会,我们从来不敢迟到。如果迟到就会被罚钱,散会时当场把这些罚款分给在座的经销商。如果不交,会直接从账上把钱划走,没有商量的余地。这点我是比较欣赏的,也在实际管理过程中学了一下格力的这种方式。"

(资料来源:康晓博,1 400 亿销售额背后的谜底之一:看格力是怎样"黏住"经销商的[J]. 中国机电工业,2015(2))

第一节 组织市场概述

为了提高企业产品的市场占有率,扩大产品销售,满足组织市场的需要,企业需要开展 B2B 营销(Business to Business Marketing),了解组织市场的购买行为特征及购买决策过程。

一、组织市场的概念

组织市场是指工商企业为从事生产、销售等业务活动以及政府部门和非营利组织为履行职责而购买产品和服务所构成的市场。简言之,组织市场是以某种组织为购买单位的购买者所构成的市场,是消费者市场的对称。就卖主而言,消费者市场是个人市场,组织者市场则是法人市场。组织者市场包括生产者市场、中间商市场、非营利组织市场和政府市场。

二、组织市场的特点

组织市场同消费者市场在构成主体方面有根本区别,相应地,二者的购买行为也不尽相同。组织市场购买行为是指各类正规组织机构确定其对产品和服务的需求,并在可供选择的品牌与供应商之间进行识别、评价和挑选的决策过程。

与消费者市场相比,组织市场购买行为具有以下特点。

(一)购买者较少但购买规模较大

组织市场营销人员相比消费品营销人员接触的顾客少得多,但都是大客户。例如,各地发电厂是发电设备生产者的客户,少数大型煤矿是大型采煤设备生产者的客户,某轮胎厂的命运可能取决于能否接到某家汽车厂的订单。组织市场的客户单笔订单量极大,有时一位买主可以买下一个企业较长时期内的全部产量,有时一张订单的金额可以达到千万元甚至是数亿元。

(二)购买者地理位置相对集中

我国经济发达城市如北京、上海、天津、广州,东北重工业基地如沈阳、大庆、哈尔滨等地集中了大量的购买者,业务用品购买量比较集中,以至于这些区域的业务用品购买量占据全国市场的很大比重。

(三)需求具有派生性(亦称衍生需求或引申需求)

需求最终取决于消费者。组织市场的顾客购买商品是为了给自己的服务对象提供所需的商品或服务,因此,业务用品需要由消费品需求派生出来,并随消费品的变化而改变。例如,消费者的饮酒需求使酒厂对粮食、酒瓶、酿酒设备的需求,连锁引起有关企业和部门对化肥、农资、玻璃、钢材等产品的需求。派生需求往往是多层次的,形成一环扣一环的链条,消费者需求是这个链条的起点,是原生需求,是组织市场需求的源泉和动力。

(四)需求弹性小

组织市场对价格和服务的需求总量受价格变动的影响较小。在需求链条上,距离消费者越远的产品,价格的波动越大,需求弹性却越小。例如,在酒类需求总量不变的情况下,粮食价格下降,酒厂不一定会大量购买,除非粮食是酒产品中的主要部分且酒厂有大量的存放场所。粮食价格上升,酒厂也未必会减少购买,除非酒厂找到了其他代用品或者节约原材料的方法。原材料的价格越低或者原材料成本在制成品成本中所占比重越小,其需求弹性就越小。组织市场的需求在短期内特别无弹性,企业不会临时改变产品的原材料和生产方式。

(五)需求波动大

组织市场需求的波动幅度大于消费者市场需求的波动幅度。一些新企业和新设备亦是如此。例如,如果消费品需求增加某一百分比,为了生产出满足这一追加需求的产品,工厂的设备和原材料会以更大的百分比增长。经济学家称这种现象为加速原理。当消费需求不变时,企业用原有的设备就可以生产出所需的产量,仅支出更新折旧费,原材料购买量不必增加;消费需求增加时,许多企业会增加生产设备,这笔费用远大于单纯的更新折旧费用,原材料购买量也会大幅度增加。有时消费品需求仅上升10%,下一阶段的工业需求就会上升200%;消费品需求下跌10%,就可能导致工业需求全面暴跌。因此组织市场需求的波动性使得许多企业向经营多样化发展,以避免风险。

(六)专业人员采购

采购人员经过专业训练,具有丰富的专业知识,清楚地了解产品的性能、质量、规格和有关技术的要求。供应商应当向他们提供详细的技术资料和特殊的服务，从技术的角度说明本企业的产品和服务的优点。

(七)供需双方关系密切

组织市场的购买者需要源源不断的货源，供应商需要长期稳定的销路，每一方对另一方都具有重要意义，因此供需双方需要保持着密切的关系。有些买主常常会提出各种特殊要求，如产品的花色品种、技术规格、质量、交货期、服务项目等，因此供应商需要经常与买方沟通，详细了解其需求并尽最大努力予以满足。

(八)直接采购

组织市场的购买者向供应商直接采购，无中间商环节，价格昂贵或技术复杂的更是如此。

(九)互惠购买

组织市场的购买者和供应商往往会互换身份和角色，互为买方和卖方，互惠互利，合作共赢。互惠购买有时表现为三角或多角关系。例如，A、B、C三家公司，C为A的客户，A是B的潜在客户，B是C的潜在客户，A就可能提出这种互惠条件"B买C的产品，A就买B的产品"。

(十)租赁

组织市场也会通过租赁方式取得所需要的产品，这种方式可以节约成本。

(十一)影响购买的人多

相对于消费者市场而言，可以影响组织市场购买决策的人很多。在大多数企业中，有专门的采购组织部门，一个重要的购买决策往往由技术专家和高级管理人员共同做出，其他人也会直接或间接地参与，这些组织和人员形成事实上的"采购中心"。供应商需要派出训练有素的、有专业知识的、人际交往能力出众的销售代表与买方的采购人员和决策参与人员打交道。

三、组织市场的构成

组织市场是一个非常庞大的市场，它在购买动机与购买决策等方面与消费品市场相比，具有不同的特点。概括地说，组织是由那些以生产加工、转卖或以执行任务为目的的正式组织构成。组织市场营销是向个人或组织销售非个人消费的商品和服务。区别一件商品是属于组织用品还是消费品的关键特征在于使用目的，而不是其物理特征。同一件商品，为了组织使用购买，称之为组织用品；为了家庭和个人消费而购买，称之为消费品。组织市场因为自己的业务特点又分为以下几类。

(一)生产者市场

生产者市场也称产业市场，是指购买产品或服务，销售或租赁给他人以获取利润的单位和个人，涉及农业、林业、渔业、工业、采矿业、金融业、保险业等各行各业。在美国，产业市场大约由 1 300 万个组织构成,每年购买的货物和劳务超过 3 万亿美元。这些企业有的很小,有的则是全球 500 强,如通用汽车每年购买产业用品的费用大约是 700 亿美元,超过了葡萄牙或土耳其的全年国内生产总值。所以,生产者市场是组织市场中最庞大、最多样化的市场。

(二)中间商市场

中间商市场也称转卖者市场,是由所有以盈利为目的的从事专卖或租赁业务的个体和组织构成,包括批发商和零售商两个部分。批发商是指那些购买商品和服务并将其转卖给零售商和其他组织用户的商业组织;零售商则主要是把商品卖给最终消费者。在美国,中间商市场约有 41.6 万家批发商和 192.32 万家零售商,它们的年销售总额约为 2 万亿美元。由于中间商采购的目的是转售,所以他们为其他顾客充当了采购代理人的角色。在较为发达的商品经济条件下,大多数商品都是由中间商经营的,只有少数的商品是由生产者直接卖给消费者的。

(三)社会团体

社会团体也称非营利组织,其追求的目标不是利润、市场份额等。它包括学校、医院、疗养院、教会、工会、监狱和其他机构以及其他类型组织。这类组织采购的目的是对本团体所照顾、看管的人员提供商品和服务,加之由于这类团体里人员消费的不可选择性及这些团体的慈善性与公益性,使得这一市场具有许多独有的特点。

(四)政府市场

政府市场是由为了执行政府职能而购买或租用产品的各级政府及下属部门所构成的市场。也就是说,一个国家政府市场上的购买者是该国各级政府的采购机构。各国政府通过税收、财政预算等掌握了相当一部分的国民收入,为了开展日常政务,政府机构经常要采购物资和服务,因而形成了一个很大的市场。政府机构是非营利组织市场的主要组成部分,是市场活动的最大买主,占有 20%~30%的份额。

第二节　影响组织购买行为的因素

了解组织购买行为模式针对组织市场制定正确有效的市场营销策略。在这个模式中,营销及其他刺激对购买组织产生影响并带来特定的购买反应。

一、组织购买过程的参与者

每个企业的采购组织都存在差异。一般来说,小型企业的采购人员数量较少,大型企业则设有庞大的采购部门,由专业的管理人员进行管理。有一些公司的采购经理有权决定采购产品的规格和供应商;还有一些公司的采购经理只负责把订货单交给供货商即可。一般情况下,采购经理只对小型的产业用品具有决策权。如果需要采购重要的设备,那么需要多人参与采购决策过程。

在任何企业中，除了专业的采购人员，还会有一些其他人员也参与采购的决策过程。所有参与购买决策过程的人员构成了采购组织的决策单位，也被称为采购中心。采购中心通常包含了五种成员。

(一)使用者

使用者是具体使用专业产品的人员。例如，实验室用的台式计算机和笔记本电脑，其使用者就是实验室的技术人员；复印机和打印机，其使用者就是办公室的工作人员。使用者一般是最初提出购买需求和某种专业用品意见的人，他们在计划购买产品的品种、规格决策中起着重要的作用。

(二)影响者

影响者是在企业内外部直接或间接影响购买决策的人员。他们通常会协助决策者决定购买产品的品种和规格等。企业的科研人员或技术顾问是重要的影响者。

(三)采购者

采购者是指在企业中组织采购工作的有正式职权的人员。在较复杂的采购中，采购者还包括了参加谈判的公司高级人员。

(四)决定者

决定者是指在企业中具有批准购买权力的人。在标准品的例行采购中，采购者和决定者通常是一个人。但是，在较复杂的采购中，公司领导人往往是决定者。

(五)信息控制者

信息控制者是指在企业的外部和内部能控制市场信息流使其流向决定者、使用者的人员，如企业的购买代理商和技术人员等。

然而，采购中心并不是必须包含这五种人员。根据企业规模的大小和采购商品的复杂性，这五个角色可能会重合为一个人。例如，一个小型企业想要购买办公用品，可能只需要采购者和使用参与者参与整个购买决策过程即可。在这种情况下，采购中心的成员较少，规模较小；一个大型企业想要购买多媒体设备，其技术性较强、单价较高、购买行为较为复杂，参与购买决策的人员较多，因此，采购中心的规模较大，成员较多。

二、影响组织购买的主要因素

在组织购买过程中，除了受上述的五种组织内部决策人员的影响之外，还会受组织所在的外界环境的影响。部分营销学者认为影响组织购买的主要因素是经济因素，因此供应商致力于向购买者提供更多的经济利益。但是，除了经济因素之外，还有其他的因素对组织购买有着重要的影响。特别是当各供应商的商品差异化程度较低的时候，组织购买者就会与完全理性的选择产生偏差。每个供应商都能满足组织的购买目标，因此，个人因素在决策中起的作用就开始突显。当然，当竞争者的产品差异较大时，购买者就会对其选择更加负责任，因而经济因素的影响更为显著。

(一)环境因素

组织购买者在很大程度上受到当前经济环境和经济预期的影响,如生产力水平、需求水平、经济形势和资金成本等。当经济不稳定时,组织购买者会减少购买,停止新的投资并且减少库存。在这种经济条件下,营销人员往往需要在增加或维持自己的需求份额上做艰苦的努力。

除此之外,还有一些法律、技术变革等因素也会影响组织的购买行为。组织市场的营销者需要密切观察这些因素,了解它们是如何影响购买者的,并尽力将这些挑战转变为机会。

(二)组织因素

每一个从事购买的组织都有自己的组织结构和战略发展机会。不同的组织因素会使组织的决策系统和决策倾向产生明显的差异。企业的营销人员应当关注并了解这些问题,探究其成因。例如,购买决策涉及多少人?他们是谁?他们的评价标准是什么?公司对购买者的政策是什么?有何种限制?组织营销者应尽量了解这些信息,并为销售的成功不断努力。

(三)人际因素

购买决策中心通常包括许多相互影响的参与者。由于其所处的地位不同和部门不同,通常也会有不同的观点。营销过程中的人际关系是一种动态的群体因素,需要营销者耐心、细心、认真地观察。购买决策中心中职位最高的人不一定就是最有影响力的人,商业营销者需要尽量了解并理解这些因素,并在制定决策时把它们考虑进去。

(四)个人因素

任何组织购买参与者都会有自己的偏好和动机。这些偏好和动机是由参与者的年龄、收入、教育、专业及个性等因素决定的。了解这些背景因素有助于营销人员对出台供应方案的理解。除此之外,购买者还具有不同的购买风格。有些购买者是技术型购买者,在选定一个供应商之前需要对所有竞争对手的产品进行深入的技术分析;有些是凭直觉的谈判者,善于在多个卖方之间周旋以期获得更优惠的价格。

上述诸多因素的购买行为和决策模式的影响是以多种方式和多种渠道形成的。有的表现相对直接,有的表现比较间接,最后它们都会形成一股合力,共同作用于组织购买中。

第三节 组织购买行为的类型

一、生产者购买行为的类型

(一)直接重购

它是指生产者用户的采购部门按照以往的订货目录和基本要求继续向原先供应商购买产品,是一种习惯性的重复购买行为。这也是最简单的购买类型,是供应商特别愿意看到的状况。直接重购的产品主要是原材料、零配件和劳动用品等。采购部门会对以往的所有的供应商打分评估，将自己满意的供应商作为直接重购的供应商。入选的供应商会尽力保持产品和服务质量，它们通常会建议建立一个自动重新订货系统，以节省订购者的重新订购时间。落选的供应商也会尽力提供更好的产品以求购买者重新订购它们的产品。在直接重复购买中，最常用的方法是使用购买合同，以保证购买者的决策和行为具有常规性。

(二)修正重购

它是指购买者希望调整产品的规格、价格、条件或供应商。修正重购比直接重购涉及更多的决策参与者。已入选的供应商会感到压力，对于落选的或新的供应商是一个获得交易的好机会。

(三)新购

它是指生产者初次购买某种产品或服务。这是最复杂的购买类型，需要收集大量的信息。新购的产品大都是不常购买的项目，采购者需要在一系列问题上做出决策，如产品的规格、数量、价格、交货时间、交货条件、服务条件、付款条件、可接受和可选择的供应商等。因此，营销者想要接近购买者获得交易，需要尽力向购买者提供各种帮助和信息。另外，许多购买者喜欢从一个供应商那里购买一揽子产品，这称为系统购买。供应商也意识到购买者的这种喜好，并把这种方式作为一种营销手段。系统销售是一个获得和保持销售额的重要商业营销战略。只有能够提供满足客户需求的、最完善的服务的公司才能获得订单。

二、中间商购买行为的类型

中间商的购买行为主要分为以下几种。

(一)新产品采购类型

对于以前未曾经营过的新产品，中间商通常要决定是否购进及向谁购买。其实它们所要解决的关键问题，追根究底还在于目标市场、潜在顾客是否能够接受新产品。因此，中间商的新产品采购类型与生产者的新购类型相似，都要经历认识需要、确定需要、说明需要、物色供应商、征求供应建议、选择供应商、签订合约和绩效评估等阶段，购买行为较为复杂。

(二)最佳卖主选择类型

中间商已经确定需要购进的产品，但要寻找更合适的供应商。这种购买行为的发生主要与以下情况有关。

(1) 市场货源充裕，中间商库容(场地)、资金等有限，所以只能购买其中的部分，必须优中选优。

(2) 中间商打算自创品牌后，再寻找愿意合作的制造商。例如，沃尔玛等零售商就有许多的自有品牌，它们在采购中必然会考虑这个因素。

(三)谋求更好交易条件的类型

有的中间商希望现有供应商在原交易条件上能再予优惠，因此与供应商反复协商。它们的目的不是更换供应商,而是希望得到更多利益。

上述三种购买类型,会因采购人员素质提高、信息量更丰富和分析方法更多而变得更加复杂。如今计算机、互联网和信息技术日新月异,大大改进了中间商的采购业务过程。例如,计算机和相关管理软件在库存控制、计算经济订货量、管理供应商报价和填写订单等方面得到了广泛应用,采购过程变得更简捷、方便和科学。批发商和零售商可通过网络将所需品种、数量等信息直接发给供应商,供应商只要照单发货即可。批发商和零售商希望"无库存采购",因此需要供应商储存适量的产品,并依据签约中间商的通知及时配送。网上采购和网上销售的广阔前景必将给众多供应商提出更大的挑战。

(四)中间商购买行为的七种形态

中间商购买行为是指中间商在寻找、购买、转卖或租赁商品过程中所表现出的行为。狄克森(Roger A. Dickinson)将其分为七种形态。

1. 忠实的采购者

对某个或某些供应商年复一年地长期惠顾,它们之所以如此,除了希望获得更好的交易条件外,还有其他如感情方面的因素。

2. 随机的购买者

它们喜欢从选定的几个能满足自己长期需要和利益的供应商当中,随机选择更合适的供应商,而不是固定于其中某一个。

3. 最佳条件购买者

在一定的时间和场合,寻求并选择能够给予其更多优惠条件的供应商进行交易,而不是限定在事先已有的"圈子"里。

4. 创造性的购买者

它们通常不接受供应商提出的任何销售条件,而是以自己的条件与供应商进行交易。实际上,也就是要供应商适应自己。

5. 追求广告支持的购买者

它们想方设法要求供应商提供广告补贴。而且这种广告补贴被当成每一个交易协议的首要目标以及交易中的一部分。

6. 小气的购买者

在谈判过程中,总是要求供应商在价格上特别让步。它们只接受能在价格上提供最大折扣的供应商。

7. 琐碎的购买者

在供应商提供的可接受的商品中,它们首先注意的是产品的多样化,然后挑选构造最佳的产品,并且特别看重零星杂物而非购买数量。

三、政府购买行为的类型

政府市场是组织市场中最重要的市场。政府的采购既有公开招标方式也有协议合同方式。当采购以招标的方式进行时，需要成为政府的供应商就必须首先获得供应商资格，有了资格才能参加竞标。在正常运作中，中标者往往是能够满足政府要求且出价最低者。在竞标过程中，供应商一定要十分重视政府开出的精确采购说明书。对标准件产品，一般不存在大问题。但是对非标准件产品，参与竞标的供应商就必须要确定自己的资源和能力是否能够满足政府的要求。

当采购以协议合同方式进行时，最终成交价可以根据成本加权，以一定的百分比利润来确定，也可按照固定价格来确定。协议合同有许多形式。这两种采购方式都是竞争型采购方式。一般而言，价格是招标采购中最主要的竞争焦点。而在协议合同的采购方式中，产品的设计、包装甚至供应商的销售策略则有更多的展示机会。

值得注意的是，政府的采购和支出受社会舆论和公众的关注。所以除了正常的购买程序外，还需要做一些额外的报批和公告等。许多有实力、有远见的企业针对政府市场建立起了专门的营销部门，它们估测政府的需求，特别是在特殊的产品与项目上，力争事先获得有价值的情报，以便于制定出出色的投标方案并加强与政府部门的联系。这样不仅可以获得大宗订单还可以提升企业的声誉。

四、非营利组织购买行为的类型

非营利组织是指不以营利为目的的组织。它的目标通常是支持或处理个人关心或公众关注的议题或事件。非营利组织所涉及的领域非常广，如艺术、慈善、教育、政治、宗教、学术、环保等。非营利组织的运作并不是为了产生利益，这点通常被视为这类组织的主要特性。非营利组织往往由公、私部门捐赠来获得经费，因此其收入以及支出都会受到限制。

正是由于这一特性，以及组织的服务目的，非营利组织的购买行为呈现出以下新的特点。

1. 限定总额

非营利组织的采购经费总额是既定的，不能随意突破。例如，政府采购经费的来源主要是财政拨款，拨款不增加，采购经费就不可能增加。

2. 价格低廉

非营利组织大多数不具有宽裕的经费，在采购中要求商品价格低廉。政府采购用的是纳税人的钱，更会仔细计算，用较少的钱办较多的事。

3. 保证质量

非营利组织购买商品不是为了转售，也不是使成本最小化，而是维持组织运行和履行组织职能，所购商品的质量和性能必须保证实现这一目的。例如，医院以劣质食品供应病人就会损害声誉，采购人员必须购买价格低廉且质量符合要求的食品。

4. 受到控制

为了使有限的资金发挥更大的效用，非营利组织采购人员受到较多的控制，只能按照规定的条件购买，缺乏自主性。

5. 程序复杂

非营利组织购买过程的参与者多，程序也较为复杂。例如，政府采购要经过许多部门签字盖章，受许多规章制度约束，准备大量的文件，填写大量的表格，遇到官僚气息严重的人则更加难办。

【营销新视野 7-1】

扫一扫，一起揭开政府采购的"秘密"。

第四节　组织市场的购买过程

在组织市场中，组织市场的购买行为与购买决策具有典型的代表意义。组织市场的特点、存在意义和采购组织的上游和下游都是应该了解的。

一、生产者购买决策过程

生产者用户的购买过程理论上可以分为八个阶段。每个阶段，买方企业都要进行一系列的决策。供应商企业需要认真分析思考，采取有效的营销措施。在实践中，也并非买方每次购买都要经历如此复杂的过程，一般修正重购和直接重购可以跳过其中的某些阶段。

(一)认识需要

生产者用户的购买过程也是始于对自身需要的认识。这种认识有的来自组织内部刺激。例如，决定发展新产品，需要采购有关的设备、原材料等；发现之前的供应质量不好或不适用，需要更换供应商；有些设备设施发生故障或磨损，需要重新购置。有时候在外部环境的刺激下，也会产生新的对需要的认识。例如，买方有关人员看到媒体报道、广告或参观展会，发现了新的、更适用的物品或服务。

在这个阶段，买方会重点考虑"是否需要"；供应商需要通过大量的广告等信息推送或走访可能的买主等，促使潜在客户感觉并发现需要从而购买。

(二)确定需要

买方企业在认识到需要之后，还要确定所需要购买产品的品种、数量和特征。如果采购的是标准化产品，也许很快就能确定需要；如果是比较复杂的项目或非标准化产品，买方采购人员还需要和使用者或技术人员一起共同讨论和确定需要。

在这个阶段，买方考虑的重点是"需要什么"；供应商要努力帮助潜在客户，更好地确定它们需要的产品特征和数量，即明确"需要这个"。

(三)说明需要

在确定需要之后，买方企业要组织专人或指派专家小组，对拟购项目做进一步分析，以分析购买"是否值得"。价值分析(Value Analysis，VA)是这个阶段常用的一种方法。所谓价值，是指拟购项目的功能(function)与其耗费资源的关系，即与成本费用的比例关系。功能包括所购项目的用途、效用和作用等。为了提高效益，买方相关人员会调查拟购项目是否具备所需的、必要的功能,并讨论在保障功能的前提下如何降低采购成本,甚至去掉一些不必要的功能。担负此职责的人员最后要写出技术说明书,作为"采购中心"或采购人员决策、取舍时的依据和标准。

因此供应商也必须学习应用价值分析方法,向潜在顾客说明自己产品、服务及功能为何更好或为何能使顾客成本更低,以争取成交。

(四)物色供应商

接下来,买方要考虑"谁能供应"的问题。它们会尽可能地寻找合乎要求的供应商作为备选。如果是初次采购或所购项目复杂、价值很高,那么花费的时间会比较长。通常,买方企业的采购人员通过企业名录、行业协会组织或向其他的客户了解等途径,寻找合格的供应商企业。因此供应商企业不仅要使用自己的名号、品牌等进入企业名录等,更要设法掌握潜在客户的具体情况,加强联系和沟通。尤其要努力使自己的企业品牌在市场上保持良好的形象和声誉。

(五)征求供应建议

买方企业会从合格的供应商企业中挑选合适的,并向它们征求有关供应的建议。若是复杂、高价值和意义重大的采购,买方可能会要求潜在卖主提供详细的书面材料。这样做的目的是为了能更好地从合格者中找出适合者,避免漏选或误删。供应商企业的有关人员必须擅长调研、分析和提出建议。若是书面提交,还需要注意从营销的角度分析该采购的意义——如对提升客户的品牌价值、产品竞争力或市场份额等有何价值,不能只是一份说明技术参数的文件。如果口头阐述,要注意能够鼓舞对方信心。只有善于使用自己企业的能力、资源条件等因素,在潜在客户心中占据相对优势,才能在竞争中胜出。

(六)选择供应商

在这一阶段,用户内部的"采购中心"会讨论、比较各家供应商的建议,以决定最终合作的供应商。它们一般根据不同供应商的产量、质量、价格、信誉、技术服务和及时交货能力等做出评价,即进行卖主分析并认定各个供应商的吸引力大小。在最后决定之前,"采购中心"还可能邀请更为中意的供应商面谈,试图争取更便宜的价格或更好的供应条件。最后确定一个或几个供应商作为企业的合作伙伴。一般来说,买方多倾向于保留数条供应渠道,如同时向三家购买,可使供应商之间竞争,促其努力做好供应。

(七)签约

决定最终供应商之后,买方有关部门会根据所购项目的技术说明、需求数量、预期交货时间、退货条件和售后保证等,与之签订最后的协议。一般来说,多数生产者用户愿意采用长期合同的形式,而不是定期的订单。因为采购次数少,每次批量就大,虽然会获得价格上的优惠,但也会增加库存积压的风险;反之,采购次数多,每次批量小,可减少库存积压,但也可能失去价格优惠等。同时,由供应商按照买方要求的时间分批次交付,也可减少买方的库存压力,甚至实现无库存采购。

买方企业将库存转移到供应商企业,一方面必然增加供应商的库存压力;但另一方面供应商也可借此与买方形成更紧密的合作关系，使客户更多依靠自己而不是多条供应渠道。具有战略意义的是，可能会使新竞争者涉足其间更加困难，除非买方对供应商的价格或服务产生了严重不满。

(八)效果评估

在采购项目交付之后，买方有关人员会对各供应商的表现进行评估，如收集使用者意见，要求它们给不同的供应商及其供应服务打分。效果评估的结果可能是继续订货，也可能做出调整性重购，甚至会停购。供应商必须一如既往地密切关心生产者用户的购后体验。尤其要分析在买方内部，采购者和使用者是否使用相同的标准进行评估，所提供的产品是否已满足它们预期的要求。

【营销实例7-1】

扫一扫，一起来看看三洋科龙冷柜公司是如何选择供应商的。

二、中间商购买决策过程

如同生产者用户一样，中间商完整的购买过程也分为八个阶段，即认识需要、确定需要、说明需要、物色供应商、征求供应建议书、选择供应商、签订合约和绩效评价。改善交易条件的采购和最佳供应商选择可能跳过某些阶段，新产品采购则会完整地经历各个阶段。

(一)认识需要

它是指中间商认识自己的需要，明确所要解决的问题。认识需要可以由内在刺激和外在刺激引起。

(1) 内在刺激是中间商通过销售业绩分析，认为目前经营的品种陈旧落伍，不适应市场需求潮流，从而主动寻求购进新产品，改善产品结构。

(2) 外在刺激是中间商的采购人员通过广告、展销会、供应商的推销人员或消费者等途径了解到有更加适销对路的新产品，产生购买欲望。

(二)确定需要

它是指中间商根据产品组合策略确定购进产品的品牌、规格和数量。批发商和零售商的产品组合策略主要有四种。

1. 独家产品

独家产品是指所销售的不同花色品种的同类产品都是同一品牌或由同一厂家生产。例如，某电视机商店专门经营王牌电视机。

2. 深度产品

深度产品是指所销售的不同花色品种的同类产品是由不同品牌或不同厂家产品搭配而成。例如，某电视机商店经营多种品牌的电视机。

3. 广度产品

广度产品是指经营某行业的多系列、多品种产品。例如，电器商店经营电视机、电冰箱、洗衣机、收录机、VCD、DVD 等。

4. 混合产品

混合产品是指跨行业经营多种互不相关的产品。例如，某商店经营电视机、电冰箱、服装、食品、鞋帽等。

(三) 说明需要

它是指说明所购产品的品种、规格、质量、价格、数量和购进时间，写出详细的采购说明书，作为采购人员的采购依据。中间商为了减少"买进卖出"带来的风险，对产品购进时间的要求极其严格，或者要求立即购进以赶上消费潮流，或者把购进时间一拖再拖以看清消费趋向。中间商决定购买数量的主要依据是现有的存货水平、预期的需求水平和成本/效益的比较。当大量进货能够获得较大折扣时，则大量进货；当少量进货能够减少库存成本时，则少量进货。供应商应了解中间商的购买意图，采取相应的营销策略。

(四) 物色供应商

它是指采购人员根据采购说明书的要求通过多种途径收集信息，寻找最佳供应商。如果是新产品采购或所需品种复杂，这项工作量就大些。

(五) 征求供应建议书

它是指中间商邀请合格的供应商提交供应建议书，筛选后留下少数选择对象。

(六) 选择供应商

它是指采购部门和决策部门分析评价供应建议书，确定所购产品的供应商。中间商的购买多属专家购买、理性购买，希望从供应商那里得到最大限度的优惠条件。选择供应商主要考虑的因素有：强烈的合作欲望和良好的合作态度；产品质量可靠，适销对路，与本店的经营风格一致；价格低廉，折扣大，允许推迟付款；信用保证，减少中间商进货风险，补偿因商品滞销、跌价而产生的损失；交货及时；给予广告支持或广告津贴；提供完善的售后服务，有专门维修点，允许退换有缺陷破损的商品，遇有顾客投诉或产品质量事故等纠纷无条件地承担责任等。

(七) 签订合约

它是指中间商根据采购说明书和有关交易条件与供应商签订订单。它们也倾向于签订长期有效的合同，以保证货源稳定，供货及时，减少库存成本。

(八) 绩效评价

它是指中间商对各个供应商的绩效、信誉、合作诚意等因素进行评价，以决定下一步是否继续合作。

【营销实例 7-2】

扫一扫，看看沃尔玛是如何完成采购的。

三、政府购买决策过程

政府采购可以采用公开招标、邀请招标、竞争性谈判、单一来源采购、询价和国务院政府采购监督管理部门认定的其他采购方式。其中公开招标应作为政府采购的主要方式。

(一)公开招标

公开招标应当按照采购主管部门规定的方式向社会发布招标公告，并有至少三家符合投标资格的供应人参加投标。采购主管部门应当就集中采购的项目编制采购目录，并根据实际需要逐步扩大集中采购的范围。采购人不得将应当以公开招标方式采购的货物或者服务化整为零或以其他任何方式规避公开招标采购。

(二)邀请招标

采购项目具有特殊性，只能从有限范围的供应商处采购的，或者采用公开招标方式的费用占政府采购项目总价值的比例过大的，可采取邀请招标的方式。邀请招标应当从符合相应资格条件的供应商中，通过随机方式选择三家以上的供应商，并向其发出投标邀请书。

(三)竞争性谈判

出现以下情况的货物或服务，可以采用竞争性谈判方式采购：招标后没有供应商投标、没有合格标的或重新招标没有成立的；技术复杂或性质特殊，不能确定详细规格或具体要求的；采用招标所需时间不能满足用户紧急需要的；不能事先计算出价格总额的。竞争性谈判方式采购的程序是：成立谈判小组；制定谈判文件；确定邀请参加谈判的供应商名单；谈判；确定成交供应商。

(四)单一来源采购

出现以下情况之一的货物或服务，可以采用单一来源方式采购：只能从唯一供应商处采购的；发生了不可预见的紧急情况，不能从其他供应商处采购的；必须保证原有采购项目一致性或服务配套的要求，需要继续从原供应商处添购，且添购资金总额不超过原合同采购金额 10%的。采取单一来源方式采购的，采购人与供应商应当遵循法律规定的原则，在保证采购项目质量和双方商定合理价格的基础上进行采购。

(五)询价

采购的货物规格、标准统一，现货货源充足且价格变化幅度小的政府采购项目，可以采用询价方式采购。采用询价方式采购的程序是：成立询价小组；确定被询价的供应商名单；询价；确定成交供应商。

> 【营销实例7-3】
> 扫一扫，了解一下"政府的'三下乡'集中示范活动台式计算机采购项目招标公告"。

四、非营利组织购买的决策过程

一般来说，非营利组织的采购方式大致分为公开招标选购、议价合约选购和日常采购三种。

(一)公开招标选购

公开招标是买方通过报刊或其他方式，刊登公告或发出信函，说明拟购的商品、品种、规格和数量等，邀请不特定的供应商在规定期限内投标。有意争取业务的企业在规定的期限内准备标书(格式通常由招标人规定)，说明可供商品名称、品种、规格、数量、交货日期和价格等，密封送交组织招标的买方有关部门。有关部门在规定日期开标，选择报价更低并符合要求的供应商，与之洽谈成交。采用这种方法，买方一般无须与卖方反复磋商，而且处于较主动的地位。但在供应商之间，可能产生激烈竞争。

供应商为了在竞争中胜出，除了遵守相关法律规定，还要注意以下三个方面。

(1) 自己的产品或供应是否达到招标人要求，合约条件对自己是否有利。特别是一些非标准化的产品及其规格，往往成为夺标的障碍。

(2) 标价是否最低。一般情况下，买方总是愿意把订单交给报价最低的供应商，除非供应商提供的产品对买方来说无可替代，才可能考虑做出让步。因此，既要有利可图又要能够夺标，报价高低是关键。

(3) 能否满足买方一些特殊要求。例如，美国政府采购的一些机械设备，维护费用要由供应商负担。类似地，通常免费维修期限长的供应商，夺标的可能性要大。

(二)议价合约选购

议价合约选购是指买方采购部门和几个供应商进行接触，最后与其中合适的供应商签订合约，达成交易。这种方式多用于复杂的工程项目，因为这类采购往往涉及重大研发费用和风险。在美国，一些采购业务涉及复杂的计划、较大的风险，同时供应商之间竞争性又较小，政府往往采用这种采购方式。

这类合约的定价有多种方法，如成本加成定价法、固定定价法、固定价格加奖赏法(即供应商若降低其成本，则可多赚)等。供应商利润过多可重新议价，使之合理又无损于双方。大企业取得合约以后常常把项目分解，将其中相当一部分转包给小公司去完成。因此，政府采购往往产生连锁效应，在生产者市场产生引申需求。接受转包的小公司在大承包商的控制下，必须按要求交纳保证金，并分摊风险。

(三)日常采购

日常采购是买方的采购部门为维持日常办公、运转进行的采购。与公开招标和议价合约选购不同，这种方式既不公开招标，在多数情况下也不用签订书面合同。采购金额较少的话,交款和交货方式通常为即期交付,如添置办公桌椅、采购纸张和文具等。其特点有些类似于生产者市场的直接重购,有时也像中间商市场的最佳卖主选择或谋求更好的交易条件等类型。

【营销新视野 7-2】

B2B 客户关系管理

无论传统模式还是网络模式,采购方与供应方之间的合作关系类型是不会发生变化的。坎农和佩罗特发现买卖合作关系可根据四种因素划分,选择的有效性、供应的重要性、供应的复杂性、供应市场的动力。根据这四种因素,他们把买卖合作关系划分为八种不同的类型。

(1) 基本买卖。买卖双方关系简单,只需要例行的交易和适当的高层次合作与信息交换。

(2) 简单基础。同基本买卖关系相似,但是更需要卖方去适应买方,以及较少的合作和信息交换。

(3) 契约交易。买卖双方一般没什么信任、合作和互动,只是通过合同交易。

(4) 客户供应。传统的客户供应形式,占主导地位的是竞争,而不是合同。

(5) 合作系统。虽然操作的方式紧密结合,但买卖双方都没有通过合法的手段和合理的途径确定委托结构。

(6) 协同合作。买卖双方必须有信任和承诺合作的关系。

(7) 相互适应。买卖双方之间必须有特殊的明确合作关系,但是无须高度的信任和合作。

(8) 顾客至上。虽然有比较紧密的合作关系,但卖方尽量满足买方的需求,而不期望交易过程中买方的适应或改变。

此外,很多的研究者推崇采购方与供应方之间的垂直协作,从而增加彼此之间的交易,使得双方共同受益。垂直协作可以加强买方与卖方之间的合作关系,但是同时也会给采购方与供应方之间的具体投资带来风险。具体投资是指定给予特定公司以及价值链上合作者的开支,如企业具体的培训项目的投资,设备或操作程序、系统的投资。具体投资能够帮助企业获得利润的增长并获得企业的市场定位。然而,具体投资也会给买卖双方带来很大的风险。从经济学的交易理论来说,由于这些投资有一部分已经成为沉没成本,它使企业的投资捆绑在一项特定的关系之中。采购者可能因高额的转换成本而无法与其他供应商进行交易;供应商在未来可能也无法签订其他的合约,因为投入了太多的资金或投入了太多的技术力量。

如今,通过电子商务技术,客户关系管理又有了一些新的特点:①集中企业内部原来分散的各种客户数据形成正确、完整、统一的客户信息为各部门所共享;②客户与企业任一个部门打交道都能得到一致的信息;③客户可选择电子邮件、电话、传真等多种方式与企业联系且都能得到满意的答复,因为在企业内部的信息处理是高度集成的;④客户与企业交往的各种信息都能在对方的客户数据库中得到体现,能最大限度地满足客户个性化的需求;⑤企业可以充分利用客户关系管理系统,准确判断客户的需求特性,以便有的放矢地开展客户服务,提升客户忠诚度。

本 章 小 结

本章围绕组织市场而展开。组织市场是指工商企业为从事生产、销售等业务活动,以及政府部门和非营利组织为履行职责而购买产品和服务所构成的市场。组织市场有购买者较少但购买规模较大、购买者地理位置相对集中、需求具有派生性、需求弹性小、需求波动大、专业人员采购、供需双方关系密切、直接采购、互惠购买、租赁和影响购买的人多等特征。影响组织购买的主要因素有环境因素、组织因素、人际因素和个人因素。除此之外,组织购买的行为类型大致可分为以下四类。

(1) 生产者购买行为的类型。
(2) 中间商购买行为的类型。
(3) 政府购买行为的类型。
(4) 非营利组织购买行为的类型。

课 后 习 题

一、思考题

1. 影响组织购买的因素有哪些?
2. 组织购买类型有哪些?举例说明。
3. 互联网时代下,组织购买的新趋势有哪些?
4. 阐述组织购买的决策过程,并说明相同点和不同点。

二、案例分析

洽洽食品:掘金薯片新市场

如果随意问几个人:"你知道哪些薯片品牌?"得到的回答可能是"品客""乐事""可比克"。而能说出"洽洽"的人可能会很少。毕竟,坚果炒货行业龙头企业洽洽食品布局休闲食品领域的时间并不长。

近期,洽洽食品交出了一份不错的中报成绩单。

2011 年上半年实现营业总收入 11.42 亿元,同比增长 32.58%;归属于上市公司股东的净利润为 7 216.96 万元,同比增长 17.05%;基本每股收益 0.39 元。8 月 19 日,公司股价报收 34.82 元,在不少分析人士看来,全周上涨 1.72%。坚果炒货的门槛较低,这加大了企业成长的难度,公司的长期业绩增长是否乐观?公司选择休闲类食品——薯片,作为升级关键产品,能否成功实现转型?

休闲食品行业前景广阔

洽洽食品是中国坚果炒货行业的领军企业。公司专业从事坚果炒货食品的生产和销售,2010 年收入 21.44 亿元,远超竞争对手。2010 年预计市场占有率约为 6%,未来仍有很大提升空间。葵花子为公司主要收入贡献产品,2010 年占比达 77.01%,西瓜子占比 8.21%,其他产品为派类、豆类及高档坚果类等。公司 2010 年下半年推出新品薯片"喀吱脆",进入休闲食品领域,并在 2010 年实现销售收入 0.76 亿元,占总收入比率 3.53%,2011 年上半年实现 1.41 亿元,占总收入比率 12.30%,预计 2011 年薯片收入可达 4 亿～5 亿元,未来有望成为收入增长新亮点。

据《农经》记者了解,洽洽食品对产品和品牌的未来发展思路是:从坚果炒货行业龙头企业发展为休闲食品领域的卓越品牌,再拓展到其他食品领域,成为食品行业的一流品牌。薯片属于休闲食品,深受年轻人喜爱,洽洽的休闲食品定位就是成为年轻人喜爱的产品。

薯片是外来休闲食品,目前国内市场上以洋品牌居多。过去 5 年我国薯片市场快速成长,目前市场上薯片产品主要以经典油炸薯片为主。据了解,当前薯片行业总容量约 200 亿元,其中油炸薯片 150 亿元,非油炸 50 亿元左右,总体年增长 20%～30%。由于非油炸薯片脂肪成分低于油炸食品,消费者正逐步偏向非油炸食品,导致近几年非油炸薯片市场增速较快。洽洽以使用新鲜土豆的非油炸薯片差异化产品打入市场,可谓是对传统薯片市场的挑战。

中信证券分析人员认为,休闲食品行业前景广阔,品牌渠道将是助推未来发展的主动力。居民收入的提升及休闲意识的增强也将带动行业的快速发展。过去 5 年复合增长率近 30%,2010 年市场规模为 813 亿元,预计未来 5 年休闲食品业年复合增长率约 25%,2015 年市场规模有望较 2010 年增长 2 倍,行业前景广阔,未来竞争格局将由品牌和渠道来决定。

薯片业务毛利率上移

据《农经》记者了解,洽洽食品计划 2015 年前保持年均 30%以上的增长速度,到 2015 年实现 100 亿元销售收入。海通证券赵勇分析认为,预计洽洽食品高速增长主要来自三块,一是公司自有产品的快速增长,二是新产品开发所带来的新增收入,三是公司手上拥有的超募资金,可能会考虑通过兼并收购提高炒货行业的集中度。洽洽食品 2011 年开始大规模招聘销售人员,新增了 400～500 人,主要是在一线城市深耕细作,以提高铺货率和市场渗透率,其次洽洽开始大力拓展二三线市场,每个县级市配备销售人员直接与当地经销商合作。公司 2011 年在 700 多个县试点直销,帮助县乡市场销售额大幅提高。2010 年洽洽二线以下城市销售额 2 个多亿,按照目前销售情况,估计今年可以做到 4 个多亿,2012 年预计可能还会翻番。此外,洽洽海外市场也在大力拓展。从中报情况来看,上半年海外销售额达到了 6 800 万元,按照这个趋势,全年估计可以实现翻番,洽洽计划以后海外渠道能做到总销售额的 25%左右。

半年报显示,该公司二季度单季各项财务指标较一季度有明显改善。二季度单季营业收入为 5.75 亿元,同比增长 32.79%;营业成本同比增长 39.09%,相比一季度 43.94%的增幅有所放缓;营业利润同比增长 74.39%,利润总额同比增长 74.44%,净利润同比增长 58.23%。这让不少投资者感到欣慰。

"这主要得益于二季度成本增幅放缓和产品提价效果的显现。"该公司有关人士表示。

据了解,一季度受原材料价格大幅上涨影响,公司综合毛利率下滑至 22%。而从 3 月份开始公司对旗下产品进行了不同程度的涨价,二季度综合毛利率上升至 25.47%,基本恢复到正常水平。

公司的传统炒货业务中,葵花子业务收入贡献占比最大,上半年实现收入 8.29 亿元,同比增长 22.48%,销售收入占比达到 73.56%。此外,西瓜子、豆类、南瓜子收入同比增长幅度分别为 4.82%、14.83%、6.21%。

值得一提的是，公司的薯片业务在上半年实现营业收入 1.41 亿元，环比增长近一倍，占当期销售收入的 12.47%。而和葵花子 25.84%的毛利率相比，薯片业务的毛利率仅为 16.54%。"薯片业务毛利率较低的主要原因是上半年薯粉价格出现了近 50%的上涨，但这一问题下半年有望得到改善。"光大证券分析师石磊认为。

据《农经》记者了解，4 月开始，薯粉价格已经从 14 000 元/吨高点下跌至 10 000 元/吨，降幅近 30%，而原材料价格下降带来的毛利率提升将会有滞后性。此外，该公司 5 月开始正式向市场推广"脆脆熊"薯片系列，该系列产品的毛利率达到 40%左右，分析人士认为该产品将带动公司整体薯片业务毛利率上升。

薯片成转型关键产品

"坚果炒货行业的进入门槛较低，造成行业集中度低，竞争秩序混乱，尤其是方便、便宜的散货炒货的存在，更是加大了企业的成长难度。"中投顾问食品行业研究员周思然表示。

他还表示，目前来看这一行业的整体利润较低，而在原辅料、运输成本上涨、营销费用增加以及国内外食品安全问题层出不穷等因素的影响下，企业的利润空间可能会再次被压缩。除此之外，休闲食品种类繁多，新品不断涌现，使得坚果炒货的可替代性较强，未来发展将受到其他休闲食品的冲击。

或许正是看到了行业的局限性，洽洽食品在上市后进行了重大战略升级，从坚果炒货领域升级到休闲食品领域，薯片则是公司正式进入休闲食品的第一款产品。2010 年下半年，公司推出了薯片产品，当年取得的收入为 7 587 万元。

中投证券分析师张镭表示，薯片 2010 年下半年才推向市场，收入比率从去年的 3.5%提高到今年上半年的 12.5%左右，已经证明了公司向休闲食品领域的成功转型。

安信证券分析师李铁预计，薯片全年收入可接近 5 亿元，而薯片业务实现快速增长依赖公司的渠道弹性。

据了解，洽洽食品目前的经销商平均销售规模仅是同行业好丽友渠道平均销售规模的 50%。公司有关人士表示，今年将准备开拓县乡市场，计划选择 600～700 个经济能力较强的县首先进行渠道铺开，并为每个县配备 2～3 名销售人员有针对性地了解当地市场。该人士认为，由于整个县乡渠道今年 5 月才开始下沉，预计渠道下沉带来的业绩贡献将会在下半年逐步显现。

李铁表示，通过新产品的上市和渠道的精耕细作，洽洽的渠道弹性将充分释放，驱动新品上量。

事实上，近年来薯片以其时尚、休闲特性快速走进年轻消费者的生活中，促使整个薯片市场迅速发展，乐事、可比克、上好佳、品客等品牌纷纷发力，更是助推了这一行业规模的壮大。

数据显示，我国薯片的年总销量约 5 万吨，销售额达 200 亿元。周思然认为，相较发达国家，我国马铃薯人均消费水平仍然较低，且深加工率更低，薯片市场空间广阔，未来发展前景值得期待。

但他同时也表示："对洽洽食品而言，薯片市场上强手如云，外资领先，如何将洽洽这一品牌效应由瓜子等市场延伸到薯片市场上显得至关重要。"

(资料来源：王若一. 洽洽食品：掘金薯片新市场[J]，农经，2011,8.)

请思考：

1. 结合材料和所学知识，谈谈薯片的购买方式主要是什么。

2. 洽洽食品是如何对薯片销售进行战略部署的？

3. 通过组织市场，试分析薯片从农民种植到消费者手里的整个过程，并重点分析组织市场的作用。

4. 如果马铃薯产量不变，不做成薯片，直接在消费市场交易，会以什么形式出现？又会出现什么问题？谈谈你对组织市场意义的看法。

三、实操题

【实训目的】

通过实训，使学生了解组织市场的行业规则与存在形式，对组织市场有个比较清晰的认识，以备日后进入企业的营销采购部门学以致用。

【实训内容】

在有条件的情况下进入事业单位或大型中间商企业实习，观察其采购和批发等过程，再对一线经销商进行调研，发现其区别以及不同的生存之道。

【实训组织和要求】

将学生分组，每组3～5人。每个小组选举一名组长，负责组织和协调小组内成员的分工与合作。任务完成后，各小组以书面形式或课堂演讲形式提交成果，讲述所见所闻。指导老师对内容进行精选并整合，统一评讲。

第八章

竞争者分析与竞争战略

【学习目标与任务】
- 掌握竞争者分析内容。
- 理解并掌握基本竞争战略。
- 掌握不同竞争地位的企业及其竞争战略。

【重点与难点】
- 竞争者分析的内容。
- 获取竞争者信息的渠道。
- 基本竞争战略及其实现途径。
- 市场领导者、挑战者、跟随者、补缺者的主要竞争战略。

【能力目标】
- 能够应用竞争者分析方法,依据竞争分析内容,对某一行业企业的主要竞争者做出较全面分析。
- 根据竞争环境和竞争者分析,初步提出企业竞争战略与策略。

【案例导入】

那些年，可口可乐与百事可乐的"红蓝之争"

世界上第一瓶可口可乐于1886年诞生于美国，距今已有一百多年的历史。这种神奇的饮料以它不可抗拒的魅力征服了全世界数以亿计的消费者，成为"世界饮料之王"，甚至享有"饮料日不落帝国"的赞誉。但是，就在可口可乐如日中天之时，另外一家企业同样高举"可乐"大旗，它宣称要成为"全世界顾客最喜欢的公司"，并且在与可口可乐的交锋中越战越强，最终形成分庭抗礼之势，这就是百事可乐公司。一百多年来，百事可乐在喧嚣纷乱的时代变迁中，在竞争激烈异常的环境中慢慢成长，终于在广阔的全球饮料市场上，与可口可乐并驾齐驱，共分天下。

第一瓶百事可乐诞生于1898年，比可口可乐晚了12年。它的味道同配方绝密的可口可乐相近，于是便借可口可乐之势取名为百事可乐。由于可口可乐早在十多年前就已经开始大力开拓市场，到这时早已声名远扬，控制了绝大部分碳酸饮料市场，在人们心目中形成了定式，一提起可乐，就非可口可乐莫属，百事可乐在第二次世界大战以前一直不见起色，曾两度处于破产边缘，饮料市场仍然是可口可乐一统天下。百事可乐为了生存，不惜将价格降为可口可乐价格的一半，但百事可乐仍未能摆脱困境。

20世纪50年代，百事可乐迎来了发展转机。"二战"后，美国经历了婴儿潮，出现了一大批年轻人，他们没有经过经济危机的洗礼，自信乐观，与他们的前辈有很大不同。这些年轻人逐步成为美国的中坚力量，他们对一切事物都有新鲜感，敢于冒险，这为百事可乐针对"新一代"的营销活动提供了基础。百事可乐公司洞察到市场的变化，改变了原有的营销模式，进行了五方面的重大改革：第一，改良口味，使其不逊色于可口可乐；第二，重新设计玻璃瓶包装和公司的各种标识，并力求统一；第三，重新策划广告，增加广告投入，提升企业形象；第四，集中力量攻占可口可乐所忽视的市场，尤其是带回家饮用的市场；第五，选定美国的25个州和境外的25个地区作为重点攻占目标，集中精力攻占市场据点。1960年，百事可乐把它的广告业务交给BBDO(巴腾-巴顿-德斯廷和奥斯本)广告公司，当时，可口可乐以5∶1的绝对优势压倒了百事可乐。BBDO公司经过调查发现，可口可乐的宣传诉求一直是"经典可乐，百年配方"，这个广告很明确地指出了可口可乐的市场定位——"经典""情怀""传统"。正是这一定位，让可口可乐的市场受众人群年龄层偏大一些。而市场上的新生力量——年轻一代，充满活力，彰显自我，叛逆而有创造性，这是区别于可口可乐目标群体的一群人。于是BBDO公司重新做了广告定位，百事可乐随之调整战略，砍掉与可口可乐相同的定位因素，把客户群定位在年龄层次较低的人群。经过4年的酝酿，"百事可乐，新一代的可乐，年轻人的可乐"的口号正式面市，并一直沿用了20多年。百事可乐传播"渴望无限""年轻一代""活力一族"等品牌主张和个性，打开了年轻消费群体市场。随后，百事可乐着手于将所有营销活动围绕年轻人展开，如请流行天王迈克尔·杰克逊代言，在学校门口、街头等年轻人经常出现的地方推广，根据年轻人喜欢听音乐的特点采用音乐营销，定更低的价格，赞助各大体育赛事等。这一战略实施后，可口可乐与百事可乐的优势对比已降至2∶1。

在随后几年的发展中，百事可乐制定了进一步的战略，向可口可乐发起全面进攻，被称为"百事可乐的挑战"。1975年，百事可乐在达拉斯进行了品尝实验，将百事可乐和可口可乐都去掉商标，分别以字母 M 和 Q 做上暗记，结果表明，百事可乐比可口可乐更受欢迎。随后，百事可乐公司对此大做宣传，促使消费者重新考虑他们对"老"可乐的忠诚，并把它与"新"可乐相比较。可口可乐对此束手无策，除了指责这种比较不道德，并且吹毛求疵地认为人们对字母 M 有天生的偏爱之外，毫无办法。百事可乐的销售量猛增，与可口可乐的差距缩小为 2∶3。

在国内市场取得阶段性胜利后，百事可乐将目标转向国际市场。1975 年，百事可乐公司以帮助苏联销售伏特加酒为条件，取得了在苏联建立生产工厂并垄断其销售的权利，成为美国闯进苏联市场的第一家民间企业。这一事件立即在美国引起轰动，各家主要报刊均以头条报道了这条消息。

在以色列，可口可乐抢占了先机，先行设立了分厂。但是，此举引起了阿拉伯各国的联合抵制。百事可乐见有机可乘，立即放弃本来得不到好处的以色列，一举取得中东其他市场，占领了阿拉伯海周围的每一个角落，使百事可乐成了阿拉伯语中的日常词汇。

20 世纪 70 年代末，印度政府宣布，只有可口可乐公布其配方，它才能在印度经销，结果双方无法达成一致，可口可乐撤出了印度。百事可乐的配方没有什么秘密，因此它乘机以建立粮食加工厂、增加农产品出口等作为交换条件，打入了这个重要的市场。

作为市场挑战者，百事可乐的不断成长动摇了可口可乐的市场领导者地位。可口可乐面对市场份额不断增大的竞争对手和岌岌可危的市场地位，决定做出一次反击，在饮料口味上更好地迎合消费者偏好。在进行了谨慎周密的市场调研后，1985 年 4 月 23 日，可口可乐在庆祝成立 100 周年之际，宣布更改其行销 99 年的饮料配方。新可乐上市的同时，旧可乐被全部撤出市场。为介绍新可乐，可口可乐公司举行了一次有 200 家报纸、杂志和电视台、近 700 名记者出席的记者招待会。这次盛大的新闻发布会，以"公司百年历史中最有意义的饮料营销新动向"为主题，宣称"最好的饮料可口可乐，将要变得更好"。但是，这一修改经典配方的举措意想不到地受到广大消费者的抵制。在新可乐上市的 4 小时之内，可口可乐公司就接到抗议更改口味的电话 650 个。两个月后，批评电话每天多达 8 000 个，数万封抗议信也纷至沓来。甚至一些激进的忠诚消费者成立了"美国老可口可乐饮用者"组织，要求可口可乐公司恢复老配方生产，否则就要诉诸法律。在新可乐面市后的数月中，销售量并不乐观，人们更加怀念老可乐了。与此同时，百事可乐不失时机地向消费者宣扬，既然新可乐的口味更像百事了，不如直接改喝百事可乐就好了。7 月 11 日，可口可乐公司宣布恢复老可乐生产。在不到 3 个月的时间内，花费了 400 万美元，历时 2 年调查的"堪萨斯计划"，最终以失败告终。

在可口可乐和百事可乐的企业发展史中，竞争和共生并存，两者相互角逐的同时又相互促进，正如可口可乐前总裁所言"如果没有百事可乐，就没有今天的可口可乐"。

(资料来源：https://zhidao.baidu.com/question/5287123.html.)

《孙子兵法》曰："知己知彼，百战不殆；不知彼而知己，一胜一负；不知彼不知己，每战必殆。"

商场如战场，兵法的规律在今天的市场经济中仍然适用。对企业而言，竞争如影随形，除了在垄断行业中，企业都要面临不同程度的市场竞争。如果不能对竞争者的优势及其可能采取的行动有所了解，企业无法判断自身的相对竞争优势，也就无法形成企业营销战略的核心要素。如何识别竞争者、分析竞争者，有针对性地制定相应的竞争战略，如何在激烈的竞争中获取竞争优势，立于不败之地，是每一个参与市场竞争的企业都要面对的问题。

第一节　竞争者分析

竞争者分析是企业营销战略分析的内容之一，企业需对竞争者的现状与未来做出分析和评估，以制定有针对性的竞争战略，竞争者分析的内容主要包括以下几个。

(1) 识别竞争者，包括企业现有的直接竞争者和潜在竞争者。
(2) 通过收集与竞争者有关的情报并建立数据库，明确竞争者的目标与战略意图。
(3) 评估竞争者的优势和劣势。
(4) 判断竞争者的反应模式。

一、识别竞争者

竞争分析的首要任务是识别谁是企业的竞争者。只有识别出竞争对手，才能对竞争局势有整体把握，并制定相应的竞争战略和策略。

【营销实例8-1】

谁导致了方便面市场整体下滑？

方便面曾是几代人的回忆，但从2013年起，中国方便面行业开始走下坡路，方便面的销售量正在以每年几十亿包的速度减少。2016年中国方便面销售量下降6.75%，到2017年，销售量从2013年的462.2亿包下降到389.7亿包。遭遇如此断崖式的危机，难道是产品出了问题吗？不是的，恰恰相反，方便面产品越做越精致，越做越全面，品种繁多，琳琅满目，各种口味层出不穷，各公司还请了口碑极好的大牌明星代言宣传，但仍旧挽回不了衰败的颓势。

为什么这个曾经连续18年销售额保持增长的国民美食，在越做越用心的情况下，反而销售量严重下降？原因之一是外卖的风靡。自从外卖行业横空出世，各种美食只要动动手指，半小时左右就能送到手边，既然有更丰富而可口的选择，消费者怎么还会钟情方便面呢？所以，打败康师傅的不是统一，不是今麦郎，更不是白象，不是任何一个平日里厮杀惨烈的同行业竞争者，而是依托于美团、饿了么、大众点评等这些互联网的、散布在城市里大大小小的外卖美食店。

识别竞争者可以从行业竞争和市场竞争两个方面分析。

(一)行业竞争

从行业竞争来看，"竞争战略之父"迈克尔·波特认为，企业的盈利能力主要由行业现有的竞争状况、供应商的议价能力、购买商的议价能力、替代产品或服务的威胁、新进入者的威胁这五大竞争力量决定，被称为波特的五力分析模型(见图8-1)。

(1) 同行业中现有厂商，即本行业内现有的与企业生产同样产品的其他厂家，这些厂家是企业的直接竞争者。

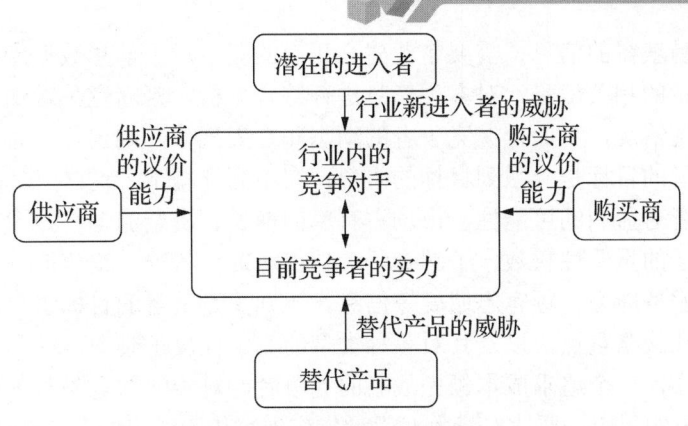

图 8-1 波特的五力分析模型

(2) 潜在进入者。当某一行业前景乐观、有利可图时，会引来新的竞争企业和跃跃欲试想要加入该行业的企业，使该行业增加新的生产能力，并要求重新瓜分市场份额和主要资源。另外，某些多元化经营的大型企业还经常利用其资源优势从一个行业侵入另一个行业。新企业的加入，将可能导致产品价格下降，利润减少。

(3) 替代品厂商。与某一产品具有相同功能、能满足同一需求的不同性质的其他产品，属于替代品。随着科学技术的发展，替代品将越来越多，任一行业的所有企业都将面临与生产替代品的其他行业的企业进行竞争。

(4) 供应商。供应商通过供应商品的质量、数量、价格、交货期等影响企业产品成本、获利能力和竞争力。当企业产品对供应商产品的依赖程度较高、供应商产品具有不可替代性、企业更换供应商的转换成本过高时，供应商就具有较强的讨价还价能力。

(5) 购买商。当购买商实力雄厚，购买数量庞大，占企业的销售额比例较高时，购买商具有较强的讨价还价能力，通过压低价格、要求增加服务、宽松的付款条件等影响企业的盈利能力。

(二)市场竞争

从市场竞争来看，所有能够满足相同市场需求，甚至是满足不同需求的企业都构成竞争，无论它们是否是生产同类型产品的企业。依据竞争的同质化程度可区分为品牌竞争者、产品形式竞争者、平行竞争者和愿望竞争者。此部分内容已在第四章的企业微观环境分析中的竞争者分析中有所讲解，此处不再赘述。

【营销实例8-2】

扫一扫，阅读案例，找出产品的主要竞争对手、竞争领域的界定等。

从市场角度分析竞争者，可使企业拓展竞争视野，全面清晰地界定竞争者，认识到自己的竞争地位，从而制定有效的竞争战略和策略。

二、明确竞争者的目标和战略

竞争者的目标和战略能反映其总体发展方向、竞争模式及行为动力。但竞争者的目标和战略并不是容易获得的信息，需要企业建立相应的竞争对手信息数据库，从不同方面获取竞争者经营政策的相关信息，对多类信息进行综合分析，判断竞争者的目标、战略及不同层面的策略实施情况，从而把握竞争者的动态和行为规律，制定行之有效的竞争战略。一般而言，竞争者的目标是一系列目标的组合，在不同环境下，这些目标各有侧重。企业应重点了解竞争者对盈利的可能性、市场占有率的增长、资金流动、技术领先、服务领先和其他目标所给予的重要性权数，了解竞争者的市场细分状况、销售能力、促销政策、研发费用、生产和服务能力、顾客忠诚度等信息。明确了竞争者的目标组合，就可以洞察竞争者的市场动态和战略重点，以及其对各种类型的竞争性攻击会做出的反应等，以在竞争中获得主动。例如，一个追求成本领先战略的竞争者，对于它的竞争对手因技术性突破而使成本降低所做出的反应，要比对竞争对手增加广告宣传所做出的反应会强烈得多。

了解竞争者的目标和战略需要广泛收集竞争者的资料，这些资料可以通过以下来源获得。

(1) 年度报告。

(2) 竞争产品的文献资料。

(3) 内部报纸和杂志。这些通常是非常有用的，因为它们记载了许多详细信息，如重大任命、员工背景、业务单位描述、理念和宗旨的陈述、新产品和服务以及重大战略行动等。

(4) 竞争者的历史。了解竞争者的文化、现有战略地位的基本原理以及内部系统和政策的详细信息。

(5) 广告。以此可以了解竞争者的产品定位、媒体选择、广告费用水平和特定战略的时间安排。

(6) 行业出版物。了解财务和战略公告、产品数据等信息。

(7) 公司官员的论文和演讲。这对于获得内部程序细节、组织的高级管理理念和战略意图是有用的。

(8) 销售人员的报告。虽然这些资料有时带有偏见性，但地区经理的信息报告提供了有关竞争者、消费者、价格、产品、服务、质量、配送等第一手资料。

(9) 顾客。来自顾客的报告可从企业内部获得，也可从外部市场调研专家处获得。

(10) 供应商。来自供应商的报告可用于评价诸如竞争者的投资计划、行动水平和效率等。

(11) 专家意见。许多公司通过外部咨询来评价和改变它们的战略。对这些外部专家的了解是有用的，因为他们在解决问题时通常采用一种特定的模式。

(12) 证券经纪人报告。通常能从竞争者的简报中获得有用的操作性的细节。同样，行业研究也可能提供有关某一竞争者在特定国家或地区的有用信息。

(13) 雇用的高级顾问。可以雇用从竞争者那里退休的管理人员作为自己的咨询人员。

三、评估竞争者的优势及劣势

在市场竞争中，企业需要分析竞争者的优势与劣势，做到知己知彼，才能有针对性地制定正确的市场竞争战略，以避其锋芒，攻其弱点，出其不意，攻其不备，利用竞争者的劣势来争取市场竞争的优势，从而实现企业营销目标。

企业需对竞争者的经营能力做全面分析,以识别其优势和劣势。竞争者优劣势分析的内容主要包括以下方面。

(1) 产品。竞争者产品在市场上的地位;产品的适销性;产品系列的宽度与深度。

(2) 销售渠道。竞争者销售渠道的广度与深度;销售渠道的效率与实力;销售渠道的服务能力。

(3) 市场营销。竞争者市场营销组合的水平;市场调研与新产品开发的能力;销售队伍的培训与技能。

(4) 生产与经营。竞争者的生产规模与生产成本水平;设施与设备的技术先进性与灵活性;专利与专有技术;生产能力的扩展;质量控制与成本控制;区位优势;员工状况;原材料的来源与成本;纵向整合程度。

(5) 研发能力。对竞争者创新能力的评价有助于预测新产品上市的可能性和新产品在市场上的竞争力。重点分析竞争企业内部在产品、工艺、基础研究、仿制等方面所具有的研究与开发能力;研究与开发人员的创造性、可靠性、创新能力等方面的素质与技能。

(6) 资金实力。竞争者的资金结构;筹资能力;现金流量;资信度;财务比率;财务管理能力。

(7) 组织。竞争者组织成员价值观的一致性与目标的明确性;组织结构与企业策略的一致性;组织结构与信息传递的有效性;组织对环境因素变化的适应性与反应程度;组织成员的素质。

(8) 管理能力。竞争企业管理者的领导素质与激励能力;协调能力;管理者的专业知识;管理决策的灵活性、适应性、前瞻性。

评价竞争者的优劣势可以依据行业竞争中的重要指标,对各竞争者进行评分,将企业和竞争者的优劣势以量化的形式表现,如表8-1所示。

表8-1 企业及其竞争者竞争优劣势评分表

成功关键要素	公司自身评分:5分					竞争者A评分:6分				
	-2	-1	0	1	2	-2	-1	0	1	2
财务能力				√						√
稳定能力			√							√
强有力的研发				√					√	
技术广度				√				√		
迅速反应能力		√					√			
欧洲市场营销	√									√

成功关键要素	竞争者B评分:4分					竞争者C评分:-2分				
	-2	-1	0	1	2	-2	-1	0	1	2
财务能力				√				√		
稳定能力		√						√		
强有力的研发					√		√			
技术广度					√	√				
迅速反应能力		√						√		
欧洲市场营销			√							√

表 8-1 表明了公司如何定量评价自己和三个竞争者 A、B、C 的相对能力。公司选取了六个重要方面，分别给自己和竞争者打分，分数值在-2(很糟)到＋2(很好)之间。结果显示，公司和竞争者 A、B 在整体能力和平均分数上十分相似，显然，它们在整体实力上相近。但是，不要因为总分而忽略了市场中主要因素的不同。它们各自不同的相对实力清楚地表明：在相同的机会下，它们可能朝不同的方向发展。例如，A 公司可以依靠其在欧洲市场中的营销应用技术的优势，B 公司可能不得不通过其在技术的广度和研发方面的优势来实现差异化，以保持市场地位，但如果技术或市场的变动方向需要大笔支出，B 公司可能就比 A 公司或"我方"要弱一些。对竞争能力的考查还显示，尽管 C 公司整体看起来较弱，但它可以是"我方"的最佳收购目标。虽然 C 公司在财务和技术领域比较薄弱，但在欧洲市场上有良好的营销表现，收购 C 公司也许可以使"我方"快速进入欧洲市场。

四、判断竞争者的反应模式

企业在长期的竞争环境中往往形成应对竞争局面的特定行为方式，这实质上是企业竞争战略和目标的体现。面对同一竞争环境的变化，不同企业会有不同反应，竞争者的反应模式主要包括以下几种。

(一)迟钝型竞争者

竞争企业对市场竞争措施的反应不强烈，行动迟缓。这可能是因为竞争者受到自身在资金、规模、技术等方面的能力的限制，无法做出适当的反应；也可能是因为竞争者对自己的竞争力过于自信，不屑于采取反应行为；还可能是因为竞争者对市场竞争措施重视不够，未能及时捕捉到市场竞争变化的信息。

(二)选择型竞争者

一般而言，竞争企业对不同的市场竞争措施的反应是有区别的。例如，一些竞争企业对降价这样的价格竞争措施总是反应敏锐，倾向于做出强烈的反应，力求在第一时间采取报复措施进行反击，而对改善服务、增加广告、改进产品、强化促销等非价格竞争措施不大在意，认为不构成对自己的直接威胁。

(三)强烈反应型竞争者

竞争企业对市场竞争因素的变化十分敏感，一旦受到来自竞争者的挑战就会迅速做出强烈的市场反应，进行激烈的报复和反击，势必将挑战自己的竞争者置之死地而后快。这种报复措施往往是全面的、致命的，甚至是不计后果的，不达目的绝不罢休。这些强烈反应型竞争者通常都是市场上的领先者，具有某些竞争优势。一般企业轻易不敢或不愿挑战其在市场上的权威，尽量避免与其进行直接的正面交锋。

(四)不规则型竞争者

这类竞争企业对市场竞争所做出的反应通常是随机的，没有特定的行为规律，往往使人感觉难以捉摸。例如，不规则型竞争者在某些时候可能会对某一市场竞争的变化做出反应，有时不做出反应；它们既可能迅速做出反应，也可能反应迟缓；其反应既可能是剧烈的，也可能是柔和的。

第二节 基本竞争战略

竞争战略属于企业战略的一部分,是在企业总体战略规划下,通过确定顾客需求、竞争者及本企业这三者之间的关系,指导和管理具体战略经营单位的计划和行动,以建立本企业产品在市场上的特定竞争地位并维持这一地位的谋略。

不同企业面临的竞争强度不同,潜在的获利能力不同,企业竞争战略设计的核心在于选择正确的行业以及在行业中占据有利的竞争位置。企业在与各种竞争力量的抗争中,面临着三类战略选择:成本领先战略、差异化战略和集中化战略。这三种战略被称为基本竞争战略。

一、成本领先战略

成本领先战略是企业通过追求规模经济、拥有专有技术或获得优惠的原材料等因素,降低生产和经营成本,以低于竞争者或低于行业平均水平的成本提供产品和服务,从而获得较高的利润和市场份额的战略。成本领先战略要求企业建立起高效、规模化的生产设施,全力以赴地降低成本,严格控制生产成本、管理费用及研发、服务、推销、广告等方面的成本费用。成本领先战略在20世纪70年代因经验曲线概念的流行而得到大力推广。

(一)成本领先战略的优势

(1) 在竞争激烈的市场环境中,成本领先企业可获得高于行业平均水平的利润,即使企业产品价格降到行业平均价格以下,仍然拥有比竞争者更大的利润空间,企业在价格政策制定上有更多自由度和灵活性,从而增强与竞争者抗衡的能力。

(2) 低成本战略使得企业在与买方的讨价还价中居于有利地位,当强势的购买方要求降低产品价格时,处于低成本地位的企业在进行交易时握有更大的主动权,可以抵御购买商讨价还价的能力。

(3) 低成本战略增强了企业与供应商竞争的合作能力,由于企业的低成本,相对于竞争者具有较大的对原材料、零部件价格上涨的承受能力,能够在较大的边际利润范围内承受各种不稳定经济因素所带来的影响。同时,由于低成本企业对原材料或零部件的需求量大,因而为获得廉价的原材料或零部件提供了可能,也为和供应商建立长期稳定的合作关系奠定良好基础。

(4) 在与潜在竞争者的竞争中,形成低成本优势的各因素,如规模经济对潜在竞争者构成进入障碍,使欲加入该行业的新进入者望而却步,提高了行业的进入壁垒,削弱了潜在竞争者的威胁。

(5) 在与替代品的竞争中,成本领先企业可利用价格优势维护现有顾客,增加顾客使用替代品的转换成本,在同等条件下,保障顾客不会流失到替代品竞争者那里,降低替代品对企业产品的冲击。

通过以上对竞争五种力量的分析可以看出,成本领先战略使得企业在竞争环境中处于相对主动的地位,营销策略的实施更具灵活性,为企业经营建立明显的竞争优势。

(二)成本领先战略的风险

1. 投资风险

为了实施成本领先战略，企业前期需投入较大资本，用于购置昂贵的先进生产设备和弥补为提高市场占有率而形成的期初亏损。大规模投资消耗掉企业大量现金，企业资本结构将发生重大变化，增加了企业运营的风险。企业集中大量投资于现有技术及现有设备，也会提高退出障碍，一定程度上对新技术的采用和技术创新反应迟钝。而一旦具有破坏性的创新性技术变革被广泛使用，可能使得过去的设备投资或产品学习经验变得无效，企业先前建立在先进技术和生产设备基础之上的成本领先优势将不复存在，投资回报率急剧下降，更新的技术革命将带来新的成本优势。如果企业不能及时进行科技创新，不但会使原有的成本优势丧失殆尽，还会给竞争者以可乘之机，潜在竞争者也将以更低的成本进入市场，企业的竞争地位将受到重重威胁。因而，对于实施成本领先战略的企业，技术创新和新技术应用是保障成本持续领先的重要途径。企业需密切关注技术环境的变化，洞察新技术发展趋势，及时掌握新技术发展动态，规避战略实施中可能的风险。

2. 市场风险

一些实施成本领先战略的企业将过多的注意力集中在企业生产成本上，一味在降低成本上下功夫，而忽视了消费者的需求特性和需求的变化趋势，产品和服务虽然实现了低成本，却无法满足消费者的需求，不被消费者认可和接受的产品终将被激烈的市场竞争淘汰出局，这也成为成本领先战略一个巨大的潜在风险。成本领先战略带来市场风险的一个典型例子是 20 世纪 20 年代的福特汽车公司。福特公司为了提高生产效率，率先耗巨资引入了流水线生产，通过采用高度自动化的设备、积极实行后向一体化、严格推行低成本化措施等取得了前所未有的成本领先地位，但由此带来的缺陷是标准的流水线只能生产"黑色 T 型车"。然而，当消费者收入增高，已购置了一辆车的买主考虑再买第二辆车时，消费者偏好开始发生变化，人们更偏爱具有风格的、车型有变化的、舒适的和封闭型的汽车，而非敞篷型的 T 型车。通用汽车及时发现了这一变化趋势，为适应新的消费需求投资开发一套完整的车型。而福特公司由于为把被淘汰车型的生产成本降至最低而付出了巨额投资，这些投资恰恰成了一道顽固障碍，使福特公司的战略调整面临极大代价。因此，企业在选择成本领先的竞争战略时，必须正确地估计市场需求状况及特征，努力使成本领先战略的风险降到最低。

(三)成本领先战略的适用条件和实现途径

1. 成本领先战略的适用条件

成本领先战略是一种重要的竞争战略，虽会为企业带来诸多好处，但也不是每一个行业和企业都适用。一般而言，从行业角度讲，所处行业的企业大都生产标准化产品，产品同质化程度较高，实现产品差异化的途径很少时，适合采用成本领先战略；从消费者角度讲，当市场需求具有较大的价格弹性，消费者对价格敏感，价格成为评价和选购产品的重要指标，同时价格构成市场竞争的主要因素，且购买转换成本较低时，成本领先战略的优势会比较明显。

2. 成本领先战略的实现途径

(1) 实现规模经济。规模效应是许多行业最有效的成本驱动因素。根据规模效应理论，在一定规模和科技水平之下，随着生产规模的扩大，平均单位产品成本下降。企业采用先进工艺，使用专业化设备，实行大批量生产，降低单位产品成本和设备投资，实现产品标准化、专业化和通用化，降低能耗和原材料消耗等各种物耗；由于学习效应，随着产量的增加，工人的熟练程度增加，生产效率和产品质量提高，降低单位成本，取得显著的经济效果。同时，企业可与其他企业通过水平或垂直联合组成经营实体，这不仅可带来单位产品成本、物耗、销售费用等的降低，节省大量管理人员和工程技术人员，还可使企业有更多的资金用于产品研制与开发，使其具有更强的竞争能力。

(2) 实现生产科技创新。企业及时关注科技动态，形成自身的技术创新力量，通过采用新设备、新工艺、新设计、新材料等打破原有生产格局，降低成本，形成新的竞争优势。

【营销实例8-3】

扫一扫，阅读案例"客户导向的技术创新助力华为成功"。

(3) 与供应商建立和保持长期合作关系。上游供应商影响企业原材料、能源、生产物资、零配件的供应。供应商的供货情况直接关系到企业的成本、原材料数量、质量和交货期等。企业可实施关系营销，与供应商建立长期合作战略关系，增加彼此的信任和合作，降低交易成本，互利共赢。获得长期稳定的供应商支持，不仅可以降低转换供应商的成本，也可由长期合作带来进货成本的优惠，成为实施成本领先战略的保障措施之一。

(4) 提倡节约意识，实施全过程成本管理和成本控制。企业自上而下形成成本意识，塑造企业成本文化，实施成本控制，加强成本管理，在既定的经济规模、技术条件和质量标准条件下，不断地挖掘内部潜力，通过降低消耗、提高劳动生产率、合理的组织管理等措施降低成本。成本控制是全过程控制，需要全员参与，树立起全员的成本意识，在企业经营活动的各个环节，从产品设计、材料采购、产品制造到产品销售及售后服务的全过程中实施成本管理和成本控制，定期制定详细的成本控制报告，明确成本控制的责任和激励机制等。

需要注意的是，任何企业都可以借助多种手段来降低成本，因而，在激烈的竞争中，成本优势最难维持和防御。同时，应当注意的是，成本领先本身不足以构成消费者购买的理由，除非它转换成市场中的低价格，为此，企业有必要采取基于效果而非效率的内部聚焦战略。也就是说，降低那些不能明显提升最终客户满意度的活动的成本，将成本领先与顾客需求相结合，能有效避免成本领先战略的市场风险。

二、差异化战略

所谓差异化战略，是指企业为使其产品或服务与竞争者产品有明显的区别，形成独特的与众不同的特点而采取的战略。这种战略的重点是通过分析竞争者产品特点和消费者需求，树立被全行业和消费者认可和感知的独特的产品和服务形象。需要指出的是，差异化战略并不代表企业就完全忽略成本，只是成本领先此时不是主要的战略目标。

(一)差异化战略的优势

(1) 差异化战略能够满足消费者的个性化需求。个性化需求的满足能提升顾客对企业的品牌忠诚度,带来独特的消费体验,从而降低对价格的敏感度,使顾客从心理上易于接受更高的价格,使企业避开价格竞争,在经营领域形成富有特色的形象。

(2) 顾客对企业或产品差异性的忠诚构成了对潜在竞争者的进入壁垒。新进入市场者必须花费大量成本建立新的差异化或以更突出的差异化与企业展开竞争,这在一定程度上为新进入者设置了障碍。

(3) 差异化能够形成溢价,提高产品获利能力。消费者愿意为差异化支付更多费用,企业由差异化可以产生较高的边际收益,从而增强企业对供应者讨价还价的能力。

(4) 差异化具有一定的稀缺性。产品的独特差异化特征为企业在与顾客讨价还价中增加了筹码,增强了企业与顾客竞争中的主动权,降低了顾客的讨价还价能力。

(5) 产品或服务的独特性和顾客对差异性的情有独钟减弱了替代品的替代性。顾客更愿意购买能满足个性化需求的产品,企业在与替代品的竞争中处于有利地位。

(二)差异化战略的风险

(1) 差异化战略可能会阻碍企业获得较高的市场份额。实施差异化战略的企业生产的产品或服务具有某种独特性,目的是满足特定的消费需求,这与追求较高的市场份额是相悖的,两者在一定程度上不能兼顾。

(2) 实现差异化战略往往伴随着成本的增加,如广泛的市场调研、独特的产品设计或服务、独特的消费者体验设计等都需要企业增加额外投入以获得顾客需求的满足。成本的增加必然带来价格上涨,即使差异化满足了个性化的消费需求,也并不是所有的消费者都愿意为差异化支付更高的价款。差异化带来的价格增加应该有一定限度,如若超出消费者可承受范围,高价格的差异化产品优势将不复存在。

(三)差异化战略的适用条件和实现途径

1. 差异化战略的适用条件

(1) 市场条件。差异化战略适用于异质市场,消费者需求存在显著差异性和多样性,个性化需求在总需求中占有一定比例,目标消费者有一定经济实力,追求个性化需求的满足,愿意为差异化支付溢价,且市场上存在多种实现产品或服务差异化的途径。

(2) 企业条件。差异化战略要求企业具有一定的研发能力和技术力量,敏锐的创新能力,能够开发和设计产品或服务差异化以满足消费者的个性化需求;企业需要有卓越的市场营销能力,实施广泛的市场调研,对产品或服务进行富有特色的差异化定位,并在市场上树立个性鲜明的产品特色。

需要注意的是,企业在实施差异化战略时需要进行成本—收益分析,差异化一方面会带来成本的增加,企业要为差异化付出更多的投入,另一方面,差异化形成的溢价和顾客忠诚也会为企业创造新的利润源泉。企业需要在增加的成本和收益方面做出比较,即差异化战略带来的收益增加大于成本增加,差异化战略对企业来说才是有意义的。

2. 差异化战略的实现途径

差异化战略的主要目标是使企业的产品和服务与竞争者区别开来,形成与众不同的特色，从而满足消费者的个性化需求，具体可以通过产品和服务差异化、分销渠道差异化、价格差异化、品牌差异化等途径实现。

1) 产品和服务差异化

(1) 产品设计。产品设计的基础和前提是顾客需要，其内容涵盖了产品外观和性能的全部特征的组合。产品功能与审美完美结合会给消费者留下深刻印象。例如，在服装等时尚意识很强的市场，设计成为强有力的差异化手段。

(2) 质量。质量是使企业的产品区别于竞争者同类产品或服务的首要因素。对制造产品而言，质量包括耐用性、外观或产品等级；对服务产品而言，质量被认为是有形要素，服务提供者的可靠性和责任感、安全性，以及移情或顾客得到的高度关怀等。

(3) 包装。包装通过视觉影响、设计质量、使用说明等塑造产品形象，成为产品差异化最直观的一种表现形式。别致的包装能达到引人注目、促进销售、给人印象深刻，并能传递差异化的功效。

(4) 服务。随着产品服务化发展，服务成为评价产品差异化的一种重要因素。提供优质服务是在企业与顾客之间建立稳固联系的一种途径。它使企业与顾客的利益联系和情感联系更加紧密，从而成为阻止竞争者进入市场的壁垒。产品安装、信用、送货、咨询、质量保证等方面都可以提高企业产品与竞争者产品之间的差异化程度。

【营销实例8-4】

宜家：我们的卧室送货上门

每到工作日的中午，就有大批白领到宜家午睡，这已是宜家卖场的常态。受到启发的宜家顺势而为，在迪拜推出了户外钟点房，并且还送货上门。

此户外钟点房实则是将卡车开到街头，把样板房进行空间交换，经过一番改造后，车厢变成精致温馨的卧室，里面的空间虽不大但所有用品一应俱全。无论何时何地，只要你想要给自己放松，用短信预约，就可免费上车体验20分钟的小睡服务，并且每次服务结束，工作人员都会换上一套全新的床具。在夜间，移动卧室就成了观光车，要是拉开窗帘，就可以躺着一览迪拜美景，好不惬意。

如今人们的生活节奏越来越快，宜家这一卧室上门服务，深谙人们对于睡眠的需求，打造出可以小憩的私密空间，给人们及时充电补给，不仅体现出它人文关怀的品牌温度，也成为一种独特的营销方式，让消费者耳目一新。同时，户外钟点房还是个绝佳的移动户外广告，在迪拜这样寸土寸金的城市，宜家因地制宜，让人们在享受中又顺其自然地将宜家小空间卧室组合给宣传出去，不仅赢得了消费者的喜爱，还顺势提高了产品销量，可谓一举多得。

(资料来源：http://wk.baidu.com)

2) 分销渠道差异化

分销渠道差异化是指运用不同的渠道网络和渠道终端占据和覆盖市场。网络时代的到来对许多企业的分销策略产生了重要影响，网络渠道成为分销渠道差异化的新兴因素。例如，三只松鼠企业的所有产品仅通过互联网在线上销售，成为渠道创新成功的代表企业之一。

3) 价格差异化

在定价中，不同于竞争者的低价或高价策略也可形成差异化。当企业拥有成本优势，低价是行之有效的差异化途径，而溢价只有在消费者对产品或服务的评价具有显著实际和感知优势时，才能实行，所以它往往被用于配合和强化产品的差异化。通常，产品或服务的差异化程度越大，溢价的余地也越大。

4) 品牌差异化

树立一个拥有良好形象和声誉的独特品牌是企业实现差异化的一种行之有效的方法。品牌标志着消费者能够从产品中获得期望效用的保证，是对物有所值的承诺。品牌定位是差异化战略的体现，它将品牌在消费者心目中的地位与品牌的特色和个性联系起来，并将品牌的独特形象传递给消费者，实现了差异化的定位和信息沟通，将品牌形象与差异化定位紧密相连。

在决定采用何种差异化战略实施途径时，应该充分考虑以下问题。

(1) 差异化为顾客增加的价值。

(2) 差异化相对于增加价值的成本。

(3) 竞争者模仿的可能性和速度。

(4) 差异化在何种程度上利用企业营销资源。

三、集中化战略

集中化战略是指企业在详细分析企业内部条件和外部环境的基础上，对特定的顾客群体或产业内一个或少数几个细分市场展开有针对性的生产经营活动，从而获得竞争优势的战略。由于资源有限，一个企业很难在市场上展开全面竞争，尤其是实力较弱的企业，需要集中企业资源开发有限的市场，以取得较好的市场经营效果。集中化战略的前提是相比其他竞争者，企业在该市场上拥有更高效的竞争能力。集中化战略有两种形式：一种是寻求在有限的目标市场上的成本优势，称为成本集中战略；另一种是企业在有限的目标市场上寻求差异化优势，称为差异化集中战略。两种战略形式都是为有限的特定细分市场或目标群体服务，只是在此基础上的战略侧重点有所不同。

(一)集中化战略适用范围

集中化战略适用于小型企业或企业起步之初。小型企业或企业起步之初资源有限，不便将有限的资源分散到多个不同的市场中去，也很难在其产品市场上展开全面的竞争。集中化战略就是要企业通过目标市场优化，在精细化的市场上谋求生存和发展，对一个或少数几个目标市场进行专门化的经营活动，可以更好地了解目标群体的市场需求，实施专业化服务，比竞争者提供更有效的产品，提高目标消费者的满意度，从而获得那些以更广泛市场为经营目标的企业所不具备的竞争优势。企业在市场上建立稳定持久的竞争优势后，再进行战略转移，向更广阔的市场进军。集中化战略可以帮助小型企业和创业之初的企业规避一些市场不确定性，在小市场上稳步发展，逐步壮大，逐渐建立独特的竞争优势。

(二)集中化战略的优劣势

集中化战略的优势是企业能较好地满足目标群体的消费需求。由于长期为特定群体服务，企业熟悉消费需求，并能及时把握其变化趋势，专业化的经营为企业发展积累经验，精细化营销满足目标群体特定需求。集中化战略也存在风险和缺陷，主要表现在一定程度上增加了市场风险。由于企业将资源集中在一个或很少几个目标市场上，如遇到市场环境的不利变化，过于集中的投资因不能分散风险而可能会遭受破坏性打击，从而增加了企业的市场风险。

【营销实例8-5】

扫一扫，看看"尿布大王"是如何诞生的。

(三)集中化战略的实现途径

(1) 产品集中化战略。企业生产经营的产品种类相对集中，通过专业化生产技术、专业渠道实现专业经营，获得竞争优势。

(2) 顾客集中化战略。企业为特定的消费群体服务，针对这一消费群体的特定需要生产不同的产品，满足该群体不同的需要。

(3) 地域集中化战略。按照地理细分标准划分市场，选定特定地域作为目标市场，产品针对特定地域的消费特点而开发，建立地域性竞争优势。待产品和市场发展成熟后，逐步推向其他地域市场。

三种基本竞争战略各有优劣势和适用条件，企业可根据行业特点、行业竞争态势、市场环境、企业自身资源和能力状况等因素综合分析，采用适合企业自身发展的竞争战略，在市场上建立竞争优势。

第三节 竞争地位与竞争战略

根据企业在行业中的竞争地位，可将竞争者划分为四个类型：市场领导者、市场挑战者、市场跟随者和市场补缺者。不同市场地位的企业在竞争中的目标和战略各不相同，成功的竞争战略意味着综合进攻和防御行为。商场如战场，战场中的用兵之道常常被借鉴到市场竞争的经商之道中。

一、市场领导者战略

市场领导者是指在产品市场上占有率最高的企业，它在营销战略、新产品开发、市场开拓、建立消费者对品牌的忠诚度等方面具有显著优势，在市场上具有较强的影响力和话语权，成为行业中其他企业挑战、效仿或回避的对象。一般来说，在竞争性行业中大都会存在这样被行业公认的领导型企业，如世界市场中软饮料行业的可口可乐、计算机软件行业的微软，中国市场中冰箱行业的海尔、手机行业的华为等。市场领导者的地位并不是一成不变的，在激烈的市场竞争中，它常常会受到众多竞争者的挑战。市场领导者除非享有合法的垄断权，否则就要时时保持警惕，采用适宜的竞争战略维护自己的竞争优势和竞争地位。

(一)扩大市场需求总量

对于市场占有率最高的市场领导者来说,市场需求总量扩大意味着对本企业产品的市场需求的增大,关系到企业的销售量和利润水平。将市场总需求这块"饼"做大,对市场领导者而言收益是最明显的。一般来说,市场领导者可以从以下三个方面扩大需求量。

1. 发掘新的使用者

根据新产品扩散规律,由于个人性格、文化背景、受教育程度等因素的影响,不同消费者对新产品接受的快慢程度不同,一些消费者由于对产品不了解或因为产品价格、分销渠道等问题,较晚使用产品。企业可以通过加大宣传力度、拓展分销渠道、多样化促销等措施开发产品使用过程中的晚期大众和落后使用者,将潜在消费者转化为现实消费者。

此外,企业通过调整营销策略,说服竞争者的顾客购买本企业产品;对已经达到生命周期成熟阶段的企业而言,重要的任务是为产品寻找新市场,通过新市场开发、地域性市场拓展等形式发掘新的使用者,如将区域市场拓展到全国市场,将国内市场扩大到国际市场。

2. 开发产品的新用途

开发产品新用途,使产品在更多场合使用,增加产品需求量。例如,尼龙这一纤维材料最初被用在军事工业上,随着它的性能和用途被不断开发,尼龙现在广泛应用于机械、化工、仪表、汽车、纺织、医疗器械等行业,对尼龙的需求量大大增加。

3. 增加使用者对产品的使用量

通过增加使用者的单次使用量和使用频率,积少成多,增加消费者对产品的需求量。例如,日本铃木公司曾将盛有味精的小瓶打了许多小孔,这一方法不仅方便消费者,又使人们在不知不觉中增加了用量。再如,一些牙膏和牙刷企业宣传健康的卫生习惯,倡导一天刷三次牙,在传播健康理念的同时,也增加了消费者对牙膏和牙刷的使用频率,客观上达到增加需求量的目的。

(二)保持市场占有率

市场领导者常常受到市场挑战者和其他竞争者的围攻。对市场领导者而言,尤其是处于成熟市场和衰退市场的领导企业,它们的主要目标可能不是市场扩张,而是抵挡竞争者的进攻,维持现有的竞争地位,保持现有市场占有率。防御战略主要包括以下几种类型。

1. 阵地防御

阵地防御是指通过建立壁垒来有效阻止竞争者的进入。与竞争者的产品形成差异化是有效阵地防御的一种途径。当差异化建立在不可复制和难以模仿的基础之上时,进攻者往往会知难而退。对市场领导者而言,品牌声誉、消费者的品牌认同和偏好也是阵地防御的重要手段。除此之外,优质的产品品质和服务、建立在低成本上的价格优势等,都可以作为应对竞争者进攻、巩固市场地位的有力武器。

2. 侧翼防御

侧翼防御是指市场领导者除保卫自己的阵地外,还要建立起某些辅助的基地作为防御阵地。侧翼防御要求企业加强侧翼力量，同时还要注意不要在其他方面暴露更弱、更易受攻击的破绽。采用侧翼防御战略时需要考虑两个重要问题：一是为了侧翼防御而新建立起来的阵地是否会显著削弱原有的核心阵地；二是新建立的阵地是否能够持久。如果不能建立在企业优势或有利的营销资源基础上，新阵地可能比原有阵地更难防御，反而牵扯企业精力，削弱竞争优势。

3. 先发防御

先发防御是指在潜在进攻者发动进攻之前先发制人。先发防御的目标是率先发动从根本上击溃和挫败对手士气的突然袭击，以阻止对手进攻。先发防御可以是针对竞争者的实际进攻，也可以仅仅是发出遏制信号，表明企业进攻前的意图和决心，达到威慑对方的目的。《孙子兵法》中所说的"不战而屈人之兵，善之善者也"也是这个道理。

4. 反击防御

当市场领导者遭遇到竞争者的进攻时，不能仅仅被动应战，而要主动反攻入侵者的领域。反击防御战略的本质就是识别进攻者易受攻击的弱点，并狠狠打击它。一种更有效的方法是直接进攻入侵者的主要领地，以迫使其撤回部分力量守卫本土。成语"围魏救赵"说的就是这个道理。以下案例正是反击防御战略的应用。

【营销实例8-6】

扫一扫，看IBM在主机市场上如何击退施乐。

5. 运动防御

运动防御战略的目的是不仅防御目前的阵地，还要择机而动扩张到新的阵地，为未来的进攻和防御做准备。它要求创造一种灵活的反应能力，使防御者应对环境的机会或竞争的威胁时，能够迅速进行战略转移。在技术和顾客需求快速变化的市场上，运动防御战略是一种基本战略，如不能跟上环境变化的步伐，企业很可能遭受竞争者的进攻。

6. 收缩防御

收缩防御战略也称战略撤退，是指企业放弃那些无法抵抗进攻的领域，缩短战线，将力量集中在有竞争优势和防御能力的核心业务单位上。当企业的多元化经营已经远离其核心竞争力和独特能力时，收缩防御战略就显得尤为必要。

(三)提高市场占有率

对于市场领导者而言，提高市场占有率是保持市场领先地位、增加收益的有效途径之一。从长期来看，高市场占有率使得规模效应发挥得更加充分，领先优势更加明显，市场领导者地位也进一步稳固。

市场领导者提高市场占有率可采用多种策略。例如，不断完善产品，提高产品质量；增加产品的广度和深度，扩大市场覆盖程度；新产品进入市场时利用已经形成的品牌信誉和品牌形象，实施品牌延伸策略；通过整合营销沟通，巩固和建立消费者与企业的信任关系，推动市场占有率的提高。

市场领导者在提高市场占有率时应注意几个问题：第一，市场经济比较发达的国家都制定有反垄断法，当企业的市场占有率达到一定数值，有可能形成垄断时，就有可能遭到政府制裁；第二，需要计算为提高市场占有率而付出的成本，如果成本高于提高市场占有率后获得的利润，追求高的市场占有率就不经济了；第三，市场领导者要统筹规划竞争战略，不应一味地为提高市场占有率而忽略了顾客价值和顾客体验，引起顾客不满，为竞争者留下可乘之机。

二、市场挑战者战略

市场挑战者一般是在行业中仅次于市场领导者，处于第二或第三地位的企业，如美国汽车行业中的福特汽车，软饮料行业中的百事可乐公司。顾名思义，市场挑战者是在市场上积极争取主动地位，向市场领导者和比自己更强大的竞争对手发起挑战，动摇市场领导者地位，甚至取而代之的竞争者。市场挑战者不安于现状，其目标是加速成长，成为新的市场领导者。

市场挑战者在竞争战略上需要做两个方面决策：第一，向哪些竞争者发起挑战；第二，选择适当的进攻战略。

(一) 确定挑战对象

1. 攻击市场领导者

攻击市场领导者的风险较大，如不成功，可能会招致打击性报复。挑战者需谨慎行事，仔细研究市场领导者的竞争战略、优劣势，发现其薄弱之处和经营失误，避实就虚，伺机而动，寻找进攻的突破口。同时挑战者要善于发展和利用自身优势，将优势发挥到极致，以己之长攻彼之短，增加胜算概率，如挑战者拥有卓越的研发能力，可潜心研究市场，开发出比市场领导者更优越的新产品，赢得新的竞争优势；再者，挑战者需洞察营销环境提供的市场机会，市场环境变化往往会带来新的机遇，企业要善于把握市场机会，赶超市场领导者。

2. 攻击与自己实力相当的企业

挑战者可以对市场经营状况不好而又和自己实力相差无几的企业发起攻击，趁机夺取它们的市场份额，壮大自己的实力，积累力量以便最终成为市场领导者。

3. 攻击中小企业

向一些经营不善的中小企业，或者与自己实力悬殊的小企业发起进攻，快速占领它们的市场，这一战略风险较小，见效较快。尤其是对本企业有互补优势或稀缺资源的中小企业，企业可通过兼并、收购、控股等方式获得优质资源，提高自身的市场竞争力。

(二) 选择进攻战略

在确定了战略目标和挑战对象之后，必须运用正确进攻战略，才能取得挑战的最终胜利。一般来说，有以下几种战略可以运用。

1. 正面进攻

正面进攻是集中力量向竞争者的主要市场阵地发起全面进攻，主攻对手的强项而不是弱项。正面进攻的风险较大，要打败一个已建立牢固市场地位且防御稳固的竞争者，挑战者必须至少在营销战略和策略的某一个或几个关键领域拥有独特且持久的竞争优势，并且这一竞争优势要远超竞争者，且能够评估和承受进攻时可能带来的损失。否则，挑战者的正面进攻无异于以卵击石，不仅自身受到重创，也会招致对手的报复性打击。正面进攻的成败最终是双方实力的较量，挑战者在进行正面进攻之前，一定要全面评估自己的相对竞争优势，详细分析市场环境，对竞争者的优势、劣势了如指掌，能够预测和判断竞争者对正面进攻的策略性反应，并做好应对措施的准备。

2. 侧翼进攻

侧翼进攻就是集中优势兵力进攻对方的弱处。侧翼进攻的竞争战略主要包括两种途径：一是地理区域侧翼进攻，即进攻对手尚未占领的地理区域市场或相对薄弱的区域市场，竞争者一般对这些区域市场关注较少或无暇投入大量精力维护，这种进攻的成功机会比较大；二是细分市场侧翼进攻，即进攻竞争者尚未开发的子市场，迅速填补市场空白，或者进攻竞争者没有完全满足的细分市场，挑战者取而代之。侧翼进攻战略要求识别竞争者的弱势，或者竞争者不能或不愿服务的特殊细分市场，这需要挑战者具备对市场独到的见解和创造性的细分市场的方法。侧翼进攻是一种经济而行之有效的进攻战略，风险相对较小，成功概率较高。

3. 包围进攻

包围进攻是包围竞争者，切断其供给来源，迫使其放弃市场。包围进攻有两种实施方式：一是努力把竞争者与它所依靠的原材料供应或它所服务的顾客隔离开来；二是提供比竞争者更好的种类齐全的产品或服务。

4. 迂回战略

迂回战略是一种间接的进攻战略，是避开竞争者现有阵地来进攻最易夺取的市场，在新的市场上建立竞争优势，达到进攻的目标。具体有三种可选择方式：一是多元化发展关联性较小的产品，实现产品多元化；二是开发新的地理市场，实现市场多元化；三是发展新技术，开发新产品，取代现有产品，占领新市场。

5. 游击进攻

当常规进攻失败或局势不利时，游击进攻会有出其不意的效果。游击进攻一般在规模较小、实力较弱的竞争一方攻击实力较强的一方时使用；不同实力的企业也可在发动大规模杀伤性进攻之前使用。游击进攻是一种旨在削弱竞争者士气的破坏性活动，如当竞争者进行新产品测试或试销时，进攻者选择性地实施降价，干扰对手的测试或试销活动，并有可能形成不符合客观实际的市场信息。游击战术的有效性在于该进攻方式具有不可预测性，被攻击一方难以进行充分防御。

三、市场跟随者战略

市场跟随者在市场上居于次要地位，与挑战者不同，它不是向市场领导者发动进攻并图谋取而代之，而是跟随在领导者之后自觉地维持共处局面。市场跟随者所占有的市场份额远低于市场领导者，但仍然可以盈利，其市场目标是安于次要地位，在"和平共处"的状态下求得尽可能多的收益。

在资本密集、同质性产品的行业中，如钢铁、原油和化工，市场跟随者策略是大多数企业的选择。这些行业产品的同质程度高，产品差异化和形象差异化的机会较低；服务质量和服务标准的趋同；消费者对价格的敏感程度高；行业中任何价格挑衅都可能引发价格大战。在这种行业特点之下，大多数企业不热衷于抢夺其他企业的顾客，它们通常复制领导者的做法，为购买者提供类似的产品或服务，在各自的势力范围内互不干扰，自觉地维持共生共存的局面。

但这并不是说跟随者缺乏战略。一个市场跟随者必须清楚如何保留现有顾客，如何获得一定的新顾客，每个跟随者都试图在企业经营的某一方面创造独特的竞争优势，如较低的成本、优质的产品和服务、完备的销售渠道、独特的促销方式等，以获得在市场上生存发展的资本。

市场跟随者有紧密跟随、距离跟随、选择跟随三种战略可以选择。

(一)紧密跟随

紧密跟随方式是在目标市场战略、市场营销组合、商业模式，甚至产品组合、包装等方面尽可能效仿领导者。紧密跟随可借助对市场领导者的模仿而获得一定市场份额。这种跟随者有时像挑战者，但只要它不从根本上侵犯领导者的地位，就不会发生直接冲突。实施紧密跟随的企业和领导者实力水平比较接近，资源和能力的充裕性保证企业可以跟随市场领导者的步伐。

(二)距离跟随

距离跟随是跟随者在目标市场、产品创新、价格政策、分销渠道等营销的主要方面模仿和跟随市场领导者，而在其他方面与市场领导者保持一定距离和差异。实施距离跟随的企业一般与市场领导者在实力上有一定差距，追随市场领导者的程度和节奏都会相对弱一些，主要集中在企业经营关键领域的跟随。

(三)选择跟随

选择跟随是企业有选择性地在某些方面跟随市场领导者，其他方面则各行其是。选择跟随体现企业发展战略，哪些方面跟随，哪些方面不跟随，是以企业战略为导向的，它不是盲目跟随，而是择优跟随，在跟随的同时发挥自己的独特性，但不进行直接的竞争。选择跟随一方面跟随领导者的部分战略，节约自身成本，另一方面也保持了自己独特的发展路径。如果市场环境有利，选择跟随的发展空间较大。

四、市场补缺者战略

市场补缺者也叫市场利基者，是集中企业资源，精心服务于市场上被大企业忽略的或轻视的细小市场，通过专业化经营获得市场地位的企业。市场补缺者战略往往是小企业或企业发展之初常选择的战略。当市场中存在独特的、有利可图的、尚未得到充分服务的市场缺口，而企业恰好拥有或能够创造出弥补该缺口的差异化优势时，这一战略尤为适用。

市场补缺者战略主要包括选择利基市场和实行专业化市场营销战略两个方面。

(一)选择利基市场

选择利基市场,把企业资源集中在一个或少数几个利基市场上。什么是利基市场?一个有利的利基市场包括以下特征:有足够大的市场潜量和购买力;有利润增长的潜力;对主要竞争者不具有吸引力;企业具有占领新市场所必要的资源和能力等。对企业而言,寻找和选择利基市场,意味着企业要创造性地细分市场,识别出尚未被竞争者发现的潜在市场,根据利基市场的吸引力和企业服务该市场的现实和潜在能力选择利基市场。

(二)实行专业化市场营销战略

企业把资源和精力聚焦在特定的利基市场上,实行专业化市场营销战略。市场补缺者的专业化经营可通过以下几个方面实现。

(1) 最终用户专业化。专门致力于为某类最终用户服务,如一些小企业专门为一些大企业生产零配件。

(2) 顾客规模专业化。专门为某一种规模(大、中、小)的客户服务,如有些小企业专门为那些被大企业忽略的小客户服务。

(3) 特定顾客专业化。专门为特定顾客服务,如某一鞋厂专门为残疾人、脚过大、过小、畸形等特殊人群的顾客定制鞋子。

(4) 地理区域专业化。专为国内外某一地区或区域市场服务。

(5) 产品或产品线专业化。企业只生产一种大类的产品,形成产品专业化。

(6) 质量和价格专业化。专门生产经营某种质量和价格的产品,如专门生产高质高价产品或低质低价产品

(7) 服务项目专业化。专门提供一种或几种其他企业没有的服务项目。

(8) 分销渠道专业化。专门服务于某一类分销渠道,如妙士乳业凭借"一杯牛奶,开创一个市场"理念,将牛奶作为饮料只销售给餐饮企业,创造了餐饮奶这一个新的需求领域。

(三)市场补缺者战略的实施要点

企业若要成功应用市场补缺者战略,需要做好以下工作。

1. 创造性地细分市场

随着市场环境的变化,消费需求动态变化,企业要善于洞察市场变化,创造性地细分市场才会发现没有被竞争者满足的市场需求。

2. 研发资源的有效应用

如果企业研发资源有限,可将资源集中于改进型研发上,而不是探索型研发,充分发挥后发优势,为消费者提供相比竞争者更多的利益。

3. 从细微之处着手,发挥专业优势

企业应强调运营效率,而不是一味追求增长速度,将企业精力集中到有限的利基市场上,实行专业化营销,稳扎稳打,建立竞争优势。

本 章 小 结

在竞争环境中,企业首先要识别谁是竞争者,这些竞争者包括现实竞争者和潜在竞争者。迈克尔·波特的"五力分析模型"为企业识别竞争者提供了分析工具,认为行业竞争中存在五种力量:行业内的竞争者、潜在进入者、替代品、供应商和购买商。从营销视角来看,竞争者包括愿望竞争者、平行竞争者、产品形式竞争者和品牌竞争者。对于已经识别的竞争者,主要通过收集与竞争者相关的情报和建立数据库,分析竞争者的战略目标和战略意图,并评估竞争者的优势和劣势,判断竞争者在不同的竞争环境下的反应模式。

企业竞争中应用三种基本竞争战略,即成本领先战略、差异化战略和集中化战略。成本领先战略是企业通过追求规模经济、拥有专有技术或获得优惠的原材料等因素,降低生产和经营成本,以低于竞争者或低于行业平均水平的成本提供产品和服务,从而获得较高的利润和市场份额的战略。企业通过规模经济、生产科技创新、与供应商建立和保持长期合作关系、提倡节约意识、实施全过程成本管理和成本控制等方式实施成本领先战略;差异化战略是指企业为使其产品或服务与竞争者产品有明显的区别,形成独特的与众不同的特点而采取的战略。企业通过产品和服务差异化、分销渠道差异化、价格差异化、品牌差异化等途径实现差异化战略;集中化战略是指企业在详细分析企业内部条件和外部环境的基础上,对特定的顾客群体或产业内一个或少数几个细分市场展开有针对性的生产经营活动,从而获得竞争优势的战略。集中化战略有两种形式:一是寻求在有限的目标市场上的成本优势,称为成本集中战略;另一种是企业在有限的目标市场上寻求差异化优势,称为差异化集中战略。

根据企业在行业中的竞争地位,可将竞争者划分为市场领导者、市场挑战者、市场跟随者和市场补缺者。在市场竞争中,处于不同竞争地位的企业在进攻和防御中采用不同的竞争战略。

课 后 习 题

一、思考题

1. 通过企业实际案例说明市场领导者的竞争战略。
2. 简述竞争者分析的内容。
3. 描述迈克尔·波特的"五力分析模型",并分析其对企业竞争战略制定的意义。
4. 试以企业实例分析说明基本竞争战略及其实现方式。
5. 试论述成本领先战略的优劣势及其实现途径。

二、案例分析

达利模式——达利集团的跟随战略

在中国的休闲食品行业,娃哈哈的宗庆后家族一直处于垄断地位,鲜见同级别体量的挑战者。2018年福布斯中国富豪榜的发布,打破了这一旷日持久的垄断,来自达利食品的许世辉家族,以 627.9 亿元的身家,超过宗庆后家族的 586.5 亿元,成为中国休闲食品行业的新首富。相比娃哈哈与宗庆后,达利食品与许世辉在大众心中还比较陌生。

许世辉本人几乎不接受媒体采访,有关他创业经历的描述少之又少,其在行业内的发声也近乎为零。但是,达利食品旗下的品牌,包括达利园、好吃点、可比克、豆本豆、蓝帝堡……又皆是近年来家喻户晓的产品,电视广告中的常客。事实上,直至 2015 年于港交所主板首次公开募股后,达利食品的庞大体量才逐渐显现。2017 年,达利食品的营收达到 198.532 亿元,超过康师傅与统一的总和。在 2018 年上半年,达利食品的营收也激增至 110.12 亿元,同比增长 11.36%。

达利食品和它的老板一样,或许在市场里不是最显眼,但却是最赚钱的那一个。赚钱的关键在于许世辉的看家本事——达利模式。

1989 年,泉州惠安县成立了一家名为美利食品的小型集体所有制企业,专门生产饼干。许世辉于 1992 年成为这家公司的法人。许世辉上任后不久,就与加达有限公司合资成立了福建惠安达利食品有限公司,注册资本 150 万元,美利与加达分别持股 60%和 40%。在许世辉的运作下,"达利饼干"从福建卖到了全国。1997 年,福建惠安达利更名为福建达利食品有限公司。1998 年,福建达利增资至 2 000 万元,美利和加达分别持股 58%和 42%,直到这个时候,许世辉仍然不占任何股份。到 2000 年,许氏家族收购了美利持有的 58%达利食品股权后,许世辉才成为股东。此时,许世辉面对的市场环境已经大不如前。20 世纪 90 年代,泉州食品行业生意红火,以家庭作坊为主要生产形式的泉州糖果、蜜饯、罐头风靡全国。但是到 2000 年以后,食品行业向休闲化发展,基本要求是既要充饥又能消遣。20 世纪 90 年代流行的产品,逐渐因保鲜差、制作工艺落后、需求面窄等原因大幅萎缩。

中国食品行业开启休闲化,其中台资与外资企业的贡献最大。20 世纪 80 年代末,旺旺集团以"旺仔小馒头"进入内地市场,统一与康师傅紧随其后,其方便面大卖的同时,还推出了大众休闲糕点与饮料。美国菲多利公司是最早来到内地的外资食品公司之一,其推出的膨化食品"奇多"想必许多"80 后"都不陌生。全球闻名的亿滋集团则在 1984 年进入中国市场,为中国人带来了奥利奥、怡口莲、趣多多、果珍等。与台资、外资企业相比,绝大多数内地食品公司缺乏与之正面抗衡的实力和经验。就连娃哈哈,也是剑走偏锋从"营养液"起步发家的。

在激烈的市场竞争中,许世辉推出了他的达利模式,成为当时达利食品向休闲化转型的最大助力。达利模式的第一步,就是跟随模仿市场上已经成熟的热点品类或产品。2001 年之前一直生产饼干的达利食品,瞄准了第一个跟随对象韩国好丽友派(巧克力派),推出达利园蛋黄派。从技术层面上看,"派"是一种食品处理工艺,在不添加防腐剂的条件下,使夹心蛋糕能够保质超过一年。好丽友派于 1995 年进入内地,几乎统治了"派"的市场,市场占有率超过 70%。这一成功证明,派的口感适宜中国人,既能充饥又能消遣,符合食品休闲化的趋势。许世辉借势推出了自己的派产品,实际上节约了试错成本以及教育市场的成本。

达利模式的第二步与第三步,分别是低价与"农村包围城市"。达利园蛋黄派的价格只有好丽友派的 60%~70%,而且一开始主推三四线城市和乡镇市场,这使得主要布局一二线城市的外资对手鞭长莫及。当达利园蛋黄派覆盖到一定规模,它又开始反攻一二线城市,利用价格优势逐渐蚕食对手的地盘。就初出茅庐的国产休闲食品品牌而言,达利模式是务实的。扬长避短,后发制胜,只用了几年时间,达利园蛋黄派就反超好丽友派,成为"派"品类的第一名。

许世辉后续的动作,则完全是达利模式在不同品类的复制。

2003 年,达利食品推出薯片产品可比克,跟随的是品客、乐事,价格只有对手的 30%~40%。

2004 年,推出烘焙饼干好吃点,对标亿滋国际。

2006 年,推出和其正、优先乳等饮料,跟随的是王老吉和营养快线。

2013 年,推出乐虎,跟随红牛,价格只有红牛的一半。

2014 年,推出高端烘焙品牌蓝帝堡,跟随的是皇冠丹麦曲奇。

2017 年,推出豆本豆,跟随维他奶。

在各细分领域,达利园蛋黄派是糕点类第一,可比克是薯类第三,好吃点是饼干类第二或第三,和其正是凉茶类第三,花生乳是复合蛋白饮料类第二,乐虎是功能饮料类第二或第三……这些品牌产品,大多数不是各品类第一名,但合起来的利润却能超过绝大多数竞争对手。

2005 年,许氏家族吞下加达食品的股份,100%控股福建达利。10 年后的 2015 年 11 月 20 日,达利食品于港交所主板首次公开募股,2018 年年初市值一度突破千亿元大关。

当年对竞争对手亦步亦趋的许世辉如今已是福建省首富。但是,达利模式的路径似乎还不足以说明其成功的关键。因为在食品行业,娃哈哈也是奉行"跟随战略",但除营养快线等极个别产品,多数连品类前五、前十的位置都抢不到;而奉行低价、"农村包围城市"战略的其他品牌也数不胜数,但鲜见成功如达利食品者。达利模式的背后,还隐藏着许世辉更深层次的商业模式设计。

第一个关键,许世辉是定位理论的忠实拥趸,而且他实践成功了。特劳特的定位理论关注的是品牌意义,即顾客心智中代表的那个品类。许世辉的个别品牌策略,给不同的品类用不同的品牌,选用不同的代言人而且节奏感把握得特别好,搞大一个品牌再投入下一个品类,重点突出,稳扎稳打。

第二个关键,低出厂价。根据达利食品 2015 年招股说明书,达利食品的渠道包括现代零售渠道、电商渠道、传统渠道、餐饮渠道、特通渠道。其中,主要客户是经销商,2014 年这一部分的收入占比为 97.3%。达利食品给予经销商的出厂价,仅为零售价的约 50%。相比加多宝大于 55%,旺旺大于 60%,蒙牛幕兰圣雪大于 60%,更低的出厂价,意味着达利食品给予经销商的让利更多。与此相对应的是,达利食品的经销商,在广告及推广方面的投入更多,使得达利食品自身的销售费用占比更低。达利食品的销售费用率可能是行业巨头公司中最低的。对经销商而言,这是一道选择题:是让厂家给予更高毛利,自己承受高销售费用;还是让厂家打更多广告,而自己的毛利更低。结论是,经销商更愿意选择前者,先把高毛利拿到手。这决定渠道商更愿意推广及销售达利食品的产品。这一策略,与手机行业里的 VIVO、OPPO 是一致的:给予经销商更高的毛利,让他们更愿意去推广。更低的出厂价比率,配合跟随、低价、"农村包围城市",才是成就达利食品迅速扩张的关键。但企业生存总要利润,低出厂价、低售价,这部分让利来源于何处?

第三个关键,低物流费用。达利实施的策略是工厂靠近终端市场,从而降低物流成本。据 2015 年达利招股说明书,当时达利食品已经在全国各地建设了 16 个生产基地、32 个食品及饮料加工厂，每一个工厂都距离终端很近。在食品行业，物流费用占零售价格的比例颇大。对全国性品牌而言，物流费用占营业收入的比率普遍高于5%。但是，达利食品的物流费用占营业收入的比率一直低于2.5%。2017年，这一比率已经下降至1.75%，已构成核心竞争力之一。

达利食品的食品王国不是一日建成的，许世辉用了30年的时间。在娃哈哈、康师傅、统一等中国食品公司出现疲态的当下，达利食品正在向下一个多品牌战略的卡夫亨氏挺进。

(资料来源：陆斌. 达利三十年跟随战法实录[J]. 商界评论，2019(1).)

请思考：
1. 试应用所学知识分析达利集团跟随战略中使用了哪些具体方法和战术。
2. 通过案例，请分析成功实施跟随战略需要具备的条件。
3. 试分析达利模式取得成功的原因及其启示。

三、实操题

【实训目的】

通过实训，使学生掌握竞争者分析的内容和方法，为营销决策提供依据。

【实训内容】

选择某一行业的一家知名企业，识别其主要的2到3个竞争者，并按照所学内容，对竞争者进行详尽分析。

【实训组织和要求】

将学生分组，每组3～5人。每个小组选举一名组长，负责组织和协调小组内成员的分工与合作，小组成员在分工的基础上共同完成小组任务。指导老师应及时检查学生对各项任务的完成情况。任务完成后，各小组提交报告，并以PPT形式做小组汇报。

第九章 目标市场战略

【学习目标与任务】

- 掌握企业市场细分的标准。
- 理解企业目标市场战略及其影响因素。
- 掌握企业市场定位的方式。

【重点与难点】

- 企业市场细分的标准和方法。
- 市场细分的有效性条件。
- 企业目标市场战略及其影响因素。
- 市场定位的内涵。
- 市场定位方式。

【能力目标】

- 能够应用市场细分的标准对特定市场进行细分。
- 能够结合市场需求、企业优势、竞争者定位等条件对特定企业的市场定位做出分析。

第九章 目标市场战略

【案例导入】

东阿阿胶重新定位，老字号焕发新生机

东阿阿胶品牌属于东阿阿胶股份有限公司，前身为山东东阿阿胶厂，1952年建厂，1993年由国有企业改组为股份制企业。1996年成为上市公司，同年7月29日"东阿阿胶"在深交所挂牌上市，拥有中成药、保健品、生物药等产业门类，是全国最大的阿胶系列产品生产企业，产品远销欧美及东南亚等地。

东阿阿胶从汉唐至明清一直都是皇家贡品。悠久的发展历史和出色的产品品质使东阿阿胶在阿胶市场上一直占据头把交椅。但在经营发展中，企业也暴露出一些问题。第一，在市场竞争中，为了封杀竞争品牌，当对手价格下降时，东阿阿胶的价格也会随之下降，步步紧逼，穷追不舍。持续的低价竞争的负效应导致了品牌边缘化，产品市场定位低端化，在价格竞争中，东阿阿胶主流消费人群变为低收入、年龄大的农村消费者。作为国家认定的唯一炼胶技艺代表性传承单位，一个拥有国家级保密工艺的中华老字号，目标市场仅局限于较低端的农村市场，这与其品牌该有的地位相去甚远。第二，东阿阿胶将产品功效定位于"补血"，这是一种补充性需求，有特定的消费领域、消费习惯、固定的消费时机和消费人群，通常是母亲或者其他女性长辈流传下来的习惯，认为女性在冬天可以吃一点阿胶补血，消费者主要集中在华东和广东。在大众普遍认知里，只有女人才需要补血，这个定位大大限制了东阿阿胶的市场规模。更糟的是，补血的定位和旗下另一个拳头产品复方阿胶浆的定位重叠，左右互搏。

东阿阿胶要想把品牌做大，就必须找到基础性消费需求，扩大对产品的需求量。有鉴于此，东阿阿胶在产品定位上做了重新规划，让阿胶产品跳出固有品类，将产品定位于滋补产品。据史料考证，阿胶的应用迄今已有3 000年的历史，阿胶自古以来就被誉为"补血圣药""滋补国宝"，历代《本草》皆将其列为"上品"，称其为"圣药"。把阿胶重新定位为滋补上品，进入滋补市场，同人参、鹿茸、虫草、蛋白粉、进口的膳食补充剂之类产品展开竞争。这样的定位一方面将东阿阿胶从单一的"补血"市场扩大到整个滋补市场，带来了市场规模的增大；另一方面，伴随着东阿阿胶价格的上升，也扭转了东阿阿胶廉价低端的产品形象，将阿胶打造成同人参、鹿茸、虫草这些昂贵的补品一样的滋补市场的主角。正如其广告所言："滋补三宝——人参、虫草、阿胶"；"滋补国宝——东阿阿胶"。

东阿阿胶经营转型的另一个重要措施是大幅削减其他业务，把精力集中在主力产品上。起初东阿阿胶涉及的业务很多，中成药、生物制药、药用辅料、包装印刷、医疗器械、医药批发等，经营门类庞杂，很难在每个市场上都建立明显的竞争优势。经过东阿阿胶的"瘦身"措施，企业将资源集中于阿胶块和复方阿胶浆这两个优势产品上，其后又推出了休闲类食品桃花姬阿胶糕，并为三大产品类别分别定位，阿胶块定位于"滋补国宝"，复方阿胶浆定位于"补气养血"，桃花姬阿胶糕则是"养颜零食的休闲食品"。三类产品各自有明确的目标市场，且相辅相成，相互补充，形成三足鼎立之势。

东阿阿胶这个成功案例给我们带来了以下启示。第一，企业要为产品进行恰当的市场定位，在消费者心目中树立明确、独特的市场形象，产品的市场定位决定了产品在竞争中的地位；第二，企业要健康发展，需要合理选择目标消费群体和目标市场战略，优化产品组合。尤其是小企业发展，要在有限的目标市场下实行集中化经营，培育企业的主力产品

和主力品牌，在取得市场优势的情况下，再推出相关产品，开拓更大市场。正如东阿阿胶公司在激活了整个阿胶品类取得显著市场地位之后，先后开发了膏方市场、休闲食品市场、年节送礼市场，不断扩大市场领域。

(资料来源：邓德隆，陈奇峰. 东阿阿胶重新定位的要点[J]. 哈佛商业评论，2013(5).)

企业只有制定正确的营销战略，才能在激烈的竞争中不断发展壮大。相比"正确地做事""做正确的事"更具有战略意义。企业在进入市场前，需要综合分析潜在市场的市场结构、消费需求、竞争状况等因素，对纷繁复杂的市场按照不同标准做条理性划分；决定选择哪些市场作为企业服务的目标；并确定企业产品在市场上以何种形象出现，参与竞争。以上过程就是企业营销战略的核心内容STP战略，即市场细分(Segmenting)、目标市场选择(Targeting)和市场定位(Positioning)。

第一节 市场细分

一、市场细分的内涵

市场细分的概念由美国学者温德尔·斯密(Wendell R. Smith)于1956年在《产品差异和市场细分——可供选择的两种市场营销战略》一文中提出。他认为市场细分是一种营销战略，企业应该着眼于市场上的消费需求的差异性，而不是仅仅停留在产品的不同属性上。

从市场需求的差异程度划分，市场有两种基本类型，即同质市场和异质市场。同质市场是指市场上的消费需求基本相同，不存在明显的差异性，如食盐、钢材、农产品等市场，消费者对上述产品的需求都大致相同。在异质市场上，消费者对同一种商品的需求存在明显差异性和多样性，要求产品能满足消费者特定需求。一般而言，同质市场的产品不需要市场细分，企业大量生产、大量分销、大量促销单一的产品满足大致相同的需求，最大限度地开发潜在市场，降低成本，获得满意的销售量。但在异质市场上，由于消费者需求各异，企业无法用一种产品满足所有需求，需要分析消费者需求，将不同需求区分开来，通过对市场进行细分，有针对性地满足个性化需求。

市场细分是指营销者通过市场调研，依据消费者的需要和欲望、购买行为和购买习惯等方面的差异，把某一产品的市场整体划分为若干消费者群的市场分类过程。每一个消费者群就是一个细分市场，每一个细分市场都是由具有类似需求倾向的消费者构成的群体。

二、市场细分的条件

市场细分本质上是一个同中求异、异中求同的辩证过程。市场细分的依据是消费需求的差异化，在对同一种产品的需求中发现多样性和差异性，致力于需求差异的分析、确认，这一过程是同中求异的过程。同时，如同"世界上没有两片完全相同的树叶"，需求的差异性可被无限细分，但过于细致的差异性带来的结果是市场规模过小，无法保障企业从中获利，因此，需要从存在差异性的需求中寻找、发掘某些共同或相似的因素，以组成具有一定规模和容量的市场，这个过程是异中求同的过程。市场细分就是通过一定的标准，将某一多样化的具体市场区别为有营销意义的若干部分，使各个部分或细分市场内部异质性减少，表现出更多的同质性，各细分市场之间的异质性增大。实质上，市场细分就是对市场需求进行梳理、分类，一个细分市场就是一个需求大体接近的消费者和用户群体。

【营销新视野 9-1】

扫一扫，详细了解定制营销。

三、市场细分的作用

1. 有利于发掘市场机会，开拓新市场

通过应用新的细分标准，对市场创造性地细分，企业可以发现没有被满足的新的市场机会。对每一个细分市场的购买潜力、满足程度、竞争情况等进行分析对比，开发出有利于本企业的市场机会，使企业及时做出研发、生产、销售决策，开拓新市场，以更好适应市场的需要。

【营销实例 9-1】

服装市场的细分标准非常多，年龄、性别、收入、职业、个性等都是细分服装市场常用的标准。中国的 Lily 女装应用收入、年龄、职业等标准对市场进行细分后发现，现有市场上年轻女性的职业装过于中规中矩，缺乏时尚和活力色彩，于是专注于为都市年轻时尚的职业女性设计在商务场合"正合适"的商务时装。它将产品定位于时尚与商务完美融合，以清新明快、现代简约的风格设计产品，既保持职业女性的庄重，也结合了时尚元素，将两者完美结合，正如 Lily 的广告语：年轻 OL 的商务着装，可能太严肃，可能太时髦，或者像 Lily 这样正合适。

2. 有利于选择目标市场并制定有针对性的市场营销策略

市场细分后的子市场消费需求明确，企业可以根据自己的经营思想、方针及生产技术和营销力量，确定自己的服务对象，有针对性地为目标市场服务，制定行之有效的市场营销策略。同时，在特定细分市场上，信息容易获取和反馈，一旦消费者的需求发生变化，企业可迅速改变营销策略，制定相应的对策，以适应市场需求的变化，提高企业的应变能力和竞争力。

【营销实例 9-2】

扫一扫，一起研究一下日本的冻鸡市场。

3. 有利于集中人力、物力等资源投入目标市场

通过细分市场，选择了适合企业资源和能力的目标市场后，企业就可以集中人力、财力、物力各项资源，在有限的目标市场上获得竞争优势。这一战略对中小企业尤为重要。与实力雄厚的大公司相比，中小企业的资源和能力有限，技术水平相对较低。通过市场细分，企业可以根据自身的经营优势选择一些大企业无暇顾及的细分市场，集中力量满足该特定市场，在整体竞争激烈的市场条件下，于某一局部市场取得较好的经济效益，求得生

存和发展。

4. 有利于企业提高经济效益和竞争能力

通过市场细分后,企业可以为目标市场生产出适销对路的产品,既能满足市场需要,又可增加企业的收入;产品适销对路可以加速商品流转,加大生产批量,降低企业的生产销售成本,提高生产工人的劳动熟练程度,提高产品质量,全面提高企业的经济效益。同时,企业聚焦于有限的目标市场上,有利于企业有效发掘本企业的竞争优势,对市场动态及时把握,逐步积累市场经验,获得竞争优势,增强企业竞争力。

四、市场细分标准

按照市场构成主体的差异,可将市场划分为消费者市场和生产者市场。这两大市场在市场特征、消费特征和购买决策等方面存在诸多显著差异,因而,市场细分标准也区分两个市场分别讨论。

(一)消费者市场细分标准

1. 按地理因素细分

按地理因素细分是按照消费者所处的地理位置、自然环境细分市场,具体包括地理位置、城镇大小、地形、地貌、气候、交通状况、人口密集度等指标。处在不同地理环境下的消费者,对于同一类产品往往会有不同的需要与偏好。例如,我国消费者对酒的需求会因为地理位置的不同而呈现不同的需求特点,我国东北地区由于地处北方,温度较低,消费者往往偏好酒精度数较高的白酒,在天寒地冻中小酌一杯,能活血暖身,起到御寒效果;而在我国江浙等地,地理位置偏南,气候温暖湿润,这里的消费者偏爱酒精度数较低的米酒和黄酒。

(1) 地理位置。可以按照行政区划来进行细分,如划分为省、自治区、市、县等;也可以按照地理区域来进行细分,如在我国,可以划分为东北、华北、西北、西南、华东和华南几个地区,或内地、沿海、城市、农村等。在不同地区,消费者的需求显然存在较大差异。

(2) 城镇大小。按城镇大小可划分为大城市、中等城市、小城市和乡镇。处在不同规模城镇的消费者,在消费结构方面存在较大差异。

(3) 地形和气候。按地形可划分为平原、丘陵、山区、沙漠地带等;按气候可划分为热带、亚热带、温带、寒带等。防暑降温、御寒保暖之类的消费品就可按不同的气候带来划分。例如,在我国北方,冬天气候寒冷干燥,加湿器很有市场;但在江南,由于空气湿度大,尤其是梅雨季节,对空气干燥剂、抽湿器等的需求量较大。

地理因素是细分市场的一个静态因素,也是最简单的一个细分因素,它往往并不单独使用,常和其他细分因素配合使用。

2. 按人口因素细分

按人口因素细分主要是按照年龄、性别、职业、收入、受教育程度、家庭规模、家庭生命周期、社会阶层、民族、宗教、国籍等人口统计变量,将市场划分为不同的群体。由于人口变量比其他变量更容易测量,且适用范围比较广,因而人口变量一直是细分消费者

第九章 目标市场战略

市场的重要依据。

(1) 年龄。不同年龄段的消费者,由于生理、性格、爱好、经济状况的不同,对消费品的需求往往存在很大的差异。因此,可按年龄将市场划分为许多各具特色的消费者群,如儿童市场、青年市场、中年市场、老年市场等。从事服装、食品、保健品、药品、健身器材、书刊等商品生产经营的企业,经常采用年龄变量来细分市场。

【营销实例9-3】

扫一扫,了解一下强生的细分市场。

(2) 性别。按性别可将市场划分为男性市场和女性市场。不少商品在用途上有明显的性别特征,如男装和女装、男表与女表。男性和女性在购买行为、购买动机等方面存在较大差异,直接关系到其购买决策行为。美容美发、化妆品、珠宝首饰、服装及配饰等许多行业,常常按性别来细分市场。需要注意的是,按照性别细分市场并不仅仅指使用者的性别,也常常指购买者的性别,两者有时一致,有时不一致。例如,女士是服装、化妆品、家庭用具等的主要购买者和使用者,男士则是香烟、体育用品等的主要购买者和使用者;男士有时为女士购买珠宝首饰,而女士购买的食品大家一起享用,因而以性别细分市场时,要注意使用者和购买者之间的需求和行为差异。

(3) 收入。收入的变化直接影响消费者的需求欲望、购买能力和支出模式。不同收入水平的消费群体在消费动机、消费观念、消费行为模式、消费场所等方面存在较大差异。由于收入水平测量的便利性,同时也是影响购买能力的关键因素,因此在市场细分中被广泛应用。

(4) 民族、国籍、宗教。这几个因素属于亚文化因素,每个人都是亚文化群中的一员,亚文化群具有相对稳定的意识形态和行为特征。我国是一个多民族的大家庭,每个民族都有各自的传统习俗、生活方式,从而呈现出各种不同的消费需求。

(5) 职业。不同职业的消费者,由于知识水平、工作条件和生活方式等不同,其消费需求存在差异,如对同一种商品的不同设计风格,设计行业的消费者喜爱有设计感的外观,严谨的科技工作者更注重其功能性设计。

(6) 教育状况。受教育程度不同的消费者,在志趣、生活方式、文化素养、价值观念等方面有所不同,因而会影响他们的购买种类、购买行为、购买习惯。

(7) 社会阶层。社会阶层是指在某一社会中具有相对同质性和持久性的群体。处于同一阶层的成员具有类似的价值观、兴趣爱好和行为方式,而不同阶层的成员对所需的产品也各不相同。识别不同社会阶层消费者所具有的不同特点,为很多产品的市场细分提供重要依据。

【营销实例9-4】

扫一扫,看AGB公司如何进行市场细分。

(8) 家庭生命周期。家庭生命周期是一个家庭从诞生到最后消失所经历的过程,分为

八个不同的阶段：单身阶段、备婚阶段、新婚阶段、满巢Ⅰ期、满巢Ⅱ期、满巢Ⅲ期、空巢阶段、鳏寡阶段。处于不同生命周期阶段的家庭，其家庭规模、消费心理、消费支出结构等呈现出不同的特点，如表 9-1 所示。例如，由于家庭人口数量不同，在住宅面积、家具、家用电器乃至日常消费品包装大小等方面都会出现需求差异。

表 9-1 家庭生命周期各阶段及其消费特点

主要阶段	经济状况和消费特点
单身阶段	几乎没有经济负担，大量消费用于娱乐消遣、外出度假、社交娱乐等
备婚阶段	消费支出较大，主要用于买房、新婚购置的耐用消费品等
新婚阶段	经济状况良好，双份收入，消费支出稳定
满巢Ⅰ期	育婴阶段，家庭用品购买的高峰期，经济压力加大，可能只有一份收入用于购买家庭必需品
满巢Ⅱ期	育儿阶段，经济状况有所改善
满巢Ⅲ期	未分阶段，中年夫妇与已独立的孩子住在一起，经济状况良好，更新家庭用品，耐用消费品、住房、汽车等
空巢阶段	孩子离家独立生活，消费重点为旅游、休闲活动、医疗保健等方面
鳏寡阶段	特别需要得到医疗保健、亲情和安全保障

3. 按心理因素细分

按心理因素细分就是将消费者按其生活方式、个性、购买动机等因素细分成不同的群体。

(1) 生活方式。生活方式是人们对工作、消费、娱乐的特定习惯和模式。它与消费者的收入、文化素养、社会地位、价值观念、职业等因素密切相关，不同的生活方式会产生不同的需求偏好。许多消费者购买商品不仅是为了满足物质方面的需要，更重要的是为了表现他们的生活方式，满足其心理需要，如显示身份、地位、追求时髦等。这种细分方法能显示出不同群体对同种商品在心理需求方面的差异性。

【营销实例 9-5】

扫一扫，一起来了解福特汽车公司的细分市场。

(2) 个性。个性是指个人独特的心理特征，这种心理特征使个人与其环境保持相对一致和持久的反应。个性可以通过外向与内向、乐观与悲观、自信、自主、支配、顺从、保守、适应等性格特征表现出来。消费者在选择品牌时，在理性考虑产品实际功能的同时，也会在感性上评估品牌个性是否与自我形象一致。如果能将产品或品牌形象与特定的消费者个性建立某种相关性，个性就可以成为细分市场的心理变量。很多企业会赋予品牌特定个性，以迎合消费者的个性。例如，有些眼镜公司根据消费者个性把市场细分为传统型消费者群、新潮型消费者群、节俭型消费者群、活泼型消费者群。

【营销实例 9-6】

扫一扫,看一看奔驰和宝马哪个更适合你。

(3) 购买动机。购买动机反映了消费者在心理、精神和情感上的需求,是直接驱使消费者实行某种购买活动的一种内部动力。一般来讲,消费者的购买动机可分为以下几种:求美动机,从审美学角度选择产品;求实动机,追求产品经济实惠,注重实用价值;求名动机,追求产品品牌带来的象征意义;求优动机,注重优质的产品质量、性能和舒适感等;求廉动机,追求产品价格低廉;求新动机,注重产品新颖别致;求简动机,希望产品的购买和使用程序简单易行;攀比动机,满足好胜心理;嗜好心理,旨在满足特定爱好。

4. 按行为因素细分

按行为因素细分是按照消费者购买行为细分市场,通常包括购买时机、购买数量、使用频率、消费利益、对品牌的忠诚度等因素。

(1) 购买时机。许多产品的消费具有时间性或季节性,企业可以根据消费者产生需要、购买或使用产品的时间进行市场细分,如各大电商在"双十一"前期大力促销;在元旦、春节等节日期间,企业纷纷实施假日营销,加大促销力度,采取优惠价格,吸引更多消费者购买。

(2) 购买数量。根据消费者购买数量的多少细分市场,通常可分为大量使用者、中量使用者和少量使用者。根据 20/80 原则,产品销售量的 80%通常是由 20%的顾客创造的,这虽然是一个经验数据,也足以说明不同购买数量的顾客对企业的重要性不同。同时,顾客购买数量的差异也会伴随着其购买方式、购买行为等方面的差异,企业可给不同购买数量的顾客不同的购买政策和购买优惠,注重维持与大量使用者的长期关系。

(3) 使用频率。根据顾客是否使用和使用程度,可将市场划分为从未使用者、曾经使用者、潜在使用者、初次使用者、偶尔使用者和经常使用者等类型。大公司或市场领导者注重吸引潜在使用者和增加已使用者的使用频率,以扩大市场占有率,企业获得更多收益;中小企业或市场追随者则注重保持现有使用者,并设法吸引竞争者的顾客转向购买本企业的产品。

(4) 受益细分。按照消费者从产品消费中获得的利益细分市场,也叫消费利益细分。不同消费者对同一商品消费过程中,期望获得的利益有可能是不同的,如对于洗发水的消费,除了清洁头发的基本功效之外,有的消费者希望能去除头皮屑,有的消费者为了头发柔顺亮丽,有的消费者渴望营养发质,使头发更健康,还有的消费者追求保护头发,避免脱发。企业可根据消费者追求的不同利益细分市场,每一细分市场满足消费者特定需求,制定相应的营销策略,将品牌特征与消费者利益联系起来,并把这种品牌利益传达给消费者。

【营销实例 9-7】

扫一扫,看世界第一流的钟表公司是如何细分市场的。

实践证明，以消费者追求的利益为出发点的受益细分是一种行之有效的细分方式，因为消费者受益细分最直观地反映出消费者利益，最易被消费者感知和接受。

(5) 品牌忠诚度。按照消费者对品牌的忠诚度细分市场，可将消费者划分为单一品牌忠诚者、多品牌忠诚者、习惯性忠诚者、无品牌忠诚者等。单一品牌忠诚者对某一种产品的消费只忠诚于一个品牌，属于品牌的"铁杆粉丝"，并且具有较强的排他性，拒绝使用其他品牌的商品，这是最受企业欢迎的忠诚者。多品牌忠诚者是消费者忠诚于同一种产品的少数多个品牌，在商品选择时，会在这些品牌中依据实际情况选取。针对此类消费者，企业在促销产品时要突出产品特色，尽量满足消费者对产品的特定需求。习惯性忠诚者表现为顾客低度偏好与高度重复购买的结合，这类顾客的购买原因不是因为偏好，而是因为购买便利或购买习惯而重复购买。无品牌忠诚者，一些顾客由于不同的原因，不会对品牌产生忠诚，购买行为游离于不同品牌之间。针对这样的顾客，企业需明确传递产品的消费利益，以便于消费者做出购买决策。

(6) 消费者态度。消费者对品牌的态度大体可以分为五种，即热爱、肯定、不感兴趣、拒绝和敌意。企业可以通过调查、分析，针对不同态度的顾客采取不同的营销对策。例如，对待不感兴趣的消费者，企业应分析消费者不感兴趣的原因，通过宣传、沟通、大力促销等营销措施，努力将产品所能提供的利益与消费者相关需求和兴趣联系起来，实施刺激性营销。

(二)生产者市场细分标准

消费者市场细分标准同样适用于生产者市场，但由于生产者市场有其自身特点，还有一些细分标准专门应用于生产者市场。除上述消费者市场细分标准外，企业还常用以下几个因素细分生产者市场。

1. 用户要求

产品用户的要求是生产者市场细分最常用的标准。在生产者市场上，不同用户对同一种产品往往有不同的使用目的和使用要求，从而对产品的规格、型号、性能、功能、品质、价格等方面提出不同的要求。例如，晶体管厂可根据晶体管的用户性质将市场细分为军工市场、工业市场和商业市场，军工市场特别注重产品质量，工业用户要求有与产品相关的高质量服务，商业市场主要用于转卖，除要求保证质量外，还要求价格合理和交货及时。再如，同是钢材，有的用于造船，有的用于建筑，有的用于生产日常生活用品，各行业对钢材性能要求都不尽相同。因此，企业应按照用户对产品的要求细分市场，提供不同的产品，设计不同的市场营销组合策略，以满足用户的不同需求。

2. 用户规模

用户经营规模决定其购买能力的大小。按用户经营规模划分，可分为大用户、中用户、小用户。大用户数量虽少，但其生产规模、购买数量大，注重质量、交货时间等；小客户数量多，分散面广，购买数量有限，注重信贷条件等。企业可按照用户经营规模制定相应营销策略。

3. 用户地理位置

每个国家或地区大都在一定程度上受自然资源、气候条件和历史传统等因素影响，形成若干相对集中的产业区域。这就决定了生产资料市场往往比消费品市场在区域上更为集中，地理位置因此成为细分生产资料市场的重要标准。企业按用户的地理位置细分市场，选择客户较为集中的地区作为目标，有利于节省促销费用，而且可以合理规划运输路线，节约物流成本，也能更加充分地利用销售力量，降低推销成本。

五、市场细分的方法

市场细分的方法包括先验细分法和后验细分法两大类，两者在市场细分的基本思想、程序、步骤上存在较大差异。

(一)先验细分法

先验细分法是较简单的市场细分方法。它是应用市场上已经存在的、已经被经验验证有效的细分标准，如常用的人口细分、地理细分、心理细分、行为细分等标准，对市场进行划分，从中识别出重要且有价值的细分市场。先验细分法包括三种形式：单一因素细分法、综合因素细分法和系列因素细分法。

1. 单一因素细分法

所谓单一因素细分法，是指根据市场营销调研结果，选择影响消费者或用户需求最主要的因素作为细分变量划分市场。根据企业经营实践、行业经验和对顾客需求的深入分析，找到一种能有效区分顾客需求的关键因素划分市场，同时忽略其他因素的影响。例如，玩具市场的主要影响因素是年龄，可以针对不同年龄段儿童的发育状况，设计开发适合不同需要的玩具。单一因素细分法虽简单易行，但并不能细致地描画市场需求的差异性。

2. 综合因素细分法

综合因素细分法即应用两种或两种以上的消费需求差异明显的细分标准综合细分市场，从中选取适合企业进入的子市场。例如，使用收入、生活方式、个性三个因素综合对摩托车市场进行细分。

3. 系列因素细分法

当细分市场所涉及的因素众多，并且各因素是按一定的顺序逐步进行，可由粗到细、由浅入深，逐步进行细分，这种方法称为系列因素细分法。目标市场将会变得越来越具体，如某地的皮鞋市场就可以用地理、性别、年龄和购买动机等系列因素逐步细分，在系列因素各阶段进行取舍后进一步细分，最后形成细分市场的系列因素主线，达到市场细分目的，如图9-1所示。

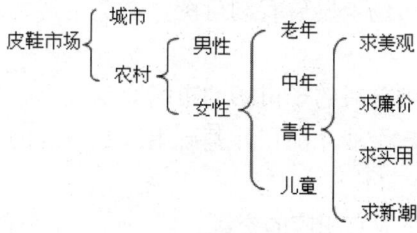

图9-1　皮鞋市场系列因素细分法示例

(二)后验细分法

后验细分法并不直接应用现有的细分标准细分市场,而是以聚类的方法细分市场。这一方法旨在对自然存在的市场进行消费者的数据分析,将具有相似特征的消费者聚类在一起,实现市场细分。后验细分法建立在数据分析基础上,细分者并不能事先知道细分的结果,利用分析技术可得到独一无二的细分方案,发现竞争者没有发现的新市场。但后验细分法实施起来比较复杂,耗时较长,花费成本较高。

根据梅尔和桑德斯建立的模型,后验细分法的实施步骤包括以下几个。

(1) 确定工作范围。明确要研究的产品市场及其特征,工作项目的目的和重点,与合作者的沟通等。

(2) 收集数据。在确定了研究范围和重点之后,运用定性和定量方法收集分析所需要的数据资料,主要包括消费者使用商品追求的利益、使用方式、态度特征、性格、内在的购买动机、态度和行为模式、习惯使用媒体、人口统计和社会经济因素等信息。

(3) 分析数据。运用分层聚类法和互动式区分法等分析技术和工具对数据进行分析。

(4) 验证细分市场。聚类分析使用数学的方法将存在类似特征的消费者聚集在一起,但这并不代表在市场上是有效的,需要检查细分结果的可靠性和管理价值,进一步认识每一个细分市场的顾客需求及其行为特点,测量各个细分市场的潜量,评价其吸引力和可能的获利机会。

(5) 实施市场细分。在现实市场上实施市场细分,选择目标市场,并制定相应的营销战略和策略。

(6) 追踪。追踪研究市场细分方案随着时间的推移所具有的稳定性或产生的变化,各种活动对细分市场及消费者期望和需求所造成的影响,以修正和制定相应的促销方案,这在瞬息万变的市场竞争中是十分必要的。

六、市场细分的有效性条件

从市场营销角度看,并不是所有的市场细分都是有效的,也不是市场被划分得越细越好,判断市场细分是否有效,需要符合一些条件。

(1) 可区分性,亦即差异性。被细分出的市场之间要有明显差别,子市场与子市场之间有清晰的市场边界,能够相互区分。在不同子市场上实施相同的营销策略应有不同的市场反应。

(2) 可营利性。细分后的市场要有足够的市场容量和发展潜力,并具有一定的潜在获利能力,能够保证企业在该市场上发展有利可图,在满足消费者需求的同时,获得合理的利润。

(3) 可衡量性。这是指细分后的子市场的市场容量大小、目标群体数量、购买能力等数据能够被预测或量化推算,企业才能在此基础上判断市场的吸引力,并制定相应的营销战略和策略开发市场。

(4) 可进入性。这是指企业有相应的资源和能力进入细分的市场。市场细分不是目的,只有企业能为特定的子市场服务,市场细分才有意义。科特勒认为评价细分市场最基本的两个因素，一是细分市场的总体吸引力，二是企业的目标和资源。企业要根据自身条件和资源，选择与能力匹配的子市场作为目标市场，在市场上充分发挥竞争优势，获得市场效益。

【营销新视野9-2】

大数据时代的精准营销——用户画像

随着大数据技术的深入研究与应用，企业的专注点日益聚焦于怎样利用大数据来为企业精准细分市场，进而深入挖掘潜在的商业价值。于是，"用户画像"概念应运而生。

1. 用户画像内涵

用户画像(persona)又称用户角色，指真实用户的虚拟代表，是建立在一系列属性数据之上的目标用户模型。随着互联网的发展，通常根据用户人口学特征、网络浏览内容、网络社交活动和消费行为等信息而抽象出的一个标签化的用户模型。企业通过收集与分析消费者社会属性、生活习惯、消费行为等主要信息的数据，勾画出一类虚拟用户画像。

用户画像一般需要用以下三个步骤完成。首先，收集用户的个人信息，包括性别、生日、所在地域、职业等静态信息和如浏览网页、搜索商品、接受价格区间、发表评论、接触渠道等用户不断变化的动态信息。其次，通过剖析数据为用户贴上相应的标签。构建用户画像的核心工作，主要是利用存储在服务器上的海量日志和数据库里的大量数据进行分析和挖掘，给用户贴标签，而标签是能表示用户某一维度特征的标志。最后，根据规则进行数据算法的计算，为用户建立数学模型。

2. 用户画像的内容

用户画像包含的内容并不完全固定，根据行业和产品的不同所关注的特征也有所不同。对于大部分互联网公司，用户画像都会包含人口属性和行为特征。人口属性主要指用户的年龄、性别、所在的省份和城市、受教育程度、婚姻状况、生育状况、工作所在的行业和职业等。行为特征主要包含活跃度、忠诚度等指标。除了以上较通用的特征，不同类型的网站提取的用户画像各有侧重点。

以内容为主的媒体或阅读类网站、搜索引擎或通用导航类网站，往往会提取用户对浏览内容的兴趣特征，如体育类、娱乐类、美食类、理财类、旅游类、房产类、汽车类等。

社交网站的用户画像，会提取用户的社交网络，从中可以发现关系紧密的用户群和在社群中起意见领袖作用的明星节点。

电商购物网站的用户画像，一般会提取用户的网购兴趣和消费能力等指标。网购兴趣主要指用户在网购时的类别偏好，如服饰类、箱包类、居家类、母婴类、洗护类、饮食类等。如果做得足够细致，可以把用户的实际消费水平和在每个类别的心理消费水平区分开，分别建立特征维度。

3. 用户画像的应用

(1) 精准营销：精准直邮、短信、APP消息推送、个性化广告等。

(2) 用户研究：指导产品优化，甚至做到产品功能的私人定制等。

(3) 个性服务：个性化推荐、个性化搜索等。

(4) 业务决策：排名统计、地域分析、行业趋势、竞争产品分析等。

第二节 目标市场选择

一、目标市场及目标市场选择

(一)目标市场的概念

目标市场是企业在细分市场的基础上，根据自身资源优势所选择的为之服务的那部分特定的顾客群体。

(二)目标市场选择的依据

企业通过细分市场，把整体市场划分为若干个需求各异的子市场，企业从这些子市场中选择适合自身发展的目标市场。企业选择目标市场主要依据两个方面：市场吸引力和企业在该市场上的竞争优势。

1. 市场吸引力

评价一个市场的吸引力不是一个简单的问题，需要多种因素综合分析。影响市场吸引力的因素包括四个方面：市场因素、经济和技术因素、竞争因素和商业环境因素。

1) 市场因素

(1) 市场规模。市场规模是影响潜在目标市场吸引力的因素之一。大容量的市场为企业开拓市场提供足够空间和潜力，也可为企业带来规模效应。

(2) 市场增长率。除了追求经营规模，很多公司积极追求增长目标。在具有成长性的市场中，公司更容易实现销售增长。

(3) 产品生命周期。在产品生命周期的不同阶段，企业对市场的投入和产出各不相同。例如，成长期要求企业的营销投入较多；在成熟期，企业会获得更多的现金回报和利润贡献。

(4) 顾客讨价还价能力。买方(最终顾客或中间商)拥有极大谈判支配权的市场常常比企业能控制和掌握的市场吸引力更小。

2) 经济和技术因素

(1) 进入和退出壁垒。进入壁垒高的市场对已在市场上的企业有吸引力，而对潜在进入者则没有吸引力；相反，退出壁垒高的市场对已在市场上的企业没有吸引力。

(2) 供应商讨价还价能力。供应商具有垄断或近乎垄断权力的市场与有很多竞争性供应商提供服务的市场相比，吸引力更小。

(3) 技术应用的水平。技术应用的水平使得目标市场对不同的竞争者产生不同的吸引力。对拥有技术优势的企业来说，技术应用水平高的市场更具有吸引力，企业不仅可以发挥技术优势，还可以阻止其他企业进入市场。

(4) 必要的投资和资本量。需要大规模的资本和其他要素投入的市场对很多中小企业不具备吸引力，并会有效阻止它们进入。

(5) 可获得利润。显而易见，企业在市场上可获利润越高，市场吸引力越大。

3) 竞争因素

(1) 竞争强度。竞争强度越大，市场吸引力越小。如果市场被一个或少数几个重要经营者控制，企业要进入该市场，必须有独特而明显的竞争优势，否则很难获得立足之地。

(2) 竞争质量。一个市场上好的竞争者是那些能够稳定市场并对市场负责的企业。如果市场被难以预测的、具有破坏性的竞争者所支配，市场吸引力会变小。

(3) 替代品威胁。某一产品的替代品越多，意味着相同需求被满足的方式增多，需求将流向不同的产品，市场吸引力下降。

(4) 差异化程度。产品市场差异化程度越高，实现进一步差异化的空间越小，市场吸引力也越小。无法差异化的市场往往会陷入僵局，竞争有可能退化为价格冲突，企业需要建立独特的竞争优势。

4) 商业环境因素

(1) 对经济波动的敏感性。对经济波动敏感的市场比较脆弱，市场不确定性增大，市场风险变大，市场吸引力随之减小。

(2) 市场管制程度。对市场的管制影响企业经营的自由程度。一般来说，一个管制较少的市场能够比受到严密控制的市场为创新者提供更多的机遇。

市场吸引力并不是决定目标市场选择的唯一因素，更重要的是，企业在子市场上是否有机会建立有利的竞争地位，这要求企业对自身优势能否在子市场上有效发挥保持清醒认识。

2. 企业在该市场上的竞争优势

企业在市场上的竞争地位和竞争优势与有效开发目标市场密切相关。竞争优势是相对于竞争对手的优势，也是该子市场上与顾客需求相关的优势，是与开发子市场要求相吻合竞争优势。通常，从以下三个方面分析企业的竞争优势。

(1) 市场份额及其增长率。市场份额是一项基本的营销资产，可以表明企业的市场地位，高市场份额说明企业在满足顾客需求方面有良好表现，且企业品牌具有高水平的顾客偏爱程度和良好的分销体系。

(2) 具有明显优势的营销资产和资源。例如，超越竞争者的品牌资产、企业形象、分销网络、产品或服务、成本优势、技术优势、顾客关系等，能在未来开发潜在市场时建立企业的竞争优势。总体而言，企业的营销资产包括四大类：基于顾客和声誉的营销资产；基于供应链的营销资产；内部支持性营销资产；基于联盟的营销资产。

(3) 卓越的营销管理能力。营销管理能力包括对企业营销战略和策略制定和执行的管理，还包括市场感知能力和学习能力、客户关系管理能力、营销创新能力等不同方面，是企业经营管理能力的重要体现。

(三)目标市场覆盖模式

目标市场的覆盖模式，即企业选择哪个或哪几个细分市场为之服务的决定，通常有五种选择模式。

(1) 单一市场集中模式。企业选择一个细分市场，集中力量为之服务。如图9-2(a)所示，企业只为一群顾客(M1)生产一种产品(P1)，实现专业化经营。规模较小的企业常常采用这一模式，填补市场的某一空白部分。单一市场集中模式使企业深刻了解该细分市场的需求特点，采用针对性强的产品、价格、渠道和促销策略，有利于在单一市场上建立自身的市场地位和良好的声誉。但同时隐含较大的经营风险。

(2) 产品专门化模式。企业集中生产单一产品(P1)，向不同细分市场的顾客(M1、M2、M3 等)销售这种产品，如图 9-2(b)所示。例如，一家计算机企业不仅面向家庭和个人，也为政府机关、企事业单位等机构生产和销售计算机，但没有提供这些顾客需要的其他产品。这样，企业可充分发挥技术研发和市场方面的优势，实现产品专业化经营，容易在该产品领域建立良好的企业声誉，但一旦出现其他品牌的替代品、技术的重大变革，企业将面临巨大的威胁。

(3) 市场专门化模式。企业用不同的产品(P1、P2、P3 等)专门服务于某一特定顾客群(M1)，尽力满足他们的各种需求，如图 9-2(c)所示。例如，企业专门为农民提供农业生产所需的农具、化肥、种子等不同类型的产品。市场专门化模式面对同一群消费者，企业对消费者的消费心理和消费习惯比较熟悉，一定程度上可降低经营风险，同时，也有利于在同一消费群体中建立声望。但一旦这个消费群的需求潜量或消费者的偏好发生转移，企业将承担较大风险。

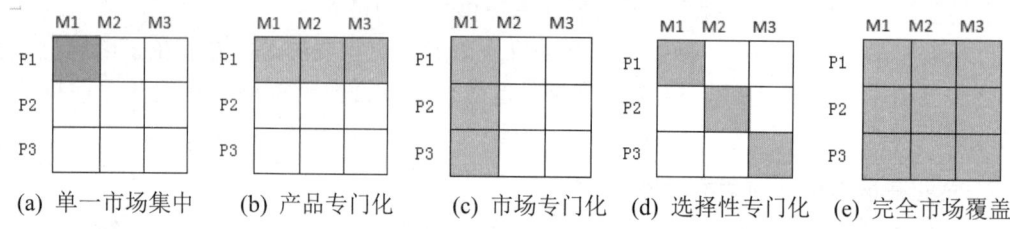

图 9-2　五种基本的目标市场覆盖模式

(4) 选择性专门化模式。企业选择几个细分市场，并为细分市场提供相应产品，每一个市场对企业的目标和资源利用都有一定的吸引力，但各细分市场彼此之间很少或没有任何联系，如图 9-2(d)所示。这种策略能分散企业经营风险，即使其中某个细分市场失去了吸引力，企业还能在其他细分市场盈利。

(5) 完全市场覆盖模式。企业力图用各种产品(P1、P2、P3 等)满足各种顾客群体(M1、M2、M3 等)的需求，即以所有的细分市场作为目标市场，如图 9-2(e)所示。一般只有实力强大的企业才能采用这种策略。例如，IBM 公司在计算机市场、可口可乐公司在软饮料市场开发众多的产品，满足各种消费需求。

二、目标市场战略

企业在选定的目标市场上开展营销活动，通常有三种战略可供选择。

(一)无差异市场营销

无差异市场营销是企业忽视各细分市场的差异性，只注重各子市场的共性，推出单一产品，运用单一的营销组合策略，力求满足尽可能多的顾客的需求。无差异市场营销的实质是"求同存异"，以市场需求共性作为营销策略制定的基础。

无差异营销战略最大的优势是成本节约，主要体现在三个方面。一是降低了生产成本。企业向市场推出单一的标准化产品，可实现规模效应，在一定生产规模之下，单位产品的生产成本降低。二是降低营销成本。由于是单一产品,单一营销组合策略,企业在市场调研、研发产品、市场推广、广告宣传、促销等方面可节约大笔营销费用。三是管理费用的节省。单一产品和单一的营销模式大大降低了企业内部管理的费用。

无差异营销战略的劣势也是显而易见的。一方面,企业投资于单一产品,对目标市场的依赖性较大,企业的潜在风险较大。当行业中多家企业都实行无差异营销时,市场竞争异常激烈,企业利润空间和生存空间都会受到影响。另一方面,无差异营销战略并不能满足市场多样化需求。面对纷繁复杂的市场需求,企业只提供单一的标准化产品和营销组合,消费者的个性化需求得不到满足。一般而言,无差异营销战略适用于市场需求差异化较小,产品需求量较大的标准化产品。

(二)差异化市场营销

差异化市场营销是指企业同时为几个子市场服务,根据子市场之间的差异性,设计不同的产品,并在不同的子市场上实行不同的营销组合策略,以满足各子市场的需求。

差异化营销战略的优势较为明显。一方面能够有针对性地满足差异化的市场需求从而提升消费者对产品的信任、满意度和顾客忠诚度。另一方面,由于对各个子市场需求满足度较高,各子市场产品销售量会增加,有利于扩大销售、占领市场,提高企业声誉。同时,由于企业在多个细分市场上经营,一定程度上分散了经营风险。

产品差异化营销战略的劣势主要体现在两个方面。一是营销成本增加,企业针对不同细分市场开发独立的营销方案,实行产品、销售渠道、促销方式等方面的差异化,增加了管理难度,在生产成本、营销成本和管理成本上都会相应增加。二是可能造成企业资源配置不能有效集中,顾此失彼,甚至企业内部出现资源争夺现象。差异化市场营销战略适用于需求差异明显的市场,如大多数日用消费品都应实行差异化营销战略。

(三)集中化市场营销

集中化市场营销指企业集中所有力量,进入一个或少数几个性质相似的子市场作为目标市场,实行集中化经营。集中化市场营销的指导思想是企业集中优势资源,在一个较小的市场上获得较大的市场份额,而不是在较大的市场上获得较小的市场份额。集中化战略更注重对市场的深度开发,而不是在广度上的拓展。实行集中化营销战略的企业一般是资源有限的中小企业,或是初次进入新市场的大企业。由于服务对象比较集中,对一个或几个特定子市场有较深的了解,而且在生产和市场营销方面实行专业化,可以比较容易地在这一特定市场上取得有利地位。因此,如果子市场选择得当,企业可以获得较高的投资收益率。但是,实行集中化市场营销有较大的市场风险,因为目标市场范围比较窄,一旦市场环境发生突变、竞争加剧或消费偏好改变,企业可能陷入困境。

【营销实例9-8】

扫一扫,看看 Van den Bergh 如何通过细分市场抉择取得成功。

三、选择目标市场战略的影响因素

三种目标市场战略各有利弊,且都有各自适用条件,在选择目标市场战略时,要综合考虑以下五个因素。

(一)企业资源和实力

如果企业拥有大规模的生产能力、广泛的分销渠道、产品标准化程度很高、卓越的产品质量和品牌信誉等,可以考虑实行无差异市场营销策略;如果企业有雄厚的设计能力和优秀的管理素质,可采取差异化市场营销战略;如果企业规模小、实力较弱、资源缺乏,则适宜采用集中化市场营销战略。企业初次进入市场时,往往采用集中化市场营销战略,在积累了一定的成功经验后再采用差异市场营销战略或无差异市场营销战略,扩大市场份额。

(二)产品同质性程度

产品同质性程度是市场上的产品在性能、功能、特点等方面差异性程度的大小。对于同质性程度高的产品,如农产品、矿产品等采用无差异营销战略;对异质性程度高的产品,如日用消费品、汽车、家具等,则采用差异化或集中化市场营销战略,以满足不同消费者的需求或特定消费需求。

(三)产品所处的生命周期阶段

产品所处的生命周期不同,采用的目标市场战略是不同的。一般来说,企业产品处于导入期,对产品的需求量有限,市场不成熟,消费需求差异性不明显,通常采用无差异市场营销战略,节约企业成本支出;当产品进入成熟期时,市场竞争激烈,消费者需求日益多样化,可采取差异化市场营销战略,满足不同市场需求,延长产品生命周期;当产品进入衰退期时,企业需集中力量于少数尚有利可图的目标市场,可采取集中化市场营销战略。

(四)竞争者的目标市场战略

企业目标市场战略的选择也会受到竞争者战略选择的影响。一般来说,为避免正面冲突,企业的目标市场战略应该区别于竞争者,如竞争者采用无差异市场营销战略,企业可采取差异化或集中化市场营销战略;如果竞争者采取差异化市场营销战略,企业可实行其他不同细分市场的差异化或实行集中化市场营销战略;如果企业竞争实力远远高于竞争对手,企业选择目标市场战略的灵活性更大,选择与竞争者相同的战略也是可行的。

(五)市场需求差异性

如果市场上的所有消费者在同一时期的需求偏好相似,并且对广告、促销方式等市场营销刺激的反应相似,可实行无差异市场营销战略;反之,如果市场消费需求各异,消费偏好相去甚远,对营销刺激的反应差异性很大,则适合采用差异化或集中化市场营销战略。

选择适合本企业的目标市场营销战略是一项复杂的工作。企业内部条件和外部环境在不断发展变化,经营者要不断通过市场调查和预测,及时掌握和分析市场需求变化趋势及竞争态势，扬长避短，发挥优势，把握时机，采取灵活的目标市场营销战略，争取较大的企业利益。

第三节 市场定位

一、市场定位的内涵

定位理论最初是由美国著名营销专家艾·里斯(Al Ries)与杰克·特劳特(Jack Trout)于20世纪70年代早期提出的。里斯和特劳特认为"定位是你对未来的潜在顾客的心智所下的功夫，也就是把产品定位在你未来潜在顾客的心中"。定位理论在市场营销理论发展过程中具有里程碑意义，2001年，定位理论击败瑞夫斯的USP理论、奥格威的品牌形象理论、科特勒的营销管理理论、迈克尔·波特的竞争价值链理论，被美国营销学会评选为有史以来对美国营销影响最大的观念。

市场定位是企业根据竞争者现有产品在市场上所处的位置，针对消费者或用户对该种产品的某种特征、属性和核心利益的重视程度，强有力地塑造出本企业产品与众不同的、给人印象深刻的、鲜明的个性或形象，并把这种形象生动地传递给顾客，从而使该产品在市场上确定适当的位置。

市场定位实质上是企业用于在目标消费者的心目中塑造产品、品牌或组织的形象或个性的营销技术。市场定位的目的是使本企业和其他企业严格区分开来，并且通过市场定位使顾客明显地感觉和认知到这种差别，在目标客户心目中树立产品独特、有价值的形象。好的市场细分最终关注的是消费者利益，而强有力的市场定位能让消费者意识到，这正是他们想要选择的最能满足自己需求的产品和服务。

二、市场定位的步骤

市场定位的核心在于理解消费者选择产品或服务的标准，并设法比竞争者更好地实现。市场定位可通过三大步骤完成。

(一)确认本企业的竞争优势

这一步骤的中心任务是围绕竞争和消费需求，需要企业回答以下三个问题：一是竞争对手产品目前的定位是什么？二是目标市场上顾客欲望的满足程度如何，还有哪些需求没有得到满足？三是针对竞争者的市场定位和潜在顾客的真正需要的利益要求，企业可以做些什么？企业需要通过广泛的市场调研，系统地收集、整理、分析上述问题的资料和研究结果，对竞争者产品定位、消费者需求和企业能力做出综合分析，找出本企业在市场中的竞争优势。

(二)选择相对竞争优势

企业竞争优势并不一定是相对竞争优势。相对竞争优势是企业超越竞争者的潜在的和现实的能力。企业在分析自身竞争优势的基础上，对比竞争者的优势，并结合企业为满足消费者特定消费需求所具有能力，寻求企业在产品创新、技术开发、成本优势、市场营销能力、财务能力、品牌声誉、生产设计、经营管理等方面的相对竞争优势,并将这些相对竞争优势体现在产品的市场定位上。

从某种意义上来说,市场定位是企业努力为自己的产品和服务建立有效竞争差异的结果。科特勒认为竞争差异要符合以下标准,才有可能为企业创造有利的竞争地位。

(1) 重要性。该差异性应该能够为大多数消费者创造有价值的利益。
(2) 独特性。该差异是其他企业难以模仿的,或者竞争者无法做得更好。
(3) 优越性。与向顾客提供相同利益的其他方法想比,该差异更具有优势。
(4) 可沟通性。该差异可以传达给顾客并使其了解。
(5) 可支付性。目标顾客有能力为该差异支付较高的价款。
(6) 营利性。该差异可以使企业有利可图。

(三)准确表达和传播独特的竞争优势

企业实施市场定位有两个关键性环节:一是为产品塑造与众不同的、独特而有价值的形象;二是要将这种形象生动地传达给顾客,并被顾客感知和接受。本步骤是完成市场定位的第三个环节,主要任务是企业要通过一系列的广告、宣传、促销等营销活动,将其独特的竞争优势准确地传达给潜在顾客,并在顾客心目中留下深刻印象。首先,企业应使目标顾客了解、知晓、熟悉、认同、喜欢和偏爱企业的市场定位,在顾客心目中建立与该定位相一致的形象;其次,企业通过整合营销沟通策略强化产品在目标顾客心目中的形象,通过加强目标顾客与产品的感情联系,稳定和巩固企业产品市场定位的一致形象;最后,企业应注意目标顾客对其市场定位理解出现的偏差,或由于企业市场定位宣传上的失误而造成的目标顾客模糊、混乱和误会,及时纠正与市场定位不一致的形象。

三、市场定位依据

(一)产品的属性定位

产品的属性定位,即构成产品特色的因素,诸如产品的品质、价格、成分、材料等,都可以作为定位的依据。例如,七喜汽水的定位是"非可乐",强调它与可乐类饮料不同,不含咖啡因。产品属性定位应与消费需求紧密相连,只有消费者关注和重视的产品属性才可以作为定位的依据。

(二)顾客利益定位

顾客利益定位,即根据产品能够带给消费者的某种特殊利益进行定位。例如,舒肤佳香皂定位于"除菌",通过其除菌成分"迪保肤"实现定位;美国一家啤酒公司推出了一种低热量的啤酒,将其定位为喝了不会发胖的啤酒,满足那些喜欢饮用啤酒但又担心发胖的消费者需求。

【营销实例9-9】
扫一扫,了解小米手机的定位策略。

(三)产品用途定位

产品用途定位,即根据产品的某项突出用途进行定位。例如,白加黑感冒片,将药片分为黑白两种,分别起不同功效,"白天服白片,不瞌睡;晚上服黑片,睡得香""治疗感冒,黑白分明",产品用途一目了然,且富有特色,很容易被消费者接受和识记。

(四)使用者定位

使用者定位,即将产品指向某一类特定的使用者,根据这些顾客的观念塑造恰当的产品特色和形象。

【营销实例9-10】
扫一扫,了解强生公司产品的使用者定位。

四、市场定位的方式

(一)避强定位

避强定位是企业避开与竞争者直接对抗,定位于市场需求的"空白点",开发并销售目前市场上还没有的具有某种特色的产品。避强定位一方面可以避免和竞争者正面交锋,免受打击,尤其是对新进入市场的企业,可保存实力,逐步发展;另一方面,企业可通过独特的其他企业不具有的形象迅速在目标市场上立足,并被消费者接受。避强定位风险较小,成功率较高,常常被实力较弱的中小企业采用。避强定位在实施中也存在一些难点。例如,在保证市场容量的前提下,如何寻找市场需求的"空白点";在企业能力范围内,如何开发市场需求的"空白点"等。为使避强定位更有效,企业实施避强定位前,需要权衡以下问题。

(1) 在技术上是否可行,企业是否具备开发市场的资源和能力。
(2) 在经济上是否可行,企业是否有利可图。
(3) 在市场上是否可行,是否有足够的市场容量。

(二)迎头定位

迎头定位也称对峙定位,是企业选择靠近现有竞争者或与现有竞争者重合的市场,与竞争者定位于同一市场,争夺相同的顾客,彼此在产品、价格、分销及促销等各个方面差别不大。迎头定位的风险较大,可能会招致竞争者的强烈进攻,因而,企业实施迎头定位战略必须知己知彼,尤其是清醒、客观地评估、对比自己和竞争者之间的实力。企业要拥有明显的相对竞争优势时,才可以考虑使用这种定位方式。

一般来说,采取迎头定位战略需要评估下列因素。

(1) 能否比竞争者质量更优或成本更低地提供产品或服务。
(2) 该定位形成的市场潜力,可否容纳两个或两个以上直接对抗的企业。
(3) 本企业是否拥有比竞争者更充裕的资源等条件。
(4) 这个定位与企业形象、品牌声誉和企业能力是否匹配。

(三)重新定位

重新定位是指企业初次定位不成功,或企业变动产品特色,改变目标顾客对其原有的印象,使目标顾客对其产品新形象形成一个重新的认识过程。市场重新定位是企业适应市场环境变化、调整市场营销战略的一种方式,是在不得已情况下的一种选择。一般而言,企业产品在市场上出现下列情况时需考虑重新定位。

(1) 原定位不成功,需要进行重新定位。

(2) 消费者需求和偏好发生转移,消费者关注的利益发生变化。

(3) 新的竞争者加入,或竞争者推出的产品定位于本企业产品的附近,侵占了本企业品牌的部分市场,使本企业品牌的市场占有率有所下降。

(4) 市场环境发生重大变化,如科技发展带来的技术革命推动产品属性发生的新变化。

企业在重新定位前,需考虑两个主要因素。一是重新定位的成本和收益。重新定位的收益要大于成本,重新定位才值得去做。二是初次定位对重新定位的影响。由于初次定位,消费者已经接受企业产品的某种形象,重新定位要使消费者忘掉初次定位的形象,接受企业为产品塑造的新形象,这一过程容易导致定位模糊,这是企业在重新定位中应该重视的问题。

五、市场定位误区

市场定位在实施过程中常常会出现一些偏差,企业应尽量避免市场定位中的误区。

(1) 定位不足。一些企业在市场营销活动中不重视市场定位,没有给产品在消费者心目中树立明确而独特的形象,使消费者难以将企业产品和竞争者的产品区别开来,也不能真正体会到产品的特别之处,无法实现促进消费者购买的目的。

(2) 定位过度。企业给产品塑造了两个或两个以上的形象,众多纷杂的形象使消费者无所适从,无法识别产品的独特性。

(3) 定位模糊。购买者对产品及企业品牌的形象模糊不清,概念混淆,这种混乱通常由于主题太多、产品延伸或是产品定位变换太频繁所致。

(4) 令人怀疑的定位。一些企业的市场定位看上去无法实现,顾客难以相信公司在产品特色、价格等方面的宣传。

本 章 小 结

STP 战略是市场营销战略的核心内容,决定企业服务于哪些市场,在这些市场上如何确定发展方向。市场细分、目标市场选择和市场定位是 STP 战略的"三部曲"。

市场细分是指营销者通过市场调研,依据消费者的需要和欲望、购买行为和购买习惯等方面的差异,把某一产品的市场整体划分为若干消费者群的市场分类过程。消费者市场细分的标准主要包括地理细分、人口细分、心理细分、行为细分。生产者市场细分标准除了消费者市场细分标准外,还包括用户要求、用户规模、用户地理位置等。企业可以利用先验细分法和后验细分法两种方法细分市场。先验细分法是应用市场上已经存在的、已经被经验验证有效的细分标准,如常用的人口细分、地理细分、心理细分、行为细分等标准,对市场进行划分，从中识别出重要且有价值的细分市场。后验细分法是在对自然存在的市场进行消费者的数据分析，将具有相似特征的消费者聚类在一起，实现市场细分。市场细分并非划分越细越好，可区分性、可衡量性、可营利性、可进入性是有效细分市场的标准。

企业在市场细分之后，需要对所细分的市场进行选择，确定为之服务的目标市场。企业依据市场吸引力和企业在该市场上的竞争优势两个方面选择目标市场。企业目标市场战略包括三种类型：无差异市场营销、差异化市场营销和集中化市场营销。无差异市场营销是企业忽视各细分市场的差异性，只注重各子市场的共性，推出单一产品，运用单一的营销组合策略，力求满足尽可能多的顾客的需求。差异化营销是指企业同时为几个子市场服务，根据子市场之间的差异性，设计不同的产品，并在不同的子市场上实行不同的营销组合策略，以满足各子市场的需求。集中化市场营销指企业集中所有力量，进入一个或少数几个性质相似的子市场作为目标市场，实行集中化经营。企业资源和实力、产品同质性程度、产品所处的生命周期阶段、竞争者的目标市场战略、市场需求差异性等因素共同作用影响企业目标市场战略的选择。

市场定位是企业根据竞争者现有产品在市场上所处的位置，针对消费者或用户对该种产品的某种特征、属性和核心利益的重视程度，强有力地塑造出本企业产品与众不同的、给人印象深刻的、鲜明的个性或形象，并把这种形象生动地传递给顾客，从而使该产品在市场上确定适当的位置。企业可根据产品属性、顾客利益、产品用途、使用者进行市场定位选择。在定位方式上，根据竞争态势不同，企业可选择避强定位、迎头定位或重新定位。

课后习题

一、思考题

1. 什么是 STP 战略？
2. 应用市场细分标准，试为自行车市场进行市场细分。
3. 论述目标市场战略及其选择的影响因素。
4. 试选取中国手机市场的三大品牌，分析其目标市场及市场定位策略。
5. 以具体产品为例说明市场定位的方式。

二、案例分析

鄂尔多斯"用时尚打败天气"

正如所有历久弥新的经典品牌那样，中国羊绒品牌鄂尔多斯30多年发展历程中的每一次转折几乎都是踩着危机的蜕变。

2017年8月29日19时，伴随着恢宏的交响乐曲，鄂尔多斯集团旗下 ERDOS "逐光" 2017秋冬大秀在北京农业展览馆开启。博物馆一侧赫然矗立本次秋冬系列蓝色主题的背景墙，背景墙的中央简单地印着"ERDOS"以及别致的羊形 logo。对于路过建筑的民众而言，他们不难辨认出这个在消费者概念中深耕羊绒制品30年的品牌，但是相比那个从电视机中传出的"鄂尔多斯，温暖全世界"的广告语、印有中文 logo 的羊绒品牌鄂尔多斯，眼前这个视觉表达和排场均与国际大牌无异，显得既熟悉又陌生。秀场规格按照当前国内大秀的最高水准，邀请包括袁泉、Olivia Palermo 在内的明星阵容，刘雯压轴走秀，金大川、王新宇等新老超模也悉数上阵。整个秀场展现出鄂尔多斯时尚、高端、国际化的品牌形象。

30 年前，一件羊绒衫是珍稀品质的代表，一提起羊绒人们总能联想到位于中国内蒙古自治区的鄂尔多斯市以及同名的羊绒集团。10 年前，随着中国消费者越来越注重产品的时尚度，样式单一、单价较高的羊绒衫便开始沦为"老气"的代名词，并且厚重的羊绒服饰主要适合秋冬季节，同羽绒服品类一样容易受到天气因素影响。5 年前，中国宏观经济开始进入转折期，消费和零售都进入新阶段，消费群体越来越细分，消费理念趋于多元化，服饰品牌的竞争和洗牌都在加剧，此时的鄂尔多斯集团感受到了强烈的危机感。

1. 多品牌定位

首先，鄂尔多斯开始启动品牌发展战略研究，在全国 30 多个城市进行了样本容量为 5 000 多个消费者的市场调查。最后品牌发现，一方面"鄂尔多斯"已成为高品质羊绒服装的代名词，在全国各地的消费者心目中享有极高的知名度和情感认同，但另一方面"鄂尔多斯"品牌 30 多年来积累的顾客群体非常庞大，开始过于宽泛模糊，甚至老化，这与当今消费升级的趋势不符，品牌建设尤其欠缺对年轻消费群体的影响力。

对于体量庞大的鄂尔多斯而言，厘清概念虽然容易，但是真正触及销售终端的改变却是极其复杂的系统工程，包括多品牌的差异化重新定位，品牌形象在各种传播路径中的重塑，内部管理架构的调整等。鄂尔多斯羊绒服饰品牌家族拥有了四个针对不同细分顾客群的品牌，ERDOS、鄂尔多斯 1980、1436 和 BLUE ERDOS。1436 和 ERDOS 针对高端和时尚顾客群，其中 1436 定位为奢侈品牌，二者目标市场是经济条件好、消费能力和消费意愿双高的人群。鄂尔多斯 1980 定位于专业羊绒品牌，以其高品质和专业的羊绒制品著称。BLUE ERDOS 则专门针对"千禧一代"年轻消费群体，以设计感、高性价比和鄂尔多斯品质背书作为核心竞争优势，以此成为集团打入年轻市场的关键切入点。

相应地，鄂尔多斯各品牌和公司组织架构也做出了很大的调整，建立了一个四个品牌区隔经营但综合管理的体系。四个品牌有独立运营的单元，如产品研发、推广、形象管理。同时后台则是综合管理的共享体系，如物流、供应链、生产、服务、信息系统。这一组织架构的变革适应了不同品牌的市场定位运作，在有限资源条件下实现效率和效能的平衡。

2. 品牌定位传播

消费者对转型后的鄂尔多斯最直接的印象转变来自于各种传播渠道的沟通表达。曾在 Chanel 工作 15 年的艺术总监 Gilles Dufour 为 ERDOS 带来了更具国际化视野和艺术指向的审美体系。中国超模刘雯的加入则成为众多消费者对 ERDOS 印象改观的起点。正如刘雯自身的特质与经历，本土属性与国际化格局在 ERDOS 的广告形象呈现上达成了平衡。

此外，集团通过联名合作等方式提升鄂尔多斯品牌群的时尚度。1436 与首批打入米兰时装周官方日程的中国设计师 Uma Wang 合作，ERDOS 与新锐设计师于惋宁、欧敏捷、马凯进行联名合作，通过设计视角探索羊绒更多的可能性。ERDOS 还与知名设计师 BING XU 开展深入的跨界合作。新的设计和国际化视野为鄂尔多斯品牌定位实施注入新的活力。

为了更明确四个品牌的差异化定位，在塑造各品牌的推广策略上，ERDOS 加强与时尚明星 KOL 的合作，1436 则注重与艺术家的合作，鄂尔多斯 1980 强调新时代的情感关系和生活体验，BLUE ERDOS 则会更突显数字化时代下的个性表达。2017 年，鄂尔多斯集团进行了 ERDOS 和鄂尔多斯 1980 各自全新的 VI(Visual Identity，视觉识别)系统和 SI(Store Identity，终端形象识别)的设计和切换实施，也同步启动了全国品牌视觉形象提升计划，在每一个消费者与品牌可能的触点上，都彰显了品牌定位的优化，提高了消费者的终端店铺体验。

3. 线上销售渠道整合

除维护和开发实体销售渠道外，鄂尔多斯集团积极拓展线上渠道，实现线上线下互动销售。2009年开始与电商天猫合作，经过10年的发展，天猫已成为鄂尔多斯在探索全渠道过程中的重要伙伴。在现有基础上，鄂尔多斯在天猫上已建立包括集团店、ERDOS旗舰店、BLUE ERDOS旗舰店、1980旗舰店和淘宝在内的多品牌店铺管理模式，最终覆盖包括女装、男装、童装在内的目标顾客群。而在店铺页面整体风格上，鄂尔多斯也完成了较大程度的转变。在总量上采取缩款策略，使推广力度更为集中。并着重铺陈多样化的新品和时尚单品，突出年轻活力的元素。在内部，电商团队被称为"共享销售中心"，组织架构实现了平台扁平化管理，通过品牌渠道运营组、业务线分组、多项目小组的并驾齐驱的新架构，进行任务拆分和人员的合理配置。

目前，鄂尔多斯成立的领峰项目组，在线上和线下选择一百家试点的店铺，通过类直营的方式，总部统一组织陈列、培训、货品周转、促销支持等，打造品牌标杆后再进行复制，持续跟进和探索各种新的模式、做法，积极尝试与品牌定位目标相符的线上线下发展策略。同时，鄂尔多斯还投资数千万元升级信息化系统，尝试使线上与线下门店实现物流、库存和会员共享。统计资料显示，2018年，鄂尔多斯品牌家族电商销售增长率达47%，电商销售的羊绒服饰产品收入占比超过10%。

多品牌战略已经成为中国服饰市场的一种新的流行做法。相比做好一个品牌，多品牌市场则需要公司投入更多的精力。鄂尔多斯的四个品牌针对的细分市场清晰地勾勒出其目标受众，无论是追求时尚还是基本款，无论是年轻人还是中老年顾客群，无论是追求高性价比还是奢侈品，每一种细分需求都有鄂尔多斯的布局。不仅如此，鄂尔多斯更希望跳脱羊绒行业，进入拥有更充分发挥空间的时尚服饰市场中。

鄂尔多斯现在的竞争对手已经不是羊绒品牌，而是时尚品牌。鄂尔多斯的羊绒也不再是每年秋冬拿出的一件羊绒衫，而是覆盖各种品类的全季节产品，是时尚化与保有羊绒属性标签的品牌与产品，是在经典基础上延伸出的国际化与年轻化的新生力量。在经过了市场定位和品牌重塑后的几年中，鄂尔多斯羊绒集团以超出预期的速度取得了显著成效。订货方面，ERDOS和鄂尔多斯1980订货量合计来看，2016秋冬同比增长11%，2017春夏同比增长17%，2017秋冬同比增长19%，2018春夏订货增长超过40%；在零售层面，全国2016秋冬和2017春夏的新品销售均同比增长20%以上。两季售出率创了历史新高。

(参考资料：http://news.ef360.com/Articles/2017-8-30/363638.html.)

请思考：
1. 鄂尔多斯企业是如何细分羊绒市场的？使用了哪些细分标准？
2. ERDOS服饰的市场定位是什么？采用了哪些营销手段完成了市场定位？
3. 谈谈鄂尔多斯企业经营给你的启示。

三、实操题

【实训目的】

通过实训，使学生识别和寻找普通产品的特色和消费利益，为产品市场定位提供基础信息。这个训练课帮助学生增加对产品的敏感度，帮助其富有创造性地认识一个产品的消费利益。

【实训内容】

(1) 讨论产品特色和好处的概念。特色(feature)是指一项产品或服务具有的独特的部分或品质，如"我们的防晒乳的SPF是15"。好处(benefit)是指对顾客而言，特色所带来的价值，如"这意味着你可以在阳光下待更长的时间而不会被灼伤"。

(2) 提醒学生顾客买的是产品所能带来的好处，而不是特色，让学生思考如何将特色转化为好处。

(3) 将学生分成3~5组。他们的任务是一起工作列出一些普通产品的特色和好处。这些产品包括香蕉、安全别针、口香糖、玫瑰花、巧克力、唇膏。

(4) 学生抽签决定产品种类。让参与者列出他们产品的特色然后列出相应的好处。找出产品好处的一个方法是问："那又怎样？"

例如：

"我们防晒乳的SPF是15。"

"那又怎么样？"

"那么你可以在阳光下待更长的时间而不会被灼伤。"

(5) 应用这种方法，让每一小组尽可能多地介绍他们产品的特色和好处。

【实训组织和要求】

将学生分组，每组3~5人。以小组为单位讨论和完成任务，并汇报讨论结果。其他小组成员可以给出自己的意见和建议。

第十章

产品策略

【学习目标与任务】

- 理解产品整体的概念。
- 掌握产品组合及其策略。
- 掌握产品生命周期各阶段营销策略。
- 掌握新产品开发战略及开发程序。
- 掌握品牌及品牌策略。
- 掌握包装策略。

【重点与难点】

- 产品整体概念及其在市场营销中的重要地位。
- 产品组合相关概念及产品组合策略。
- 产品生命周期各阶段特征及营销对策。
- 新产品开发战略及开发程序,新产品采用和扩散过程。
- 品牌个性塑造与传播,以及品牌策略。
- 包装策略。

【能力目标】

- 能够应用所学理论分析某一企业的品牌策略及其利弊。
- 能够为某一品牌个性传播制作简要策划方案。

【案例导入】

谷歌与苹果的产品之战

在IT业的广袤土地上，战争从未平息过。在后乔布斯时代的IT战场，寡头战争一触即发。两大寡头，互联网的霸主，谷歌与移动终端的王者苹果之间的王者之战无人能阻。

苹果在IOS5中内置了免费的Cloud云服务，开始冲击谷歌的免费模式；而谷歌则以125亿美元将昔日王者摩托罗拉收归门下，对苹果手机发起总攻。谷歌和苹果的寡头战争既是硬件战也是应用战和外交战。在硬件上，双方从iPhone到iPad，战场已经扩散到越来越多的移动终端领域；在应用上，从多点触控技术的争夺，到iAD、NFC乃至应用商店的对抗；在外交上，联合、孤立和打击对手的外交作战意图逐渐清晰起来。

2007年以前，IT科技竞争的主角还是微软与谷歌、苹果，而短短几个月之后，谷歌和苹果的矛盾直接演变成集团性较量。

2007年11月，谷歌宣布推出开源智能手机操作系统Android，意味着谷歌和苹果的"蜜月期"戛然而止。Android是谷歌于2005年收购的一家新兴科技公司，其意图原本是防止微软在移动领域也取得统治地位。但随着微软在该领域的衰退和苹果逐渐成为行业龙头，谷歌感到危机来临，因此，在原有基础上继续推进Android操作系统及其开放手机操作系统的研制。金无足赤，用户对iPhone的最大抱怨在于，它使用了2.5G数据网络使收发电邮或浏览网页的速度十分缓慢。而此时谷歌悄悄升级和完善了Android系统，提升了Android系统智能手机的操作性能，使其具有可以同时运行多个程序的能力，越来越多地触及iPhone的利益。谷歌的这些举动终于激怒了乔布斯，他表示，如果谷歌打算推出使用多点触控技术的手机，苹果将把谷歌告上法庭。然而谷歌依然我行我素。当谷歌试图让自己的互联网电话服务谷歌语音程序（Google Voice）植入iPhone时，苹果毫不犹疑地拒绝了这一要求。就在谷歌遭拒的那天，谷歌宣布推出其与HTC公司合作生产的旗舰手机NexusOne，NexusOne是一个使用多点触控技术的智能手机，与iPhone有着很高的相似度。

谷歌和苹果都十分清楚，智能手机行业在今后市场发展中的重要作用。谁掌握了智能手机，谁就掌握了附着其上的硬件、软件、内容和广告的话语权，智能手机将成为未来计算机的趋势变得日益清晰。为了在战略上划清界限，苹果明确声明拒绝将谷歌的两款应用软件向iPhone用户出售，而谷歌的CEO斯密特也毫不客气地宣布退出苹果公司的董事会。

实际上谷歌和苹果的对抗就是过去苹果和微软之间对抗的翻版。苹果希望像以前的微软那样垄断市场，而谷歌希望联合合作伙伴，希望推出新产品抢夺市场。这一点从两个公司在软硬件上的策略可见一斑。在软件上，谷歌举起公开源代码的大旗，认为标准越开放越好，而苹果的观点截然相反，它悉心维护着自己的软件开发社区，并对在iPhone上销售的软件严加控制，目的就是借此抵御iPhone的竞争产品；在硬件上，谷歌与许多手机制造商建立了合作关系，廉价推广自己的Android系统，而苹果则不允许任何公司插手iPhone，连硬件设备也由苹果自己制造。

对苹果而言，iPhone产品已占到其总销售额的30%以上。随着谷歌Android系统的推出，谷歌的Android系统对苹果iPhone业务的威胁与日俱增。虽然谷歌自己的Android手机市场表现差强人意，但集各手机厂商组成的Android大军在总体上吞噬着iPhone的市场份额。据统计，2011年第一季度，谷歌Android系统在美国的市场份额为28%，已经超过苹果iPhone；在欧美地区，谷歌Android系统的领先优势更是日益明显，在美国、法国和德国的市场份额分别达到38%、35.9%、35.5%。

谷歌与苹果已经不满足于仅停留在移动终端领域的争夺，在智能手机之外的竞争也步步紧逼。例如，在应用开放平台方面，谷歌Android Market对战苹果App Store；在平板电脑方面，谷歌用以Android为操作系统的平板电脑对战苹果iPad；在网络电视方面，谷歌TV对战苹果TV。此外，在电子书、云计算、办公软件、视频服务、电子邮件、手机广告，甚至地图导航等方面，两家均存有竞争关系。

1. Android Market对抗App Store

谷歌为了对抗苹果App Store而推出了Android Market。在竞争策略上，谷歌也与Android一样，大打免费牌，截至目前，Android Market已成为唯一一个免费应用数量超过付费产品的应用商店。另外，为了招揽Android Market的生意，谷歌只从开发者的收益中抽取20%的提成，远远低于苹果30%的提成比率。在审核机制上，Android Market的应用程序也远比苹果的简单。不过，苹果也不甘示弱，通过iAd移动广告平台的布局跟谷歌进行新一轮的竞争。

2. YouTube对抗iTunes

谷歌正谋划与唱片公司合作，进军音乐下载商店和数字歌曲库业务。这些计划将允许移动用户在任何地方播放音乐，并且将增强谷歌与苹果的竞争。苹果与谷歌相比已经抢占了先机，苹果通过iTunes音乐商店在这个领域统治了7年时间，iTunes占美国数字音乐销售70%的份额。谷歌正计划在旗下视频网站YouTube推出影片出租服务。随着YouTube加大关注专业内容，这一扩张举措已势在必行。如果YouTube真的推出这一服务，就将与苹果的iTunes又一次展开正面交锋。

3. 谷歌TV对抗苹果TV

2010年10月，谷歌联手索尼拟推出谷歌TV，使谷歌将其传统的互联网搜索延伸至电视机领域。这是一种全新的电视模式，可以通过传统的电视机，不用其他任何网络辅助就可以连接互联网，实现便捷的信息传播。早在同年5月，谷歌发布进入网络电视业务没多久，早已涉足这个领域的苹果就公布了升级苹果TV的庞大计划，将全面推行基于云计算和iPhone操作系统的电视机顶盒。这一机顶盒与谷歌TV极为相近，而且操作便捷、外观华丽，价格仅为99美元。

4. 云计算

在数据计算领域，当今科技领域最核心的问题是大多数计算任务究竟应该在哪里进行。谷歌的答案是，多数计算任务都应当由"云"来处理，即通过将所有数据上传到一个大型数据中，再由其中的软件来运行处理，最后将计算结果发回给申请终端。谷歌的Android系统就隐含了这种思维模式，一方面用公开的、更为简单的操作系统代码取代苹果和微软的操作系统，另一方面为用户提供一个云计算的接口，将大量数据接入中心计算网络进行处理。苹果的答案却截然相反，主张将大多数计算能力放进消费者的口袋和公文包，其目的在于销售美观大方、性能优越的产品，以获取丰厚的利润。因此，苹果更加依赖于所谓的"原生码"(native code)，也就是为特定设备编写的有针对性的代码。

5. 手机广告

根据 Gartner 机构的数据，目前全球的手机广告规模为 20 亿美元，而且增长速度飞快。如此诱人的手机广告市场又成为谷歌与苹果的新战场。谷歌很清楚自己在移动广告领域的弱势地位，而且坚信手机广告终有一天会比网络广告更重要。苹果也意识到进军手机广告市场需要一个专门针对网络广告商和消费者行为的新科技手段。作为最大的手机广告网络商之一的 AdMob，其个性化广告已经得到了数十亿人次的查看。该公司现已进入 160 个国家和地区，并为广告营销商提供一系列数据和分析服务，以便其跟踪人们接收自己广告的流量状况。 AdMob 的这一优势正是谷歌和苹果所需要的。正当苹果开足马力实施对 AdMob 的并购之时，姗姗来迟的谷歌却横刀夺爱，以 7.5 亿美元的天价将 AdMob 收入囊中。这次并购将最大的手机广告商和最大的网络整合到了一起，AdMob 的网络与谷歌的 Android 操作系统、搜索广告业务、分析结果以及提供在线广告发布服务的 Double Click 的整合，为广告客户提供了强大的"生态系统"，出版商、软件开发商、营销商以及消费者都会成为受益者。无奈的苹果公司以 2.75 亿美元收购了第三大手机广告网络商 Quattro Wireless 公司，以对抗谷歌的手机广告。此外，苹果推出了移动广告平台 iAd，这是一项将广告植入移动设备应用软件中的服务，这些移动设备包括 iPhone 和 iPad。

(资料来源：吴中宝. 寡头战争：谷歌战苹果[M]. 北京：中国经济出版社，2011.)

产品是一个企业生产经营的中心，也是企业满足市场需求的载体。产品策略是企业实施其他营销策略的基础和前提，每一个企业都致力于优化产品结构，开发新产品，提升产品和服务质量，伴随产品成长而制定不同营销策略，以更好地满足消费市场需求。

第一节 产品整体概念与产品组合策略

一、产品整体概念

(一) 产品整体概念的内涵

市场营销学中的产品是一个广义的概念，是指人们通过购买而获得的能够满足某种需求和欲望的物质与非物质的总和，它既包括具有物质形态的产品实体、场所、组织等，又包括无形的服务、观念、思想或它们的组合。产品的整体概念是将产品作为一个多层次的综合体，是产品提供给消费者各项利益的综合体现，它突破了产品仅仅是提供"物"本身的意义，拓展了传统意义上产品概念的内涵和外延，为消费者客观评价产品提供了现实依据。

(二) 产品整体概念的内容

对产品整体概念层次的划分上有不同的观点，主要包括"三层次论"和"五层次论"。

产品整体概念的"三层次论"认为，现代营销中的产品包括三个层次：核心产品、形式产品和附加产品，如图 10-1 所示。

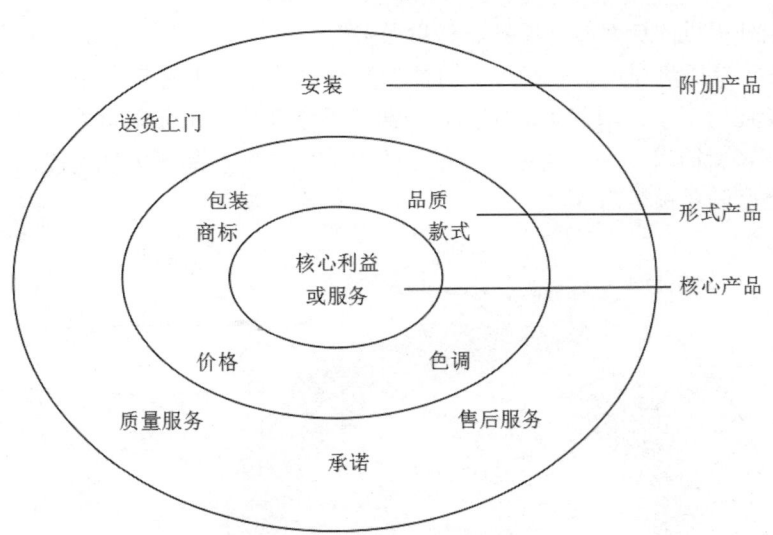

图 10-1 产品整体概念的三个层次

(1) 核心产品。核心产品是指消费者购买某种产品时所追求的核心利益或服务，是顾客真正要购买的实质性内容，是产品整体概念中最基本、最主要的部分。消费者购买某种产品，并不是为了占有或获得产品本身，而是为了获得能满足某种需要的效用或利益。

(2) 形式产品。形式产品也叫有形产品，是指核心产品的载体，即向市场提供的实体和服务的可识别的形象表现。形式产品在市场上通常表现为产品品质、外观、特色、式样、形态、品牌、包装等。产品在设计时，力求在内在品质和外在表现上实现统一，以更完美地满足顾客需要。

(3) 附加产品。附加产品是指消费者购买产品时所获得的全部附加服务和利益，包括提供信贷、免费送货、保险、安装、维修、保障、售后服务等。附加产品的概念源于对市场需要的深入认识。附加产品较多体现在对产品的附加服务上，在产品同质化倾向越来越明显的行业中，产品的附加服务变得尤为重要，消费者购买商品是希望得到与满足该项需要有关的一切利益，服务的广度和精准程度成为消费者评价和选择产品的重要因素。

西奥多·莱维特在 20 世纪 80 年代提出产品整体概念的"五层次论"，认为产品整体包括核心产品、有形产品、附加产品、期望产品和潜在产品五个层次，如图 10-2 所示。

(1) 核心产品。与"三层次论"中的核心产品内涵相同，是消费者购买产品的基本功效和利益。

(2) 形式产品。与"三层次论"中的形式产品内涵相同，是核心产品借以实现的形式。

(3) 期望产品。期望产品是指购买者购买某种产品通常所希望和默认的一组产品属性和条件。一般情况下，顾客在购买某种产品时，往往会根据以往的消费经验和企业的营销宣传，对所欲购买的产品形成一种期望，如对于餐饮服务，消费者期望得到干净卫生的就餐条件、美味的食物和得体的服务等。期望产品是顾客认为在购买产品时应该得到的利益，对顾客而言，期望产品并不会为顾客带来额外的满意和惊喜，但是如果顾客没有得到这些利益，就会对产品非常不满意，从而做出负面评价。

(4) 附加产品。附加产品也叫延伸产品，是指企业提供产品时附加的额外服务和利益，也是超越购买者购买期望的那部分附加服务和利益，往往能够带来较高的顾客满意度。例如，某宾馆额外提供的免费接送服务、送餐服务等。

(5) 潜在产品。潜在产品是指产品可能的发展前景，包括现有产品的所有延伸和演进，潜在产品给企业留下了无限想象的空间，也给产品创新留下了无限可能。潜在产品要求企业不断发现顾客新需求，寻求满足顾客的新方法，将潜在产品变为现实产品，为顾客创造更多价值，更好满足顾客需求。

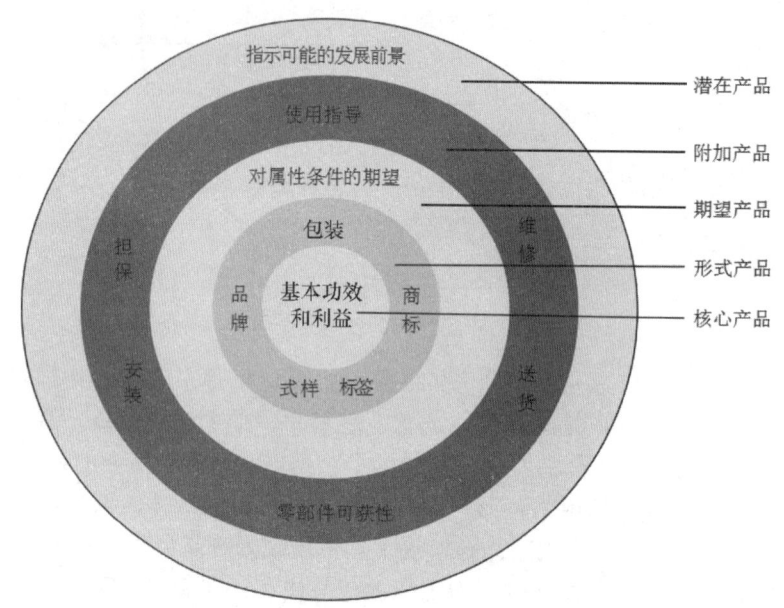

图 10-2　产品整体概念的五个层次

(三)产品整体概念的营销意义

产品整体概念是市场营销学中的一个重要概念，是对市场经济条件下产品概念的完整、系统、科学的表述，体现了以顾客为中心的现代营销观念。顾客在评价和选择产品时，并非仅仅关心产品提供的核心利益和基本功能，而是关注包括形式产品和附加产品在内的整体产品评价，因而企业在生产产品时，要综合考虑消费者的需求，重视产品整体概念的不同层次，任何一个产品层次的缺失，都不能形成一个完整的产品，同时会严重影响消费者对产品的整体评价。另外，产品整体概念为企业实现产品差异化提供实现途径，企业可根据消费者对产品整体概念不同层次的重视程度，有针对性地开发产品特色，突出产品整体概念中某一层次的特性，实现产品差异化，形成区别于竞争者的产品优势，充分满足消费者对产品的个性化需求。

二、产品组合策略

(一)产品组合及其相关概念

产品组合是企业提供给市场的全部产品线和产品项目的组合或结构。产品组合表明了企业所有产品的经营范围，企业为了有效地满足目标市场消费需求，需要形成合理的产品组合。

构成产品组合的两个基本要素是产品线和产品项目。产品线也叫产品大类,是密切相关的一组系列产品,这些产品在功能上具有相似性、替代性或配套性。产品项目是构成产品组合最基本的单位,是企业生产和销售的各产品类别中某一特定产品,是由品名、型号或其他属性来区别的具体产品。

通常用四个属性衡量产品组合的特征,分别是产品组合的长度、宽度、深度和关联度。

(1) 产品组合的长度是指产品组合中所有产品项目的总和。产品组合长度越长,说明企业的产品项目越丰富,但并不能说明产品组合的内部结构。

(2) 产品组合的宽度是指企业拥有多少条不同的产品线数目。产品组合的宽度表明企业经营范围的大小。拥有的产品线越多,就意味着产品组合越宽,企业的经营范围越广;反之,产品线数量越少,其产品组合就越窄,企业的经营范围也越小。

(3) 产品组合的深度有两个不同的含义。一种含义是某一产品线的深度,即某一产品线中产品项目的多少,产品线深度的数值越大,说明该产品线内部的产品丰富程度越高。另一种含义是产品组合深度,它是一个平均数,即产品组合的长度除以产品组合的宽度,得到产品组合的平均深度。

(4) 产品组合的关联度是指各类生产线在最终的用途、生产条件、销售渠道或其他方面相互联系的紧密程度。例如,家电企业生产彩电、冰箱、洗衣机等不同类别的家电产品,其目标群体、销售渠道、生产条件等密切相关,这一产品组合的关联度就比较高。同理,如果企业实行的是复合多元化战略,产品类别之间跨度较大且缺乏共同的生产或销售基础,则产品组合的关联度就小或无关联度。

(二)产品组合优化和调整策略

企业的产品组合不是一成不变的,随着市场环境和企业经营状况的变化,企业需不断优化产品组合,以适应竞争、满足市场需求和企业盈利的需要。

1. 扩大产品组合策略

扩大产品组合包括拓展产品组合的宽度和产品线的深度。前者是在原产品组合中增加一个或几个产品大类,扩大产品经营范围;后者是在原有产品大类中增加新的产品项目。当企业预测现有产品大类的销售额和利润额在未来一段时期有可能下降时,就应考虑在现行产品组合中增加新的产品大类,或加强其中有发展潜力的产品大类。当企业打算增加产品特色,则可选择在原有产品大类内增加新的产品项目。

企业在下列情况下,往往有扩大产品组合的趋势:生产能力过剩迫使产品大类经理开发新的产品项目;经销商和销售人员要求增加产品项目,以满足顾客新的消费需求;产品大类经理为了追求更高的销售额和利润而增加产品项目。

一般来讲,扩大产品组合,可使企业充分地利用人、财、物资源,满足更多消费需求,一定程度上分散风险,增强市场应变能力,实现企业增长目标,但这些是以企业具备一定的资源和能力为前提的。

2. 缩减产品组合策略

当市场繁荣时,较长、较宽的产品组合会为企业带来较多的盈利机会。但当市场不景气或原料、能源供应紧张时,缩减产品反而可能使总利润上升。这是因为从产品组合中剔除了那些获利很小甚至亏损的产品大类或产品项目,使企业可集中力量发展获利多的产品大类和产品项目。因而,企业要随时关注产品组合的动态发展和获利能力分析,对获利能力弱、发展前景不乐观的产品线和产品项目及时缩减和清理,优化产品组合,保持其活力,提高经济效益。

3. 产品延伸策略

当企业拥有一定市场地位时,为适应市场需求和企业发展,企业有可能采取产品延伸策略。产品延伸策略指全部或部分地改变公司原有产品的市场定位,以达到扩大产品经营范围的目的。具体做法有向下延伸、向上延伸和双向延伸三种形式。

(1) 向下延伸是指企业原来生产高档产品,后来决定增加中低档产品。企业采取这种策略的主要原因是:①企业发现其高档产品的销售增长缓慢,因此不得不将其产品大类向下延伸;②企业的高档产品受到激烈的竞争,必须用侵入中低档产品市场的方式来反击竞争者;③企业当初进入高档产品市场是为了建立其质量形象,待形象建立后,再向中低档产品市场拓展;④企业增加中低档产品是为了填补空隙,不让竞争者有机可乘。

企业在采取向下延伸策略时,可能会遇到以下风险:①企业原来生产高档产品,后来增加中低档产品,有可能使名牌产品的形象受到损害,所以,中低档产品最好用新的品牌,避免冲击高档产品的市场定位;②企业原来生产高档产品,后来增加中低档产品,有可能会激怒生产低档产品的企业,导致其发起猛烈反攻;③由于经营中低档产品所得利润较少,企业的经销商可能不愿意经营中低档产品,影响企业产品销售。

(2) 向上延伸是指企业原来生产低档产品,后来决定增加高档产品。企业采取产品组合向上延伸,主要基于以下原因:①高档产品畅销,销售增长较快,利润率高;②企业认为高档产品市场上的竞争者较弱,容易被击败;③企业想使自己成为产品种类齐全的企业。

采取向上延伸策略也要承担一定风险:①可能引起生产高档产品的竞争者进入低档产品市场,进行反攻;②未来的顾客可能不相信企业能生产高档产品,对延伸的高档产品质疑;③企业原有的销售代理商和经销商可能没有能力和条件经营高档产品。

(3) 双向延伸是指原定位于中档产品市场的企业掌握了市场优势以后,决定向产品大类的上下两个方向同时延伸,一方面增加高档产品,另一方面增加低档产品,扩大市场阵地。

产品延伸策略是一把双刃剑,在为企业带来利益的同时,也增加了企业的经营风险。企业在实行产品延伸策略时,应深入分析市场需求和竞争态势,做出科学决策。

总体来说,产品延伸可为企业经营带来以下益处。

(1) 满足更丰富的消费者需求。企业通过产品延伸进入不同档次的市场,有针对性地满足更多样化的消费需求,一方面提高消费者的满意度,另一方面提升了产品在市场上的影响力和企业成长速度。

(2) 适应不同价格层次的需求。产品延伸策略是企业的产品在不同档次间的延伸,这意味着同一家企业为消费者提供不同价位的产品,这既能满足不同消费能力的消费者对产品价位高低的需求,也使消费者享受到同一企业声誉所带来的额外价值。

(3) 企业通过产品延伸达到扩大销售、拓展市场的目的。产品在不同档次间的延伸,扩大了产品的目标群体,带来企业产品总体销售额的增加。

正如一枚硬币的两面,产品延伸也会带来一定的风险和负面作用,具体表现如下。

(1) 品牌忠诚度降低。品牌忠诚在消费行为上表现为消费者对特定品牌产品重复购买的行为。当企业进行产品延伸时，产品档次更加丰富，这有可能打破消费者在单一产品档次模式下形成的购买方式和使用习惯，对产品的依赖程度反而降低，这种风险往往同时也会降低品牌忠诚度，并使消费者重新考虑购买决定。尽管产品延伸使得某一品牌能满足消费者的各种需要，但它也促使消费者在追求新变化中增加了尝试品牌转换的意愿。

(2) 产品定位模糊。产品在不同档次间延伸，会打破原有产品已经建立起的市场形象，造成消费者对产品定位认知的混乱，致使原产品定位模糊。为避免这种弊端，企业需要对延伸的产品做区别性宣传，或者使用多品牌策略，为不同产品确定不同的明确的市场定位，各产品间有特定的目标市场，满足不同市场需求，互不干扰。

(3) 产品延伸引起成本增加。产品延伸会引起一系列的成本增加，如市场调研、产品包装、生产费用会有较明显地增长。同时，频繁的产品档次变动使生产的复杂程度提高，新产品的市场推广导致营销费用大幅增长。

4. 产品大类现代化

在某些情况下，虽然产品组合的宽度、长度、深度都很恰当，但产品大类的生产方式或生产技术可能已经过时，这就必须对产品大类实施现代化改造。产品大类现代化策略有两种选择：逐步改造和全面改造。逐步改造策略可以节省资金耗费，但缺点是耗时较长，竞争者很快就会察觉，并有充足的时间做出反应。全面改造策略在短期内耗费资金较多，企业需要具备充足的人力、物力和财力，但优点是改造彻底，效率较高，限制了竞争者的反应。

第二节　产品生命周期

一、产品生命周期的概念

产品生命周期理论是美国哈佛大学教授雷蒙德·弗农(Raymond Vernon)于1966年在其《产品周期中的国际投资与国际贸易》一文中首次提出的。产品生命周期是指产品从进入市场到退出市场所经历的市场生命循环过程。产品生命周期表明了产品在市场上的发展规律，企业需要了解产品生命周期的发展规律和各阶段市场特点，随着产品生命周期的发展及时调整市场营销方案，重视新产品开发和产品储备，把握新老产品的更新迭代时机，及时用新产品代替衰退的老产品。

产品生命周期特指产品的市场寿命或经济寿命，而不是产品的物理生命或使用寿命。典型的产品生命周期一般可分为四个阶段，即导入期、成长期、成熟期和衰退期。产品在市场上的销售情况及其获利能力，会随着时间的推移而变化。这种变化的规律就同人和其他生物的生命一样，有一个诞生、成长到成熟并最终衰亡的过程。图10-3表明在一般情况下，产品销售量和利润在不同生命周期阶段随着时间推移的变化轨迹，直观地体现了产品生命周期不同阶段产品销售量和利润的变化规律。

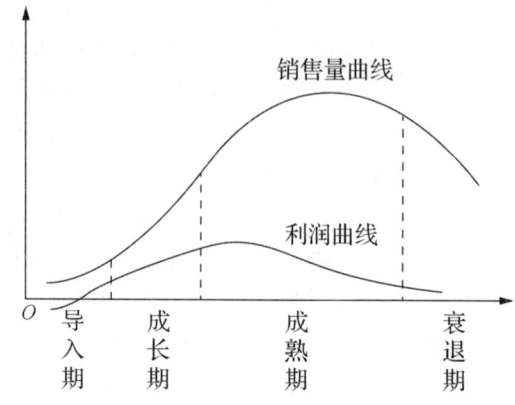

图 10-3　典型产品生命周期曲线

二、产品生命周期各阶段的特征

(一)导入期

导入期也叫介绍期，产品从投放到市场，导入期就开始了。由于产品刚刚进入市场，消费者对产品不太了解，购买的人数较少，主要是追求新奇、乐于冒险的创新使用者购买，因而导入期的产品销售量小，且增长缓慢。企业为了尽快拓展市场，需要做大量的广告和促销推广活动，因此这一阶段的营销费用较高，加之新产品市场技术还不很成熟，产量少也无法实现规模经济，企业生产成本较高。在产品销售量有限，成本较高的情况下，导入期的企业通常无法获利，常常亏损或微利。但这一阶段产品处于起步阶段，竞争者较少，竞争不激烈。

(二)成长期

随着市场的发展，产品销售量快速增长，便进入了成长期。在图 10-3 中，成长期表现为一条较陡直的曲线。在这一阶段，产品已被更多人知晓和熟悉，消费者开始踊跃尝试新产品，产品销售量大幅增长，且增长速度很快。生产技术和工艺逐步成熟，产品性能改进，大批量生产带来规模效应，企业生产成本大幅降低，企业利润随之上升。与此同时，竞争者看到市场有利可图，纷纷进入市场参与竞争，使同类产品供给量增加，同行业竞争逐渐剧烈。同时期销售量的迅速增长，产品价格开始下降。企业仍需加大宣传和促销，进一步开拓市场，提高市场占有率。

(三)成熟期

经过成长期以后，市场需求渐渐趋于饱和，潜在的消费者越来越少，销售量增长缓慢直至转而下降。按照销售量增长速度的变化，成熟期可分为两个子阶段。第一个子阶段是缓慢增长阶段。由于市场趋于饱和，销售量缓慢增长，随着大多数潜在消费者已经使用过该产品，销售量达到高峰后持平，竞争空前激烈。第二个子阶段是销售量下降阶段。销售量的绝对水平开始下降，消费者需求转向购买其他产品或替代品。成熟期的竞争最为激烈，同类产品企业不得不在产品质量、花色、规格、包装、服务、促销等方面加大投入，企业利润也呈先升后降的趋势。此阶段，企业需要及时调整和改变营销战略和策略，在竞争中获得持久的竞争优势。

(四)衰退期

随着科学技术的发展,新产品或新的替代品出现,这将使消费者的消费习惯和消费偏好发生改变,消费者转向其他产品,从而导致原来产品的销售量和利润额迅速下降,企业的产品利润很低,甚至为零。于是,产品进入衰退期,当企业无利可图时,大量竞争者退出市场,产品随之被市场淘汰,该产品的生命周期结束。

产品生命周期是一个重要的概念,它和企业制定产品策略以及营销策略有着直接的联系。企业要想使其产品有一个较长的销售周期,以便赚取足够的利润来补偿在推出该产品时的所有营销费用及风险,就必须认真分析研究该产品的生命周期,以制定相应的营销策略。此外,产品生命周期也是营销人员用来描述产品和市场运作方法的有力工具。

产品生命周期各阶段特点总结如表10-1所示。

表10-1 产品生命周期各阶段特点

	导入期	成长期	成熟期		衰退期
			前期	后期	
销售量	低	快速增长	继续增长后持平	下降	急速下降
利润	亏损或微利	由少到多	高峰	大,但逐渐下降	低或负
购买者	高收入者、爱好新奇者	日益增多	大众	大众	后随者
竞争	少	兴起	多	很多	减少

三、产品生命周期各阶段的营销策略

(一)导入期营销策略

在产品导入期,价格和促销是企业营销策略中两个最重要的要素。一方面,在导入期内,消费者对产品很陌生,企业需要通过各种促销手段将产品推向市场,使消费者认知新产品,并吸引消费者购买使用;另一方面,导入期的生产成本和销售成本相对较高,新产品的价格制定显得尤为重要。促销水平的高低决定企业产品进入市场的快慢程度,价格的高低决定企业的市场渗透能力和盈利水平。因此,在导入期,企业营销的重点主要集中在促销和价格方面。一般有四种可供选择的营销策略,如表10-2所示。

表10-2 导入期营销策略

价格水平	促销水平	
	高	低
高	快速撇脂策略	缓慢撇脂策略
低	快速渗透策略	缓慢渗透策略

(1) 快速撇脂策略。这种策略特征是高价格、高促销费用。采取高价格的同时,配合大量的宣传推销活动,把新产品推入市场。其目的在于先声夺人,迅速扩大销售量,取得

较高的市场占有率,并希望在竞争者还没有大量出现之前就能收回成本,获得利润。采取这种策略需要具备一定的市场条件:必须有很大的潜在市场需求量;大多数潜在消费者还不了解这种新产品;产品的潜在替代品较少,消费者愿意出高价购买;企业面临众多潜在的竞争者,希望能快速树立良好的品牌形象,建立品牌偏好。

(2) 缓慢撇脂策略。这种策略特征是高价格、低促销费用。高价格的目的在于能够及时收回投资,获取利润,低促销的方法可以减少销售成本。该策略主要适用于以下市场条件:产品市场规模比较小,市场上大多数的消费者已熟悉该新产品,购买者愿意出高价;商品的生产和经营有相当的难度和要求,普通企业无法参与竞争,潜在竞争威胁不大。

(3) 快速渗透策略。以低价格、高促销费用的方式迅速打入市场,取得尽可能高的市场占有率。在市场容量很大,消费者对这种产品不熟悉,但对价格非常敏感,潜在竞争激烈,企业随着生产规模的扩大可以降低单位生产成本的情况下适合采用这种策略。

(4) 缓慢渗透策略。以低价格、低促销费用推出新产品。这种策略适用于市场潜量很大,消费者熟悉这种产品但对价格敏感,并且存在潜在竞争者的市场环境。

(二)成长期营销策略

在产品成长期,消费者对该产品已经熟悉,消费习惯逐渐形成,销售量迅速增长。随着销售量和企业利润的快速增长,产品市场竞争开始加剧。成长期是一个承前启后的重要阶段,既承接前一个市场不成熟的导入期,又衔接未来竞争最激烈的成熟期。处于产品成长期的企业在营销策略实施上贵在一个"快"字上,即要抢占市场先机,尽快完善产品性能,开拓市场渠道。企业为维持市场的继续成长,需要保持或增加促销费用,尽可能提高市场占有率。企业在成长期可采取以下四种营销策略。

(1) 改善产品品质和性能。产品成长期,产品工艺和技术已稳定,企业需要在完善生产技术,提高产品品质,增加新功能和新特色,改变产品款式等方面有所改进。优质的品质和丰富的品种可以提高产品的竞争能力,吸引更多的消费者,并在众多竞争产品中逐渐形成良好的产品形象,赢得消费者偏好。

(2) 建立完善的销售渠道网络。企业在成长期需注重产品销售渠道的建设,努力拓展原有销售渠道,并开发新渠道,扩大销售范围。完备的销售渠道体系为应对成熟期的激烈竞争奠定良好的基础。

(3) 改变营销沟通的重点。在导入期,企业营销的重点是与消费者进行告知性信息沟通。进入成长期,企业需把促销的重心从介绍产品转到建立产品形象和促使消费者形成品牌偏好上来,与消费者逐渐建立情感联系和信任关系,品牌建设在产品成长期成为企业营销重点之一。

(4) 在适当的时机,采取降价策略,以激发那些对价格比较敏感的消费者的购买欲望,促使其形成购买行动,提高产品向市场渗透的速度。

(三)成熟期营销策略

产品经过成长后,销售量增长逐渐趋缓,最终开始下降,这表明产品已走向成熟期。成熟期的产品丰富程度达到最大,产品利润也达到最高点,市场竞争最为激烈。在这一阶段,企业需采取主动出击的策略应对竞争,在保持原有市场的基础上,积极开拓新的市场,通过营销战略和策略的改变，延长成熟期，或促使产品生命周期出现新的高峰。成熟期企业可采取以下三种营销策略。

(1) 市场改良策略，即企业通过开发新的市场，保持和扩大产品的市场份额，这种策略不是要调整产品本身，而是通过市场细分，挖掘需求尚未被满足的子市场，根据其需求组织生产，为产品寻找新的市场；或者通过宣传推广，促使消费者更频繁地使用或每一次使用更多的量；或者通过促销方式赢得新的消费者的使用，以此促使产品销售量得以扩大。

(2) 产品改良策略，即企业通过产品特征的改良，来满足消费者的不同需求，吸引有不同需求的消费者，从而达到提高销售量的目的。例如，品质改良，增加产品的耐用性、功能性效果；特性改良，增加产品的新特性，如规格、大小、重量、材料等；式样改良，增加产品美感上的需求。

(3) 营销组合改良策略，即通过对产品、定价、渠道、促销四个市场营销组合因素加以综合调整，刺激销售量的上升。例如，在提高产品质量、改变产品性能、增加产品规格品种的同时，通过特价、购买折扣、补贴运费、延期付款等方法来降价让利；广设分销网点，拓展分销渠道；调整广告媒体组合，变换广告时间和频率，增加人员推销，强化公共关系等；采用多种促销方式如大型展销、附赠礼品等，多管齐下，进行市场渗透，扩大企业及产品的影响，争取更多的顾客。

(四)衰退期营销策略

当产品销售量和利润水平迅速下降时，产品就进入生命周期的衰退期。此时，企业应认真分析市场状况和企业经营条件，决定采用哪种策略退出市场以及何时退出市场。衰退期可供选择的营销策略有以下几种。

(1) 维持策略。继续沿用过去的策略，仍按照原来的子市场，使用相同的分销渠道、定价及促销方式，直到这种产品完全退出市场。

(2) 集中策略。把企业能力和资源集中在最有利的子市场和分销渠道上，从中获取利润。这样有利于缩短产品退出市场的时间，同时又能为企业创造更多的利润。

(3) 收缩策略。大幅度降低促销力度，尽量降低促销费用，以增加目前的利润。这样可能导致产品在市场上衰退加速，但也能从忠实于这种产品的顾客中得到利润。

(4) 放弃策略。对于衰退比较迅速的产品，应该当机立断，放弃经营。可以采取完全放弃的形式，如把产品完全转移出去或立即停止生产；也可采取逐步放弃的方式，使其所占用的资源逐步转向其他产品。

产品生命周期各阶段营销策略总结如表 10-3 所示。

表 10-3　产品生命周期各阶段营销策略

	导入期	成长期	成熟期	衰退期
战略导向	短	快	改	转
策略特点	市场扩张	市场渗透	防守占有率	酌情退出
营销支出	高	高	较高	低

续表

	导入期	成长期	成熟期	衰退期
营销重点	产品知晓	品牌偏好	品牌忠诚	选择性的
产品	基本的	改进的	多样的	合理的
价格	高价或低价	较低价	低价	低价
分销	零星的	密集的	密集的	选择性的
促销	吸引试用	建立品牌偏好	建立品牌忠诚	降低促销水平
广告	告知性广告	说服性广告	提醒性广告	选择性广告

四、产品生命周期的其他形态

并非所有的产品生命周期都呈近似正态分布曲线形态，一些产品在受到营销战略和策略的干预后，呈现出不同的生命周期形态，如图10-4所示。

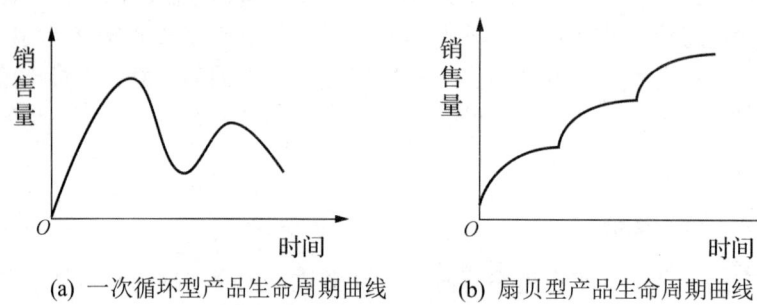

(a) 一次循环型产品生命周期曲线　　(b) 扇贝型产品生命周期曲线

图 10-4　两种常见的产品生命周期形态

一次循环型产品生命周期是当产品进入衰退期，销售量大幅下降时，企业通过实施一些营销策略，扭转销售下降的趋势，促使销售量进入一个新的增长阶段，如企业增加产品新的特色、采用新颖的营销方式、降低产品价格、加大促销力度等。值得注意的是，这些营销策略的改变只能带来一次规模较小、为期较短的销售高潮重现，并不能从本质上改变最终走向衰退的趋势。

扇贝型产品生命周期曲线也叫多次循环型产品生命周期曲线，这种多次循环往往是营销战略改变带来的，如为产品寻找新的市场、持续的产品改进和升级换代等。每一次循环都会带来销售量的空前增加，并能达到多个循环。

还有一些产品生命周期的特殊形态是由产品本身的性质形成的。如图10-5中的风格型产品和热潮型产品，呈现出不同的生命周期曲线形态。

风格是人们活动的某一领域中所出现的一种主要的和独特的表现方式。例如，衣着的风格一旦成型，会延续很长时间，风格的流行有反复的现象，在此期间时而风行，时而衰落。由于人们对风格兴趣的反复，使之生命周期呈现出循环形态。

热潮型产品亦即时髦品，是那些迅速进入公众视线被狂热追捧，但很快达到高峰后又突然迅速衰退，在产品生命周期曲线上表现为消失的导入期，急速陡直的成长期，短暂的成熟期并瞬间退出市场。一度风行我国的"呼啦圈"就属此类产品。

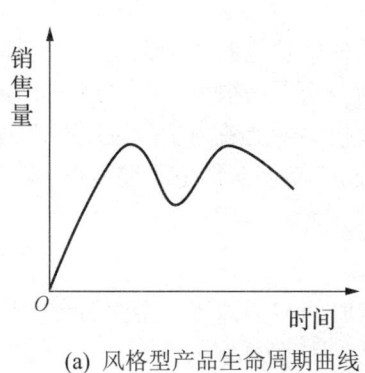
(a) 风格型产品生命周期曲线

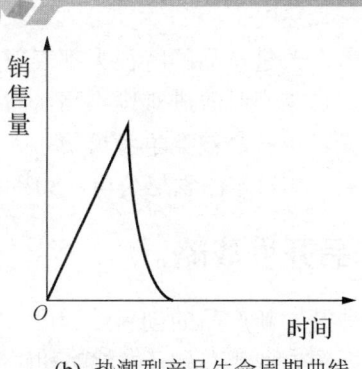
(b) 热潮型产品生命周期曲线

图 10-5 风格型产品和热潮型产品的生命周期曲线

第三节 新产品开发

随着科学技术的日新月异，产品更新换代加速，新产品层出不穷，消费者比以往更加乐于接受和使用新产品。新产品储备和新产品开发战略成为企业参与竞争的有力武器，是企业创新能力的体现，也是实现企业持续发展的重要保障。

一、新产品的概念和类别

营销学中的新产品概念与其他领域所说的新产品并不完全相同。从市场营销学的观点来看，新产品是一个广义的概念，凡是与现有产品相比，具有新的功能、新的特征、新的结构和新的用途，能满足消费者新的需求的产品都是新产品。一般来讲，营销学中的新产品主要包括以下三大类型。

1. 全新产品

全新产品主要指采用各种新技术、新材料、新设计或新工艺所制成的前所未有的崭新产品。这类产品的成功开发往往得益于科学技术在某些方面的重大突破，全新产品的市场投入可能会带来人们生活方式和企业生产方式的改变，极大地改善人民的生活，因而对社会经济的发展会产生重大的影响。但是，全新产品的开发需要投入大量人力、物力和财力，且一般需要经历相当长的开发周期，开发风险很大，因此，绝大多数的企业难以做到。

2. 换代产品

这种新产品是指在原有产品的基础上，全部采用或部分采用新技术、新材料、新结构制造出来的产品。与原有产品相比，换代产品往往在产品外观、性能或功能等方面有显著改进，可以为顾客带来新的利益。例如，个人计算机每一次更新换代都会在内存、数据处理速度、功能等方面有显著突破。随着科技的迅猛发展，产品更新换代的速度越来越快。换代产品出现后，将逐渐取代老产品，并最终导致其被市场淘汰。不过，在一段时间内，由于顾客需求不同，往往几代产品在市场上并存。

3. 改进产品

改进产品是指在原有产品基础上适当加以改进，使得产品质量、性能、结构、造型等方面有所改善。改进产品的特征大都表现为产品使用功能的改进、规格型号多样化和花色款式的翻新。这类产品改进难度不高，与原产品差别不是很大，一旦进入市场，比较容易被消费者接受，也容易被竞争者模仿。大多数公司实际上着力于改进现有产品，而不是创造一种新产品，如日本的索尼公司，80%以上的新产品创新都是改进和修正其现有产品。

二、新产品开发战略

依据企业开发新产品的创新性程度、所耗费时间和资源等，企业的新产品开发战略有两种选择，即领先型新产品开发战略和跟随型新产品开发战略。

(一)领先型新产品开发战略

领先型新产品开发战略是企业积极投入新产品研发过程，先于其他企业研制开发新产品，并率先将新产品投放到市场，从而在行业中确定技术领先和产品领先地位的战略。

领先型新产品开发战略对企业要求较高，企业要有充足的资金，强大的科研团队，强劲的研发能力和科技创新能力，对市场需求变化有敏锐的洞察能力等，一般实力雄厚、在市场上具有显著竞争优势的企业才会采用此战略。领先型新产品开发战略具有以下优势。

(1) 在技术方面，领先者的技术突破是企业长期技术研究的结果，企业对新技术成果享有独占权，能够较早地建立起现实及潜在竞争者进入市场的技术壁垒，并在新产品市场上处于主动地位，提升技术上的竞争优势。

(2) 在生产方面，采用领先型新产品开发的企业启动较早，能够优先积累生产技能和管理方面的经验，有利于企业扩大生产规模，提高产品质量，降低生产成本，先于其他企业获得成本和质量方面的优势，对潜在竞争者而言进入壁垒增高。

(3) 在市场方面，这一阶段企业不存在竞争者威胁，一方面可凭技术领先、理念领先等优势树立企业及产品品牌形象；另一方面可以占有尽可能多的市场份额，并采取撇脂定价策略，赚取高额市场利润。

(4) 由于新产品独一无二，可以申请专利保护，在相当长的一段时间内保持技术的独有性和排他性，并且企业认为必要时，还可以采取出售产品生产许可证的方式，从技术转让中获利。

同时，领先型新产品开发战略也面临显而易见的风险，主要表现在投入资金大、成本高、开发周期长、技术难度大，由于市场的瞬息万变和研发的高风险性，新产品开发的结果难以预料。一旦开发失败，往往会使企业前期的大量投入付诸东流，给企业造成经济上的损失，挫伤员工士气。

(二)跟随型新产品开发战略

跟随型新产品开发战略是指企业密切关注市场上刚刚出现的新产品，一旦发现新产品获得成功，便立即组织力量生产出类似产品，快速进入市场的战略。

采用跟随型新产品开发战略，要求企业拥有完备的市场情报系统，能迅速掌握新产品开发的最新成果；拥有快速市场反应能力，对市场上的新产品发展趋势做出判断，并能快速吸收别人的成果加以改进，进行仿制生产。跟随型新产品开发战略一般为企业资源和能力有限的中小企业所采用。

跟随型新产品开发战略的优势体现在以下几个方面。

(1) 风险较小。一方面，采用领先型新产品开发战略的企业已解决了新产品开发过程中的一系列难题，技术方面的不确定性减少，降低了开发的技术风险；另一方面，新产品已经经过市场检验，具有良好的市场前景，市场不确定性减少，企业的市场风险相应降低。

(2) 投资少，成本低。跟随企业在跟进新产品时，新产品概念开发方面的成本已经由领先企业承担，跟随企业可以享受领先企业开辟市场所产生的外部效益。同时，跟随企业可以通过观察领先企业的创新行为进行技术的学习和模仿，不需要进行耗费巨大的技术探索研究，因此其新产品开发比领先企业投资少，开发周期短，生产成本较低。

(3) 产品具有竞争力。由于采用跟随型新产品开发战略的企业是对领先者产品的模仿和改进，产品设计和生产可以实现扬长避短，对产品的不同方面进行修正和改进，开发出性能、质量更优越的新产品，生产更具有竞争力的产品，能更好地满足消费者需求。

(4) 市场推广更顺利。领先者在将新产品推入市场时，已经做了充足的市场开拓营销活动，产品已被消费者认知，并逐渐熟悉。采用跟随型新产品开发战略的企业在一定程度上可借势推出自己的新产品，搭领先者开拓市场的便车，节约了部分市场开拓费用。同时，企业也可借鉴领先者在新产品进入市场时营销策略实施中的经验和教训，快速地打开属于企业产品的市场。

跟随型新产品开发战略的不足之处主要是企业需要面对激烈的市场竞争。采用跟随型新产品开发战略的企业，其产品投入市场时就面临已有产品的竞争，要改变市场上现有产品在消费者心目中形成的"先入为主"的品牌效应，企业必须在产品性能、品质、价格、营销等方面更胜人一筹，建立独特的相对竞争优势，争取获得满意的市场份额。同时，后期跟随者可能会大量涌入市场，市场竞争加剧。

三、新产品开发程序

新产品开发是一个复杂而漫长的过程，企业需综合研发创新和市场研究能力，实现新产品从概念到实体，从研发到市场的飞跃。从新产品创意到新产品上市可分为八个阶段。

(一) 寻求创意

新产品开发从寻求创意开始，创意是对新产品开发的初步设想。虽不是每一个创意都可以转化为新产品，但这一阶段追求尽可能多的创意，为新产品开发提供更多的机会。创意产生的来源主要包括两个方面。

1. 企业内部来源

企业管理人员、一线的销售人员和服务人员、技术人员等，可以从不同角度提出新产品创意。企业可通过激励措施，鼓励企业员工在生产、销售和服务过程中发现问题，提出新产品创意。

2. 企业外部来源

顾客、科研机构、竞争者、供应商、经销商、市场调研机构、咨询公司、广告商、行业协会、大学、公共媒体等都可以成为新产品创意的外部来源。顾客是产生新产品创意的重要来源之一，顾客未被满足的需求或未被很好满足的需求可以激发新产品的诞生，且这种新产品在市场上成功的概率较大。企业应保持与顾客良好的沟通，注重收集顾客对产品的意见和建议，获得新产品开发的创意。例如，惠普公司对顾客进行"寻求产品缺陷"调查，以获得对产品改进的意见。

【营销实例10-1】

研发共创：IKEA 的 Home Tour

来自瑞典的知名家具零售商 IKEA(宜家)不满足于在枯燥单一的工作室里研究如何设计开发漂亮的家具，而是激励顾客参与到它们的初始研发环节中。于2014年推出的 Home Tour 项目，由项目团队选出五名员工在美国进行公路旅游，去费城、纽约、新泽西州、华盛顿特区和波士顿等城市给 IKEA 的忠诚顾客进行家居改造，以进一步完善其家居产品。

IKEA 的 Home Tour 是与顾客共同工作、价值共创，是顾客和品牌之间的合作努力。在这个过程中，IKEA 员工与顾客各司其职，共同承担研发工作。首先，顾客只要对自己现有的 IKEA 家居或设计感到不满意，想要提升生活空间的颜值，只要拍摄短短几分钟的视频并将自己的要求告诉 IKEA 的设计师，就可以获得来自 Home Tour 的"魔法师们"提供的免费装修服务。Home Tour 五人团队除需要到顾客家中深度沟通，了解他们对于原有 IKEA 产品的不满意之处和新的诉求，进行产品的改造与升级之外，还肩负了亲手拍摄整个改造过程的工作，两百多个家庭改造项目都被发布在 YouTube 的 IKEA 官方频道上，视频吸引了上百万的顾客与潜在顾客人群观看，点击量更是达到了 7 200 万余次。

顾客不仅提出自己的建议，通常他们都怀着极大的热情动手参与到整个过程中，这才是研发共创的真正乐趣所在。一位 Home Tour 项目的体验者显然很享受整个过程："我超爱我们家现在的新房间!Home Tour 简直棒呆了，Robin 是个天才设计师而且整个团队工作人员都很好，我和我老爸一起动手敲柜子的体验太神奇了，上一次我们自己动手的经历还是上学做手工课的时候，太感谢了！"

YouTube 上的很多网友都对 IKEA 这种项目形式的创意和效果表示了赞赏。一名网友甚至迫不及待地想要预订这样的服务："IKEA 真的能像视频里面一样提供专家团队到你的城市上门设计家庭空间和改造家居吗？如果能的话，我真的很想尝试一下他们提供的 Home Tour 服务!看起来太好玩了，视频里的房间完全变了一个样！"

IKEA 所提供的 Home Tour 项目在为顾客服务的同时其实也是从顾客身上学习。作为家具的使用者，顾客无疑是最了解自己生活需求的人，IKEA 的哪些家具产品在日常使用中还存在缺陷和不足，应该如何改造，他们才是最有发言权的人。而 IKEA 正是给顾客提供了这样的机会与专业的团队，将顾客的研发想法与创意付诸实践。同时对于公司来说，这也是在积累经验与教训，从与顾客交流中所获得的信息都可以用于日后的产品研发之中。

(参考资料：张文敏，严雨楼.从产品共创到全域共创：智能定制家居的升级之道[J].销售与市场，2019(4))

(二)创意筛选

取得足够创意之后，需要对这些创意加以评估和筛选，研究其可行性，并挑选出切实可行、符合消费者需求的创意。创意筛选的目的就是淘汰那些不可行或可行性较低的创意，使公司有限的资源集中于成功机会较大的创意上，避免在后续的研发上形成浪费。甄别创意时，一般要考虑两个因素：一是该创意是否与企业的战略目标相适应，表现为利润目标、销售目标、销售增长目标、形象目标等几个方面是否能达到企业预期；二是企业有无足够的能力开发这种创意，具体表现为资金能力、技术能力、人力资源、销售能力等是否达到完成创意要求的水平。

(三)形成与测试产品概念

1. 形成产品概念

经过筛选后保留下来的产品创意需要进一步发展成为产品概念。产品概念不同于产品创意，产品创意是从企业的角度考虑能够向市场提供的可能产品的构想，产品创意只是为新产品开发指明了方向，必须把新产品构思转化为新产品概念才能真正指导新产品的开发。产品概念是企业从消费者的角度对这种创意所做的详尽的描述，即将新产品构思具体化，描述出产品的性能、具体用途、形状、优点、外形、价格、名称、提供给消费者的利益等，让消费者能一目了然地识别出新产品的特征。因为消费者不是购买新产品构思，而是购买新产品概念。新产品概念形成的过程亦即把粗略的产品构思转化为详细的产品概念，一般用文字、图片、三维模型、计算机虚拟技术等方式描述产品概念。任何一种产品构思都可转化为几种不同的产品概念。新产品概念的形成来源于针对新产品构思提出问题的回答。一般通过对以下三个问题的回答，可形成不同的新产品概念。即谁使用该产品？该产品提供的主要利益是什么？该产品适用于什么场合？

【营销实例10-2】

以净化空气的产品为例说明新产品概念的形成过程。第一，为谁提供空气净化产品，即目标消费者是谁？第二，空气净化产品提供的主要利益是什么，如促进室内外空气流通？制造新鲜空气？杀菌？增加氧气？减少二氧化碳？降低PM2.5指数？第三，一般空气污浊的地方都可以使用空气净化产品，这些产品在哪里使用，如家庭？商场、娱乐场所、医院等大型公共场所？还是专门用于火车、汽车、轮船、飞机等各种交通工具内部的空气净化？根据对这些问题的回答，可以得到以下几个产品概念。

产品概念1：一种家庭空气净化器，为家庭室内带来清新的空气。
产品概念2：一种专门为保持火车、汽车、轮船、飞机内空气新鲜的空气净化器。
产品概念3：一种供大型公共场所使用的中央空气净化器。
产品概念4：专供医院使用的空气净化器，主要功能在于消毒杀菌。

2. 产品概念测试

初始的产品概念往往只是对产品特征和消费者观念的一种主观结合，要得到一个好的产品概念，需要了解目标消费者对这些产品概念的态度，在消费者中进行产品概念测试，以帮助企业修改和充实产品概念的内容。如果产品概念有好几个，更需通过测试从中选出最佳的一个。

产品概念测试是一种专门用来选择和发展产品概念的有效研究手段。将企业初步设定好的一个产品概念或几个可以替代的产品概念，展示于一群目标消费者面前，利用专业的研究方法和手段，获取其对不同产品概念的反应。产品概念测试一般包括以下内容。

(1) 新产品概念的可传播性和可信度，即测试消费者对该新产品概念所提供的利益是否清楚明白,是否相信新产品概念所提供的利益。

(2) 潜在消费者对新产品概念的需求水平,即测试消费者对该新产品概念的需求程度。消费者需求愿望越强烈,新产品概念成功的可能性越大。

(3) 新产品概念与现有产品的差距水平,通过这个测试来了解新产品概念的市场前景。两者差距越大,潜在消费者对新产品的兴趣越高。

(4) 潜在消费者对新产品概念的认知价值,即测试消费者对新产品概念所体现价值的反应。相比价格而言,该产品概念是否物有所值。消费者对产品的认知价值越高,消费者的兴趣也越高。

(5) 潜在消费者的购买意愿,即测试消费者购买新产品的可能性。但这一测试结果不应该被认为是严格意义的销售潜力,因为消费者的购买行为和购买意愿有时并不一致,相比购买行为,消费者总是高估自己的购买欲望。

(6) 目标顾客、购买场合和购买频率的测试,即测试谁是目标消费者?目标消费者愿意在什么场合下购买该产品?该产品的使用频率如何?

通过产品概念测试,企业能从多个产品概念中选出最有希望成功的新产品概念,减少新产品开发失败的可能性。同时,企业对新产品的市场前景有一个初步认识,为新产品市场预测奠定基础,企业也能找出对这一新产品感兴趣的消费者,针对目标消费者的需求进行改进,为下一步新产品开发工作指明方向。

(四)制订市场营销战略计划

对已经形成的新产品概念制订营销战略计划是新产品开发过程的一个重要阶段。该营销战略计划是粗略的,不需要很详尽,为新产品市场规划蓝图,以判断市场前景和潜力,为后续的商业分析提供基础和依据。营销战略计划包括三个部分:第一部分是描述目标市场的规模、结构和消费者行为,新产品在目标市场上的定位,预计的市场占有率及前几年的销售额和利润目标等;第二部分是对新产品的价格策略、分销策略和第一年的营销预算进行规划;第三部分则描述预期的长期销售量和利润目标以及不同时期的营销组合。

(五)商业分析

商业分析的主要内容是对新产品进行财务方面的分析,即估计销售量、销售成本和利润或收益率,判断它是否满足企业开发新产品的目标。

为了估计销售量,企业应观察类似产品的销售历史,并对市场状况进行调查。通常需要估计的销售量主要包括未来销售量、首次购买销售量、重置销售量等指标。应估计最大和最小销售量以估量出风险大小。在估计好销售量之后,管理部门可为产品估计期望成本利润,包括市场营销、市场研究与开发、制造、会计以及财务成本。企业可以用这些销售和成本数据来分析新产品的财务吸引力,判断新产品带来的财务收益。

(六)产品开发

产品概念通过了商业分析,才可以进入产品开发阶段。企业要将文字、图形或模型描述的产品概念转变为实体产品,企业的研发部门、设计部门、工程技术部门、生产部门将对新产品实体进行设计、试制、测试和鉴定,最终完成产品开发。这一阶段,不仅仅包括产品实体的研发，还包括产品品牌、包装、售后服务等内容的设计与开发。

(七) 市场试销

新产品市场试销的目的是对新产品正式上市前所做的最后一次测试，评价的标准是消费者的货币选票。市场试销将新产品投放到有代表性的小范围目标市场进行测试，企业能客观了解该新产品的市场前景。市场试销是对新产品的全面检验，可为新产品是否全面上市提供全面、系统的决策依据，也为新产品的改进和市场营销策略的完善提供启示。

新产品市场试销决策主要包括以下内容。

(1) 决定是否试销。并非所有的新产品都要经过试销，如对于使用周期长的耐用品，一般不会进行试销。可根据新产品的特点及试销对新产品的利弊分析来决定。

(2) 试销市场的选择。所选择的试销市场在广告、分销、竞争和产品使用等方面要尽可能地接近新产品最终要进入的目标市场。试销市场要具有代表性和典型性。试销规模的大小取决于项目投资费用和风险，投资费用和风险越高的新产品，试销的规模应大一些；反之，试销规模就可小一些。试销市场选择需要注意两个方面：一是试销市场数量不宜过少，否则容易被竞争者控制和利用，从而提供偏离客观市场反应的不实数据；二是试销费用不宜在新产品开发投资总额中占太大比例。

(3) 对试销技术的选择。常用的消费品试销技术包括模拟测试、控制性试销及试验市场试销。工业品常用的试销方法是产品使用测试，或通过商业展览会介绍新产品。

(4) 对新产品试销过程进行控制。对促销宣传效果、试销成本、试销计划的目标和试销时间的控制是试销人员必须把握的重点。

(5) 试销信息资料的收集、分析和反馈。市场试销的目的是为大规模上市决策提供依据，试销中收集的数据，如消费者的试用率与重购率，竞争者对新产品的反应，消费者对新产品性能、包装、价格、分销渠道、促销发生等的反应等信息，对企业新产品上市的营销策略制定有重要价值。

(八) 批量上市

新产品试销取得良好市场反应后，企业需要对新产品批量上市做出决策。

(1) 何时推出新产品。新产品投放时机影响老产品的获利能力和企业对市场机会的把握，企业需慎重决定在什么时间将新产品投放市场最适宜。同时，企业要密切关注竞争者动态，争取能在竞争者推出新产品之前，率先推出新产品，抢占市场先机，获得消费者对新产品的关注度。新产品上市时机也要考虑消费需求的变化趋势，对于季节性明显的新产品，应在销售季节来临之前将这种新产品投放市场。

(2) 何地推出新产品。企业要决定在什么地方(某一地区、某些地区、全国市场或国际市场)推出新产品最适宜。一般是先在优势区域的市场推出，以便快速占领市场，取得立足点，随后再扩大到其他地区。因此，企业特别是中小企业需制订一个市场投放计划，找出最有吸引力的市场优先投放。选择投放市场时要考察以下市场特征：①市场潜量；②企业在该地区的声誉；③投放成本；④该地区调查资料的质量高低；⑤对其他地区的影响力以及竞争渗透能力；⑥市场竞争情况。

(3) 向谁推出新产品。企业首先要把新产品推向最理想的顾客群，利用最理想的顾客群带动一般顾客，以最快的速度、最少的费用扩大新产品的市场占有率。对新上市的消费品来讲，最理想的顾客群一般应具备以下特征：①他们是早期采用者；②他们是大量使用者；③他们是观念倡导者或意见领袖，并能为该产品做正面宣传。企业可以根据这些标准为不同的顾客群打分，从而找出最理想的顾客群。

(4) 如何推出新产品。企业需制定产品投放市场详尽的营销战略和策略，包括新产品推广的地区、市场开拓的目标、进度、预算和具体的营销组合策略等，有步骤、有计划地实施新产品推广计划，确保新产品顺利上市。

【营销新视野10-1】
扫一扫，看一看"消费者参与产品开发设计，与企业共同创造价值"的案例。

四、新产品采用与扩散

(一)新产品采用过程

新产品采用过程是指消费者个人由首次接触创新产品到最终接受和采用的各个心理阶段和过程。通常，新产品采用的过程分为五个阶段。

(1) 认知。认知是个人获得新产品信息的初始阶段。消费者在认知阶段获得的产品信息有限，主要来源于新产品广告，或者通过其他间接的渠道获得，如商品说明书、技术资料等。显然，人们在此阶段所获得的信息还不够系统，只是对一般信息的简单了解。

(2) 兴趣。消费者认知产品后，由于产品的某些特性或属性，或产品能够满足消费者某种特定需求而逐渐对产品产生兴趣。在此阶段，消费者会积极主动地寻找产品的有关资料，并进行对比分析。研究新产品的具体功能、用途、使用等问题，如果满意，将会产生初步的购买动机。

(3) 评价。在这一阶段，消费者利用理性分析，权衡采用新产品的价值、利益和成本、风险，从而对新产品的吸引力做出判断，并考虑是否使用该新产品。

(4) 试用。消费者开始小规模地尝试使用新产品。通过试用，消费者评价自己对新产品的认知及购买决策是否正确。试用阶段，企业应详尽介绍产品带给消费者的核心利益，并能使消费者直接体验，增强消费者对产品的正向感知。同时，强化对产品的售后服务，减少消费者在试用后的认知不和谐感，减少对产品试用后的焦虑。

(5) 采用。消费者试用后收到理想效果，完全接受新产品，决定正式和经常地使用该新产品，开始重复购买。

(二)新产品扩散

新产品扩散是指新产品上市后随着时间的推移不断地被越来越多的消费者使用的过程。扩散与采用的区别在于看待问题的角度不同，采用过程是从消费者角度考察个人由接受创新产品到成为重复购买者的各个心理阶段，而扩散过程则是从企业角度分析创新产品如何在市场上传播，并被市场更为广泛采用的问题。

在新产品的市场扩散过程中，由于个人性格、文化背景、受教育程度和社会地位等因素的影响，不同的消费者对新产品接受的快慢程度不同。美国著名学者艾弗里特·M.罗杰斯在《创新扩散》一书中，根据对新产品接受程度快慢的差异，把采用者划分成五种类型，即领先采用者、早期采用者、早期多数采用者、晚期多数采用者和落后采用者，如图10-6所示。采用者人数大体服从统计学中的正态分布，尽管这种划分并不精确，但它对于研究扩散过程有着重要意义。

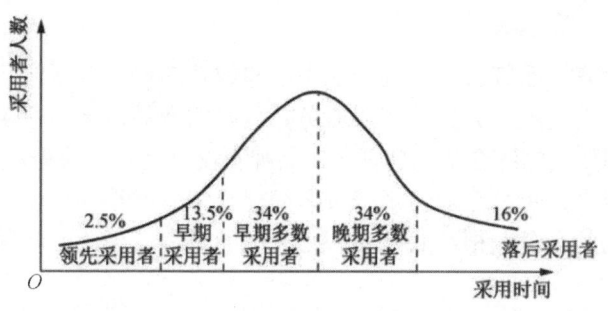

图10-6 新产品采用者类型

(1) 领先采用者，即创新采用者。这类采用者约占全部潜在采用者的2.5%。任何新产品都是由少数创新采用者率先使用。他们一般具备如下特征：极富冒险精神；喜欢新奇事物；开放程度高；收入水平、社会地位和受教育程度较高；一般是年轻人，交际广泛且信息灵通。

(2) 早期采用者。早期采用者占全部潜在采用者的13.5%。他们大都是某个群体中具有很高威信的人，受到周围朋友的拥护和尊敬。正因为如此，他们常常去收集有关新产品的各种信息资料，成为某些领域的意见领袖。这类采用者多在产品的导入期和成长期采用新产品，并对后续的采用者影响较大，他们对新产品扩散有决定性影响。

(3) 早期多数采用者，即早期大众。这类采用者的采用时间较平均采用时间要早，占全部潜在采用者的34%。其消费特征表现为：深思熟虑，态度谨慎；决策时间较长；受过一定教育；有较好的工作环境和固定收入；对意见领袖的消费行为有较强的模仿心理。他们一般对消费持谨慎态度，在经过早期采用者认可后才进行购买，成为时尚的追随者。由于该类采用者和晚期大众占全部潜在采用者的68%，因而研究其消费心理和消费习惯对于加速新产品扩散有着重要意义。

(4) 晚期多数采用者，即晚期大众。这类采用者的采用时间稍晚，占全部潜在采用者的34%。其基本特征表现为对新鲜事物反应缓慢，不愿冒险；他们的信息多来自周围的同事或朋友，很少借助媒体主动收集所需要的信息；其受教育程度和收入状况相对较差。所以，他们一般不主动采用或接受新产品，直到多数人都采用且反映良好时才行动。

(5) 落后采用者。这类采用者是新产品采用队伍的落后者，占全部潜在采用者的16%。他们思想保守，拒绝冒险，墨守成规，拘泥于传统的消费行为模式，极少借助媒体辅助消费决策，其社会地位和收入水平最低。因此，他们在产品进入成熟期后期乃至进入衰退期时才会采用。与其他采用者相比，落后采用者在社会经济地位、个人因素和沟通行为三个方面存在差异，由于其人数占采用者总数的16%，企业需对落后采用者消费心理和消费行为的差异性进行研究。

【营销实例 10-3】

扫一扫，看福特 Focus 是如何把本田思域远远地甩在后面的。

第四节 品　　牌

对于现代企业而言，品牌日益成为企业生存和成功的核心要素之一。优秀的品牌意味着消费者对产品优质的质量、完善的售后服务、良好的产品形象、卓越的价值观念、杰出的管理经验等一系列要素的综合认知和评价。品牌不仅仅是企业获得竞争优势的有力武器，是企业重要的无形资产，也是企业与消费者之间建立情感联系和信任关系的纽带。从某种意义上说，企业之间的竞争归根结底是品牌力之间的竞争。因此，品牌策略已成为企业重要的市场营销策略。

一、品牌及其内涵

(一)品牌的概念

美国市场营销协会认为，品牌是一种名称、术语、标记、符号、设计，或是它们的组合，其目的是借以辨认某个销售者或某群销售者的产品或服务，并使之与竞争者的产品或服务区别开来。品牌的原始功能是以某些形式将满足同样需求的产品或服务区别开来。这些差别可能体现在与该品牌产品性能有关的功能性、有形性等方面，也可能体现在更具抽象意义的象征性或无形性等方面。

从形式上来看，品牌一般包括两个部分：品牌名称和品牌标志。品牌名称是品牌中可以读出的部分，如词语、字母、数字或词组等的组合。品牌标志是品牌中不可以发声但可以视觉识别的部分，包括符号、图案、色彩和字体等。

除去品牌外在的设计，品牌更深层的意义在于其与消费者之间的内在联系。

第一，品牌强调与消费者的互动，具有沟通功能。品牌把各种象征符号如名称、标志、色彩、利益、属性和文化等融合在一起，浓缩为消费者愿意接受的信息，企业通过各种途径把这些信息传达给消费者，其目的是引起消费者对自己产品的注意、记忆、识别与联想，形成事实上的沟通关系。从消费者角度来看，品牌作为一种速记符号与产品类别信息一同储存于消费者头脑中，而品牌也就成了他们搜索记忆的线索，成了他们在产品类别中选择特定产品的标的。品牌沟通的最终目的是通过提供利益优势谋求与消费者建立长久的、紧密的关系，博得他们长期的偏好与忠诚。

第二，品牌也强调产品和消费者的内在一致性。美国著名品牌大师凯文·凯勒认为，品牌根源于现实，却反映某种感知，甚至反映消费者的独特性。品牌可将消费者区分开来。品牌名称、标志等外在元素只是表明不同品牌来自不同的生产者，真正让消费者动心的是品牌内在的与众不同的气质、个性和形象。消费者与品牌的气质、个性和形象能产生高度的共鸣，唤起消费者对该品牌的一切美好印象，这些印象既有有形的，也有无形的，包括社会的或心理的效应。

(二)品牌的整体含义

美国著名营销学家菲利普·科特勒认为品牌内涵至少包括以下六个方面的内容。

1. 属性

品牌首先使人们想到产品的某种属性。例如,汽车业的奔驰品牌意味着昂贵、工艺精湛、动力强劲、外观设计大气、安全性能高、加速度快等属性。公司可以采用一种或几种属性为汽车做广告。多年来奔驰汽车的广告一直强调它是"世界上工艺最佳的汽车"。

2. 利益

消费者购买的并不是产品属性,而是产品利益,产品属性需要转换成功能性或情感性利益。例如,耐久的属性体现了功能性的利益——"多年内无须再买一辆新车";昂贵的属性体现了情感性利益——"这辆车让我感觉到自己很重要,并受人尊重";制作精良的属性既体现了功能性利益,又体现了情感性利益——"一旦出事故,我很安全"。

3. 价值

品牌也体现生产者价值。因此,奔驰汽车代表着高效、安全及声望等。品牌的营销人员必须分辨出对这些价值感兴趣的消费者群体。

4. 文化

品牌也可能代表着一种产品蕴含的某种文化特质。奔驰汽车代表着组织严密、高效率和高质量的德国文化。

5. 个性

品牌的个性是品牌拟人化特征,是品牌与消费者沟通的心理基础。消费者对品牌个性的感知建立在消费者的自我概念和与企业品牌形象认知的基础上。消费者认知奔驰汽车的个性可描述为稳重、高贵、高科技。

6. 用户

品牌暗示着购买或使用产品的消费者类型,包括年龄、身份、地位等。一个成功的品牌往往与特定的、明确的消费群体相联系。如果我们看到一位20多岁的秘书开着一辆奔驰车时会感到很吃惊,我们更愿意看到开车的是一位50多岁的高级经理,因为奔驰汽车的目标群体即为具有一定阅历、稳重的成功人士。

一个品牌名称或品牌标志应是这六个方面的统一体,承载着不仅仅是消费者对品牌利益和属性的体验,更是对品牌在用户、文化、个性等方面独特性的认可。

(三)品牌的功能

1. 品牌是企业开展市场营销活动的基础

品牌以醒目、简约、便于记忆的方式表明企业提供的产品或服务,区别于其他竞争者而被消费者识记。品牌名称、品牌标志是企业开展营销活动的基础和现实载体。

2. 品牌有利于消费者建立偏好,形成品牌忠诚

一个成功的品牌背后是消费者与品牌之间的信任关系和情感联系,品牌所蕴含的品牌

文化和品牌个性有助于消费者建立对品牌的认同感，从而形成品牌偏好，通过长期的品牌互动，最终形成消费者的品牌忠诚和品牌资产。

3. 品牌能够产生溢价

优秀的品牌建立了与消费者的独特心理联系。消费者对品牌的认可、喜爱和依恋降低了对品牌价格的敏感度，企业可以获得基于品牌价值的溢价，这是品牌建设最直接的经济效应的体现。

4. 品牌是企业的无形资产，有利于建立企业独特的竞争优势

品牌是有价值的，经过长期的日积月累的发展，品牌集聚了声望、美誉度、消费者忠诚度，其价值被反映为消费者对品牌的认知、情感和行为，并由此给企业带来收入、市场份额和利润。品牌形成的无形资产是企业长期品牌建设的结果，具有独有性和不可模仿性，形成企业独特的竞争优势。

(四)品牌与商标的区别

商标与品牌是两个不同领域的概念，极易被混淆。虽然商标和品牌都是商品的标记，但商标是一个法律名词，而品牌是一个经济名词。商标(trademark)是指按法定程序向商标注册机构提出申请，经审查，予以核准，并授予商标专用权的品牌或品牌中的一部分。商标受法律保护，任何人未经商标注册人许可，皆不得仿效或使用。可以看出，品牌的内涵更广一些，品牌或品牌的一部分只有根据《中华人民共和国商标法》登记注册后才能成为注册商标，才能受到法律的保护，避免其他任何个人或企业的侵权模仿使用。

从归属上来说，商标掌握在注册人手中，而品牌植根于消费者心里。商标注册人可以转让、许可自己的商标被他人使用，可以通过法律手段保护自己的商标不被别人侵权使用。但品牌则是消费者心中的内在认知，它不仅仅是一个标志和名称，更蕴含着生动而丰富的精神文化层面的内容，体现着消费者的价值观念、个性、消费意义等。品牌巨大的价值及市场感召力是来源于消费者对品牌的信任、偏好和忠诚，如果一个品牌失去信誉，失去消费者的信任，品牌将无价值可言。

二、品牌个性塑造与传播

美国著名品牌战略专家戴维·阿克认为"最终决定品牌市场地位的是品牌总体上的性格，而不是产品间微不足道的差异"。品牌个性为品牌在市场上塑造了鲜明的、能与消费者产生共鸣的形象，成为构建品牌竞争力的重要元素。

(一)品牌个性

品牌个性是整体品牌形象的内在联系，它包括与品牌特色、象征、生活方式及使用者类型的联系，这些品牌个性联系创造了品牌的综合形象。品牌个性是品牌与消费者沟通的心理基础，它倾向于提供一个象征性的或自我表达的功能，而这种表达正好能与消费者的自我概念形成共鸣，获得消费者的认可。消费者喜爱和购买的品牌常常可以被认为是一种表达个性和生活方式的工具。例如，对消费者自身而言，使用苹果电脑可以表达自身追求独特性和富有创造性的个性识别。

品牌个性为品牌赋予了拟人化的性格特征，超越了产品本身的功能价值，丰富了产品和品牌的情感性，为品牌和消费者互动提供了基础。品牌个性为消费者提供了心理价值和象征价值，这些价值有助于实现消费者个人期望的目标。当消费者感到品牌提供了他们需要的价值时，他们就会对该品牌产生依恋情感。依恋是个人与品牌之间一种富有情感的独特纽带。随着消费者自我表达意愿的增强，消费者更偏爱与自我特质一致的品牌。独特鲜明的品牌个性有助于突破消费者的情感阀门，占据消费者的心智，产生独特的品牌联想。消费者感受到的情感价值越深，对品牌的依恋程度也会越深；消费者对品牌依恋程度越高，消费者所能承受品牌溢价的程度越高。对企业来说，当消费者对品牌的依恋程度高时，就会更加忠诚于该品牌，并排斥其他竞争品牌，为企业赢得竞争优势。

需要说明的是，品牌个性与品牌定位是一对相关但有区别的概念。品牌定位是品牌个性的基础和前提，品牌个性需要建立在品牌定位上，并与品牌定位保持一致。同时，品牌个性是品牌定位的表现之一，所不同的是，品牌个性赋予了品牌更多拟人化、情感化因素，品牌个性的塑造有利于品牌定位的成功。部分品牌及其品牌个性示例如表10-4所示。

表10-4　部分品牌及其品牌个性示例

品牌	品牌个性
李维斯牛仔裤	独立、自由、冒险、性感
戴比尔斯钻石	坚定、永恒、温馨
哈雷-戴维森摩托车	自由、个性、进取
维珍	创新、自由、反传统

(二)品牌个性塑造

品牌个性的形成是一个长期的过程，企业在品牌建设中需要有意识地培育品牌个性。品牌个性可来自于品牌的多种因素。

1. 产品

产品是品牌的载体，可以向消费者提供功能利益、情感利益、象征利益和自我表现利益，是形成品牌个性的重要影响因素。其中，产品优质的品质和独特的属性常常发展为品牌个性。例如，英特尔的CPU产品以极快的速度推陈出新，其创新能力由此可见一斑，该公司的创新品质形成了英特尔的重要品牌个性。

2. 包装

产品的包装犹如人们身上穿的衣服，包装通过独特的设计、包装材料、图案、色彩等帮助塑造和强化品牌个性。例如，瑞典的绝对伏特加，20年来一直成为引领时尚消费的经典品牌，它定位于时尚、高贵，目标消费者是富豪、影星、艺术家、社会名流，酒瓶设计为短颈圆肩的水晶瓶，没有传统的纸质标签，完全透明的酒瓶，彰显出高贵典雅的气质，不仅仅是一个个性化包装，更被人们视为艺术珍品。

3. 价格

价格反映产品的内在品质，也体现产品定位，暗示品牌个性。高价位的品牌可能会被认为是富有的、奢华的、成功的、上层社会的，如奔驰、劳斯莱斯汽车；低价位的品牌则体现出朴实的、节俭的、经济的、亲民的个性，如吉利汽车。

4. 品牌名称和品牌标志

品牌名称和标志除了有帮助消费者辨认的作用外，还会引起消费者潜意识的信息激活，影响消费者对品牌个性的感知。它以符号的形式刺激消费者的视觉感官，使消费者产生与品牌个性相关的联想。例如，雀巢品牌的标志性符号是在一个鸟巢里一只大鸟在哺育两只小鸟，这极易使人联想到嗷嗷待哺的婴儿、慈爱的母亲和健康营养的婴幼儿乳品。雀巢通过这个标志在消费者心中注入了慈爱、温馨、舒适和信任的个性。

5. 使用者形象

不同的品牌会有相对稳定的使用群体。当某些具有相同特征的消费者经常使用同一个品牌的时候，附着在他们身上的个性会转移到品牌上来。

6. 品牌历史

品牌拥有的历史会影响消费者对品牌的感知。一般来说，诞生较晚、上市时间短的品牌在人们心目中有年轻、时尚、创新的品牌个性，而历史存续时间较长的品牌在人们心目中有传统、沉稳、世故的品牌个性。例如，软饮料市场中的百事可乐和可口可乐的品牌个性形象就与其品牌历史相关联。

7. 品牌来源地

由于历史、文化、经济、自然资源、产业集群等因素的不同，每一个地方会形成别具特色的地方形象和文化象征形象，它深深地影响着消费者对这些地方产品的认知，赋予这些品牌与这些形象相一致的品牌个性。例如，来自法国的香水，会被认为是迷人的、有魅力的、性感的；来自德国的产品，通常会被认为是严谨的、高品质的、值得信赖的。

(三) 品牌个性传播

品牌个性不单单是需要企业塑造，最重要的是品牌个性要被消费者感知、接受和认可。企业需要利用多种方式将品牌个性传达给消费者，促进消费者与品牌之间的互动，引发消费者对品牌个性的共鸣。

1. 广告与个性化产品宣传

消费者大都通过广告获取品牌信息，广告是提高品牌知名度、信任度，塑造品牌形象和个性强有力的工具。在品牌推广之初，消费者是很难从商品本身体会到品牌个性的，而通过广告可以将它所指向的某种生活方式或价值取向彰显于消费者，让目标消费者通过认同广告设计的主题和意境，而迅速认同品牌个性。

【营销实例10-4】

Red Label："陪伴"是最好的原料

古语有云："茶人之交醇如茶"，表示茶友之间的交情醇浓亦如茶。古今中外，茶素来都是人们喜欢的饮品之一。茶能创造悠然的氛围，可舒缓情绪，使品茶者在情感的沟通中更加亲近自然，但前提是需要有人陪伴在侧。

联合利华印度旗下的知名茶品牌 Red Label 通过一个关于茶的小实验讲述了陪伴的重要性。Red Label 策划了一场名为"两种混合茶"的宣传活动，邀请同一批人先后品尝事先安排好的两组混合茶饮，并为两组茶配置了不同的饮用场景：第一组茶是由受邀者独自一人品鉴;第二组茶的品尝则是在工作人员的陪伴与热情沟通中完成。饮茶结束后,工作人员询问参与者哪一组茶的口感更佳时,80%的人选择了第二组茶。最后公布结果:两组茶其实是一样的!

在人们惊叹之余,Red Label 表示,大家为什么更偏爱第二组茶呢,是因为其多添加了一种独一无二的配方,那就是"陪伴",陪伴让茶、让人都更加温暖。一个简单又温情的小测验让这一茶品牌瞬间充满人文情怀,Red Label 更想借此活动告诉消费者:陪伴是茶中最重要的原料,而 Red Label 也是人们相互陪伴时最温暖的选择。

(资料来源:销售与市场,2019 年 4 月)

2. 公共关系传播

公共关系传播是通过报纸、广播、电视等大众传播媒介,辅之以人际传播的手段,向其内部及外部公众传递有关组织各方面信息的过程。公共关系传播是企业形象、品牌、文化、技术等传播的一种有效解决方案。企业可通过巧妙、创新地运用新闻点,传达品牌个性的价值主张,帮助品牌在公众心目中取得心理上的认同感和信任感,在消费者心目中对品牌个性留下深刻印象。

【营销实例 10-5】

扫一扫,看看如何在舌尖上体验全球变暖。

3. 事件传播

事件传播是企业在真实、不损害公众利益的前提下,有计划地策划、组织、举办和利用具有新闻价值的活动,通过制造有"热点新闻"效应的事件,吸引媒体和社会公众的注意与兴趣,以达到提高社会知名度、塑造品牌良好形象,最终促进产品或服务销售的目的。近年来,事件传播成为新产品推介、品牌定位、品牌个性宣传的重要手段,也成为一种快速提升品牌知名度与美誉度的传播手段。尤其是互联网的普及和广泛使用,事件传播的效果得以大大提升。

4. 社会媒体传播

随着信息技术的发展,社会媒体在市场营销中的作用越来越明显。一方面,消费者通过聊天、在社群中发表意见、对产品做出评价等多种方式传播品牌信息,信息在快速传播中聚合了大量信息接受者。消费者在社会媒体上分享对品牌的体验和评价,将自身的消费经历和体验以用户生成内容的方式进行传播。这种传播方式实现了人际关系的即时互动,消费者对品牌个性的认知和情感随着社会媒体传播不断扩大和深化,并能迅速引起其他消费者的共鸣。但另一方面,对企业而言,社会媒体传播具有不可控性,企业应在品牌个性传播上加以引导。

【营销新视野 10-2】

消费者生成内容

随着 Web 2.0 技术的发展,越来越多的消费者通过社会网络、个人博客、公共网络社区及专业论坛等自由地发布自己的经历与感想,分享自己的产品使用体验,回答别人提出的问题，对别人的观点或企业的产品和服务进行评价，表达对特定企业或品牌的看法等。营销界对这些消费者行为进行研究，将消费者基于互联网创造的内容称为消费者生成内容(consumer-generated content)，又称用户生成内容(user-generated content)。有学者将消费者生成内容定义为任何由非职业人士通过一定创造性努力生成的公开性内容。还有学者认为消费者生成内容是基于个人经历而表达的关于产品、品牌、企业和服务的意见、体验和建议。它们经由消费者创造，并发布于互联网讨论区、论坛、新闻组和博客中。消费者生成媒体包括文字、图像、照片、视频、播客和其他形式的媒体。消费者生成内容具有三个特征：在互联网上公开可用的内容；内容反映了一定的原创性；非职业性和实践创造。

5. 体验式传播

体验式传播是企业运用营销活动在消费者购买前或购买后提供一些刺激，消费者通过看、听、用、参与的手段进行响应，调动感官、情感、情绪等感性因素以及知识、智力、思考等理性因素，认知企业品牌个性的一种传播方式。体验通常来源于对事件的直接观察或是参与，不论事件是真实的还是虚拟的。体验式传播在品牌个性传播中的作用日益凸显，主要是因为消费者对品牌的评价体系日趋多元化，情感需求比重增加，他们的关注点逐渐向情感利益方面转变。体验式传播能增加消费者对品牌的感性认识，提升对品牌的信任度。

【营销实例 10-6】

扫一扫，一起来了解一下伊利集团的"伊利工厂开放之旅"。

6. 植入式传播

植入式传播是将产品或品牌及其代表性的视听符号甚至服务内容策略性地融入视听媒介中的一种隐形传播方式。这一方式可将品牌名称、视觉标志、企业形象标志、包装等符号巧妙地融入电影、电视剧、综艺类节目等相关情节中，通过潜移默化的信息传递，悄无声息地实现品牌个性宣传的目的。例如，可口可乐在网络游戏《魔兽世界》之中作为神奇魔水出现，游戏角色饮用后可以立刻恢复体力、提高作战能力，也给予玩家一种隐含着"喝可口可乐，要爽由自己"的品牌理念。

【营销新视野 10-3】

扫一扫，详细了解一下什么是"品牌虚拟社区"。

三、品牌策略

品牌在建立企业竞争优势中的作用日益强劲，企业在进行品牌决策时，可供选择的品牌策略包括以下内容。

(一)品牌有无策略

企业面对的第一个品牌决策为是否需要有自己的品牌。虽然品牌可以为企业带来诸多好处，如有助于消费者识别产品；优秀的品牌会降低消费者对产品价格的敏感度，形成消费者忠诚；有利于企业细分市场，树立良好的形象，并帮助新产品顺利进入市场；是企业的一项无形资产，可以为产品带来溢价。但建立和维护品牌需要企业大量投入，带来企业成本费用的大幅增长，并不是所有的企业都会选择品牌化经营。

现实中，一些企业的产品没有品牌名称和品牌标志，实行无品牌化经营。所谓无品牌产品是指企业生产和销售无品牌、包装简易且价格便宜的产品。企业推出无品牌产品的主要目的是节省品牌建设、包装、广告等费用，降低价格，扩大销售。以下产品类别往往倾向于使用无品牌策略。

(1) 未经加工的原料产品，如棉花、大豆、大米等农产品。

(2) 不会因生产商不同而形成不同特色的商品，如钢材、水泥等，这些产品按照行业产品统一标准生产，产品几乎不存在差异。

(3) 临时性或一次性生产和销售的产品，如一次性饭盒等。

(4) 生产简单、价格低廉的小商品，如纽扣等，这些商品本身单价很低，无品牌化经营是经济实用的品牌策略。

【营销实例10-7】

Brandless：更好的商品，更低的价格

Brandless 是美国近年比较火爆的一个电商平台，其在 2017 年才开始运营，而在 2018 年 7 月便获得了软银集团 2.4 亿美元的投资，融资后 Brandless 的估值高于 5 亿美元。

Brandless 从名字来看便有着明显的去品牌化意味，这也是它的最大特点。它的品牌主张是 Better doesn't have to cost more，直译过来就是更好的商品并不意味花费更多。

Brandless 实施无品牌策略，经营范围只有 300 多个商品类别，每个商品品类之中只选择一款最好的进行销售。Brandless 在打造商品时进行"彻底的研究，产品审查和口味测试，以确保我们销售的每一件商品都符合令人难以置信的高质量标准"。典型的 Brandless 商品包装上仅仅包含名字、成分、检查标志和认证标志。

Brandless 平台上的所有商品价格一律为 3 美元，从食品到洗面奶再到办公套装，一概如此。不过 Brandless 上售卖的商品价格虽然很低，但口碑却非常好，收到货的消费者对商品评价不错，这足以证明商品的质量过硬。Brandless 的无品牌化经营是其售价做到如此低的原因之一，其首席执行官 Tina 说，这是因为 Brandless 节省了传统的品牌税(brand tax)，直接交到了消费者手里，这节省了大约 40% 的费用。不做品牌广告、简洁的包装、直接的销售渠道让消费者直接享受更低的优惠，Brandless 真正做到了这点。

无品牌商品需要有好的质量，形成好的口碑，消费者愿意长期重复购买，长期来看，这种无品牌商品也能够形成自己的品牌，并形成不弱于知名品牌的势能，如 Brandless 上的番茄酱并不弱于亨氏番茄酱，这才能实现无品牌商品的长久经营。

(资料来源：http://www.shichangbu.com/article-33481-1.html?from=singlemessage&isappinstalled=0.)

(二)品牌使用者策略

品牌使用者策略即品牌的归属权策略，企业有三种可供选择的策略，第一，企业品牌或生产者品牌，生产企业使用自己的品牌，品牌归生产企业所有；第二，中间商品牌，即中间商企业从原料、产品设计、生产到经销全程控制，由中间商企业指定供应商生产，贴

有中间商企业品牌，在自己的卖场进行销售，也叫中间商自有品牌；第三，混合品牌，即生产者品牌和中间商品牌混合使用。

1. 生产者品牌

生产者品牌是生产企业为自己的产品选择合适的品牌，并在销售中独立使用。生产者品牌一方面能体现制造商的实力，有实力的制造商更愿意采用生产者品牌；另一方面，好的品牌本身是一种资产，品牌所有权归制造商，制造商更愿意在长期经营中不断积累这种资产。

2. 中间商品牌

市场中的常见品牌大多数属于生产者品牌，如海尔、三星、戴尔、美的等，但也有一部分品牌使用的是中间商品牌，尤其是规模庞大，声誉良好，实力雄厚的中间商，往往会建立自己的自有品牌。在西方经济发达的市场中，中间商品牌较多，与生产者品牌形成一定的竞争，如美国梅西百货自有品牌占公司销售额的45%。

使用中间商品牌可为中间商带来多种利益。

(1) 能有力地控制产品质量。因其经营的产品是自行设计开发并组织生产的，从源头上确保了产品的质量，获得了消费者的信任。

(2) 能较好地控制进货成本，并保持价格优势。因其省略了许多中间环节，加速了资金周转，还大幅度减少了广告推销费用。此外，中间商开发自有品牌一般都采取连锁经营的方式，实现大批量销售，取得规模效益，从而降低商品成本，保证中间商品牌相对低的价格优势。

(3) 能更好地贴近消费者，更好地满足消费者需求。中间商特别是零售企业直接面对广大消费者，对消费者的需求有最直接的了解，能及时、准确地把握市场需求的特点及变化趋势。

(4) 有利于建立中间商品牌优势和扩大利润空间。中间商使用自有品牌既可提升企业知名度，增加品牌资产，也可提高与制造商讨价还价的能力，在与制造商的竞争中处于有利地位，同时，中间商借助销售产品的优势，一定程度上减少产品推广和广告等费用，扩大了产品的盈利空间。

(5) 有利于建立销售优势。中间商自有品牌的商品陈列在商场中最醒目的位置，在销售过程中，销售人员尽力推销自有品牌的商品。中间商品牌在销售中享有的得天独厚的优势，有利于产品销售。

3. 混合品牌

混合品牌是制造商在商品销售过程中不仅使用自有品牌，而且使用中间商品牌。在具体应用过程中有三种策略。

(1) 制造商品牌与中间商品牌同时使用。

(2) 一部分产品使用制造商品牌，另一部分使用中间商品牌。

(3) 先采用中间商品牌进入市场，待产品在市场上受到欢迎后改用制造商品牌。

第一种策略兼有生产者品牌和中间商品牌两种品牌策略的优点，可以增强信誉，促进产品销售。特别是产品进入国际市场的过程中，制造商常常使用这一策略。第二种策略常常在制造商生产能力过剩的情况下，利用这一策略来扩大产品销售。第三种策略用于企业新进入一个市场，借助中间商品牌迅速开拓目标市场。

【营销实例 10-8】
扫一扫，围观一下亚马逊的自有品牌经营。

(三)品牌统分策略

如果企业决定其大部分或全部产品都使用自己的品牌，那么还要进一步决定其产品是分别使用不同的品牌，还是统一使用一个或几个品牌，这一决策称为品牌统分策略，企业可有以下几种选择。

1. 个别品牌

个别品牌是指企业各种不同的产品分别使用不同的品牌。其优点主要是：①企业的整体声誉不会受其中某种商品的声誉的影响，如果某企业的某种品牌失败或在市场上出现负面影响，不至于连累企业的其他品牌；②当企业产品向不同档次延伸时，由于不同产品使用的是不同品牌，不会使消费者产生品牌定位模糊的感觉，如企业原来一直生产高档产品，后来推出低档的产品，如果新产品使用独立的新的品牌，并不会影响原有品牌的定位和形象。这种策略的缺点是，品牌建设费用较高，需要为不同产品分别进行品牌宣传和品牌建设，增加企业营销成本。

2. 统一品牌

统一品牌是指企业所有的产品都使用一个品牌名称。企业采取统一品牌策略的优点是：①品牌统一可以帮助企业建立统一的企业形象，准确地传递企业理念，利于消费者识别企业产品；②新产品进入市场时，可以借助统一品牌的形象，降低新产品进入市场的费用，有利于新产品的市场扩张，也有利于消费者迅速认识新产品并对新产品产生信任。统一品牌策略的缺点是，如果统一品牌中某一产品出现问题，会殃及同一品牌下的其他产品，对品牌声誉和品牌价值产生负面影响。

3. 分类品牌

分类品牌是指企业的各类产品分别命名，一类产品使用一个牌子。如果一个公司销售明显不同的各种产品，那么仅仅使用一个品牌是不够的。采用分类品牌策略的优点是：能有效防范企业统一品牌经营模式因其覆盖的产品过多而可能导致的品牌定位模糊，弱化其竞争能力的缺点；还能有效地克服个别品牌策略因品牌过多而可能出现的宣传传播成本高，难以管理，难以形成合力的不足。日本松下电器公司正是使用这一品牌策略，如松下在视听产品上使用的品牌是 Panasonic，在家电产品上使用的品牌是 National，在高保真产品上使用的品牌则是 Technics。

4. 企业名称加个别品牌

这种策略是指企业对其不同的产品分别使用不同的品牌，而各种产品的品牌前面还冠以企业名称。例如，美国通用汽车公司(GM)生产的各种类型的汽车，其品牌都是公司名称(GM)加上各种不同的品牌名称，如凯迪拉克、别克等。用这种策略来表明这些汽车都是通用汽车公司生产的，但它们又各有特点。在各种不同新产品的品牌名称前冠以企业名称，可以使新产品能够分享企业的信誉,而各种不同的新产品分别使用不同的品牌名称,又可以突显新产品各具的特色。

(四)品牌延伸策略

品牌延伸策略是指企业将已经成功塑造的品牌用于新进入市场的其他产品或服务,达到以更少的营销成本占领更大市场份额的目的。品牌延伸从形式上可以分为两种:一种是在原有产品类别内部延伸,即产品线延伸,将品牌用于同一产品线下新推出的产品项目;另一种是产品种类延伸,即将品牌应用于不同种类的新产品。

品牌延伸策略是企业在品牌建设中的一种选择,可为企业带来诸多益处。

(1) 有助于加快消费者对新产品的接受程度。借助消费者对原有品牌的认可和喜爱,新产品可顺利进入市场,可以大大缩短被消费者认知、认同、接受、信任的过程。

(2) 有助于降低新产品的营销费用,减少新产品的市场风险。新产品上市需要投入大量营销费用,进行持续的广告宣传和促销活动。新产品使用原有品牌,可以借助原有品牌声望,迅速实现新产品扩散,减少开拓新市场的营销费用,特别是产品线内的品牌延伸,可共享企业的渠道资源,节约渠道建设成本。

(3) 有助于强化品牌效应,增加品牌这一无形资产价值。品牌延伸效应可以使品牌向多领域辐射,丰富产品类别,提高产品的知名度和美誉度,强化消费者对品牌的认知和信任,品牌无形资产随着品牌延伸不断发展和增值,提高品牌的整体投资效益。

(4) 能够提升核心品牌的形象,增强消费者对品牌的信任感。同一品牌下的丰富的产品种类和产品项目,让消费者切实感知到企业实力和品牌影响力,进而会强化品牌形象和对品牌的信任感。

品牌延伸并不能解决所有问题,如果运用不当,也会给企业品牌运营带来许多危害,有时这些危害甚至是致命的,使长期的品牌建设成效毁于一旦。因此,在认识到品牌延伸策略优势的同时,也要充分意识到其带来的不利之处,规避品牌延伸策略给企业带来的潜在风险。这些不利之处主要表现为以下几个方面。

(1) 损害原有品牌形象。当某类产品在市场上取得领导地位后,这一品牌就成为强势品牌,它在消费者心目中形成特定的形象定位,甚至成为该类产品的代名词。如果将品牌延伸于产品形象不一致的产品,将会削弱已经建立起来的品牌形象。

【营销实例 10-9】

扫一扫,看派克钢笔是如何在深入大众的路上一路下滑的。

(2) 容易造成消费者对品牌定位认知模糊和消费者心理冲突。如果企业不顾品牌定位的兼容性,盲目地将品牌延伸到毫不相干,甚至是在用途、性能上相互冲突的产品上,会导致消费者在品牌定位认知上不知所措,或者造成消费者的心理冲突。

【营销实例 10-10】

扫一扫,看看"当洗衣粉遇上纯净水,当洗发水遇上凉茶"会发生什么。

(3) 株连效应。将主品牌名称冠于别的产品上，如果原主品牌产品和扩展品牌产品中的任何一个出现问题都会影响另一方在消费者心目中的形象。

(4) 淡化主品牌原有内涵。消费者对品牌产品的性能、形象认知明确，如果主品牌延伸的广度和深度过大，就会淡化和分散品牌的核心概念，混淆消费者的记忆，毁损主品牌在消费者心目中的形象。纷繁的产品类别弱化了已形成的品牌个性，消费者会怀疑原品牌产品的使用经验，失去品牌忠诚的目标。若要再重新树立品牌形象，找回已经失去的品牌个性就是比较困难的事情了。例如，娃哈哈品牌最初是儿童营养液起家，产品围绕儿童市场，品牌名称也极具目标市场特征，但随着娃哈哈一步步延伸到纯净水、可乐、八宝粥，其儿童饮品的品牌形象淡化了许多，以至于其想重拾儿童市场，进军童装市场时，并不是很成功，这与其品牌的初始形象淡化有很大关系。

【营销实例10-11】

故宫：宫廷火锅，了解一下

继故宫彩妆跨界营销之后，故宫又推出新玩儿法——开火锅店。

大年初一，故宫火锅正式营业。餐厅装潢借鉴乾隆时期名作《紫光阁赐宴图》，展现皇家礼乐、宴会、家具器皿、游戏等宫廷文化，还原宫廷御食的场景和风貌。故宫火锅汤底完美复原了慈禧太后最爱的"菊花锅"，并在此基础上进行创新与研发，打造出别样的"宫廷火锅味道"。火锅酱料十分讲究，青红黄白黑五种颜色的蘸料代表"江山社稷五色土"，别出心裁的设计不但体现宫廷风，还满足了来自四海八方、拥有不同口味偏好的"吃货"的愿望。

故宫火锅店自开业以来一直爆满，食客络绎不绝。不少网友称赞餐厅的设计风格与创意，还调侃道："不如拍个纪录片，叫做《我在故宫吃火锅》"。身处神圣的紫禁城，享受中国特色美食火锅，故宫特有的气质被充分代入火锅场景，使消费者获得特别的餐饮体验感。故宫的多次跨界尝试，不但刷新了大众对其的认知，更展示了这位"老顽童"对故宫这一品牌价值创造的各种可能性。通过个性与潮流的结合，故宫加深了与年轻群体的沟通，也从另一面为他们提供了解传统文化、深入历史的新契机。

(五)多品牌策略

多品牌策略是指在同一产品类别中引进多个品牌的策略。这一策略针对同一产品下需求存在差异性的不同目标市场，致力于满足每一品牌都有明确的、突出的、唯一的市场定位，各个品牌形象之间既有差别又有联系。美国宝洁(P&G)公司是多品牌战略的实践者，在中国，宝洁公司的洗发水有多个不同品牌，每个品牌拥有明确的市场定位，服务于特定消费群体，如飘柔定位于"使头发柔顺到底"，潘婷定位于"营养发质"，海飞丝定位于"去头屑"，沙宣定位于"专业美发"，而伊卡璐则以香味著称。运用多品牌战略，宝洁公司的洗发水满足不同消费者对洗发产品的多样化需求，并将这些需求与特定的品牌一一对应，形成品牌联想，产品在中国市场获得了较大的市场份额。

1. 多品牌策略的优势

多品牌策略为企业经营提供如下优势。

(1) 多品牌策略可满足不同的市场需求。多品牌策略基于对消费需求的细分,正是市场上存在丰富多彩的需求差异,企业才需要利用不同的产品特性满足不同的需求,为每一个产品命名一个名称,赋予一个特色,满足一个特定需求,让消费者易于识别和购买,并使这种品牌形象深入人心。

(2) 多品牌使企业有机会最大限度地覆盖市场。多品牌策略的最大优势是通过给每一个品牌进行准确定位,从而有效地占领各个细分市场。随着市场的成熟,消费者的需要逐渐细化,一个品牌无法做到同时满足不同需求。多品牌策略恰好实现了这一目标,在满足多样化需求的同时,最大限度地占领市场。

(3) 多品牌策略具有竞争的灵活性。多品牌策略有利于限制竞争者扩张,并能通过多品牌组合灵活应对竞争中的不确定性。例如,多品牌策略使竞争者感到在每一个细分市场都有成熟的品牌,提高了进入壁垒,从而使潜在进入者保持谨慎态度;在价格战中,由于多品牌中各个品牌的市场地位不同,可灵活应用次要品牌对价格战中的竞争者实施迅速的侧翼进攻,保持核心品牌利益不受侵害,获得最大化品牌收益和品牌整体效益。

(4) 增强企业的抗风险能力。使用多品牌策略可以避免因企业的某一产品市场推进失败或质量问题所带来的品牌危机的风险。即使一个品牌出现问题,也不会波及其他产品。

(5) 多占货架,展现企业实力。实施多品牌策略的产品在货架摆放时,往往集中摆放在一起,从视觉效果上形成震撼力,彰显企业经营实力,从感性认知方面增强消费者对品牌的信心。

2. 多品牌策略的局限性

多品牌策略涉及企业在同一产品市场上多个品牌的运营,其复杂性是显而易见的,同时对企业的品牌管理也提出新的挑战。多品牌策略的局限性主要表现在以下三个方面。

(1) 管理难度加大。实施多品牌策略是以品牌为经营的基本单位,企业要从全局发展出发,对多个品牌之间的产品创新、营销推广、与经销商的关系维持等方面进行协调和平衡,增加了品牌管理的难度和复杂性。

(2) 品牌建设成本加大。采用多品牌策略意味着企业要对不同品牌进行广告宣传和促销推广,确立不同品牌的市场的定位和市场形象,这大大增加了企业的营销成本和费用。

(3) 可能引起企业内部不同品牌之间的竞争。当多品牌策略中各品牌差异性较小时,或者同一产品线上品牌定位差别不明显时,品牌之间的竞争会加剧,各个品牌之间不可避免地会侵蚀对方市场,造成企业内部品牌之间的内耗,影响企业整体经营效益。

(六)品牌更新策略

从企业的角度讲,不存在一劳永逸的品牌。一般而言,品牌策略需要在一定时间内保持相对稳定性,但随着经济环境、社会文化、消费需求的变迁,企业品牌的内涵和形式无法与市场新环境相吻合时,企业需要及时调整和重新确定品牌,借助新品牌赢得新的竞争优势。品牌更新通常发生在以下情境中。

(1) 当消费者的消费偏好和消费观念发生明显变化时,对企业品牌的需求减少,企业需要调整品牌策略,塑造新的品牌形象。

(2) 企业原有品牌不成功，需要重新建立品牌进入市场。

(3) 竞争格局发生变化，企业因竞争形势修正自己的目标市场。

(4) 企业决定进入新的细分市场。

因此，企业需要根据经营环境、竞争状况和营销战略的变化，适时实行品牌更新策略，对品牌进行修正和重新定位，以适应市场发展变化。

第五节 包　　装

包装是产品进入流通的必要环节。现代包装的功效已不仅仅是对商品的保护，设计精美的包装还能为消费者创造价值。在营销界，包装享有"沉默的推销员"的美誉。

一、包装分类

包装有两个含义：一是作为动词，是对某一品牌产品设计并制作容器或外部包装物的一系列活动；二是作为名词，是指产品的包装物。按照不同标准，产品包装有多种分类。

1. 按产品包装的不同层次划分

(1) 首要包装，即产品的直接包装，如牙膏皮、啤酒瓶等。

(2) 次要包装，即保护首要包装的包装物，如包装一定数量牙膏的纸盒或纸板箱。

(3) 运输包装，即为了便于储运、识别某些产品的外包装，也叫大包装。

2. 按产品包装在流通过程中的不同作用划分

(1) 运输包装，主要用于保护产品品质安全和数量完整。运输包装又可分为单件运输包装和集合运输包装。

(2) 销售包装又称小包装。销售包装除了具有保护商品的作用外，更重要的是为了便于销售，因此销售包装必须满足直接销售的各项条件，在造型结构、装饰画面和说明文字上都有较高的要求。

二、包装设计

(一)包装功能

1. 保护产品

保护实体产品在运输、储存过程中不会发生损坏、散落、变质等受损现象，尤其是对易碎、易腐、易燃、易挥发、有害物质等产品，保护产品的功效显得尤为重要，这也是包装最基本的功能。

2. 促进销售

产品包装具有识别、美化和便利的功能。精美的包装能引起消费者的注目，激发购买欲望。在商品销售中，包装是传递信息、争取顾客的重要工具。独特的包装能将产品与竞争者产品在视觉上直接区分开来，形成产品特色的一部分。例如，著名珠宝品牌蒂凡尼首饰为人所熟知的淡蓝色外包装；瓶装可口可乐独特的富有美感的瓶体设计成为可口可乐的象征性标志。包装材料的色彩和包装图案，具有介绍商品的广告作用。科学合理的包装，还可起到方便顾客携带、保管，便于销售的作用。

【营销实例 10-12】

扫一扫，看看别人家的助销文案都是怎么写的。

3. 创造价值

包装属于产品整体概念的一部分，精致优良的包装不仅能给人以美感，也能提升产品整体价值，为消费者创造更多的感知价值。从企业角度来讲，优质的包装可降低产品在运输、存储、销售环节的损耗，也可提升产品售卖价格，为企业创造更多利润。

(二)包装设计要求

(1) 适用原则。包装的主要目的是保护商品。因此，首先要根据产品的不同性质和特点，合理地选用包装材料和包装技术，确保产品不损坏、不变质、不变形等，尽量使用符合环保标准的包装材料；要合理设计包装，便于运输等。

(2) 美观原则。销售包装具有美化商品的作用，因此在设计上要求外形新颖大方，符合审美标准，具有较强的艺术性。

(3) 经济原则。在与营销策略保持一致的前提下，应尽量降低包装成本，坚决反对包装浪费和过度包装。

(4) 环保原则。包装材料的选用要符合环保要求，使用有利于回收和循环再利用的包装材料是体现企业社会责任的一个方面，越来越多的消费者开始注意包装材料对环境的影响，将环保包装作为选择产品的一个依据。

(三)包装设计内容

(1) 包装形状。包装形状主要取决于产品的物理性能，如固体、液体，其包装形状各不相同。包装外形应能美化商品，对消费者有吸引力，方便运输、装卸和携带等。

(2) 包装大小。产品包装的尺寸主要受目标消费者购买习惯、购买力及产品有效期等因素影响，应力求让消费者使用方便、经济。过大过小都不利于销售，甚至影响企业的利润。

(3) 包装构造。产品包装的构造设计，一方面要突出产品的特点，另一方面要具有鲜明的特色，使产品外在包装和内在性能完美地统一起来，给消费者留下深刻的印象。

(4) 包装材料。包装材料的选用应符合以下要求：能充分地保护产品，如防潮、防震、隔热等；有利促销，如能显示产品的性能和优点等；开启方便，便于经销商储存和陈列等；在符合包装要求的前提下，节约包装费用，降低售价。

(5) 文字与图案说明。文字说明主要包括产品名称、数量、规格、成分、产地、用途、使用与保养方法等。文字说明要严谨、准确、简明，也可采用图案说明的形式或将两者结合使用，更加直观易懂。

三、包装策略

科学的包装策略能够吸引消费者,并促进消费者购买行为发生。企业进行包装策略选择时,应充分考虑消费者的购买心理和购买习惯,实现促进销售的目的。

(1) 类似包装,即在图案、色彩等方面,企业所有产品的包装均采用统一的形式。采用这种方法可以降低包装的成本,有利于树立统一的企业形象和产品形象,便于消费者识别产品;在企业推出新产品时,可以利用企业的声誉,使消费者首先从包装上辨认出产品,迅速打开市场。

(2) 组合包装,即把若干有关联的产品,包装在同一容器中。例如,化妆品的组合包装、节日礼品盒包装等都属于这种包装方法。组合包装不仅能促进消费者的购买,也有利于企业推销产品,特别是推销新产品时,可将其与老产品组合出售,创造条件使消费者试用和接受。

(3) 附赠品包装。这种包装的主要方法是在包装物中附赠一些物品,从而引起消费者的购买兴趣和购买意愿。例如,儿童食品中常常使用附赠品包装,赠送儿童感兴趣的玩具等,吸引其购买,效果较好。

(4) 再使用包装。包装物在产品使用完后还可另作他用。再使用包装使购买者得到一种额外的满足,从而激发其购买产品的欲望。例如,设计精美的饼干盒,在饼干吃完后可以用于储物。包装物在继续使用过程中,实际还起了提醒性的广告作用,增加了消费者重复购买的可能。

(5) 等级包装,即根据消费者的不同需要,对同一种产品采用不同级别的包装。例如,书籍购买中,常有精装版和平装版之分。此外,对不同等级的产品,也可采用不同包装。对于高档产品,精致包装可展示产品的象征意义;对于中低档产品,包装简略些,以减少产品成本。

(6) 改变包装。当由于某种原因使产品销量下降,产品声誉下降时,企业可以在改进产品质量的同时,改变包装的形式,从而以新的产品形象出现在市场,改善产品在消费者心目中的不良地位。

【营销实例 10-13】

可口可乐的"城市美食罐"

每座城市的特色美食,不仅仅是当地人味觉的偏好,更体现出当地人文风俗独有的味道。可口可乐公司在产品包装上别出心裁,以城市的特有"味道"为切入点,推出了 30 款"城市美食罐"。新的罐身延续之前"城市罐"的摩登设计风格,融合了各城市的代表性元素与当地特色美食元素,如将著名景点断桥残雪和爽口的桂花糖藕元素嵌入人物的服饰中,巧妙地表现出了杭州的清甜味道。同时,可口可乐牵手美团点评,消费者用手机扫描罐身主体人物形象后,即可获取大众点评推荐的当地美食店铺,以及数额不等的美食券和"+1元换购可口可乐"的优惠券。

产品包装成为可口可乐展现品牌创意、进行社会化传播的媒介,也成为品牌与消费者情感沟通的桥梁,"昵称罐""城市罐"等无一不与消费者进行着近距离的互动交流。作为与"吃"紧密相关的饮料产品,"城市美食罐"的包装设计,不仅使产品与餐饮美食紧密关联,更让消费者自发参与到互动中,融入了消费者的城市美食情怀与城市归属感,集趣味性和情感性于一身,可谓包装营销的典范。

本 章 小 结

  产品是市场营销组合中最重要的因素。市场营销中,产品整体概念是产品提供给消费者各项利益的综合体现,"三层次论"认为产品整体概念包括核心产品、形式产品和附加产品。"五层次论"认为包括核心产品、形式产品、期望产品、附加产品和潜在产品。产品组合是企业提供给市场的全部产品线和产品项目的组合或结构,表明了企业所有产品的经营范围。常用产品组合的长度、宽度、深度、关联度等指标来衡量产品组合特征。企业在发展过程中,通过扩大产品组合、缩减产品组合、产品延伸等策略实现产品组合优化和调整。

  产品生命周期是指产品从进入市场到退出市场所经历的市场生命循环过程,是产品的市场寿命或经济寿命。产品生命周期一般分为导入期、成长期、成熟期和衰退期四个阶段。每一阶段呈现出不同的市场特征,企业需在各阶段实施相应的营销策略。

  从市场营销学的观点来看,凡是与现有产品相比,具有新的功能、新的特征、新的结构和新的用途,能满足消费者新的需求的产品都是新产品,包括全新产品、换代产品、改进产品三大类别。依据企业开发新产品的创新性程度、所耗费时间和资源等,企业可选择领先型新产品开发战略和跟随型新产品开发战略。领先型新产品开发战略是企业积极投入新产品研发过程,先于其他企业研制开发新产品,并率先将新产品投放到市场,从而在行业中确定技术领先和产品领先地位的战略;跟随型新产品开发战略是指企业密切关注市场上刚刚出现的新产品,一旦发现新产品获得成功,便立即组织力量生产出类似产品,快速进入市场的战略。两种战略各有利弊和适用条件。新产品开发程序包括八个阶段:寻求创意、创意筛选、形成与测试产品概念、制订市场营销战略计划、商业分析、产品开发、市场试销、批量上市。新产品在扩散过程中,先后经历了领先采用者、早期采用者、早期大众、晚期大众、落后采用者5种类型。

  品牌策略是市场营销战略和策略的重要内容。品牌是一种名称、术语、标记、符号、设计,或是它们的组合,其目的是借以辨认某个销售者或某群销售者的产品或服务,并使之与竞争者的产品或服务区别开来。品牌的内涵包括六个方面:属性、利益、价值、文化、个性、用户。品牌个性是整体品牌形象的内在联系,它包括与品牌特色、象征、生活方式及使用者类型的联系,这些品牌个性联系创造了品牌的综合形象。品牌个性是品牌与消费者沟通的心理基础,它倾向于提供一个象征性的或自我表达的功能,而这种表达正好能与消费者的自我概念形成共鸣,获得消费者的认可。企业可通过产品、包装、价格、品牌名称和品牌标志、使用者形象、品牌历史、品牌来源地等塑造品牌个性,利用广告与个性化产品宣传、公共关系传播、事件传播、社会媒体传播、体验式传播、植入式传播等方式将品牌个性传递给消费者。企业制定品牌策略时,需要对品牌有无策略、品牌使用者策略、品牌统分策略、品牌延伸策略、多品牌策略和品牌更新策略等内容进行决策。

  产品包装具有保护产品、促进销售、创造价值的功能。企业进行包装策略选择时,应充分考虑消费者的购买心理和购买习惯，可供选择的包装策略包括类似包装、组合包装、附赠品包装、再使用包装、等级包装和改变包装。

课 后 习 题

一、思考题

1. 论述产品生命周期各阶段特征及市场营销策略。
2. 论述新产品开发战略及其利弊分析。
3. 简述产品概念在新产品开发中的重要作用。
4. 什么是品牌个性？以现实案例说明企业如何塑造品牌个性。
5. 论述品牌延伸策略的内容。
6. 百事公司的一位前 CEO 曾说："在我看来，一个人能够对一个品牌做出最好评价就是说这个品牌是他的最爱。"请列举你最喜欢的两个品牌，并描述其品牌个性，说明它们是你最爱的理由。

二、案例分析

红星二锅头的品牌延伸

纵观国内高端白酒市场，众多品牌分庭抗礼。销售"高贵"的五粮液、讲"品质"的茅台、说"历史"的国窖 1573……作为低端白酒市场的第一品牌——红星二锅头，面对竞争如此激烈的高档酒市场，该如何将价值 200 元的新品"红星珍品二锅头"成功地推向市场？又该如何改变二锅头在人们心目中根深蒂固的"便宜货"形象呢？红星酒业急需启动新品红星珍品二锅头市场，向高档产品进行延伸。

1. 红星二锅头的市场定位

红星企业成立于 1949 年，是作为新中国的献礼而指定建设的项目之一。为了能让建国初期生活水平都普遍不高的中国大众能喝上纯正的二锅头酒，国家规定红星二锅头酒的价格不得过高。所以，自红星问世 50 多年以来，所生产的十余种产品都属于低价位酒。由于红星二锅头甘洌醇厚，价位低廉，受到消费者始终不变的青睐，"红星二锅头"也成了"大众的好酒"的代名词。50 年来，红星品牌下的各种低价位产品始终保持着高销量，一直稳坐北京地区低端白酒市场的第一把交椅。

红星品牌的辉煌延续至今，由于多年的品牌积淀，红星二锅头已在北京人的日常生活中必不可少：朋友聚会喝二锅头，亲人相聚喝二锅头，自斟自饮喝二锅头，借酒消愁是二锅头，真情流露时还是二锅头……二锅头醇厚甘洌的口味正符合北京人热情豪爽的性格，北京人对二锅头怀有特殊的亲切感和自豪感，它已经不只是作为酒存在了，而是作为北京文化的一部分。但对红星二锅头消费状况的问卷也同时显示了另外一个奇怪的现象：当问道"你会在何种场合中选择红星二锅头？"时，有 95%的消费者选择了"哥们儿聚会"，而在"商业宴请或正式场合"中有 90%以上的消费者都持否定态度。究其原因，是因为消费者普遍认为二锅头是低档酒，过于大众通俗，不适合在正式的宴请和重要的场合中饮用。

而价值 200 元的红星珍品二锅头的出现正好为红星品牌的有效提升带来了新的契机。

作为低端白酒市场的第一品牌，红星二锅头虽然在区域市场较为稳固，且消费者品牌认知较为明确，但面对竞争激烈的白酒市场，红星要摆脱低档酒的消费者印象，获得长足的企业竞争力还有很长的路要走。红星为了满足企业发展的需要，同时也为了提升红星品牌的价值，推出了价格为200元以上的高端新品"红星珍品二锅头"，这是一个较为冒险的行为，也是一个大胆的决策，因为推广这个产品首先需要改变二锅头在人们心目中根深蒂固的"便宜货"形象，而且又不能对红星这个品牌造成严重的影响。

2. 寻找红星品牌新的价值

要想成功推广红星珍品二锅头，一个重要的前提便是让人们在消费这个产品的时候忘却红星二锅头低档的、便宜的品牌印象，而去感受一个超越价格因素的价值，促使消费者认识并消费这个价值，而不仅仅是产品。

众所周知，人们习惯于将对这个城市的感情寄托在具有典型性的事物上，形成独特的地域性自豪感。诸如兵马俑是西安的骄傲，葡萄干是新疆的代表。北京作为有千年历史文化的古城，文化在各个方面都有体现：建筑文化的代表是长城、历史文化的代表是故宫、饮食文化的代表首推北京烤鸭。而能够代表北京文化的酒却还没有，这个市场至今还是个空缺，在这种隐性心理的刺激下，这里存在着巨大的需求。红星是传承京文化的载体，是在历史长河不断变迁之中唯一秉承正宗京味的精神归依，红星二锅头在北京人心目中有非常好的认知度和好感度，在事实上已经具备了"北京特色酒"的基础。打破消费者"红星品牌就应该是低价位、低档次"的传统认知，建立起"红星二锅头就是能代表北京文化的酒品牌"的新认知，要想完成这样一个战略性的目标，需要在"二锅头、红星、京味儿"这三者之间建立起一个必然的联系，而"京味儿"无疑是最恰当的表现红星品牌核心价值的词。

在众多品牌林立的高端白酒市场上，红星以"京味儿"的品牌形象，区别于诸如五粮液用"系出名门"来演绎"高贵"，国窖1573用"听到的，看到的，品味到的历史"来讲述久远而独树一帜。事实上，为红星的定位正如里斯和特劳特所说："建立定位，不是去创造某种新奇或与众不同的事项，而是去操纵已经存在于心中的东西，去重新结合已经存在的联结关系。"

"京味儿"的定位清晰准确地提出后，创意就已完成了一半了。但这还不足以让消费者去理解、去共鸣，要想让红星品牌真正与消费者进行深入沟通，并增加消费者的品牌体验，必须有一句核心传播概念去形象描述，以此加深品牌印象。

于是一句"品不够的京味儿，离不开的红星"的广告中心语在反复推敲后诞生了。这就是浓缩了京味儿文化的红星品牌最完美的表述，是字字千金、改一不可的金句。

3. 品牌定位传播

品牌定位及品牌标语的完成，为红星品牌的价值提升建立了一个基础，要想让这样一个核心概念生动起来，必须要加以形象表现，而要表现这个核心概念需要多方面的手段，其中电视广告又是最直接的。

在北京吃喝玩乐往往有这样一个说法，"游(登)长城、逛故宫、吃烤鸭、喝红星二锅头"，这是最代表北京的东西，称为"京城四乐"，在此基础上于是便有了以下的电视广告。

巍峨雄伟的长城上，游客一家老小在长城之巅挥动着衣袖，孩子兴奋地唱着歌。登长城！"玩在京城"的字幕在山峰中浮现。

浑厚庄严的故宫前，几个老外一身戏装打扮，有板有眼地唱念做打，字不正腔不圆但也乐在其中。逛故宫！"乐在京城"的字幕在红砖古墙上突显出来。

古色古香的烤鸭店里，大师傅切下一片片肥腴的烤鸭片，几个铁哥们相聚一堂。吃烤鸭！"吃在京城"的字幕也随之出现。

当服务人员将红星珍品二锅头斟上时，浓郁的酒香转移了大家吃烤鸭的欲望，纷纷嗅着酒香转过了头。品不够的京味儿，离不开的红星！"喝在京城"的字幕适时地映入眼帘。

深厚的文化底蕴，别具一格，独出心裁的切入点，使广告词中的文化传播更加深入人心。因此，以直率的视觉冲击力表现出来，并实现广告产品与消费者意愿的吻合，显得尤为重要。古老的故宫、长城最能代表北京悠久的历史；字正腔圆的京戏是经过几百年积淀而形成的京文化典范，特别选外国人来唱京戏，更能说明京文化的现代性及不断拓展的国际化趋势；在北京饮食文化中，美味的烤鸭和醇香甘洌的红星珍品二锅头已成为人们共同的认知。一个集合京文化精髓的创意成功地为红星珍品二锅头赋予了"京味儿"的文化内涵。

通过挖掘红星品牌的优势特点，确定了红星的品牌核心价值，而又通过生动化、形象化、生活化的方式把它表现出来，借助电视、报纸、广播等传播工具使红星的品牌延伸和品牌价值得到了巨大的提升，使红星二锅头这样一个本就在北京很有人缘的品牌越发显得魅力十足，通过为红星二锅头赋予更深层次的品牌价值，红星顺利地将产品线进行了延伸。

(参考资料：https://wenku.baidu.com/view/89235437b90d6c85ec3ac63d.html.)

请思考：

1. 明知贸然进行品牌延伸存在诸多风险，红星二锅头为何还会推出价格高昂、定位高档的"红星珍品二锅头"呢？

2. 红星珍品二锅头是如何实施品牌延伸的？

3. 请谈谈红星二锅头品牌延伸带给你的启示。

三、实操题

【实训目的】

通过实训，使学生掌握品牌策略在企业中的具体应用。

【实训内容】

选择某一行业的一家知名企业，分析该企业的品牌策略，并结合产品组合发展，评价该品牌策略的利弊。

【实训组织和要求】

将学生分组，每组3～5人。每个小组选举一名组长，负责组织和协调小组内成员的分工与合作，小组成员在分工的基础上共同完成小组任务。指导老师应及时检查学生对各项任务的完成情况。任务完成后，各小组提交报告，并以PPT形式做小组汇报。

第十一章

定价策略

【学习目标与任务】

- 理解产品定价的目标。
- 掌握产品定价的基本方法。
- 熟悉产品定价的策略和技巧。
- 掌握价格调整和竞争中的价格变动策略。

【重点与难点】

- 定价目标、成本、需求和竞争对企业定价的影响。
- 企业定价的主要方法。
- 企业定价策略的主要内容。
- 企业的价格变动对顾客需求的影响。

【能力目标】

- 能够运用定价策略引导、管理企业的定价活动。
- 能够在分析影响营销价格因素的基础上进行营销定价,适时调整营销价格。

第十一章 定价策略

【案例导入】

"成也价格，困也价格"的小米公司

小米1发布的时候，雷军喊出1999元的价格确实给了当时还不算成熟的智能手机市场当头棒喝。从那时候起，"价格屠夫"的称号就和小米捆绑到了一起。

价格作为小米的武器，曾经可以视为一把长剑，现在呢，大概是一把匕首了。习惯了小米"低价"特点的消费者使得小米在开拓新产品以及高价市场方向的这条路上，寸步难行。

小米对其新产品小米路由的定价策略与以往小米主打的低价不同，小米路由的定价甚至比一般的无线路由价格还高，试图从小米路由开始，走上高价市场。然而，事情并不如小米预期的那么顺利。小米路由开始发行时，并没有重现小米产品以往的抢购热潮。淘宝上的渠道商甚至开始以原价加赠品，或者降价出售699元的小米路由了。

小米产品的目标就是对价格敏感的群体，通过红米、小米电源的价格下潜，小米走得非常顺畅。然而，对于适应了低价小米的消费者而言，小米路由在两极分化严重的路由器市场中走出了"价格高端化"路线，与消费者的内心接受程度相差太大，所以这一步小米踏空了。

从一开始小米就拿着价格作为武器大杀四方，获得了巨大的成功。但是到了现在，价格也成了困住小米向上发展的牢笼。可见，价格策略对于一个公司来说至关重要，采用何种定价策略，又该在何时进行定价策略的转变，都会直接影响企业的利益。

（资料来源：http://www.100ee.cn/detail--6170758.html.）

【营销新视野11-1】
有没有试过自己中意的商品自己定价买到手的感觉，扫一扫，一起来看看。

在营销组合中，价格是能产生收入的因素，其他因素表现为成本。价格也是营销组合中最灵活的因素，它与产品特征和渠道承诺不同，它的变化是异常迅速的。价格是市场营销组合因素中十分敏感而又难以控制的因素，它直接关系着市场对产品的接受程度，影响着市场需求和企业利润的多少，涉及生产者、经营者、消费者等各方面的利益。因此定价策略是企业市场营销组合策略中一个极其重要的组成部分。

价格是短时间就会被忘记的，但产品质量一直伴随。正如法国一位学者所说："在你早已忘记产品的价格之后，你所买产品的性能好坏还在影响着你。"

第一节 影响定价的因素

影响定价的因素是多方面的，包括定价目标、产品成本、市场需求、竞争者的产品和价格及国家政策等因素。在此，我们对每一主要因素进行分析研究。

一、定价目标

任何企业都不能独立地制定价格，而必须按照企业的市场战略及市场定位战略的要求来定价。同时，企业管理人员还要制定一些具体的企业目标，如利润额、销售额、市场占有率、提高知名度等，这些目标对企业定价具有重要影响。企业制定的每一种可能的价格对其利润收入、市场占有率均有不同的含义。企业定价目标一般主要有以下几种。

(一)维持企业生存目标

如果企业生产力过剩或激烈竞争，或者消费者需求改变的时候，企业是处于经济萧条、生产过剩、竞争加剧的经营环境中，需要把维持生存作为主要目标。为了维持经营，企业必须制定较低的价格。与生存相比，利润次要得多。许多企业通过大规模的价格折扣保持企业活力。只要其价格能弥补变动成本和一些固定成本，企业的生存便可得以维持。但维持企业生存仅是一个短期目标，从长远来看，企业必须设法改变环境，获取利润，否则将面临破产。

(二)短期利润最大化目标

企业处于有利环境条件下，可以抓住机会，通过高价的形式，在短期内取得最大利润。但是也要考虑一定的条件，要考虑价格弹性等，如需求弹性小，企业在市场竞争中处于有利地位，产品在市场上供不应求，竞争者少等。但是所定的高价应该在国家政策和法规允许的范围内。

(三)市场占有率最大化

一般来说，企业的利润水平与市场占有率向同一方向变化。市场占有率越高，就会认为销量越高，产品的单位成本就越低，长期利润就越高。有些企业想通过定价来取得控制市场的地位，即让市场占有率最大化，因为企业确信赢得最高的市场占有率之后，企业可以在一定程度上控制和决定产品的市场价格。因此，企业会制定尽可能低的价格来追求市场占有率领先地位。企业也可能追求某一特定的市场占有率。企业在实施这一目标时，应该注意以下问题。

(1) 要有充足的货源和很强的生产能力。因为市场占有率提高，导致需求量增加，企业要有充足的商品供应，否则竞争者会乘虚而入。

(2) 低价也要掌握个度。为了提高市场占有率，不能一味地降低价格，要保持一个适当的度，否则会得不偿失，市场占有率提高了，总利润却不增长，甚至以亏损换市场。例如，ofo 共享单车、滴滴打车刚推向市场时采用的低定价甚至超低定价。ofo 由于资金管理和经营管理不到位，很快退出市场，同时还有许多遗留问题未得到很好的解决；滴滴打车刚推出时的低价也引发了很多问题。在处理问题的过程中，会有竞争者乘虚而入，因此在抢占市场的同时要在运营上更完善。

(四)以产品质量领先为定价目标

企业也可以考虑产品质量领先这样的目标，并在生产和市场营销过程中始终贯彻产品质量最优化的指导思想，这就要求用高价格来弥补高质量和研究开发的高成本，在保持产品优质优价的同时，还应辅之以相应的优质服务，以保证其在消费者心目中的高品质品牌形象。

【营销实例11-1】
洗衣机并非使用寿命越长就卖得越好，扫一扫，看看是什么原因。

二、产品成本

在一般的情况下，产品成本是制定价格的下限，而市场需求是制定价格的上限。企业制定价格时应该能够弥补产品生产、销售时所产生的成本，同时又能获取一定的利润。

产品成本是指企业在产品生产过程和流通过程中所消耗的物资和支付劳动报酬的总和。一个公司的成本主要有两种形式：固定成本和变动成本。总成本是一定水平的生产所需的固定成本和变动成本的总和。企业制定一个价格，这个价格至少包括该一定水平生产所需的全部生产成本。企业如想改变价格的话，至少要考虑在一定生产水平下的总成本。

从长远看，任何产品的销售价格都必须高于成本费用，只有这样，才能以销售收入来补偿生产成本和经营费用，否则就无法经营。因此，企业制定价格时必须估算成本。

企业的成本可以从短期和长期考虑。短期指的是相对较短的时期，在此期间，企业不能自由调整生产要素的投入和组合，不能选择各种可能的生产规模。而长期指的是相对较长的一个时间周期，在这个时期里，企业可以自由调整生产要素的投入和组合，选择最有利的生产规模。企业在制定相关战略时，必须考虑时间周期的因素，对已有产品或新产品在生产、销售等经营过程中涉及的各种直接成本和间接成本进行合理的分配和规划，以实现企业利润最大化。

例如，非营利的公共组织可以采取一些其他定价目标。一家非营利医院的定价目标可以是抵销全部成本(full cost)；一家非营利的剧院的定价是剧院满座时的成本票价；一家社会服务机构可以用社会定价(social price)，以适应不同客户的收入情况。

三、市场需求

每一种价格都将导致一个不同的需求，并且由此对它的营销目标产生不同的效果。价格变动和最终需求水平之间的关系可在常见的需求线(demand curve)中获得。市场需求对企业定价有着重要影响，而需求又受价格和收入变动的影响。因价格或收入等因素而引起的需求的相应变动率，称为需求弹性。需求弹性分为需求的收入弹性、价格弹性和交叉弹性。

(一)需求的收入弹性

需求的收入弹性是指收入变动引起的相应需求的变动率。有些产品的需求收入弹性大，意味着消费者货币收入的增加导致该产品的需求量有更大幅度的增加，一般来说，高档食品、耐用消费品、娱乐支出的情况即是如此。有些产品的需求收入弹性较小，意味着消费者货币收入的增加导致该产品的需求量的增加幅度减小，一般来说，生活必需品的情况即是如此。也有的产品的需求收入弹性是负值，这意味着消费者货币收入的增加将导致该产品的需求量下降。例如，某些低档食品、低档服装就有负的需求收入弹性，因为消费者收入增加后，对这类产品的需求量将减少，甚至不再购买这些低档产品而转向高档产品。

(二) 需求的价格弹性

价格会影响市场需求。在正常情况下，市场需求会按照与价格相反的方向变动。价格提高，市场需求就会减少；价格降低，市场需求就会增加。因此，需求曲线是向下倾斜的，这是供求规律发生作用的表现。也有例外情况，如香水提价后，其销售量却有可能增加。当然，如果香水的价格提得太高，其需求和销售可能会减少。

需求的价格弹性反映了需求量对价格的敏感程度，以需求量变动的百分比与价格变动的百分比之比值来计算。企业所制定的价格高低会影响企业产品的销售，从而影响企业市场营销目标的实现。在以下条件下，产品可能缺乏需求价格弹性。

(1) 市场上没有替代品或没有竞争者。
(2) 购买者对较高价格并不在意。
(3) 购买者改变购买习惯较慢，也不积极寻找更便宜的替代品。
(4) 购买者认为产品质量有所提高，或者认为存在通货膨胀等，价格较高是应该的。

如果某种产品不具备上述条件，那么这种产品就有一定的需求价格弹性。在这种情况下，企业高层管理者需考虑适当降价，以刺激需求，促进销售，增加销售收入。

(三) 需求的交叉弹性

在为某产品大类定价时还必须考虑各产品项目之间相互影响的程度。产品大类中的某个项目很可能是其他产品的替代品或互补品。同时，一项产品的价格变动往往会影响其他项目销售量的变动，两者之间存在着需求的交叉弹性。交叉弹性可以是正值，也可以是负值。如果交叉弹性为正值，则此两项产品为替代品，表明一旦产品 Y 的价格上涨，则产品 X 的需求量必然增加；反之，如果交叉弹性为负值，则此两项产品为互补品，也就是说，当产品 Y 的价格上涨时，产品 X 的需求量会下降。

四、竞争者的产品和价格

在最高价格和最低价格之间，企业能把产品价格定得多高，取决于竞争者同种产品的价格水平，企业必须采取适当方式了解竞争者所提供的产品质量和价格，通过比质比价，更准确地制定本企业产品的价格。如果二者质量基本一致，则价格也应一样，否则本企业产品可能卖不出去；如果本企业产品质量较高，则产品价格也可以定得较高；如果本企业产品质量较低，那么产品价格就应定得低一些。

还应看到，竞争者也可能随机应变，针对本企业的产品价格而调整其价格；也可能不调整价格，而调整营销组合中的其他变量，与企业争夺顾客。当然，对竞争者价格的变动，企业也要及时掌握有关信息，并做出明智的反应。

此外，为便于研究市场经济条件下的企业定价，还有必要对市场结构进行划分。划分依据主要有三个：一是行业内企业数目；二是企业规模；三是产品是否同质。此时，市场结构可以划分为完全竞争、垄断竞争、寡头竞争和纯粹垄断四种类型。

(一) 完全竞争

在完全竞争条件下，市场上有许多卖主且其产品具有同质性，这些卖主对市场信息尤其是市场价格变动的信息完全了解。此时，卖主和买主都只能按照由市场供求关系决定的市场价格来买卖商品。也就是说，在完全竞争市场，买主和卖主只能是价格的接受者，而不是价格的决定者。卖主也无须花很多时间和精力去做营销研究、产品开发、定价、广告、销售促进等市场营销工作。

(二) 垄断竞争

垄断竞争又称为不完全竞争。垄断竞争是一种介于完全竞争和完全垄断之间的市场形势，既有垄断倾向，又有竞争成分，因而垄断竞争是一种不完全竞争。

在垄断竞争市场上有许多卖主和买主，但各个卖主提供的产品在质量、花色、款式和产品服务上存在差异，或顾客对某些特定品牌存在偏好，愿意花不同数额的钱购买。由于这种差异化的存在，各个卖主对其产品具有一定的垄断性，能够在一定程度上控制其产品价格，即卖主不再是消极的价格接受者，而是强有力的价格决定者。在这种条件下，企业可以扩大本企业品牌与竞争品牌的差异，通过差异化策略更好地满足目标市场需求以获得溢价收入。

(三) 寡头竞争

寡头竞争是竞争和垄断的混合物，也是一种不完全竞争，但又存在某些不同。在寡头竞争条件下，一个行业只有少数几家大公司(大卖主)，它们所生产和销售的某种产品占这种产品总产量和市场销售总量的绝大多数，它们之间的竞争就是寡头竞争。显然，在这种情况下，它们有能力影响和控制市场价格。在寡头竞争条件下，各个寡头企业是相互依存、相互影响的。各个寡头企业对其他企业的市场营销战略和定价策略非常敏感，任何一个寡头企业调整价格，都会马上影响其他竞争者的定价策略，因而任何一个寡头企业做决策时都必须密切注意其他寡头企业的反应和决策。

寡头竞争的形式有以下两种。

(1) 完全寡头竞争，是指各个寡头企业的产品都是同质的(如钢铁、石油等)，用户对这些企业的产品并无偏好，不一定买哪一家企业或哪一种品牌的产品。在完全寡头竞争条件下，任何一个寡头企业调整产品价格，都会引起竞争者的强烈反应，导致每一个寡头企业只能按照行业的现行价格水平进行定价，整个行业的市场价格相对稳定，竞争的主要策略是改进管理、增加服务、广告宣传等。

(2) 不完全寡头竞争，是指某行业内少数几家大公司提供的产品或服务(如汽车、计算机等)占据绝大部分市场，顾客认为这些产品在质量、性能等方面存在差异，因而对不同产品具有不同的偏好，同时愿意为自己喜爱的产品支付更高的价格。因此，每一个寡头企业都致力于使自己独树一帜，使顾客深信任何其他寡头企业的产品都不能代替本企业的产品，进而将本企业声誉好的品牌产品以较高的价格销售出去，提高盈利水平。

(四) 完全垄断

完全垄断又称纯粹垄断，是指在一个行业中某种产品的生产和销售完全由一个卖主独家经营和控制，一般包括政府垄断和私人垄断。在完全垄断条件下，一个行业中只有一个卖主(政府或私人企业)，由于没有竞争者，卖主完全控制了市场价格，可以在国家法律允许的范围内随意定价。

一般来说完全垄断市场有以下特征。

(1) 厂商数目唯一，一家厂商控制了某种产品的全部供给。完全垄断市场上垄断企业排斥其他竞争对手，独自控制了一个行业的供给。由于整个行业仅存在唯一的供给者，企业就是行业。

(2) 完全垄断企业是市场价格的制定者。由于垄断企业控制了整个行业的供给，也就控制了整个行业的价格，成为价格制定者。完全垄断企业可以有两种经营决策：以较高价格出售较少产量，或以较低价格出售较多产量。

(3) 完全垄断企业的产品不存在任何相近的替代品。否则，其他企业可以生产替代品来代替垄断企业的产品，完全垄断企业就不可能成为市场上唯一的供给者。因此消费者无其他选择。

(4) 其他任何厂商进入该行业都极为困难或不可能，要素资源难以流动。完全垄断市场上存在进入障碍，其他厂商难以参与生产。

完全垄断市场和完全竞争市场一样，都只是一种理论假定，是对实际中某些产品的一种抽象，现实中绝大多数产品都具有不同程度的替代性。

五、国家政策

对产品定价的影响表现在许多的方面，如国家的价格政策、金融政策、税收政策、产业政策等都会直接影响企业产品的定价。例如，对于农产品及家电下乡等国家一般会有一个指导价；针对一些关系国计民生的重要商品，如电力、石油、军需品等，以及一些存在明显的市场"失灵"的公共产品和准公共产品，如国防、邮电、交通、自来水等的价格管制性政策；通过价格政策特别是收费政策，影响企业的市场准入条件、生产成本、利润空间，以达到鼓励和限制的作用，从而实现引导产业结构调整目的的调节性政策；通过发布成本调研报告、价格指数分析报告、重要商品和服务价格信息和价格走势报告，引导生产和消费活动等的指导性政策；为经济活动提供更宽松有序的环境，促进市场准入的扩大和对经济的放活，减轻企业负担，增强投资和消费的信心，从而繁荣市场，达到宏观调控目标的服务型政策等。

第二节 定 价 方 法

影响企业定价的因素有很多。在一定时期内，企业定价时主要考虑成本、需求与竞争三大因素。这三者对企业定价的影响主要为：产品成本是定价的下限，竞争者的价格高低影响定价的定向点，市场需求是定价的上限。

定价方法就是企业在一定定价目标的指导下，在产品成本、市场需求、市场竞争等因素的影响下，对产品价格进行具体制定的方法。企业制定价格时理应全面考虑这些因素。但是，在实际定价工作中往往只侧重某一个方面的因素。大体上，企业定价方法有三种导向，即成本导向定价法、需求导向定价法和竞争导向定价法。

一、成本导向定价法

成本导向定价法是以成本为中心定价的方法。这类方法操作简单，在实际工作中得到较为广泛的应用。其主要理论依据是，在定价时，首先考虑收回企业在生产经营中投入的全部成本，然后再考虑获得一定的利润。成本导向定价法是一种主要以成本为依据的定价方法，包括成本加成定价法、盈亏平衡定价法和目标收益定价法三种具体方法。其特点是简便、易用。

(一)成本加成定价法

这是一种最简单的定价方法，就是指在单位成本的基础上加上一定百分比的加成来制定产品销售价格。加成的含义就是一定比例的利润。所以，成本加成定价法的计算公式如下。

$$P = C(1+R)$$

式中，P 为单位产品价格；C 为单位产品成本；R 为成本加成率。

【例题 11-1】某种产品的单位产品成本为 100 元，成本加成率为 35%，则

单位产品价格=100×(1+35%)=135(元)

这种定价方法的优点是简便易行。价格盯住成本，企业可简化定价工作，也不必经常依据需求情况而做调整。采用这种方法可以保证各行业取得正常利润，从而可保障生产经营的正常进行。如果同行都采取这种方法，价格竞争就会大大削弱。

这种定价方法的不足是，它是从卖方的利益出发进行定价的，其基本原则是就本求利和水涨船高，没有考虑市场需求和竞争因素的影响，因而这是卖方市场的产物。另外成本加成率也是一个估计数，缺乏科学性。

在制定价格的过程中，任何忽略现行价格弹性的定价方法都难以确保企业实现利润最大化，无论是长期利润还是短期利润均如此。需求弹性总是处在不断变化中，因此，最适加成也应随之调整。

最适加成与价格弹性成反比。如果某品牌的价格弹性高，最适加成就应相对低一些；如果某品牌的价格弹性低，最适加成则应相对高一些。当价格弹性保持不变时，加成也应保持相对稳定，以制定出最适价格。

(二)盈亏平衡定价法

盈亏平衡定价法又称保本定价法或量本利定价法，是通过分析产量(或销售量)、成本和利润的关系以及盈亏变化的规律来定价的方法。运用这种方法时，需将产品的总成本划分为固定成本与变动成本，并假定生产的产品均能销售出去，即产量等于销量。这种定价方法简单实用，是企业决策中常用的方法。

设 Q 为产品产量，F 为总固定成本，v 为单位变动成本，C 为总成本，P 为产品价格，S 为销售收入，π 为盈利，则

$$S=P*Q$$
$$C=F+v*Q$$
$$\pi=S-C$$

则盈亏平衡时的产品价格为

$$P^*=F/Q+v$$

目标盈利为 $\pi(\pi\neq0)$ 时的盈利价格为

$$P_{盈}=F+\pi/Q+v$$

【例题 11-2】某企业 A 产品的生产能力为每年 1 000 台,全年固定成本总额为 50 万元,单位变动成本为 1 000 元,每台售价为 2 000 元,目前企业已有订货 700 台。现有顾客提出订购 300 台,但每台出价只有 1 200 元,问顾客的订货是否能够接受?

如果按照现行的价格水平,该顾客的出价显然不能接受;如果采用变动成本定价法的思路,这批订货就完全可以接受。

这是因为如果不接受这批订货,则企业盈利为

盈利=销售收入-成本
　　　=销售收入-(变动成本+固定成本)
　　　=700×2 000-(700×1 000+500 000)
　　　=200 000(元)

如果接受订货的话,则盈利为

盈利=[700×2 000-(700×1 000+500 000)]+(300×1 200-300×1000)
　　　=260 000(元)

接受比不接受订货多盈利 6 万元,故可以接受。

(三)目标收益定价法

目标收益定价法又称为目标利润定价法或投资利益收益率定价法。所谓目标收益定价法,是指根据估计的总销售收入(销售额)和估计的产量(销售量)来制定价格的一种方法。计算公式如下。

单位产品价格=(总成本+目标利润)/预计销售量

【例题 11-3】某企业年生产能力为 100 万件某产品,估计未来市场可接受 80 万件,其总成本为 1 000 万元,企业的目标收益率即成本利润率为 20%,问单价应为多少?

目标利润=总成本×利润率
　　　　=1 000×20%
　　　　=200(万元)

单位产品价格=(总成本+目标利润)/预计销售量
　　　　　　=(1 000+200)/80
　　　　　　=15(元)

因此,该产品的定价为 15 元。

目标收益定价法的优点是,可以保证企业既定目标利润的实现;其缺点是,这种方法只是从卖方的利益出发,没有考虑竞争因素和市场需求情况。这种定价方法是先定销量再定价格,这在理论上说不通。所以目标收益定价法,一般适用于需求弹性较小,在市场中有一定影响力、市场占有率较高或具有垄断性质的企业。

二、需求导向定价法

成本导向定价法主要考虑的是成本,没有涉及市场需求和竞争。需求导向定价法是一种以市场需求强度及消费者感受为主要依据的定价方法,包括认知价值定价法和反向定价法。

(一)认知价值定价法

认知价值定价法就是企业根据购买者对产品的认知价值来制定价格的一种方法。这是消费者对商品价值的主观评价，亦即企业提供的商品在消费者心目中值多少钱。企业在为其目标市场开发新产品时，在质量、价格、服务等各方面都需要体现特定的市场定位观念。因此，首先要决定所提供的价值及价格；然后，企业要估计在此价格下所能销售的数量，再根据这一销售量决定所需要的产量、投资及单位成本等，管理人员还要计算在此价格和成本下能否获得满意的利润。如能获得满意的利润，则继续开发这一新产品；否则，就放弃这一产品开发。

认知价值定价的关键在于准确地计算产品所提供的全部市场认知价值。企业如果过高地估计认知价值，便会定出偏高的价格；如果过低地估计认知价值，则会定出偏低的价格。为准确把握市场认知价值，必须进行仔细的营销研究。

【营销实例 11-2】
这么霸气的卖家我还是第一次见，扫一扫，进来围观。

【营销新视野 11-2】
"商品好不好，比一比就知道"。扫一扫，教你如何比更科学。

(二)反向定价法

反向定价法也称倒推法或倒算法，是指企业根据消费者能够接受的最终销售价格，计算自己已从事经营的成本和利润后，倒推出产品的批发价和零售价。这种定价方法不以实际成本为主要依据，而是以市场需求为定价出发点，力求使价格为消费者所接受。分销渠道中的批发商和零售商多采取这种定价方法。因其定价程序与一般成本定价法相反，故称反向定价法，这一方法仍然建立在最终消费者对商品认知价值的基础上。

三、竞争导向定价法

竞争导向定价法是企业为了应付市场竞争的需要而采取的特殊的定价方法。以市场上的竞争者的产品价格为依据，结合本企业与竞争者的产品特色，并根据竞争者的变动进行调整。其包括两种方法：随行就市定价法和投标定价法。

(一)随行就市定价法

随行就市定价法是指企业根据同行的平均现行价格水平为本企业产品定价的方法。采用这种方法既可以追随市场领先者的价格，也可以根据市场的一般价格水平定价。主要是看企业处于什么市场状态下，是完全竞争市场还是垄断竞争市场。采取随行就市定价法有以下优点。

(1) 随行就市价格水平往往代表了整个行业的平均水平，可以保证各企业获得利润。

(2) 各企业保持价格一致，易于与同行竞争者和平共处。

(3) 可以为企业节省调研时间和费用。

不论市场结构是完全竞争的市场，还是寡头竞争的市场，随行就市定价法都是同质产品市场的惯用定价方法。

在完全竞争市场上，销售同类产品的各个企业在定价时实际上没有多少选择余地，只能按照行业的现行价格来定价。某企业如果把价格定得高于市价，产品就卖不出去；反之，如果把价格定得低于市价，就会遭到降价竞销。

在寡头竞争条件下，企业倾向于和竞争者要价相同。这是因为，在这种条件下市场上只有少数几家大企业，彼此十分了解，购买者对市场行情也很熟悉，如果各大企业的价格稍有差异，顾客就会转向价格较低的企业。所以，按照现行价格水平，在寡头竞争的需求曲线上有一个转折点。如果某企业将价格定得高于这个转折点，需求就会相应减少，因为其他公司不会随之提价(需求缺乏弹性则相反)；如果某企业将其价格定得低于这个转折点，需求则不会相应增加，因为其他公司可能也会降价(需求有弹性)。总之，当需求有弹性时，一个寡头企业不能通过降价而获利；当需求缺乏弹性时，一个寡头企业不能通过提价而获利。

在异质产品市场上，企业有较大的自由度决定其价格。产品差异化使购买者对价格差异的存在不甚敏感。企业相对于竞争者总要确定自己的适当位置，或充当高价企业角色，或充当中价企业角色，或充当低价企业角色。总之，企业总要在定价方面有别于竞争者，其产品策略及市场营销方案也尽量与之相适应，以应对竞争者的价格竞争。

【营销实例 11-3】

随行就市定价法在房地产业应用比较普遍。因为在竞争的现代市场条件下，销售同样商品房的各个房地产企业在定价时实际上没有选择的余地，只能按现行市场价格来定价。若价格定得太高，其商品房将难以售出，而价格定得过低，一方面企业自己的目标利润难以实现，另一方面会促使其他房地产企业降价，从而引发价格战。因此，这种定价方法比较受一些中、小型房地产企业的欢迎。

(二)投标定价法

投标定价法是企业在参与投标、竞争一个大型采购项目时所采用的定价方法。这也是一种依据竞争情况来定价的方法，是招标人通过引导卖方竞争的方法来寻找最佳合作者的一种有效途径。它主要用于建筑包工、产品设计和政府采购等方面。其基本原理是，采购方在报刊上登广告或发出函件，说明拟采购商品的品种、规格、数量等具体要求，邀请供应商在规定的期限内投标，并在规定期限内开标，选择报价最低、最有利的供应商成交，签订采购合同。某供货企业如果想做这笔生意，就要在规定的期限内填写标单，在其上注明可供应商品的名称、品种、规格、价格、数量、交货日期等，密封送给招标人，这就是投标，其中的价格是供货企业根据对竞争者的报价的估计制定的区间。供货企业的目的在于赢得合同，所以它的报价应低于竞争者的报价。

然而，企业不能将其报价定得低于某种水平。确切地讲，它不会将报价定得低于边际成本，以免使其经营状况恶化；如果企业报价远远高出边际成本，虽然潜在利润增加，却减少了取得合同的机会。

第三节 定价策略

价格竞争是一种十分重要的营销手段。企业采用不同的定价方法，得出基础的价格后，还根据不同渠道、产品条件及消费者的具体情况，实行灵活多样的定价策略，以更好地实现企业的定价目标和总体目标。前述定价方法是依据成本、需求和竞争等因素决定产品基础价格的方法。在市场营销实践中，企业还需考虑或利用灵活多变的定价策略，调整产品的基础价格。

一、折扣与折让定价策略

折扣与折让是企业在基本价格的基础上，根据不同的情况采用各种不同方式给购买者一定比例的价格减让的价格策略。例如，企业为了鼓励顾客及早付清货款、大量购买、在淡季购买，可以酌情降低其基本价格。价格折扣和折让包括现金折扣、数量折扣、功能折扣、季节折扣、以旧换新折让和促销折让等。

(一)现金折扣(cash discount)

这是企业给那些当场或提前付清货款的顾客的一种减价。例如，"2/10，1/20，净30"，意思是顾客在30天内必须付清货款，如果10天内付清货款，则可得到2%的折扣，如果在20天内付清货款，则可得到1%的折扣。

(二)数量折扣(quantity discount)

这是卖方因买方大量购买某种产品而给予的一种折扣，以鼓励顾客购买更多的产品。因为大量购买能使企业降低生产、销售、储运、记账等环节的成本费用，可以分为累计数量折扣和非累计数量折扣。例如，顾客购买某种商品1 000单位以下，则每单位10元；购买1 000单位以上，则每单位9元。

(三)功能折扣(functional discount)

功能折扣也叫贸易折扣(trade discount)，是生产者给某些批发商或零售商的一种折扣，期望它们能够积极主动地执行某种市场营销功能(如推销、储存、服务)。

(四)季节折扣(seasonal discount)

这种价格折扣是企业给那些购买非当季产品或服务的顾客的一种减价，使企业的生产和销售一年四季保持相对稳定。例如，取暖器制造商在春夏季给零售商以季节折扣，以鼓励零售商提前订货；旅行社、航空公司、酒店等在营业淡季给旅客以季节折扣。

(五)折让

这是一定意义上的减价。可以分为以旧换新折让和促销折让。例如，一台洗衣机标价为3 000元，顾客以旧机器折价500元购买，只需支付2 500元，这就是以旧换新折让，这在耐用消费品的交易中最为普遍，国家也有政策支持。再如，经销商同意参加生产者的促销活动，则生产者卖给经销商的物品可以打折，这就是促销折让。

二、地区定价策略

地区定价策略是与地理位置有关的修订价格的策略，主要是在价格上灵活反映和处理运输、装卸、仓储、保险等多种费用。一般来说，一个企业的产品不仅卖给当地顾客，也卖给外地顾客。而卖给外地顾客，即把产品从产地运到顾客所在地，需要考虑运费。地区定价策略是指企业要决定，对于卖给不同地区(包括当地和外地不同地区)的某种产品，是分别制定不同的价格，还是制定相同的价格。也就是说，企业要决定是否制定地区差价。地区定价策略有以下几种形式。

(一)FOB 原产地定价

FOB(Free On Board，离岸价格)原产地定价就是顾客(买方)按照出厂价购买某种产品，企业(卖方)只负责将这种产品运到产地某种运输工具(如卡车、火车、轮船、飞机等)上交货。交货后，从产地到目的地的一切风险和费用一概由顾客承担。如果按 FOB 价购买，那么每一个顾客都各自负担从产地到目的地的运费，这是很合理的。但这样定价对企业有不利之处，即远距离的顾客有可能不愿购买这个企业的产品，而购买其附近企业的产品。

(二)统一交货定价

统一交货定价又称买主所在地价格，到岸价格(Cost，Insurance and Freight，CIF)，这种形式和 FOB 原产地定价正好相反，统一交货定价就是企业对于卖给不同地区顾客的某种产品，都按照相同的出厂价加相同的运费(按平均运费计算)定价。也就是说，对全国不同地区的顾客，不论远近，都实行一个价。目前我国邮资也采取统一交货定价，如平信邮资都是统一费用，不论收信人距离远近，故这种定价又叫邮资定价。

【营销实例11-4】
同样是卖袜子，为什么别人就能卖得空前好，扫一扫就知道。

(三)分区定价

这种形式介于 FOB 原产地定价和统一交货定价之间。所谓分区定价，就是企业把全国(或某些地区)分为若干价格区，对于卖给不同价格区顾客的某种产品，分别制定不同的地区价格。距离企业远的价格区，价格定得较高；距离企业近的价格区，价格定得较低。在各个价格范围内实行统一价格。企业采用分区定价也存在一些问题。

(1) 在同一价格区内，有些顾客距离企业较近，有些顾客距离企业较远，前者就不合算。

(2) 处在两个相邻价格区边界的顾客，他们相距不远，但是要按高低不同的价格购买同一种产品。

(四)基点定价

基点定价是指企业选定某些城市作为基点，然后按一定的出厂价加上从基点城市到顾客所在地的运费来定价，而不管货物实际上是从哪个城市起运的。有些公司为了提高灵活性，选定多个基点城市，按照离顾客最近的基点城市计算运费。

(五)运费免收定价

有些企业因为急于和某些地区的顾客做生意，负担全部或部分实际运费，这些卖主认为如果生意扩大，其平均成本就会降低，因此足以抵偿这些费用开支。采取运费免收定价，可以使企业加深市场渗透，并且更容易在竞争日益激烈的市场上站稳脚跟。

三、心理定价策略

心理定价主要从顾客的心理感受来考虑影响定价的因素，主要有声望定价、尾数定价和招徕定价等。

(一)声望定价

声望定价是指企业利用消费者仰慕名牌商品或名店的声望的心理来制定商品的价格，故意把价格定成整数或高价。质量不易鉴别的商品的定价最适宜采用此法，因为消费者有崇尚名牌的心理，往往以价格判断质量，认为高价代表高质量，但价格也不能高得离谱，使消费者不能接受。

【营销实例11-5】
扫一扫，一起体验一下什么是"价格就是我的名片"。

(二)尾数定价

尾数定价是指利用消费者对数字认知的某种心理，尽可能在价格数字上不进位，而保留零头，使消费者产生价格低廉和卖主经过认真的成本核算才定价的感觉，从而使消费者对企业产品及其定价产生信任感。

【营销新视野11-3】
扫一扫，看哪种定价方式深得你心，请对号入座。

(三)招徕定价

招徕定价是指零售商利用部分顾客求廉的心理，特意将某几种商品的价格定得较低以吸引顾客。某些商店随机推出降价商品，每天都有一两种商品降价出售，吸引顾客经常来采购低价商品，同时选购其他正常价格的商品。

【营销实例11-6】
扫一扫，看看咱们营销界的"醉翁之意不在酒"。

四、差别定价策略

企业常常会修改它们的价格来适应在顾客、产品、地理位置等方面的差异。所谓差别定价是指企业按照两种或两种以上不反映成本费用的比例差异的价格销售某种产品或服务。

(一)差别定价的主要形式

1. 顾客差别定价

这是企业按照不同的价格把同一种产品或服务卖给不同的顾客。例如，公园、旅游景点、博物馆对学生、军人和年长者收取一个较低的门票费用；铁路公司对学生、军人售票的价格往往也低于一般乘客；自来水公司根据需要把用水分为生产用水、生活用水，并收取不同费用。

2. 产品形式差别定价

这是企业对不同型号或形式的产品分别制定不同的价格，但是，不同型号或形式产品的价格之间的差额和成本费用之间的差额不成比例。例如，依云公司(Evian)的1.5升瓶装矿泉水为14元，同样的水装在50毫升瓶内，但加了一个喷雾器售价36元；一条裙子80元，成本50元，如果在裙子上绣上一组花，成本10元，价格却可定到150元。

3. 产品部位差别定价

这是企业对于处在不同位置的产品或服务分别制定不同的价格，即使这些产品或服务的成本费用没有任何差异。例如，火车卧铺从上铺、中铺到下铺逐渐增高价格；飞机有经济舱和头等舱之分；剧院中虽然不同座位的成本费用都一样，但是不同座位的票价有所不同，这是因为人们对剧院的不同座位的偏好有所不同。

4. 销售时间差别定价

销售时间差别定价，即企业对于不同季节、不同时期甚至不同时点的产品或服务分别制定不同的价格。例如，航空公司在淡季价格便宜，旺季价格立即上涨；休闲场所一天中上午和中午的价格非常便宜，但是到了高峰期价格又会上涨；电费的分段收费；游船为了保证满座，在开航前2天购票可以降价。

(二)差别定价的适用条件

企业采取差别定价策略必须具备一定条件。第一，市场必须是可以细分的，而且各个市场部分表现出不同的需求。第二，以较低价格购买某种产品的顾客不可能以较高价格把这种产品倒卖给他人。第三，在高价的细分市场中，竞争者无法以低于公司的价格出售。第四，细分的控制市场的费用不应超过差别定价而得到的额外收入。第五，这种定价方法不会引起顾客反感。第六，不能违法。

五、新产品定价策略

一般来讲，新产品定价有以下两种策略可供选择。

(一)撇脂定价策略

撇脂定价策略是指在产品生命周期的最初阶段,把产品的价格定得很高,以攫取最大利润,犹如从鲜奶中撇取奶油。企业之所以能这样做,是因为有些购买者主观认为某些商品具有很高的价值。索尼等一些电器厂商在新产品推出之初几乎均采取此策略,现在很多高科技企业也是在新产品刚投入市场时采取撇脂定价策略。"二战"结束后,美国的雷诺公司以高额的价格第一次在美国卖圆珠笔,利用了"二战"后人们对和平的渴望,对价格敏感度低等因素半年赚取了 62 万美元。从市场营销实践看,在以下条件下企业可以采取撇脂定价策略。

(1) 市场有足够的购买者,他们的需求缺乏弹性,即使把价格定得很高,市场需求也不会大量减少。

(2) 高价使需求减少一些,因而产量减少一些,单位成本增加一些,但这不致抵销高价所带来的收益。

(3) 在高价情况下,企业仍然独家经营,别无竞争者。有专利保护的产品即是如此。

(4) 某种产品的价格定得很高,使人们产生这种产品是高档产品的印象。

【营销实例 11-7】
扫一扫,看看他们家的"苹果"为什么卖这么贵。

(二)渗透定价策略

渗透定价策略是指企业将其创新产品的价格定得相对较低,以吸引大量顾客,提高市场占有率。从市场营销实践看,企业采取渗透定价策略需具备以下条件。

(1) 市场需求显得对价格极为敏感,因此,低价会刺激市场需求迅速增长。
(2) 企业的生产成本和经营费用会随着生产经营经验的增加而下降。
(3) 低价不会引起实际和潜在的竞争。

【营销实例 11-8】
扫一扫,看看我们家的"米"卖什么价钱。

六、产品组合定价策略

产品组合是指一个企业生产经营的全部产品大类和产品项目的组合。当产品只是某一产品组合的一部分时,企业必须对定价方法进行调整。这时候,企业要研究出一系列价格,使整个产品组合的利润实现最大化。因为各种产品之间存在需求和成本的内在关联性,而且会带来不同程度的竞争,所以定价十分困难。

【营销实例 11-9】
去快餐店,选单点还是套餐?扫一扫更明了。

(一)产品大类定价

产品大类是指一组相互关联的产品,产品大类中每个产品都有不同的特色。通常企业开发出来的是产品大类,而不是单一产品,当企业生产的系列产品存在需求和成本的内在关联性时,为了充分发挥这种内在关联性的积极效应,需要采用产品大类定价策略。在定价时,首先,确定产品大类中价格最低的某种产品,由它在产品大类中充当价格领袖,以吸引消费者购买产品大类中的其他产品;其次,确定产品大类中价格最高的某种产品,由它在产品大类中充当品牌质量和收回投资的角色;最后,产品大类中的其他产品分别依据其在产品大类中角色的不同而制定不同的价格。在许多行业,营销者都为产品大类中的某一种产品事先确定好价格点。例如,男装店可能经营三种价格档次的男装,分别为 1 600 元、2 600 元和 3 600 元,顾客会在三个价格点上接触到低、中、高三种质量水平的服装,即使这三种价格同时提高,男士们仍然会按照自己偏爱的价格点来购买服装。营销者的任务就是通过确立认知质量差别来使价格差别合理化。

(二)选择品定价

选择品是指那些与主要产品密切关联的可任意选择的产品。例如,顾客去饭店吃饭,也面临同样的问题,除了订购饭菜也购买酒水、饮料等,许多饭店的酒水价格很高,而食品的价格相对较低,食品收入可以弥补食品的成本和饭店其他的成本,而酒水类则可以带来利润;也有饭店会将酒价定得较低,而对食品制定高价,以吸引爱饮酒的消费者。在此饭菜是主要商品,酒水、饮料等是选择品。

(三)互补品定价

有些产品需要附属或补充产品。生产者经常为主要产品(如剃须刀)制定较低的价格,而为附属产品(如剃须刀片)制定较高的加成。隐形眼镜价格相对便宜,配套的隐形眼药水价格比较高。目前电商环境下,类似"送你一根针,让你不断来买线"的定价模式还是非常多的,如很多免费阅读、免费游戏等,但是中间穿插了大量的商品、游戏广告,或多或少有很多的显性或隐性的影响。但需要注意的是,如果补充产品的定价过高,就会出现危机,如打印机定低价,墨盒定中高价。例如,卡特彼勒公司对其部件和服务制定了高价格,以便在售后市场中获取高额利润。该公司设备的加成率为 30%,而部件的加成率有时候达到 300%。这就给非法仿制者带来了机会。它们仿制这些部件,然后将它们销售给一些负责安装的技师。这些技师仍以原价出售,而不把节省的成本转让给顾客。因此,卡特彼勒公司的销售额下降了很多。为了改变这种情况,卡特彼勒公司劝说设备所有者只从被许可的经销商处购买部件,以保证设备的性能。很显然,该问题是由于生产者对售后市场的产品定价过高造成的。

(四)分部定价

服务性企业经常收取一笔固定费用,再加上可变的使用费。例如,电话用户每月都要支付一笔套餐使用费,如果使用次数超过套餐规定,还要再交费;游乐园一般先收门票,如果游玩的地方超过规定,再交费。服务性公司面临与补充产品定价同样的问题,即应收取多少基本服务费和使用费。

(五)副产品定价

在生产加工肉类、石油产品和其他化工产品的过程中,经常有副产品。如果副产品价值很低,处理费用昂贵,就会影响主产品的定价。生产者确定的价格必须能够弥补副产品的处理费用。如果副产品对某一顾客群有价值,就应该按其价值定价。副产品如果能带来收入,将有助于公司在迫于竞争压力时制定较低的价格。例如,某纸张价格比较贵,是因为把环保费加进来的缘故;现在家庭用水或工业用水的价格就是由用水吨位和处理污水费用共同构成的。

(六)产品系列定价

企业经常以某一价格出售一组产品。例如,一套音响价格比单个之和便宜得多。再如,化妆品、计算机、假期旅游公司等为顾客提供的一系列活动方案,这一组产品的价格低于单独购买其中每一个产品的费用总和。因为顾客可能并不打算购买其中所有的产品,所以这一组合的价格必须有较大的降幅,以此来促进顾客购买。

第四节 价格变动与企业对策

企业处在一个不断变化的环境之中,为了生存和发展,有时需主动降价或提价,有时又需对竞争者的价格变动做出适当的反应。

价格之所以是市场营销组合中最灵活的因素之一,是因为它能够根据市场需求的变化而进行迅速调整。企业初始价格确定之后,并不等于一成不变,为了适应消费者偏好、适应竞争、适应季节性等因素,需要对不合适的价格进行调整。价格调整有两种形式:提价和降价。提价是在原有价格的基础上追加售价,这是在需求量非常大或成本上升时运用的。降价是降低商品的原有销售价格,它是企业经常采用的方式。

【营销实例11-10】
扫一扫做判断,左手小蓝右手摩拜,调价后,你还会骑吗?

一、企业降价与提价

(一)企业降价

企业需要降价时应该有计划降价,同时选择适当的降价时机并控制适宜的降价幅度。企业降价的主要原因有以下三个。

(1) 企业的生产能力过剩,因而需要扩大销售,但是企业又不能通过产品改进和加强销售工作等来扩大销售。在这种情况下,企业就需考虑降价。

(2) 在强大竞争者的压力之下,企业的市场占有率下降。

(3) 规模效应,企业的成本费用比竞争者低,企图通过降价来掌握市场或提高市场占有率,从而扩大生产和销售量,降低成本费用。在这种情况下,企业也往往发动降价攻势。

【营销实例11-11】

在波士顿的市中心,有一家叫法琳的地下商场。这里是世界著名的折扣商店,以出售名牌和时尚的服装而负有盛名,是许多顾客喜欢逛的商场。法琳生意兴隆的秘诀在其独特的降价策略,它采取了自动降价策略。具体是商品上架1~12天,按照原价销售;上架13~18天,降价25%;上架19~24天,降价50%;上架25~30天,降价75%;第31天,如果还未售出直接赠送慈善机构。有人非常担心这个商场怎么盈利?是否撑不下去?

其实商场的人络绎不绝,很多观望的顾客,也有不少顾客对心仪的服装天天关注,希望它进一步降价,但是又怕被别人抢购,所以在整个商品上架的过程中,到六七折的时候,购买者就增多了。这种方法既调动了顾客的购买欲望,又掌握了顾客怕失去良机的心理。许多名牌服装都以5折左右(甚至更低)的价格出售。由于这个品牌标价就比较高,即使5折乃至更低些,利润还是可观的。法琳自动降价商店利用降价法招揽顾客的方法取得了极大的成功,受到美国人及外国游客的欢迎。商店每天接待的顾客比波士顿其他任何商店都多。

(资料来源:肖怡.零售学[M].4版.北京:高等教育出版社,2018.)

(二)企业提价

很多企业对商品提价都很谨慎,价格一旦确定以后,它们会努力维持现状,尽可能避免提价。因为消费者对商品提价还是很敏感的,常常会产生抵触心理。当然,在经营环境发展变化,商品不得不提价时,只要注意适当的提价技巧,也能将涨价的负面影响降到最低。所以应该将提价原因告诉顾客,分步骤提价,选择适当的提价时机,而且一次提价幅度也不能过高,同时提价的过程中可以附加一些馈赠等。

虽然提价会引起消费者、经销商和企业推销人员的不满,但是一个成功的提价可以使企业的利润大大增加。企业提价的主要原因有以下几个。

(1) 通货膨胀,物价上涨,企业的成本费用提高,因此许多企业不得不提高产品价格。在现代市场经济条件下,许多企业往往采取多种方法来调整价格,应对通货膨胀。

① 采取推迟报价的定价策略,即企业决定暂时不规定最后价格,等到产品制成时或交货时方规定最后价格。工业建筑和重型设备制造等行业一般采取这种定价策略。

② 在合同上规定调整条款,即企业在合同上规定在一定时期内(一般到交货时为止)可按某种价格指数来调整价格。

③ 采取不包括某些产品和服务的定价策略,即在通货膨胀、物价上涨的条件下,企业决定产品价格不动,但原来提供的某些服务要计价,这样一来,原来提供的产品的价格实际上提高了。

④ 降低价格折扣,即企业决定削减正常的现金和数量折扣,并限制销售人员以低于价目表的价格来拉生意。

⑤ 取消低利产品。

⑥ 降低产品质量,减少产品特色和服务。企业采取这种策略可保持一定的利润,但会影响其声誉和形象,失去忠诚的顾客。

(2) 企业的产品供不应求,不能满足其所有顾客的需要。在这种情况下,企业必须提价。提价方式包括取消价格折扣,在产品大类中增加价格较高的项目,或者直接提价。为了减少顾客不满,企业提价时应当向顾客说明提价的原因,并帮助顾客寻找节约的途径。

此外，还有一些企业提价是出于市场竞争的考虑，谋求竞争中的差异化优势，如谭木匠的高价策略就是一个成功的案例。

【营销实例 11-12】

中国妈妈只关心如何更好地喂养孩子，扫一扫，带你看看这背后的战场。

二、对提价和降价的反应

无论提价还是降价，企业的这种行动必然影响到购买者、竞争者、经销商和供应商，而且政府对企业价格变动也不能不关心。

(一)顾客对企业价格变动的反应

顾客对于企业的某种产品降价可能会理解如下。
(1) 这种产品过时了，将被新型产品替代。
(2) 这种产品有某些缺点，销售不畅。
(3) 企业财务困难，难以继续经营下去。
(4) 价格还要进一步下跌。
(5) 这种产品的质量下降了。
企业提价通常会影响销售，但是购买者对企业的某种产品提价也可能会理解如下。
(1) 这种产品很畅销，不赶快买就买不到了。
(2) 这种产品很有价值。
(3) 卖主想尽量取得更多利润。

【营销实例 11-13】

"有的人买的是商品，有的人买的是价格。"扫一扫，细品其中奥妙。

一般来说，购买者对于价值高低不同的产品的价格反应有所不同。对于那些价值高、经常购买的产品的价格变动较敏感；而对于那些价值低、不经常购买的小商品，即使单位价格较高，购买者也不大注意。此外，购买者虽然关心产品价格变动，但是通常更关心取得、使用和维修产品的总费用。因此，如果企业能使顾客相信某种产品取得、使用和维修的总费用较低，那么，它就可以把这种产品的价格定得比竞争者高，以取得更多的利润。

(二)竞争者对企业价格变动的反应

企业在改变价格时，不仅要考虑购买者的反应，而且必须考虑竞争者的反应。当某一行业中企业数目很少，提供同质的产品，购买者颇具辨别力与知识时，竞争者的反应就愈显重要。

1. 了解竞争者反应的主要途径

企业如何估计竞争者的可能反应呢？首先，假设企业只面对一个大的竞争者，竞争者的可能反应可从两个角度加以理解：其一是假设竞争者有一组适应价格变化的政策；其二是竞争者把每一次价格变动都当成一次挑战，如前两年王老吉和加多宝的竞争。每一假设在研究上均有不同的含义。

假设竞争者有一组价格反应政策，至少可以通过两种方式了解它们：内部资料和借助统计分析。例如，从竞争者那里挖来经理，以获得竞争者决策程序及反应模式等重要情报；此外，还可以雇用竞争者以前的职员，专门成立一个部门，其工作任务就是模仿竞争者的立场、观点、方法思考问题；类似的情报也可以从其他渠道，如顾客、金融机构、供应商、代理商、一些新闻信息等处捕捉。

2. 估计竞争者反应的统计分析方法

用统计分析方法来研究竞争者过去的价格反应，也可以得知其适应价格变动的对策。从市场营销实践看，可以用推测价格变动的概念，即竞争者的价格变动反应对本企业上次价格变动的比率来测定。

3. 预测竞争者反应的主要假设

企业可从以下方面来估计、预测竞争者对本企业的产品价格变动的可能反应。

假设竞争者采取老一套的办法来应对本企业的价格变动。在这种情况下，竞争者的反应是能够预测的。

假设竞争者把每一次价格变动都看成新的挑战，并根据当时自己的利益做出相应的反应。在这种情况下，企业必须断定当时竞争者的利益是什么。企业必须调查研究竞争者目前的财务状况，以及近来的销售和生产能力情况、顾客忠诚情况以及企业目标等。如果竞争者的企业目标是提高市场占有率，它就可能随着本企业的产品价格变动而调整价格；如果竞争者的企业目标是取得最大利润，它就会采取其他对策，如增加广告预算、强化广告促销或提高产品质量等。总之，企业在实施价格变动时，必须善于利用企业内部和外部的信息来源，观测出竞争者的思路，以便采取适当的对策。实际问题是复杂的，因为竞争者对本企业降价可能有种种不同理解。例如，竞争者可能认为企业想偷偷地侵占市场阵地；或者认为企业经营不善，力图扩大销售；还可能认为企业想使整个行业的价格下降，以刺激整个市场需求。

前面假设企业只面对一个大的竞争者。如果企业面对很多个竞争者，在价格变动时就必须估计每一个竞争者的可能反应。如果所有的竞争者反应大体相同，就可以集中力量分析典型的竞争者，因为典型的竞争者反应可以代表其他竞争者的反应。如果由于各个竞争者在规模、市场占有率及政策等重要问题上有所不同，使得它们的反应也有所不同，那么必须分别对各个竞争者进行分析；如果某些竞争者随着本企业的价格变动而改变价格，那么有理由预料其他的竞争者也会这样做。

三、企业对竞争者价格变动的反应

在现代市场经济条件下，企业经常会面临竞争者价格变动的挑战。如何对竞争者的价格变动做出及时、正确的反应，是企业定价策略的一项重要内容。

(一)不同市场环境下的企业反应

在同质产品市场上,如果竞争者降价,企业必须随之降价,否则顾客就会购买竞争者的产品,而不购买本企业的产品;如果某个企业提价,且提价对整个行业有利,其他企业也会随之提价,但是如果某个企业不随之提价,那么最先发动提价的企业和其他企业将不得不取消提价。在异质产品市场上,企业对竞争者价格变动的反应有更多的选择余地。因为在这种市场上,顾客选择卖主时不仅考虑产品价格因素,而且考虑产品的质量、服务、性能、外观、可靠性等多方面的因素。因而在这种产品市场上,顾客对于较小的价格差异并不在意。面对竞争者的价格变动,企业必须认真调查研究以下几个问题。

(1) 竞争者为什么改变价格?
(2) 竞争者打算暂时变动价格还是永久变动价格?
(3) 如果对竞争者改变价格置之不理,将对企业的市场占有率和利润有何影响?
(4) 其他企业是否会做出反应?
(5) 竞争者和其他企业对于本企业的每一个可能的反应又会有什么反应?

(二)市场领导者的反应

在市场营销实践中,市场领导者往往遭到一些小企业的进攻。这些小企业的产品可与市场领导者的产品相媲美,它们往往通过进攻性的降价来争夺市场领导者的市场阵地。在这种情况下,市场领导者有以下几种策略可供选择。

1. 维持价格不变

市场领导者认为,如果降价就会减少利润收入,而维持价格不变,尽管对市场占有率有一定影响,但以后还能夺回市场阵地。当然,在维持价格不变的同时,还要改进产品质量、提高服务水平、加强促销沟通等,运用非价格手段来反击竞争者。企业的营销实践证明,采取这种策略比降价和低利经营更合算。

2. 降价

市场领导者之所以采取这种策略,主要是因为:降价可以使销售量和产量增加,从而使成本费用下降;市场对价格很敏感,不降价就会使市场占有率下降;市场占有率下降之后很难恢复。但是,企业降价以后,仍应尽力保持产品质量和服务水平。

3. 提价

企业在提价的同时,还要致力于提高产品质量,或推出某些新品牌,以便与竞争者争夺市场。

(三)企业应变价格变动需考虑的因素

受到竞争者进攻的企业必须考虑以下因素。
(1) 产品在其生命周期中所处的阶段及其在企业产品投资组合中的重要程度。
(2) 竞争者的意图和资源。
(3) 市场对价格和价值的敏感性。
(4) 成本费用随着销量和产量的变化而变化的情况。

面对竞争者的价格变动,企业不可能花很多时间来分析应采取的对策。事实上,竞争者很可能花了大量的时间来准备价格变动,而企业则必须在数小时或几天内明确果断地做出明智反应。缩短价格反应决策时间的唯一途径是:预估竞争者的可能价格变动,并预先准备适当的对策。

本 章 小 结

企业定价既是一门科学又是一门艺术,作为营销组合中的一个方面,是直接能够带来效益的一个很重要的环节。价格具有任何其他营销组合策略无法替代的作用。在市场营销活动中,企业定价是一项既重要又困难,而且还有一定风险的工作。

价格策略的制定和执行是市场营销活动中很重要的部分,价格对市场营销组合中的其他策略会产生很大影响,并与其他营销策略组合共同作用于营销目标的实现。

定价策略在市场营销活动中具有重要地位。价格是调价市场需求,诱导市场需求的重要手段;价格是参与市场竞争的有效手段;价格是实现企业目标的核心手段;价格受企业营销环境因素的制约。因此定价策略必须是以科学规律为依据,以实践经验为手段的过程。

企业在定价之前必须首先确定定价目标。定价目标是企业选择定价方法和制定定价策略的依据。定价目标有多种,如维持企业生存、获取适当利润、提高和维持市场占有率、树立和改善企业形象等。

企业定价面对的是复杂多变的环境。因此,企业必须在采用某种方法(成本导向、需求导向、竞争导向)确定出基本价格的基础上,根据市场状况和环境的变化,采用市场的策略(差别定价、折扣定价、组合定价、新产品定价及地区定价等),保持价格与环境的适应性。除此之外,在必要的时候还要对价格进行适当的调整。

课 后 习 题

一、思考题

1. 企业在定价时应该考虑哪些因素?怎样对这些因素进行分析?
2. 在什么样的条件下需求可能缺乏弹性?
3. 价格折扣主要有哪几种类型?其含义分别是什么?
4. 企业在选择不同的折扣策略时所考虑的主要因素是什么?
5. 企业地区定价策略的表现形式主要有哪些?
6. 怎样分析竞争者对企业价格变动的反应?
7. 某企业的年固定成本为20万元,每件商品的单位成本为40元,如果订货量分别为5 000件、8 000件、10 000件时,其盈亏平衡价格是多少?
8. 某企业的年固定成本为100万元,计划销售量为10万件,单位变动成本为5元,该产品的投资收益率若定位为10%,该产品的销售价格应是多少?

二、案例分析

坚持定高价的苹果公司

苹果手机 iPhone 在开始销售前很多天，数千的购买者就已经在即将铺货的苹果手机店外面排队等候，他们急于体验新手机的触摸屏幕和多媒体功能。像苹果公司的标志性产品 iPod 媒体播放器一样，iPhone 手机造型流畅的手机壳和白色耳机能让人们一眼认出来，它已成为喜爱高科技产品的消费者必备的身份标志。然而，尽管举行了一次大型促销活动，进行了广泛报道，得到了很多好评，并拥有数量正在增长的顾客群体，iPhone 手机却在推出两个月后成为批评的焦点，这与刚刚推出时的火爆形成了鲜明的对照。

从传统上来看，苹果公司总是为新产品制定较高的价格。这样的定价目的之一就是加强品牌的高端定位并赢得特别声望。另一目的是在产品生命周期的早期阶段收回开发成本并创造利润。这种定价策略对该公司的苹果手机和 iPod 产品很有效果，可使苹果公司逐年提高自己的收入和利润。

iPhone 手机的最初定价为 599 美元，该价格不包括其独家合作伙伴 AT&T 提供服务所产生的成本。两个月后，苹果公司突然打破了自己一贯的模式，将 iPhone 手机价格下调了 200 美元。尽管电子产品随着时间的推移经常会降价，但这种在产品刚推出不久价格就如此大幅度下降的情形并不多见。这一次，苹果公司将注意力放在了年底节假日上，它相信制定一个可承受性更强的价格，有利于吸引大量购买手机送人的顾客。同时，该公司也注意到它将有机会实现手机推出头 18 个月在全球销售 1 000 万部的目标。

苹果公司的定价策略遭到顾客的强烈的抗议，他们觉得自己购买这样一种新型手机多花了钱，因为他们没料到该手机这么快就成为一种主流产品。鉴于苹果公司已成为众矢之的，当时的 CEO 乔布斯很快就承认顾客有理而做出了让步。在网站上的一个帖子中，他写道："我们的老顾客信任我们，在这样的时候，我们必须以自己的行动来表明我们不会辜负他们的期望。"为了避免失去老顾客，苹果公司向每一位在减价前购买苹果手机的顾客提供 100 美元的优惠。尽管这一做法又遭到一些批评，但在几周后批评的声音趋于平静。

很快，苹果公司就推出了一系列新型号 iPhone 手机，这些手机具有更多的新特点，功能更强大，而且价格比之前推出的产品更低。iPhone 手机在全球的销售取得了巨大成功，而且这种势头仍在持续。

但是近两年 iPhone 销量下滑，包括外界一些评论和不和谐的声音。苹果公司终于正面回应了 2018 年三款新 iPhone 销量惨淡的缘由。首席执行官蒂姆·库克承认 iPhone 在中国市场上的销售陷入了困境，同时还称，这是因为美元走强、移动运营商补贴减少，以及老设备用户可以优惠换电池延长了旧设备的使用时间等一些因素影响，但对于外界普遍指责的新 iPhone 定价过高的评论只字未提。

那么，为什么面对外界如此鲜明的指责，苹果会置若罔闻呢？其实对于官方而言，苹果也早已认识到了 iPhone 在中国定价确实过高。为了弥补这一错误，官方在官网推出了罕见的以旧换新活动，打出"最低仅需 4 399 元就能买到 iPhone XR"的口号以变相降价的方式来吸引消费者，但很可惜毫无效果。

2019 年 9 月，新款 iPhone11 推出后，对比安卓手机，在全面屏解决方案、摄像头、快速充电方面均没有优势，同时没有 3.5 毫米耳机接口，没有扩展槽，没有无线反向充电功能，所以无法像使用华为 P30 Pro、三星 Galaxy Note10 等手机那样给朋友的手机充电。虽然苹果下调了产品线中最便宜手机的价格，但消费者仍需支付高价。苹果公司的定价策略究竟走向如何，我们拭目以待。

(资料来源：李林. 市场营销学[M]. 3 版. 北京：北京大学出版社，2018.)

请思考：

1. 在刚推出 iPhone 手机时，苹果公司的主要定价目标是什么？在产品推出两个月后削减价格，苹果公司这样做要达到的目标又是什么？

2. 苹果这么多年来一直采取的主要定价策略是什么？请说明它成功的原因。

3. 苹果公司在最近两年的经营过程中，遇到不少问题，如果它放弃一贯的定价策略，你赞成这种做法吗？为什么？

三、实操题

【实训目的】

通过对现实生活中企业定价行为的讨论和分析，了解影响定价的因素，强化对定价策略的认知。

【实训内容】

结合定价策略的相关知识，选择一个行业的企业进行研究，了解其定价策略及差异，以及企业为何选择当前这种定价方式。经过进一步的讨论和思考，对企业当前的定价策略模式做出评价，并分析企业在定价上是否还有可改进的地方。

【实训组织和要求】

(1) 将学生分组，每组 3~5 人。采用组长负责制，全体组员协作完成实训任务。

(2) 在确定企业后，对企业定价策略方面的内容展开资料收集。

(3) 在所收集的资料基础上，展开讨论和分析，了解企业定价差异及原因并做出进一步的评价。

(4) 各组根据所选企业进行课堂展示，并回答其他组的问题。

(5) 任课老师对实训课程的结果进行总结，并提出相应的意见和建议。

第十二章

分销策略

【学习目标与任务】
- 理解分销渠道的概念、结构及类型。
- 了解中间商的功能及分类。
- 掌握影响选择中间商的因素及选择中间商的考虑范围。
- 掌握电商时代的渠道系统的内涵和运用。

【重点与难点】
- 分销渠道的职能与类型。
- 分销渠道的设计与管理。
- 渠道冲突的主要类型。
- 电商时代的渠道系统。
- 全渠道。
- 分销渠道的分类。
- 分销渠道策略。
- 新零售。

【能力目标】
- 能够运用渠道策略理念帮助企业建设或维护自身渠道,具有渠道相关问题的诊断解决能力。
- 能够与时俱进地了解新零售及全渠道,并结合实际分析运用新的渠道系统。

【案例导入】

盒马鲜生：新零售的实践

盒马鲜生是阿里巴巴对线下超市完全重构的新零售业态。盒马是超市，是餐饮店，也是菜市场，但这样的描述似乎又都不准确。消费者可到店购买，也可以在盒马APP下单。而盒马最大的特点之一就是快速配送：门店附近3公里范围内，30分钟送货上门。

盒马鲜生多开在居民聚集区，下单购物需要下载盒马APP，只支持支付宝付款和现金，不接受任何其他支付方式。

实际上，在强推支付宝支付背后，是盒马未来将对用户消费行为大数据挖掘的野心。阿里巴巴为盒马鲜生的消费者提供会员服务，用户可以使用淘宝或支付宝账户注册，以便消费者从最近的商店查看和购买商品。盒马未来可以跟踪消费者的购买行为，借助大数据做出个性化的建议。

实现盈利：2017年7月，盒马鲜生创始人兼CEO侯毅在接受新闻采访时表示，盒马营业时间超过半年的门店已经基本实现盈利。侯毅原是京东物流负责人。

盒马首家店上海金桥店目前每天平均营业额可达100万元左右，已经实现单店盈利。

华泰证券2016年12月的研报显示，盒马上海金桥店2016年全年营业额约2.5亿元，坪效[每坪面积(1坪≈3.3平方米)可以产出的营业额]约5.6万元，远高于同业平均水平(1.5万元)。

盒马实现用户月购买次数达到4.5次，频效是传统超市的3~5倍。

此外，盒马用户的黏性和线上转化率相当惊人。据侯毅透露，线上订单占比超过50%，营业半年以上的成熟店铺更是可以达到70%，而且线上商品转化率高达35%，远高于传统电商。目前，成熟门店如上海金桥店的线上订单与线下订单比例约为7∶3。

服务对象：盒马未来主要将服务三类人群。第一，晚上大部分时间在家的家庭用户。第二，基于办公室场景推出针对性便餐或轻餐。第三，周末会带着孩子去超市走走的用户。

渠道体系：与传统零售的最大区别是，盒马运用大数据、移动互联网、智能物联网、自动化等技术及先进设备，实现人、货、场三者之间的最优化匹配，从供应链、仓储到配送，盒马都有自己的完整物流体系。

不过，这一模式也给盒马的前期投入带来巨大成本。公开报道显示，侯毅曾透露，盒马鲜生的单店开店成本在几千万元不等。

能做到30分钟配送速度，在于算法驱动的核心能力。据店员介绍，店内挂着金属链条的网格麻绳是盒马全链路数字化系统的一部分。盒马的供应链、销售、物流履约链路是完全数字化的。从商品的到店、上架、拣货、打包、配送任务等，作业人员都是通过智能设备去识别和作业，简易高效，而且出错率极低。整个系统分为前台和后台，用户下单10分钟之内分拣打包，20分钟实现3公里以内的配送，实现店仓一体。

价格优势：盒马在价格上也具有一定优势。盒马鲜生超市和线上APP上的价格显示，上海本地菜中常见的青菜、鸡毛菜、生菜、韭菜仅需1.5元/包，空心菜、菜心、红米苋、香芹、油麦菜、茼蒿菜仅2.5元/包，价格低于传统菜场10%以上。这些菜品的重量都不低于480克。

这是由于没有中间环节，每天从崇明、奉贤等地的蔬菜基地直采直供，经过全程冷链运输并精细包装后，直接进入盒马鲜生超市冷柜售卖，商品卖不完当晚销毁，"我们不收取供应商一分钱的进场费，将全链条上节省下来的费用，直接补贴到消费者的身上，确保了盒马在微利情况下实现该模式可持续运作"。

未来计划：盒马目前总部拥有员工900余人，其中一半是软件技术开发人员。

阿里巴巴表示，创立盒马，不是单单为了要在线下开店(毕竟中国并不缺海鲜卖场)，而是希望通过线上驱动淘系消费数据能力，线下布局盒马与银泰商业，以及和百联、三江购物等开展更丰富的合作形式。模式跑通后，其数据能力和技术能力会对合作伙伴开放共享。

(资料来源：https://baike.baidu.com/item/%E7%9B%92%E9%A9%AC%E9%B2%9C%E7%94%9F/22035088?fr=aladdin.)

在现代市场经济条件下，生产者与消费者之间在时间、地点、数量、品种、信息、产品估价和所有权等方面存在差异和矛盾。企业生产出来的产品，只有通过一定的市场营销渠道，才能在适当的时间、地点，以适当的价格供应给广大消费者或用户，从而克服生产者和消费者之间的差异和矛盾，满足市场需要，实现企业的市场营销目标。

第一节 分 销 渠 道

一、分销渠道的含义、作用与职能

(一)分销渠道的含义

在市场营销理论中，有两个与渠道相关的术语经常不加区分地交替使用，这就是分销渠道和市场营销渠道。

分销渠道是指某种产品和服务在从生产者向消费者转移的过程中，取得这种产品和服务的所有权或帮助所有权转移的所有企业和个人。因此，分销渠道的起点是生产者，终点是消费者；分销渠道中，产品向消费者转移的过程中，以产品所有权的转移为前提；分销渠道包括经销商(因为它们取得所有权)和代理商(因为它们帮助转移所有权)。此外，还包括处于渠道起点和终点的生产者和最终消费者或用户，但是不包括供应商和辅助商(统称辅助机构，它们既不取得商品所有权，也不参与买或卖的谈判)。

市场营销渠道是指配合或参与生产、分销和消费某一生产者的产品和服务的所有企业和个人。也就是说，市场营销渠道包括某种产品供产销过程中的所有有关企业和个人，如供应商、生产者、经销商、代理商、辅助商以及最终消费者或用户等。

【营销实例12-1】

2017年1月，由苏宁易购手机举办的2016年度手机品牌颁奖典礼如期召开。乐视手机在荣膺京东商城"2016年度最佳营销创新""2016年度最佳新秀品牌"两大奖项之后，再度夺得2017年度行业大奖"最佳新锐品牌"，成为新晋品牌中的标杆。该奖项的获得再次证实了乐视手机品牌迅猛发展的惊人速度，也显示出其与苏宁手机展开深入合作的良好效果。其中,包括乐2、乐2 Pro等旗舰单品在内的明星机型,在苏宁商城始终保持高好评率。

2016年2月,乐视超级电视苏宁自营店盛大开幕之后,乐视手机与苏宁手机正式开启合作。在合作不到一年的时间里,乐视手机就和苏宁展开多次营销活动,在2016年苏宁"双十一"活动中,乐视手机不仅送出多重大礼包,更有秒杀、抽奖、折扣等丰富多彩的活动供粉丝和乐迷参与,在便捷购物之余尽享生态体验。

自乐视手机成立以来,与渠道商的合作共赢成为其恪守的初衷,积极奉行多渠道策略为用户开拓多种体验模式。在与中国联通、中国移动、迪信通等分销商展开互惠、互赢的深度合作之余,还与以苏宁手机为代表的第三方电商平台缔结战略联盟关系,以开放、共赢、互助的姿态与合作伙伴携手前行,并不断创新分销模式。

乐视手机用了一年半的时间,获得将近2 000万台的销量,这2 000万的硬件销量就是将近2 000万用户的获取。下一步的营销重点将放在增加服务性的收入,强化服务体验,用服务性的收入来支持用户的快速增长。乐视手机将凭借旗舰产品及生态资源为苏宁手机提供新品首发、爆款资源、多品类入驻等支持,不断丰富苏宁平台品类;而苏宁也将为乐视手机提供分销渠道、客户服务及市场数据方面的支撑。

(资料来源:http://www.tech huanqiu.com/digiEnterprise/2017-01/10000726.html。)

(二)分销渠道的作用

(1) 分销渠道是现代企业进入市场之路。现代企业生产的产品只有通过销售渠道,进入消费领域,才能实现其价值形态。如果没有分销渠道,现代企业的产品就不能进入市场。

(2) 分销渠道是现代企业的重要资源。现代企业的生产经营活动必须依赖人、财、物、时间、市场、管理、信息等资源,在这些资源中,市场是重要的资源,而在这一资源中,分销渠道是重要的组成部分。

(3) 分销渠道是现代企业节省市场营销费用,加快产品流通的重要措施。很多企业无法实现自产自销,在很大程度上依赖分销渠道,可以加速商品流动,节省费用,加快资金周转。

(4) 分销渠道可以为消费者提供便利,节省时间和精力,在整个社会化生产过程中,起着调节产、供、销平衡的作用。

(三)分销渠道的职能

分销渠道对产品从生产者转移到消费者所必须完成的工作加以组织,目的在于消除产品(或服务)与使用者之间的分离。分销渠道的主要职能可概括为两大类。

1. 传统功能

(1) 集中产品。收购和采购大量的产品,集中起来。

(2) 平衡供求。通过分销渠道,可以按市场需要,从产品的品种、数量、质量和时间上调节市场供应。

2. 现代功能

(1) 促进商品销售。分销机构通过广告、展示、商标、现场演示等促销手段,刺激消费者产生购买欲望,并利用自己良好的信誉来说服顾客购买。

(2) 信息渠道。它们收集和传播营销环境中有关潜在与现行顾客、竞争者和其他参与者力量的营销调研信息。

(3) 接洽和谈判。寻找可能的购买者并与之进行沟通,尽力达成有关产品的价格和其他条件的最终协议,以实现所有权或持有权的转移。

(4) 配合。使所供应的商品符合购买者需要,包括分类、分等、装配、包装等活动。

(5) 物流。它们提供产品从一个组织或个人转移到其他人所进行的运输、储存。

(6) 筹集资金。为补偿渠道工作的成本费用而获得与支出资金。

(7) 承担风险。在执行任务的过程中承担有关风险。

【营销实例 12-2】

扫一扫,看有赞如何助客户开拓电商和全渠道。

二、分销渠道的层次与宽度

(一)分销渠道的层次

分销渠道可根据渠道层次的数量来分类。在产品从生产者转移到消费者的过程中,任何一个对产品拥有所有权或负有推销责任的机构,都属于一个渠道层次。生产者和消费者都参与了将产品及其所有权转移到消费地点的工作,因此,被列入每一渠道中。市场营销学就以中间层次机构的数量确定渠道的长度。

零层渠道通常称为直接分销渠道。直接分销渠道是指产品在从生产者流向最终消费者的过程中不经过任何中间商转手的分销渠道。直接分销渠道主要用于分销产业用品。因为,一方面,许多产业要按照客户的特殊需要制造,有高度技术性,生产者要派遣专家去指导用户安装、操作、维护设备;另一方面,用户数量较少,某些行业工厂往往集中在某一地区,这些产业用品单价高,用户购买量大,某些消费品有时也通过直接分销渠道分销。但是,由于广大消费者居住分散,购买数量零星,因而在更多情况下,许多生产者不能将其产品直接销售给广大消费者。

一层渠道含有一个中间商。在消费者市场,这个中间商通常是零售商;在产业市场,则可能是代理商或佣金商。

二层渠道含有两个中间商。在消费者市场,通常是批发商和零售商;在产业市场,则通常是代理商和批发商。

三层渠道含有三个中间商。肉食类产品及包装类产品的制造商通常采用这种渠道分销产品。在这类行业中,通常有一个专业批发商处于批发商和零售商之间,该专业批发商从批发商进货,再卖给无法从批发商进货的零售商。

更多层次的分销渠道较少见。从生产者角度来看,随着渠道层次的增多,控制渠道所需解决的问题也会增多。如图 12-1 所示是常见的消费者分销渠道和工业用品分销渠道。

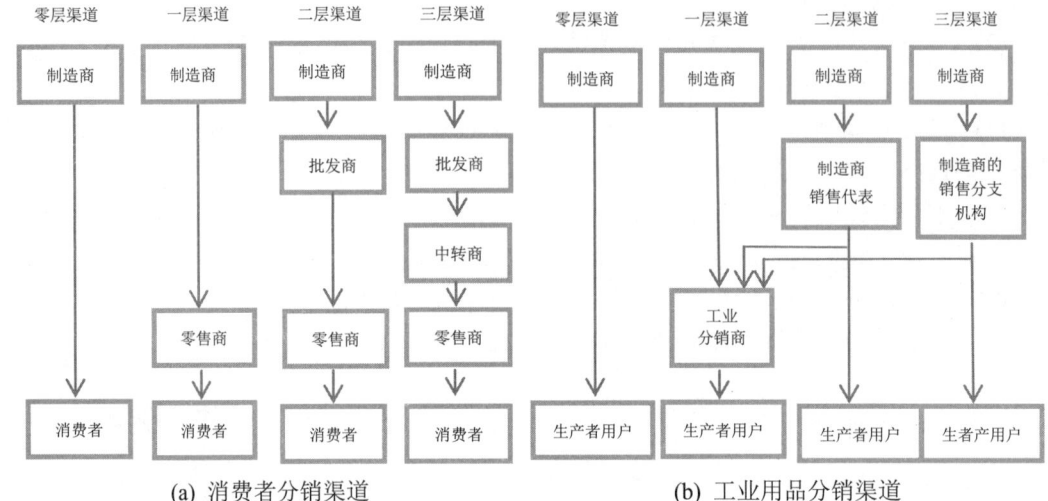

图 12-1 分销渠道的分层

由于电商的冲击，分销渠道的层级在缩减，但是这些渠道还是在各个领域发挥着重要的作用。

【营销实例12-3】

扫一扫，看京东新通路如何缩减中间商层级。

(二)分销渠道的宽度

分销渠道的宽度是指渠道的每个层次拥有同种类型中间商数量的多少。它与企业的分销策略密切相关。而企业的分销策略通常可分为三种，即密集分销、选择分销和独家分销。

密集分销(intensive distribution)是指生产者尽可能地通过许多负责任的、适当的批发商、零售商推销其产品。消费品中的便利品和产业用品中的供应品通常采用密集分销，使广大消费者和用户能随时随地买到这些日用品。一般用于方便项目，如香烟、汽油、肥皂、零食小吃和口香糖等。

选择分销(selective distribution)是指生产者在某一地区仅仅通过少数几个精心挑选的、最合适的中间商推销其产品。选择分销适用于所有产品，但相对而言，消费品中的选购品和特殊品最适合采取选择分销。

【营销实例12-4】

耐克(Nike)公司在六种不同类型的商店中销售其生产的运动鞋和运动衣。

(1) 体育用品专卖店。例如，高尔夫职业选手用品商店，在那儿耐克公司已经宣布了其准备生产一种新型运动鞋的计划。

(2) 大众体育用品商店，那里有许多不同样式的耐克产品。

(3) 百货商店，那里集中销售最新样式的耐克产品。

(4) 耐克体验店，在那里可以根据体验店提供的样式和消费者自己的意愿DIY。

(5) 耐克产品零售商店，在那里有耐克公司生产的全部产品。
(6) 大型综合商场，仅销售折扣款式。
(7) 工厂的门市零售店，所销售的大部分是二手货和存货。

独家分销(exclusive distribution)是指生产者在某一地区仅选择一家中间商推销其产品。通常双方协商签订独家经销合同，规定经销商不得经营竞争者的产品，以便控制经销商的经营业务，调动其经营积极性，更好地占领市场。例如，新汽车、某些电器用品及高档服装等。

三、分销渠道的类型

构成分销渠道的不同环节的企业和个人称为渠道成员。按渠道成员结合的紧密程度，分销渠道还可以分为传统渠道系统和整合渠道系统两大系统，如图12-2 所示。

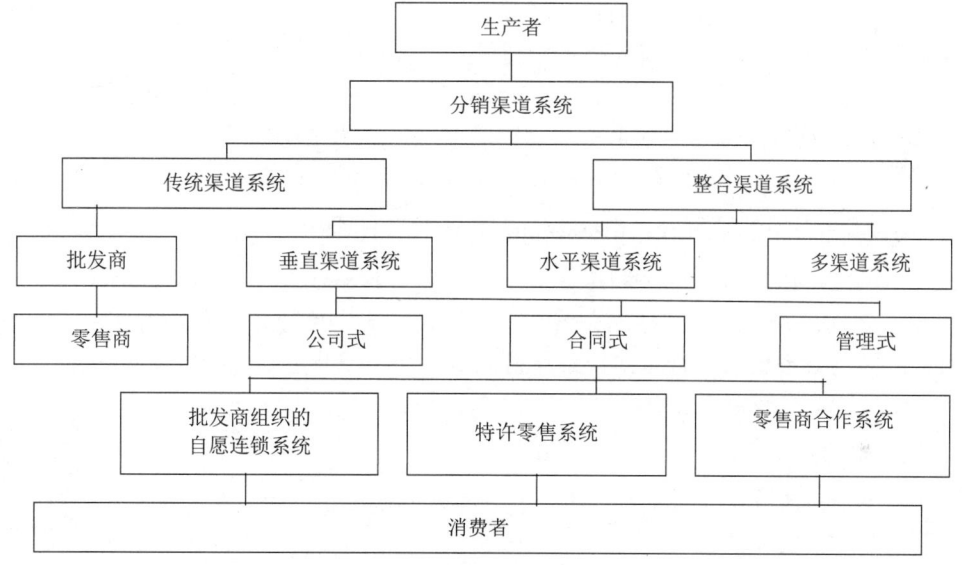

图 12-2 分销渠道的系统结构

(一)传统渠道系统

传统渠道系统是指由各自独立的生产者、批发商、零售商和消费者组成的分销渠道。传统渠道成员之间的系统结构是松散的。由于这种渠道的每一个成员均是独立的，它们往往各自为政，各行其是，几乎没有一个成员能完全控制其他成员。随着市场环境的变迁，传统渠道面临严峻挑战。

(二)整合渠道系统

整合渠道系统是指渠道成员通过一体化整合形成的分销渠道系统。主要包括以下三种形式。

1. 垂直渠道系统

垂直渠道系统(Vertical Marketing System，VMS)是近年来渠道发展中最重大的发展之一。它由生产者、批发商和零售商纵向整合组成,其成员或属于同一家公司,或为专卖特许权授予成员,或被有足够控制能力的企业左右。该系统有三种主要形式。

(1) 公司式垂直渠道系统(corporate VMS),即由一家公司拥有和管理若干工厂、批发机构和零售机构,控制渠道的若干层次,甚至整个分销渠道,综合经营生产、批发和零售业务。公司式垂直渠道系统又分为两类。一类是由大工业公司拥有和管理的,采取一体化经营方式。例如,巨人食品公司经营一家制冰设备厂、软饮料装瓶业务、一家冰激凌制造厂,还有一间面包房,为一家叫"巨人"的商店供应从馅饼到生日蛋糕的各种食品。另一类是由大型零售公司拥有和管理的,采取工商一体化方式。例如,西尔斯百货公司销售它部分拥有和全部拥有的公司生产的商品比率超过50%。

(2) 管理式垂直渠道系统(administered VMS),由一家规模大、实力强的企业出面组织,负责生产和分销,即通过渠道中某个有实力的成员来协调整个产销通路的渠道系统,如名牌产品生产者以其品牌、规模和管理经验优势出面协调批发商、零售商经营业务和政策,共同采取一致的行动。例如,吉列、宝洁等公司,能够在有关商品展销、货柜位置、促销活动和定价政策等方面与其分销渠道有非同寻常的合作。

(3) 合同式垂直渠道系统(contractual VMS),是由各自独立的公司在不同的生产和分配水平上组成,它们以合同为基础来统一它们的行动,以求活动比其独立行动时能得到更大的经济和销售效果,如批发商组织的自愿连锁系统、零售商合作系统、特许零售系统等。

2. 水平渠道系统(Horizontal Marketing System,HMS)

这是由两家或两家以上的公司横向联合,共同开拓新的营销机会的分销渠道系统。这些公司或因成本、人力、生产技术、营销资源不足,无力单独开发市场机会,或因惧怕承担风险,或因与其他公司联合可实现最佳协同效益而组成共生联合的渠道系统。

【营销实例12-5】

"一个人干不成或者干不好的事,就找个人一起干。"扫一扫,看沃尔玛是怎么操作的。

3. 多渠道系统(Multi Channel Marketing,MCM)

这是对同一或不同的细分市场,采用多条渠道的分销体系。大致有两种形式:一种是生产者通过两条以上的竞争性分销渠道销售同一商标的产品;另一种是生产者通过多条分销渠道销售不同商标的差异性产品。此外,还有一些公司通过同一产品在销售过程中的服务内容与方式的差异,形成多条渠道以满足不同顾客的需求。

【营销实例12-6】

扫一扫,看派克—哈尼飞公司如何在多渠道分销体系如鱼得水。

多渠道系统为生产者提供了三方面好处:扩大产品的市场覆盖面,降低渠道成本和更好地满足顾客要求。但该系统也容易造成渠道之间的冲突,给渠道控制和管理工作带来更大难度。

【营销实例 12-7】

扫一扫，看万里马的多渠道策略。

(三)电子网络渠道

1. 电子网络渠道的含义

互联网的出现改变了整个世界，影响了人们的生活方式和工作方式。在电子商务时代，企业竞争已经转入网络竞争，同时随着电子技术的突飞猛进，传统的分销渠道受到了挑战。电子网络渠道是指企业通过互联网寻找、接近顾客，或者是顾客通过互联网寻找供应商，从而进行交易的渠道。

2. 电子网络渠道的功能

(1) 订货系统，为消费者提供产品信息，同时方便厂家获取消费者的需求信息，这样可以达到供需平衡。完整的订货系统，可以降低库存、减少销售费用。

(2) 支付系统，顾客在购买商品后，可以通过多种方式进行付款，因此商家应有多种结算支付方式。

(3) 配送系统，对无形产品如服务、软件、音乐、电子卡等直接网上发送，对于实体产品的配送，要有专门的配送公司，如中国的顺丰、美国的联邦快递公司，它们的业务覆盖全球，实现全球快速的配送服务。

3. 电子网络渠道的类型

(1) 电子网络直销渠道，即生产者与消费者或用户通过互联网直接联系和沟通，完成交易，不通过任何中间商，如中粮集团的网络直销平台。

(2) 电子网络中间商渠道，生产者与消费者或用户通过电商平台联系，使双方通过电子中间商网络交易系统进行交易，如淘宝、京东等。

【营销实例 12-8】

麦德龙是中国省级电子商务平台，覆盖了线上、线下以及移动终端等平台，形成无缝连接的整合购物新模式。麦德龙网上商城与麦德龙线下门店无缝对接，所有线上订单将直接从线下仓储一体式的门店出货，缩短物流配送时间，顾客可根据自身需求选择配送上门或门店自提。此次全新升级的电商平台还推出了 APP 移动应用"拍客"，这款 APP 内设扫码识别产品功能，其后台数据库可支持除生鲜和超生鲜产品外所有线下门店商品的条形码，届时用户只需"扫一扫"，便可完成查询商品、比较价格、收藏、下单、支付等购物指令。消费者也可以通过关注麦德龙官方微信获得促销信息，并从麦德龙官方微信进入手机版网上商城直接下单采购。升级的麦德龙网上商城不仅实现了线上线下跨平台一体化，还延伸到了移动终端，用互联网思维打造全渠道专家。未来麦德龙将进行线下体验，线上扫码，扫码后可以直接去结算拿货，使购物更便捷。麦德龙是会员制模式，拥有 400 多万的会员信息，通过这些数据加上电商平台，可以更好地维护客户关系，推出有针对性的商品。

(资料来源：http://www.yicai.com/news/4619828/html.)

在营销实践中，O2O 业务模式主要有以下四种。

(1) Online to Offline 模式，线上交易到线下消费体验产品或服务。

(2) Offline to Online 模式，线下营销到线上完成商品交易。随着智能手机的日渐普及、二维码的兴起，很多企业通过在线下做促销，在线上实现交易。

(3) Offline to Online to Offline 模式，线下促销到线上商品交易，再到线下消费体验产品或服务。通信运营商在任何时间段都可能针对手机客户开展促销，而且很多营销活动在线下触发，在线上完成交易，然后客户在线下消费体验。例如，"预存话费 100 元送价值 60 元的金龙鱼油"，在情人节"办情侣套餐送电影票"，在校园开学季"校园新生开卡送自行车"等。这种业务模式是在线下触发，然后在线上完成交易，通信运营商把营销的产品或服务通过线上发给手机客户，手机客户再到线下完成消费体验。

(4) Online to Offline to Online 模式，线上交易或促销到线下消费体验产品或服务再到线上交易或促销。例如，某消费者玩一款网游，该游戏的道具有麦当劳某套餐，然后他在游戏中买了这款麦当劳套餐，该游戏提示他到线下的麦当劳实体店吃完该套餐，然后回到线上继续玩游戏。该消费者去实体店消费后再进入网游时，线上那个麦当劳道具就已经被使用了，而且他在网游中的角色实力大增。

在方兴未艾的新经济时代，消费者在哪里，哪里就有连接企业和消费者的渠道。企业应致力于畅通消费者购物的各环节，缩短消费者从想要到拥有或使用的历程，打造线上和线下有机结合的全渠道。

第二节　中　间　商

中间商是指制造商与最终顾客(消费者或用户)之间参与交易业务，促使买卖行为发生和实现的经济组织和个人，包括商人中间商和代理中间商。

一、商人中间商

商人中间商也称经销商，是指从事商品交易业务，在商品买卖过程中拥有商品所有权，并要承担经营风险的中间商。商人中间商又可分为批发商和零售商。

(一)批发商

批发商是指向制造商或经销单位购进商品，供给其他单位(如零售商)进行专卖或供给制造商进行加工制造产品的中间商。批发商出售的商品一般是供给零售商转卖或再生产用；批发商是在工商企业之间进行交易活动，批发交易结束后，商品仍留在流通领域；批发商销售的产品数量一般比较大，销售的频率相对较低；批发商设点较少。按照不同的标准，批发商又可分为以下三种类型。

(1) 按照服务范围分，可分为完全服务批发商和有限服务批发商。完全服务批发商执行批发商业的全部功能，提供诸如存货、推销、顾客信贷、送货以及协助管理等服务。它包括批发中间商和工业批发商。前者是向零售商销售，并提供全面服务；后者是向生产者提供生产性消费的商品或服务。有限服务批发商是指批发商为了减少费用，降低批发价格，只对其顾客提供有限的几项服务，如现货自运批发商、直运批发商、卡车批发商、货架批发商、邮购批发商等。

(2) 依照经营业务内容分，可分为专业批发商、综合批发商和批发市场。专业批发商即专门经营某一类或某一种商品的批发商。综合批发商即经营多类商品的批发商。批发市场也称批发交易市场，它是由多种批发组织组成的联合体，或以某类商品为中心集结多家批发商，共同开展批发业务。

(3) 依照经营商品种类分，可分为农副产品批发商和工业品批发商等。农副产品批发商的主要任务是从农村基层收购商品，供应外地批发商或生产商、零售商。工业品批发商经营的商品包括生产资料和日用工业品，实行专业化经营。按经营商品的类别，批发商还可分为百货、文化、纺织、针棉织品、劳保用品、五金、交电、化工原料等专业批发商。

(二)零售商

零售商是指把商品直接销售给最终消费者，以供消费者个人或家庭消费的中间商。零售商处在商品流通的最终环节，直接为广大消费者服务。零售商的交易对象是最终消费者，交易结束后，商品脱离流通领域，进入消费领域；零售商销售商品的数量比较小，但销售频率高；零售商数量多，分布广。

1. 零售商的类型

目前国内外的零售商根据其经营特征可分为以下几种类型。

1) 专业商店

这是专门经营某一类商品，或专门经营具有连带性的几类商品，或专门为特殊消费对象经营特殊需要商品的商店，如钟表店、眼镜店、妇女用品商店、体育用品商店、文化用品商店等。专业商店的经营要求具有较高的专业知识和操作技能，销售与服务密切结合，能提供周到的服务。

2) 百货公司(或商场)

这是一种大型零售商店，分门别类地销售品种繁多的商品。其特点是经营范围广，商品类别多，花色品种齐全，能满足消费者多方面的购买需要。

3) 超级市场

超级市场也叫自选市场，其特点是由顾客自选，自我服务，定量包装，预先标价，顾客出门时一次交款，因而可以节约售货时间，节约商店人力和费用，避免或减少顾客与售货员的矛盾。

4) 购物中心

这是一种由多家商店组合而成的大型商店服务中心，一般设在公共建筑物内，以一家或数家备货商店、超级市场为骨干，由各类专业商店、书店、餐馆、旅馆、银行、影院等组合而成，融购物、服务和娱乐休闲于一体。

5) 连锁店

这是由多家出售同类商品的零售商组成的一种规模较大的联合经营组织。其特点是由中心组织统一向生产者进货(选购商品)，以较大的订购数量，获得最大的价格优待；采取薄利多销的方针，争取顾客；商品价格经常浮动，有竞争者时便减价争取顾客，无竞争者时则提价争取更多盈利。

6) 便利店

便利店的店面相对较小,位于住宅区附近,营业时间长(16~24 小时),每天开门,并且经营周转快的方便商品。它们很多增加经营了外卖三明治、咖啡和馅饼,如 7-11、全家等。

7) 廉价零售商

它们购买低于固定批发商价格的商品并用比零售更低的价格卖给消费者。它们经营过剩的、泛滥的和不规则的商品,它们用低价从制造商或其他零售商处进货。

工厂门市部由制造商自己拥有和经营,它们销售多余的或有瑕疵的商品。例如,米卡拉(餐具)、得克萨(鞋)、拉芙·罗兰(高档服装)等。

独立的廉价零售商是由企业家自己拥有和经营,或者是从大零售公司划分出来的。例如,法林地下商店、洛曼斯、T.J.麦克斯等。

仓库俱乐部(或批发商俱乐部)销售有限的有品牌名的杂货、器具、衣服和其他商品,参加者每年的会费从 25 美元到 50 美元不等,便可得到高折扣。仓库俱乐部主要为小企业服务,并为政府机构、非营利组织和某些大公司服务。仓库俱乐部以大量的、低管理费、类似仓储设施的方式来经营,销售种类少。但它们提供最低价的商品,通常比超级市场和折扣商店低 20%~40%。它们不送货上门和进行赊账买卖。例如,山姆俱乐部、麦克斯俱乐部、价格成本合作社、BJ 批发俱乐部等。

8) 超级商店

这种商店的占地面积很大,主要满足消费者在日常所需的食品和非食品类商品方面的全部需要。它们通常提供诸如洗衣、干洗、修鞋、支票兑换和付账等服务。

一些巨型超级商店融合了超级市场、折扣商店和仓库售货的特点。其产品品种超过一般的购购店,包括家具、重型器具等。它的基本运营方法就是大面积陈列商品,用最少的导购人员,给予顾客一定的价格折扣出售商品。例如,家乐福、卡西奴、PCA、宜加等。

9) 样品目录陈列室

针对大量可供选择的毛利高、周转快的有品牌商品的销售。顾客在陈列室里开出商品订单,在该商品的发货地点对顾客送货上门。例如,服务商品公司。

10) 邮购商店

邮购商店最早于 1876 年出现在美国。此后,邮购商店在美国盛行起来。其中最大的邮购商店是西尔斯·罗伯克公司,它每年免费发出的商品目录达 1 000 多万份,每天能收到三四十万封回信和 13 万份订货单,年销售额大约有 3 亿美元。

所谓邮购商店也称售货目录零售商。在日本则称为通信贩卖,是一种主要通过邮政渠道办理订货和送货业务的商品零售机构。一般由商店广泛散发可邮购商品目录和订单,也通过电视、广播、报纸等发送供货信息。消费者根据接收到的商品信息,填写订单,利用信函、电话等手段进行订购,邮购商店则汇集顾客所需的商品后寄给消费者,同时通过银行或邮电部门等方式收受货款。

邮购的商品一般有以下特征。①稀缺。邮寄的商品大都是一般商店所没有的商品。②价格低。邮售节省了营业场地和销售人员,因而可以将售价降低。③新潮。邮寄的面很广,可以使消费者迅速获得全国乃至世界消费新潮的商品信息,所以,邮寄商品如果是时尚商品,则会很受欢迎。④购买隐蔽。邮售的优势之一是具有隐蔽性,企业经常销售那些顾客不好意思在大庭广众之下通过店铺购买的商品。

11) 电视购物

电视购物是通过在电视上播放广告的方式宣传产品，并通过屏幕上显示的免费电话实现销售的一种销售方式。电视购物广告以区别于一般商业广告以提高品牌知名度为目的，其目的在于通过广告销售产品。从形式上划分，电视购物分为电视直销和家庭购物两类。电视购物的优点是：短期盈利最大化；营销4P扁平化；市场热销快速化。电视购物的弊端是：过分功效承诺，导致产品快速死亡；产品质量低劣现象泛滥，导致行业信誉危机；缺乏品牌建设，导致产品昙花一现。

12) 无人商店

无人商店的经营流程实现了自动化，无人工干涉，看管店铺的只有天花板上的数十个电子设备。"扫码开门、自主选购、结算支付、解锁出门"这是无人商店的特点。较为出名的无人商店有缤果盒子、罗森、Amazon Go 等。

13) 微商

微商是基于移动互联网的空间，以社交软件为工具，以人为中心，以社交为纽带的新商业。2019年1月1日，《中华人民共和国电子商务法》正式施行，微商纳入电商经营者范畴，消费者维权有法可依。微商=消费者+传播者+服务者+创业者。

14) 直播带货

直播带货是指通过一些互联网平台，使用直播技术进行商品线上展示、咨询答疑、导购销售的新型服务方式，具体形式可由店铺自己开设直播间，或由职业主播集合进行推介。

2. 零售业的发展趋势

在制定竞争战略时，零售商必须考虑以下的主要发展趋势。

(1) 跨界零售模式不断涌现。银行在超市设立分支机构；加油站开设了食品商店，其赚取的利润比给汽车加油赚的利润还要多；在书店中开设咖啡屋。甚至，一些传统的零售方式又重新出现了，在一些商业区有人开始有小贩用手推车来销售货物。

(2) 新的零售形式的生命周期正在缩短。它们迅速被模仿和很快失去新意。

(3) 电子时代极大地增加了非商店零售的机会。消费者可通过邮局，甚至电视、电话、计算机接收销售报价，并通过免费电话或计算机立即得到回答。

(4) 当前在不同类型商店之间的竞争愈演愈烈。折扣商店、产品目录、陈列销售店和百货公司都在为同一批顾客而竞争。连锁超市与小型独立自营商店的竞争成为焦点。由于连锁店大量购物的能力、更优惠的交易条款优于独立商人，连锁店增加的面积允许为顾客增设咖啡屋和卫生间。在许多地方，超级市场使邻近的独立商人歇业。

(5) 技术作为竞争工具正变得日益重要。零售商正在使用计算机提高预测水平，控制仓储成本，用电子技术向供货商订货，在商店之间用电子邮件传递信息，甚至在店内用电子技术向顾客售货。它们采用电子收款系统、电子转账、电子数据交换、店内闭路电视和改进的商品的处理系统、创新的扫描系统购买追踪等。

(三) 新零售

分享一组有意思的数据，2017年社会消费品零售总额为36.6万亿元，其中线下占比85%，线上占比仅15%，所以说尽管电商如火如荼地进行，但实际上线下才是赚钱的大头。于是传统电商开始思考如何结合线下挽回流失的销量，而线下实体零售店也在积极拥抱互联网，希望借助外力让自己不要被太快淘汰。

新零售时代的来临让人们开始寻找破解"互联网+"时代行业发展痛点的方式和方法。

"新零售=线上+线下+物流配送"，新零售强调的是传统零售与互联网技术的结合，线上线下取长补短、互相融合，利用大数据、人工智能技术使零售更加高效。

如今，新零售业愈发体现出"人""物""场"的数据化结合。线上线下场景及渠道的融合与传统零售业电商平台的发展之间正在形成一种良性互动，不仅意味着消费供需两端的升级，也正成为经济转型升级的强大动力。

随着新零售的崛起，一场新零售市场的争夺战正以腾讯、京东对垒阿里巴巴全面爆发。新零售市场开始以"腾讯系""阿里系"两大阵营站队，传统商超们也积极投入巨头怀抱。其中，沃尔玛、永辉、家乐福等加入腾讯阵营，大润发、三江、新华都、银泰等加入阿里阵营。

S2B 是阿里巴巴的曾鸣在 2017 年 5 月最先提出来的、面向未来的一种新型商业模式。自从提出以来，已有房产家装领域、服装领域、新餐饮、医疗健康等领域的新兴公司实践 S2B 模式。S2B 的全称是 Supply chain plat form To Business，S 是指一个大的供应链平台，B 是指平台对应万级、十万级甚至更几十万级的企业端（其中包括大、中、小各种规模的企业）。两者的关系并不是简单地加盟，而是"赋能"。其过程是 B 端通过与用户的沟通了解客户的需求和痛点，然后通过 S 端所提供的对整个供应链的整合能力，来满足用户的定制化需求。由于 B 端能够以客户需求为目的获得 S 端的支持，所以 S2B 与标准化的加盟和简单的买卖关系有所不同。

由于技术不成熟而带来不佳的用户体验对新零售企业而言是不可接受的。因为消费者接受新零售的"新"，是来自于新零售的科技感能满足消费者求便利的心理，所以，用户体验无论是在过去还是在未来，都是新零售企业必须要重视的环节。

【营销新视野 12-1】

新零售是革命还是救命？

如果说新零售是革了传统零售的命，那么最明显的例子就是深圳的一家老品牌商超——人人乐。公开资料显示，2014—2017 年净利润均为负数，由于公司作为传统零售业，近些年来受电商迅猛发展的冲击，营业收入持续下降，2017 年甚至亏损了 5 亿多元。

但如果说新零售是传统零售的救命稻草，人人乐超市又是其中的一个案例。在新零售的推动下，人人乐开始与互联网企业合作。人人乐与京东、腾讯旗下的互联网微众银行、多点(Dmall)等保持着不同程度的合作。据人人乐 2018 年度业绩报告预告，预计 2018 年度归属于上市公司股东的净利润为 1 000～4 000 万元，将实现扭亏为盈。

另外，除了人人乐新零售改造初有成效，联华超市表示业绩扭亏为盈主要归因于集团持续转型提升，从而取得成效带来的同店业绩提升。相关媒体也曾报道，红旗连锁净利增长主要是因为公司今年继续加强大数据的运用及分析、持续对门店商品结构进行调整、提升门店管理效率等。

如此看来，新零售对零售模式行业的价值在 2018 年还是呈现正态生长的。也就是说，成也新零售，败也新零售，那些率先上战场却成为"先烈"的，这些准备上场但还不确认方向的，扑朔迷离的市场总会迎来新的格局。

一切才刚刚开始,仍存在很多变数,新产业的初期会有无数种可能。若要评价2018年新零售对零售行业的价值在革命与救命的比重中,可能还是后者的占比较大一些。新零售实际上帮助了传统零售在互联网、物联网等方面的升级。而未来,新零售是否能继续为零售行业创造价值,还得拭目以待。

(资料来源:亿欧网。)

新零售的轻与重、繁与杂在反映不同商家对于新零售不同心态的同时,也影响着新零售的走向和格局。但有一点需要注意,如今存量用户已经被几个环线分割,各阶层人群的消费能力、可支配时间并不相同。

以中产阶级为例,这部分人大都是"80、90后",他们对新事物始终保持新鲜感,追求高性价比,并愿意为高品质的服务付费。但是以新零售为代表的消费升级并不代表普通大众的消费需求,所以不同的消费人群有不同的消费理念。

因此,对于任何一种商业模式来讲,无论模式如何多样,到最后还是要落脚在满足人们最终的消费诉求上,满足用户基本的消费诉求依然是破解所有发展难题的关键。

当下的新零售产业似乎站在了一个十字路口,向左是潜在的流量红利,向右是看得见的消费升级,"摇摆"成了一种时代的新符号。不过,毋庸置疑的一点是,随着时间的积累,赛道将越来越宽广,赛跑选手也将越来越多样化,但只要抓住了最优价值的,并非没有以一敌十的机会。而何谓价值,无非是符合消费者口味的产品或服务。

因此,真正实现新零售的技术革命,还不是前端的虚拟试衣、虚拟导购、VR/AI等技术,更核心的是智能制造和物联网技术。当有一天"一键定制"的智能制造和3D打印普及和大众化,物联网数据与个人数据更加匹配,那将会进入一个令人耳目一新的世界。

二、代理中间商

代理中间商是指接受生产者委托从事销售业务,但不拥有商品所有权的中间商。代理商的收益主要是从委托方获得佣金或按照销售收入的一定比例提成。代理商一般不承担经营风险。代理商按其和生产者业务联系的特点,又可分为企业代理商、销售代理商、寄售商、经纪商和采购代理商。

1. 企业代理商

企业代理商是指受生产企业委托签订销货协议,在一定区域内负责代理销售生产企业产品的中间商。企业代理商和生产企业之间是委托代理关系,代理商负责推销产品,履行销售商品业务手续,生产企业按销售额的一定比例付给企业代理商酬金。

2. 销售代理商

这种代理商也和许多生产企业签订长期合同,替这些生产企业代销产品,但它们与企业代理商有显著不同的特点,即每一个生产企业只能委托一个销售代理商,而且生产企业将其全部产品委托给某一个销售代理商后,不得再委托其他代理商代理其产品,甚至不能再让推销员去推销产品;销售代理商替委托人代销全部产品,而且不限定在一定地区内代销。在规定销售价格和其他销售条件方面也有较大的权力,因此销售代理商实际上是委托人的独立全权企业代理商。

3. 寄售商

这是经营现货代销业务的中间商。生产企业根据协议向寄售商交付产品，销售后所得货款扣除佣金及有关销售费用，再支付给生产企业。寄售商要自设仓库和铺面，以便储存、陈列商品，使顾客能及时购得现货。

4. 经纪商

经纪商俗称掮客，是指既不拥有产品所有权，又不控制产品价格以及销售条件，只是在买卖双方交易洽谈中起媒介作用的中间商。经纪商的作用是沟通买卖双方，促成交易，其主要任务是安排买卖双方的接触与谈判，交易完成后，从交易额中提取佣金，它们与买卖双方没有固定的关系。

5. 采购代理商

采购代理商是指与买主建有较长期的关系，为买主采购商品，并提供收货、验货、储存、送货等服务的机构，如大规模服装市场上有一种常驻买手，专门物色适合于小城镇的一些小零售商经营的服装。

三、中间商的选择

中间商是企业产品分销渠道的重要组成部分。在市场营销活动中，中间商既能为企业和消费者带来方便，又可以解决或缓解产需之间在时间、空间、产品结构、数量之间的矛盾，为企业生产的产品顺利地进入消费领域创造条件。企业对中间商的选择应考虑以下几个条件。

(1) 中间商的服务对象是否与企业所要达到的市场一致，即企业所要选用的中间商的经营范围，应该与制造商的产品销路基本对口，这是最基本的条件，如专门生产高档服装的企业应选择有名的服装商店，或选择大型的综合商厦设立专柜销售。

(2) 中间商的地理位置是否与企业产品的用户相接近，即选择零售商的地理位置时，最好是企业产品的顾客经常到达之处；而选择批发商的地理位置时，则要看其是否能较好地发挥其储存、分销、运输的功能和是否有利于降低销售成本。

(3) 中间商的商品构成中是否也有竞争者的产品。具体地说，如果本企业的产品优于竞争者的产品而价格又不高的话，则适宜选择这个中间商，否则，不宜选用。

(4) 中间商的职工素质及服务能力。如果中间商在销售商品的过程中能够向顾客提供比较充分的技术服务与咨询指导，具有懂技术、善经营、会推销的营销队伍，则适宜选择这个中间商，否则，不宜选用。

(5) 中间商的储存、运输设备条件。所选择的中间商要具备经营本企业产品的必要的仓库、运输车辆等储运设施设备。

(6) 中间商的资金力量、财务和信誉状况。资金力量雄厚，财务状况良好，信誉度高的中间商，不仅能及时付款，而且能够对有困难的企业给予适当的帮助，有利于形成企业与中间商的联合或密切合作，否则，中间商的财务状况不好，信誉度不高，不仅不利于产品销售，甚至会给企业带来风险。

(7) 中间商的营销管理水平和营销能力。如果中间商的经营者不仅是行家里手，而且精明能干，工作效率很高，企业管理井然有序，办事效率高，显然推销能力就强，产品销售业绩就好，否则，就难以使产品占领市场。

由此可见，企业对中间商的选择是否恰当，不仅关系到营销渠道是否畅通无阻，而且关系到产品销路的好坏和企业营销活动的成效。因此，企业应全面考虑以上条件，慎重选择。

第三节　分销渠道策略

有效的渠道设计，应以企业所要到达的目标市场为起点。原则上讲，目标市场的选择并不属于渠道设计问题。然而事实上，市场选择和渠道选择是相互依存的。有利的市场加上有利的渠道，才可能使企业获得利润。

一、影响分销渠道设计的因素

渠道设计问题的中心环节是确定到达目标市场的最佳途径。而影响渠道设计的主要因素有以下几个。

(一)市场因素

渠道设计深受目标市场人数、地理分布、购买频率、平均购买数量以及对不同促销方式的敏感性等因素的影响。当顾客人数多时，生产者倾向于使用每一层次都有许多中间商的长渠道，但顾客人数的重要性又受地理分布影响。一般来说，目标市场范围大，分销渠道则较长；反之，则短。还受目标市场的集中程度影响，如果顾客较分散，适宜采取长而宽的渠道；反之，则采用短而窄的渠道。

(二)产品因素

产品不同，适宜的分销渠道也有差别。易腐烂的产品为了避免因中转和物流运输而拖延时间及重复处理变腐烂，通常需要直接营销。那些与其价值相比体积较大的商品(如建筑材料、软性材料等)，通常需要通过生产者到最终用户搬运距离最短、搬运次数最少的渠道来分销。非标准化产品(如顾客定制的机器)通常由企业推销员直接销售，这主要是因为不易找到具有该类专业知识的中间商。产品的技术复杂，需要安装、维修的产品经常由企业自己或授权独家经销商来销售和保养。单位价值高的商品，则应由企业销售人员而不是通过中间商销售。

(三)中间商因素

设计渠道时，还必须考虑执行不同任务的中间商的优缺点。例如，由生产者代表与顾客接触，这样花在每一位顾客身上的成本比较低，因为总成本由若干个顾客共同分担。但生产者代表为顾客所付出的努力不如中间商的推销员。一般来讲，中间商在执行运输、广告、储存及接纳顾客等职能方面，以及在信用条件、退货特权、人员训练和送货频率方面有不同的特点和要求。

(四)竞争者因素

竞争者所使用的渠道对生产者的渠道设计影响也比较大，特别是产品功能、定价和目标市场相同或相近的同类产品，需要认真研究。例如，食品生产者就希望其品牌和竞争品牌摆在一起销售。但有的生产者则避免使用竞争者所使用的分销渠道。

(五)企业本身因素

企业特性在渠道选择中扮演着十分重要的角色，主要体现在以下四点。

1. 企业声誉与规模

企业声誉越好，规模越大，越可以自己选择分销渠道，甚至自己建立销售网点，采取产销合一的直接渠道等。

2. 产品组合

企业的产品组合也会影响其渠道类型。企业产品组合的宽度越大，与顾客直接交易的能力就越强；产品组合的深度越大，使用独家经销或选择性代理商就越有利；产品组合的关联度越强，就越应使用性质相同或相似的分销渠道。

3. 企业管理能力的强弱

企业管理能力强且拥有丰富的营销经验，则可选择直接分销渠道；反之，应采用中间商销售的方式。

4. 市场营销政策

现行的市场营销政策也会影响渠道的设计。例如，对购买者提供快速交货服务的政策，会影响到生产者对中间商所执行的职能、最终经销商的数量与存货水平，以及所采用的运输系统的要求。

(六)环境因素

渠道设计还受到环境因素的影响。例如，当经济萧条时，生产者都希望采用能使最终顾客低价购买的方式将其产品送达目标市场。这也意味着采用较短(扁平)的渠道，并免除那些会提高产品最终售价但并不必要的服务。

二、分销渠道的设计

在分析影响分销渠道选择的因素之后，企业可据此选择适当的分销渠道方案。渠道方案的选择，主要涉及如何选择渠道模式和中间商数量、如何确定渠道成员的条件和职责等。

(一)选择渠道模式

渠道设计首先考虑采用何种类型的分销渠道，即确定渠道的长度。不管选择直接渠道、间接渠道，还是长渠道、短渠道，都应综合分析生产者的特点、产品的特点、中间商的特性及竞争者的因素来加以确定，以利于降低渠道成本。

(二)中间商的选择

在确定了渠道的模式之后，渠道设计的下一步工作就是明确各主要渠道的交替方案。渠道的交替方案主要涉及以下三个基本因素：中间商的基本类型，每一分销层次所使用的中间商数量和各中间商的特定市场营销任务。

1. 中间商的基本类型

企业首先必须明确可以完成其渠道工作的各种中间商的类型。下面用两个例子来说明这一问题。

> 【营销实例 12-9】
>
> 生产者如何选择中间商直接关系到自己的产品能否精准地送到用户市场。扫一扫，一起来体验一下。

2. 每一分销层次所使用的中间商数量

在每一渠道类型中的不同层次，所用中间商数量的多少受企业追求的市场展露影响，因而要求使用不同的分销策略，如密集分销、选择分销或独家分销。

3. 各中间商的特定市场营销任务

每一个生产者都必须解决如何将产品转移到目标市场这一问题。当渠道问题被视为市场营销工作分配时，可从下列市场营销工作的组合来看究竟有多少种交替方案可供使用。假设，T 代表运输，即将产品运送至目标市场的工作；A 代表广告，即通过广告媒体通知并影响购买者的工作；S 代表储存，即准备接受订货的物品储存工作；K 代表接触，即寻找购买者并与购买者协商交易条件的推销工作。再假设每一中间商完成一项或多项工作所使用的渠道结构如下：

生产者(P)→批发商(W)→零售商(R)→消费者(C)

以此为基础，来研究某一特定层次 R(零售商)及其所完成的工作。例如，当 R 负责完成运输、广告、储存及接触四项工作时，以 TASK 表示；当 R 只负责广告和接触两项工作时，以 OAOK 表示；当 R 不负责任何工作时，以 OOOO 表示。如果列举所有可能分派给 R 的工作，将有 16 种组合可供参考，如表 12-1 所示。

表 12-1 可分配给 R 的工作组合

完全不负责	负责一项工作	负责两项工作	负责三项工作	完全负责
OOOO	TOOO	TAOO	TASO	TASK
	OAOO	TOSO	TAOK	
	OOSO	TOOK	TOSK	
	OOOK	OASO	OASK	
		OAOK		
		OOSK		

暂时假设上述可能性都合理，即从事上述任何工作都与零售商的身份相符。同样，可以假定生产者和批发商从事 16 种组合中的任何一种工作，并假定每一渠道层次都能独立地选择其负责的市场营销工作而不受其他层次的影响，将有 4 096 种不同的市场营销渠道可供选择。

任意选择一种生产者、批发商和零售商都仅负责两项工作的渠道方案：在这种渠道中，P(生产者)所从事的市场营销工作仅限于运输所生产的产品，并为这些产品做广告；储存工作由 W(中间商)负责，W 还负责运输工作，由此可知，该中间商是仓储代理商，而不是提供完全服务的批发商；最后，R 负责进一步的广告(也许与生产者合作)以及与顾客接触的工作。

以下是另一种形式的渠道方案：在这里，P 变为私人品牌的厂家，即没有自己的品牌，自己所生产的产品将来要用别人的品牌，所以只从事生产、储存与运输；W 省略掉；R 则负责广告与接触。邮购商店的许多种产品都通过这种市场营销渠道销售。

在 4 096 种市场营销渠道方案中，有许多方案是不能采用的，必须剔除；有些渠道方案因其不经济、不合规或不稳定，也应予以剔除。其结果是在市场营销工作分配上可行的渠道方案可能很少，而且必须做进一步的评估。

(三)评估各种可能的渠道交替方案

每一渠道交替方案都是企业产品送达最后顾客的可能路线。企业所要解决的问题就是从那些看起来似乎很合理，但又相互排斥的交替方案中选择最能满足企业长期目标的一种。因此，企业必须对各种可能的渠道交替方案进行评估。评估标准有三个，即经济性标准、控制性标准和适应性标准。

1. 经济性标准

在这三项标准中，经济性标准最为重要。因为企业追求利润而不是渠道的控制性与适应性。经济分析可用许多企业经常遇到的一个决策问题来说明，即企业应使用自己的推销力量还是使用生产者的销售代理商。假设某企业希望其产品在某一地区取得大批零售商的支持，现有两种方案可供选择：一是向该地区的营业处派出 10 名销售人员，除了付给他们基本工资外，还采取根据推销业绩付给佣金的鼓励措施；二是利用该地区制造商的销售代理商(该代理商已和零售店建立起密切的联系)，代理商可派出 30 名推销员，推销员的报酬按佣金制支付。这两种方案可导致不同的销售收入和成本。判断一个方案好坏的标准，不是其能否导致较高的销售额和较低的成本费用，而是能否取得最大利润。

2. 控制性标准

进行渠道评估时还要考虑对渠道成员的控制问题，以最大限度地降低风险。使用代理商无疑会增加控制上的问题。一个不容忽视的事实是，代理商是一个独立的企业，它所关心的是自己如何取得最大利润，它可能不愿与相邻地区同一委托人的代理商合作；可能只注重访问那些与其推销产品有关的顾客，而忽略对委托人很重要的顾客。代理商的推销员可能无心去了解与委托人产品相关的技术细节，也很难正确或认真地对待委托人的促销数据和相关资料。

3. 适应性标准

在评估各渠道选择方案时，还有一项需要考虑的标准，那就是生产者是否具有适应环境变化的能力，即应变力如何。每个渠道方案都会因某些固定期间的承诺而失去弹性。当某一生产者决定利用销售代理商推销产品时，可能要签订一个较长期的合同。在这段时间内，即使采用其他销售方式会更有效，生产者也不得任意更改销售代理商。因此，一个涉及长期承诺的渠道方案,只有在经济性和控制性方面都很优越的条件下,才予以考虑。

> 【营销实例 12-10】
> 生活在"互联网+"的时代,对于共享经济,你不仅要懂,更要参与。扫一扫,详细了解一下易戴易美创建的珠宝交易共享平台。

三、分销渠道的管理

企业管理人员在设计好渠道之后,还必须对具体的中间商进行选择、激励与定期评估,并构建良好的中间商关系。

(一)选择渠道成员

生产者在选择中间商时,常处于两种极端情况之间。一是生产者毫不费力地找到特定的商店并使之加入渠道系统,这可能是因为它很有声望,也可能是因为它的产品能赚钱。在某些情况下,独家分销或选择分销的特权也会吸引大量中间商加入其渠道系统。对于那些轻易便可得到所需数量的中间商的生产者来讲,它所做的工作只是选择合适的中间商而已。二是生产者必须费尽心思才能找到期望数量的中间商。生产者必须研究中间商如何做购买决策,尤其是在它们制定决策时,对毛利、广告与促销、退货保证等的重视程度。此外,生产者还必须开发能使中间商获利颇丰的产品。

不论生产者遇到上述哪种情况,都需明确中间商的优劣特性。一般来讲,生产者要评估中间商经营时间的长短及其成长记录、清偿能力、合作态度、声望等。当中间商是销售代理商时,生产者还需评估其经销的其他产品大类的数量与性质、推销人员的素质与数量。当中间商打算授予某家百货公司独家分销权时,生产者还需评估商店的位置、未来发展潜力以及经常光顾的顾客类型等。

(二)激励渠道成员

生产者不仅要选择中间商,而且要经常激励中间商使之尽职。促使中间商进入渠道的因素和条件已经构成部分激励因素,但仍需生产者不断地监督、指导与鼓励。

生产者必须尽量避免激励过度与激励不足两种情况。当生产者给予中间商的优惠条件超过它取得合作所需提供的条件时,就会出现激励过度的情况,其结果是销售量提高而利润下降。当生产者给予中间商的条件过于苛刻,以至于不能激励中间商的努力时则会出现激励不足的情况,其结果是销售降低,利润减少。因此,生产者必须确定应花费多少力量,以及花费何种力量来鼓励中间商。

一般来讲,对中间商的基本激励水平应以交易关系组合为基础。如果对中间商仍激励不足,则生产者可采取以下两项措施。

(1) 提高中间商可得的毛利率,放宽信用条件或改变交易关系组合使之更有利于中间商。

(2) 采取人为的方法来刺激中间商,使之付出更大努力。

例如,给中间商施加一定的压力,迫使它们创造有效的销售业绩,举办中间商销售竞赛，加强对顾客与中间商的广告活动等，不论上述方法是否与真正交易关系组合有直接或间接关系，生产者都必须小心观察中间商如何从自身利益出发来看待理解这些措施，因为在渠道关系中存在许多潜在的矛盾，拥有控制权的生产者很容易无意中损害中间商的利益。

(三) 评估渠道成员

生产者除了选择和激励渠道成员，还必须定期评估它们的绩效，如果某一渠道成员的绩效远低于既定标准则需找出主要原因，同时还应考虑可能的补救方法。当放弃或更换中间商将导致更坏的结果时，生产者只能容忍这种令人不满的局面；当不致出现更坏的结果时，生产者应要求工作成绩欠佳的中间商在一定时期内有所改进，否则，就要终止合作。

1. 合同约束与销售配额

如果一开始生产者与中间商就签订了有关绩效标准与奖惩条件的合同，就可避免种种不愉快。在合同中应明确经销商的责任，如销售强度、绩效与覆盖率、平均存货水平、送货时间、次品与遗失品的处理方法、对企业促销与训练方案的合作程度、中间商必须提供的顾客服务等。除了针对中间商绩效责任签订契约外生产者还应定期发布销售配额，以确定目前的绩效。生产者可以在一定时期内列出各中间商的销售额，并依销售额大小排出先后名次。需要注意的是，在排列名次时，不仅要看各中间商销售水平的绝对值，还要考虑它们各自面临的环境变化，考虑生产者的产品大类在各中间商的全部产品组合中的相对重要程度。

2. 测量中间商绩效的主要方法

测量中间商绩效的方法主要有以下两种。

(1) 将每一中间商的销售绩效与上期的绩效进行比较，并以整个群体的升降百分比作为评价标准，对低于该群体平均水平的中间商，必须加强评估与激励措施。需要注意的是，如果对后进中间商的环境因素加以调查，可能会发现一些可原谅的因素，如当地经济衰退、某些顾客的失去不可避免、主力推销员的辞职或退休等。其中某些因素可在下一期弥补。这样，生产者就不应因这些因素而对中间商采取惩罚措施。

(2) 将各中间商的绩效与该地区基于销售潜量分析所设立的配额相比较，即在销售期过后，根据中间商的实际销售额与其潜在销售额的比率，将各中间商按先后名次进行排列。这样，企业的调整与激励措施可以集中用于那些未达既定比率的中间商。

(四) 构建良好的中间商关系

在处理与中间商的关系时，生产者常依不同情况而采取三种方法：合作、合伙和分销规划。

1. 合作

不少生产者认为，激励的目的不过是设法取得独立中间商、不忠的中间商或懈怠懒惰的中间商的合作。生产者多利用高利润、奖赏、津贴、销售竞赛等积极手段激励中间商，如果不能奏效，就采取消极的惩罚手段。例如，威胁减少中间商的利润，减少为它们所提供的服务，甚至终止双方关系等。这些方法的根本问题是，生产者从未认真研究过中间商的需要、困难及其优缺点，相反，它们只依靠草率的刺激—反应模式，把各种繁杂的手段拼凑起来而已。

2. 合伙

一些精明的生产者往往试图与中间商建立长期合伙关系。这就要求生产者必须深入了解它能从中间商那里得到什么,以及中间商可从生产者那里获得什么。这些可用市场涵盖程度、产品可得性、市场开发、寻找顾客、技术方法与服务、市场信息等各种因素来衡量。生产者希望中间商能同意上述有关政策,并根据其遵守程度的具体情况确定付酬办法。例如,某生产者不直接付给中间商25%的销售佣金,而是按下列标准支付。

(1) 如保持适当的存货,则付5%。
(2) 如能达到销售配额,再付5%。
(3) 如能有效地为顾客服务,再付5%。
(4) 如能及时报告最终顾客的购买水平,再付5%。
(5) 如能对应收账款进行适当管理,再付5%。

3. 分销规划

生产者与中间商还可以进一步建立和发展更密切的关系。分销规划是指建立一个有计划的、实行专业化管理的垂直市场营销系统,把生产者的需要与中间商的需要结合起来。生产者可在市场营销部门下专设一个分销关系规划处,负责确认中间商的需要,制订交易计划及其他各种方案,帮助其以最佳方式经营。该部门和中间商合作确定交易目标、存货水平、产品陈列计划、销售训练要求、广告与销售促进计划。借助该部门的上述活动,可以转变中间商对生产者的某些不利看法。例如,过去中间商可能认为它之所以能赚钱是因为它与购买者站在一起共同对抗生产者;现在它可能改变了看法,认为它之所以能赚钱是因为它与生产者站在一起,作为生产者精密规划的垂直市场营销系统的一个组成部分。

在构建生产者与中间商的关系时,生产者可借助以下势力来赢得中间商的合作。

1) 强制力

强制力是指生产者对不合作(如顾客服务差、未实现销售目标、窜货等)的中间商威胁撤回某种资源或中止关系而形成的势力。中间商对生产者的依赖性越强,这种势力的效果越明显。

2) 奖赏力

奖赏力是指生产者给执行了某种职能的中间商额外付酬而形成的势力。奖赏力的负面效应是,中间商为生产者服务往往不是出于固有的信念,而是因为有额外的报酬。每当生产者要求中间商执行某种职能时,中间商往往要求更高的报酬。

3) 法定力

法定力是指生产者要求中间商履行双方达成的合同而执行某些职能的势力。

4) 专长力

专长力是指生产者因拥有某种专业知识而对中间商构成的控制力。生产者可借助复杂精密的系统领导或控制中间商,也可向中间商提供专业知识培训或系统升级服务,由此便可形成专长力。如果中间商得不到这些专业服务,其经营很难成功,而一旦专业知识传授给了中间商,这种专长力就会削弱。

5) 感召力

感召力是指中间商对生产者深怀敬意并希望与之长期合作而形成的势力。例如,类似

IBM、微软等国际知名公司拥有很强的感召力,中间商都愿意与之建立长期稳定的合作关系,也心甘情愿地按生产者的要求行事。一般情况下,生产者都注重运用感召力、专长力、法定力和奖赏力,尽量避免使用强制力。这往往能收到理想的效果。

(五)渠道冲突

渠道冲突是指渠道系统中某些成员因从事妨碍企业实现目标的活动而发生各种矛盾和纠纷的现象。在营销实践中,分销渠道的设计很难兼顾渠道成员不同角度、不同层面和不同形式的利益,因此,不可避免地会出现渠道冲突。

(1) 水平渠道冲突是指在同一渠道系统中同一层次中间商之间的冲突。产生水平冲突的原因大都是生产者没有对目标市场的中间商数量及其分管区域进行合理的规划,致使中间商为了各自的利益互相倾轧。生产者确定了目标市场后,中间商为了获取更多的利益必然要争取更多的市场占有率,跑马占地,扩张势力范围。例如,经营某品牌产品的中间商,可能认为同一地区经营该产品的另一家中间商在定价、促销和售后服务等方面做得太过分,咄咄逼人,抢了它们的生意。如果发生了类似冲突,生产者应未雨绸缪,及时采取有效措施,缓和并协调矛盾,防止类似情况再度出现。否则,就会影响渠道成员的合作及企业产品的销售。

(2) 垂直渠道冲突是指在同一渠道系统中不同层次企业之间的冲突,即渠道上下游的冲突。例如,某些批发商可能会抱怨生产者在价格方面控制太紧,留给自己的利润空间太小,而提供的广告、宣传、公关、促销等服务太少。零售商对批发商或生产者可能也存在类似的不满。一方面,越来越多的中间商从自身利益出发,采取直销与分销相结合的方式销售商品,这就不可避免地要同下游中间商争夺客户,大大挫伤了下游渠道的积极性。另一方面,当下游中间商的实力增强以后,不甘心目前所处的地位,希望在渠道系统中有更大的权力,向上游渠道发起了挑战。在某些情况下,生产者为了增加产品销售,往往会越过一级中间商直接向二级中间商供货,致使上下游渠道成员之间产生矛盾。

渠道冲突一般都是为了维持市场占有率,保持竞争优势,争夺渠道控制权而展开的利益纷争。在渠道系统的设计存在缺陷、渠道成员之间缺乏信息沟通的情况下,渠道冲突很难避免。

四、全渠道零售

全渠道零售(omni-channel retailing)就是企业为了能够随时随地通过各种渠道与顾客互动来完成销售业务,包括网站、实体店、服务终端、直邮和目录、呼叫中心、社交媒体、移动设备、户外广告牌、电视、网络家电、上门服务等,提供给顾客无差别的购买体验。

从2012年开始,有形店铺地位弱化,进入以网络为主的全渠道零售时代。国内知名的零售研究机构对其含义、成因及对策进行了研究。

(一)全渠道零售的含义

全渠道零售是指企业采取尽可能多的零售渠道类型进行组合和整合(跨渠道)销售的行为,以满足顾客购物、娱乐和社交的综合体验需求,这些渠道类型包括有形店铺和无形店铺,以及信息媒体(网站、呼叫中心、社交媒体、E-mail、微博、微信)等。

第十二章 分销策略

(二)全渠道零售的成因

由于信息技术进入社交网络和移动网络时代,寄生在全渠道上工作和生活的群体形成,导致全渠道购物者崛起,一种信息传递路径就成为一种零售渠道。

(三)全渠道零售的对策

需要考虑不变的零售业本质(售卖、娱乐和社交)和零售五流(客流、商店流、信息流、资金流和物流)发生的内容变化,随后根据目标顾客和营销定位,进行多渠道组合和整合策略的决策。

【营销新视野12-2】

全渠道营销管理系统

全渠道营销管理系统是电商企业在线上线下全渠道运营过程中不可或缺的一个管理软件,主要模块包括线上订单归集与就近分单、物流与库存管理、财务管理、用户管理等。借助该系统,企业可以让商品走最短路径,节约物流成本,并实现"产品+服务"一体化,提升用户体验,做到线上线下融合并充分一体化运营。同时,可以化解线上线下利益分配冲突的问题。

(四)全渠道零售的优势

(1) 接触不同的目标市场。不同的消费者有着不同的购物偏好,有人喜欢进店挑选商品,享受面对面的服务;有人喜欢足不出户,坐在家中通过互联网购物;有人希望尽量节省时间,利用工作之余的空暇时间购物。单渠道的零售商面临的困境是只能接触到某一类购物习惯的群体,而全渠道零售商则能吸引不同购物习惯的潜在顾客群,满足各类人群的不同购物偏好。有调查显示,与仅将购物过程局限在单渠道内的顾客相比,多渠道顾客在购物时消费更多,忠诚度更高。

(2) 不同的商品以最佳渠道来销售。不同的商品,因特性不同,适合在不同的零售渠道中销售。例如,顾客喜欢亲眼看到、感受、闻和试用的商品(如蔬菜、水果等),适合在实体店销售;而一些无差别的文化用品(如书籍、CD等),适合在网上销售。没有一种渠道可以完全代替另一种渠道,也没有一种渠道可以服务好所有顾客。这就给予全渠道更多的销售机会,通过整合不同的渠道卖出更多的商品,或抓住更多的潜在顾客。

(3) 提升企业资产价值。全渠道零售为企业带来了增加有形资产和无形资产的机会。一家基于商店销售的零售商通过利用富余的仓储能力服务于网络销售,可以提高资产的利用率;同样,这家公司还可以在没有开店的地区通过网络销售,从而提高品牌知名度。零售商还可以与渠道伙伴合作以增加共同资产,亚马逊公司的结账服务是一项新服务,它允许其他网络零售商使用它的一键订单系统,并让顾客轻易获知订单状态,这使顾客不必向互联网提供信用卡号就能订购商品。

(4) 整合各种渠道增强顾客吸引力。对潜在顾客而言,各种渠道有着不同的吸引力,有效地整合潜在顾客生活环境中的各个可能的购物渠道,将增强零售商的吸引力。研究表明,网络零售并非对实体零售的一种冲击,网络作为一个营销工具越来越有效,而实体商店未来也仍然是更有效的购物场所。在全渠道零售模式下，消费者行为将发生变化：他可能在任何场所偶尔发现感兴趣的商品，然后上网搜索相关信息，对比不同的购物地点和不同零售商、制造商的价格，再利用当地商店的便利性去看、去感受，最后决定购买。促使这一行为的两种最基本的要素是效率与便利，而无缝衔接各种渠道将带给顾客最大的便利和更高的效率。

(五) 全渠道零售的实施

(1) 开展全渠道整体促销活动。消费者在一个渠道发现商品，在另一个渠道了解信息，在第三个渠道获取促销优惠，在第四个渠道订购商品，在第五个渠道提取货物，这种不同渠道完成的购物行为，可以称为渠道间的交叉购物。这种交叉购物大大地方便了顾客，但也提醒零售商，任何一种渠道都必须畅通无阻，并实施统一的营销策略。零售商开展全渠道零售战略，必须制定一种无缝衔接的营销策略，并确定每一种渠道扮演的主要角色，了解在哪一种渠道进行促销能达到最大效果。例如，星巴克在微博上推出自带环保杯可以免费获得一杯咖啡的互动活动，组织得非常成功，网友纷纷上传自己领到免费咖啡时的照片，数以百万计的传播为星巴克的品牌形象做了一次广泛的自觉宣传。因此，好的促销策略就是能发挥各渠道的作用，并放大促销效应。

(2) 保持不同渠道间商品的互补性。实体商店的商品策略主要遵循 80/20 原则来规划自己的主力商品和辅助商品，网络商店则依赖长尾理论可以追求更广更深的商品组合；地铁超市由于资源条件限制只能布局为数不多的最有吸引力的商品。这就造成不同渠道间商品组合策略的不同。全渠道零售商要认真考虑渠道间的商品互补性，既要有一定的重复，又要有一定的互补，这样才能产生最大的交叉购物效应。

(3) 拥有一套完整的全渠道综合信息系统。为了最好地管理多个零售渠道，零售商需要一个可在不同渠道间共享顾客、定价和存货数据的信息系统。这个完整的信息系统的优势在于，可通过对消费者行为数据的筛选，准确界定有购买需求的目标消费者，通过专业渠道，将商品信息精准送达，以"一对一"的个性化沟通，提高销售业绩。

(4) 线上渠道订购的商品在线下实体店内提货。线上渠道与线下渠道结成共同利益体，消费者可以现场看货、线上订购、线下交钱取货，享受相应的服务，这样可以让消费者更放心，得到更多便利。"网上下单，店内提货"的购物方式现在越来越流行，消费者喜欢这种购物方式，或许是因为可以省下配送费用；或许是因为无须在大型商店内东奔西走，还避免了在缺货商品上浪费时间；或许是因为可以有当天购物当天就拿到商品的快感；或许是因为想得到额外的互动，包括获得关于如何使用商品的指导等。总之，这种方式要求零售商将其存货数据库整合起来，并拥有能够提货和送货的物流基础设施。

【营销实例 12-11】

良品铺子创建于 2006 年，是一家比较传统的零售企业，但它近几年发展得十分迅速。据良品铺子官方报道，2014 年销售额同比增长 42.84%，2015 年增长 94.35%，2016 年增长 36.88%。良品铺子 2016 年销售额达到 60 亿元，其中 1/3 来自线上销售。

良品铺子虽然在 2012 年涉足电子商务，但很多人不知道的是，在 2015 年之前，电商和实体店这两个渠道在良品铺子内部是完全分离的，电商和实体店用两个完全不相干的仓库、完全不相干的物流，两个几乎不相干的团队。这就出现了用户在网上买的东西想到家边上的专卖店提货，但网上的价格和专卖店的价格不统一，即使价格相同专卖店店长也不会同意提货，这非常影响顾客的购物体验。

于是，良品铺子在 2015 年提出打通线上线下社会化媒体营销的各种渠道，旨在整合门店、电商、第三平台和移动端等诸多方面，以用户为核心构建新零售生态。对于用户而言，无论是线下、线上还是移动端都可以便捷地购买和享受到良品铺子的产品和服务。

截至目前，良品铺子已经在 16 个第三方电商平台上开设了线上店铺，这些店铺均由平台事业部负责运营。这个团队有 300 多名员工，平均年龄只有 26 岁。良品铺子还通过以微信、QQ、微博、论坛为主的社交媒体实现顾客和工厂的直接对接，活跃于良品铺子各类社交媒体的粉丝，针对良品铺子各类产品的口味、包装、价格乃至创意的意见直接反馈给良品铺子公司，使良品铺子在第一时间捕捉到市场动向。

可见，良品铺子能够在高手如云的零食领域持续保持高速发展，与它能够顺应时代发展、不断尝试新的营销手段密不可分。

五、窜货现象及整治

在企业的日常营销活动过程中，市场窜货是一种很常见的渠道冲突现象，给企业正常经营和市场秩序的良性发展带来了很大危害，因此整治窜货问题也是企业在渠道管理中的重要工作。

(一)窜货的概念及类型

窜货又称倒货、冲货、越区销售等，是指各级经销商受利益驱动置经销协议和生产者长期利益于不顾而进行的产品跨地区降价销售。从而出现其他经销商对产品失去信心，消费者对品牌失去信任等问题。

窜货按发生的不同市场划分，可分为同一市场上窜货和不同市场之间的窜货；按动机和窜货对市场不同影响划分，可分为恶意窜货、自然窜货和良性窜货。

(二)窜货发生的原因

发生窜货的原因主要有以下四个。
(1) 某些地区的市场供应饱和。
(2) 广告拉力过大而渠道建设没有跟上。
(3) 企业管理不力与业务员缺乏职业操守。
(4) 渠道激励不当诱使经销商窜货。

(三)窜货的整治对策

整治窜货的方法主要有以下五个。
(1) 重视渠道营销队伍的建设与管理。首先，选择符合要求的最佳渠道，并提供专业技能培训；其次，在企业中营造人才发展的氛围，让每一名业务员都感到自己的职位和责任，增强其成就感和积极性的同时，增强他们的忠诚度；再次，制定合理的绩效考核和奖赏制度，公平公正地奖优罚劣；最后，制定一个合理的淘汰机制，有效识别真正的优秀人才。

(2) 客户与企业之间签订不窜货乱价协议。该协议是一种合同，一旦签订，就等于双方达成契约，如有违反，就可以追究责任。实际上，除了个别情况，厂方业务人员对自己所负责的客户是否有窜货行为是非常清楚的。为此，企业可以采取如下惩罚措施：可将所窜货物价值累加到被侵入地区的经销商的销售额中，作为奖励基数；同时，从窜货地区的业务员和客户已完成的销售额中，扣减等值销售额。

(3) 外包装差异化。厂方对相同的产品，采取不同地区不同外包装的方式，在一定程度上控制窜货乱价。其主要措施有：一是商标颜色差异化，即在保持其他标识不变的情况下，将同种产品的商标在不同地区采用不同的色彩加以区分，只有在某地区的销量足够大时，厂方才有必要采取该措施；二是通过文字标识，在每种产品的外包装上，印刷"专供"字样。可以在产品外包装箱上印刷，也可以在产品标签上加印，这种方法要求该产品在该地区的销售达到一定数量，并且外包装无法回收利用；三是代码制，在一个区域的商品上编上一个唯一的号码，印在外包装上。这些措施只能在一定程度上解决不同地区之间的窜货乱价问题，而无法解决本地区内不同经销商之间的价格竞争。

(4) 加强分销管理。制定务实的目标，在对现有市场状况进行调查总结和自我能力的评估后，制定实际的目标，避免打开市场方式过于夸张。

(5) 提升制造商的信息技术（Information Technology，IT）能力。针对企业IT能力与关系型治理机制以及渠道投机行为之间关系的研究表明，制造商的IT能力和IT人员的能力对组织间关系质量的改善有显著的影响。制造商的IT能力和IT人员的能力能够促进客户和企业共同制订计划和解决问题，并且抑制渠道投机行为的产生。

因此，制造商可以通过购买设备、培训企业IT人员等方法提升企业的管理能力，并且使用先进的IT手段改进自身与客户之间的关系，从而增强双方的合作意愿，预防渠道投机行为的产生。

【营销实例12-12】
扫一扫，看长城葡萄酒坊是如何防伪防窜货的。

本 章 小 结

分销渠道是指某种产品和服务在从生产者向消费者转移的过程中，取得这种产品和服务的所有权或帮助所有权转移的所有企业和个人。市场营销渠道是指配合或参与生产、分销和消费某一生产者的产品和服务的所有企业和个人。也就是说，市场营销渠道包括某种产品供产销过程中的所有有关企业和个人，如供应商、生产者、经销商、代理商、辅助商以及最终消费者和用户等。

对于渠道的理论研究有两大领域：一是研究渠道的结构，探讨渠道是怎样构成的；二是研究渠道的行为，探讨渠道成员怎么认识、建立和处理渠道管理。

有两种渠道模式即间接渠道和直接渠道。渠道系统进一步发展又形成了垂直渠道系统、水平渠道系统和多渠道系统。渠道设计就是决定渠道的长度、宽度以及中间商的选择，具体为渠道模式的选择、渠道成员的选择、销售终端的选择和密度决策。

渠道冲突、渠道合作和渠道权力共同植根于渠道成员之间的相互依存。依存度与权力正相关，与冲突负相关，与合作正相关。强制的权力会降低渠道成员之间的合作意愿。

全渠道零售就是企业为了能够随时随地通过各种渠道与顾客互动来完成销售业务，包括网站、实体店、服务终端、直邮和目录、呼叫中心、社交媒体、移动设备、户外广告牌、电视、网络家电、上门服务等，提供给顾客无差别的购买体验。

课后习题

一、思考题

1. 市场营销渠道和分销渠道有什么区别？
2. 企业在设计自己的分销渠道时，应该考虑哪些因素？
3. 如何根治窜货行为？
4. 什么是激励不足和激励过度？怎样才能防止这两种现象的出现？
5. 生产者与经销商之间的关系类型有哪些？
6. 怎样测量中间商的绩效？
7. O2O业务的主要类型有哪些？
8. 渠道冲突的主要类型有哪些？
9. 什么是全渠道零售？全渠道零售对企业有什么优势及如何实施？
10. 网络环境下传统渠道面临的冲击有哪些？

二、案例分析

爱普生公司为其产品建立分销队伍

爱普生公司是日本制造打印机的领头羊之一。当公司打算扩大其产品线生产计算机时，对现有的分销商颇为不满，并且也不相信它们对新兴零售商业有推销能力。爱普生美国公司总裁杰克·沃伦委托了赫根拉特尔公司为其寻找合适的分销商，并给予如下指示。

(1) 寻找在经营褐色商品(如电视机等)和白色商品(如冰箱等)方面有分销经验的分销商。

(2) 分销商必须具有领袖风格，它们愿意并有能力建立自己的分销系统。

(3) 分销商将只经营爱普生公司的产品，但是可以经销其他公司的软件；同时，每个分销商都配备一名培训经理并经营一个维修中心。

赫根拉特尔公司在寻找合适、干练的分销商时遇到了很大的困难。它在《华尔街日报》上刊登招募广告未提及爱普生公司，收到了1700封申请信，但其中绝大多数都不合格。经过筛选后，最终向爱普生公司提交了最具资格的人员名单。杰克·沃伦亲自面试，选出了12名最适合的分销商分别负责12个分销区。赫根拉特尔公司也由此获得了25万美元的报酬。

接下来是与现在的分销商终止业务。由于招募是暗中进行的，现有的分销商对事态发展一无所知。杰克·沃伦要求它们在90天内完成移交工作，令分销商们十分震惊，虽然它们是爱普生公司最早的分销商，但并没有与爱普生公司签订合同。杰克·沃伦了解它们缺少经营爱普生计算机生产线和接近目标零售商店的能力，但现在也只能如此。

请思考：

1. 爱普生公司对分销商的管理有何特色？它为什么这样做？
2. 你认为爱普生公司的这种做法有何弊端？

扫一扫，一起来了解一下米其林轮胎的电商之道。

三、实操题

【实训目的】

(1) 认识分销渠道的类型和模式。

(2) 熟悉分销渠道策略。

(3) 掌握企业渠道建设的方法。

【实训内容】

(1) 在本地城市选择并观察一条商业街道，将街道店铺进行分类。

(2) 在每类店铺中选择一两家进行访谈调查，了解其经营项目、上下游服务对象和业务开展情况、互联网使用情况等。

(3) 汇总讨论分析各店铺渠道建设现状、互联网对企业分销渠道的影响。

(4) 完成一份对某店铺的渠道建设构建方案。

【实训组织与要求】

(1) 老师说明实践目的、任务、进度和要求。

(2) 将学生分组，每组3~5人，每个小组选择一名组长。

(3) 各小组分别进行准备，制订计划、分工、完成一手资料的收集和整理。

(4) 组织讨论，结合训练内容完成小组报告。

(5) 分小组课堂演示。

【训练评价】

(1) 小组报告的完性、合理性。

(2) 店铺建设的可行性。

(3) 团队合作的默契性。

第十三章

促 销 策 略

【学习目标与任务】
- 掌握促销策略的内容。
- 了解营销传播的过程。
- 理解公共关系的内涵。

【重点与难点】
- 促销组合的内容和重要性。
- 促销组合的影响因素。
- 广告、销售和公共关系在促销中的作用。

【能力目标】
- 能够在一份营销策划案中对促销策略部分有较为完整的规划和编写。
- 对本章中的案例有较为深入的理解,并挑选其中一个进行演讲,分析其促销策略的优劣和特点。

【案例导入】

宝洁用公共关系推广佳洁士牙齿增白贴

佳洁士是宝洁公司旗下的子品牌,为了迎合市场快捷、方便和安全的需求,宝洁公司开发了一款新产品——牙齿增白贴。这款增白贴不仅可以去除表面牙渍,还能锁定牙齿暗黄源头,有效清洁深层牙渍。

就在产品发行前,为了宣传增白贴,宝洁第一次确认关键的目标对象——影响力群体,包括婚礼顾问、沙龙和 SPA 拥有者,以及国内和当地的联谊会领导者。这些影响者被认为是形象专家。宝洁为这些形象专家举办了专门的会议向他们介绍增白贴,它还请了一些明星作为增白贴发行庆典的嘉宾。宝洁还举行了"上排挑战"活动来鼓励持怀疑态度的人只在上排牙齿上使用增白贴来对比看看是否真的有效果。总之,这项公共关系运动带来了 2.4 亿人次的媒体观看量。宝洁也十分成功地推广了增白贴,在正式开始零售前的预售就获得了 2 300 万美元的销售额。

第一节 促销组合

现代市场营销不仅需要开发优质产品,制定富有吸引力的价格,以吸引顾客购买,公司还要向现在和潜在的利益相关者以及大众进行品牌传播。因此,对于大多数的营销者来说,问题不在于是否要传播,而在于说什么、怎么说、什么时候说、对谁说以及说的频率。如今的消费者面对着不计其数的信息,他们会自主决定要接受哪些信息。为了让营销信息有效地到达和影响目标市场,营销者正尝试着各种创造性的传播方式。

【营销实例 13-1】

扫一扫,见识一下"一块饼干"的全球化道路。

如果做法正确,促销组合可以带来巨大的回报。一个行之有效的促销组合往往能够为公司带来可观的收益。

一、促销组合的作用

促销组合是指直接或间接向消费者告知、说服和提醒有关其销售的产品和品牌相关信息的方法。某种意义上,促销代表着公司及其品牌的声音,它们是公司建立与消费者对话和联系的工具。

促销组合对消费者也有利,可以向他们展示如何、为何要使用这一产品,谁来用,在哪用,何时用。消费者能了解生产产品的厂家和品牌,还能通过使用产品获得奖励。促销组合也使公司能够将自己的品牌与其他的一些人、地点、事件、品牌、经历、感觉和事件连接起来,通过在消费者记忆中建立品牌以及品牌形象,提升品牌资产,拉动销量。

在不断变化的促销传播环境下,由于技术和其他因素,消费者接受促销信息的方式已经发生了深刻的变化。智能手机、宽带与互联网削弱了传统媒体的有效性。这一切都要求各种促销手段必须形成一个有机的促销组合,才能发挥出最大的作用。

二、促销组合的内容

在当下这个日新月异、不断更迭的传播环境中,尽管广告通常是营销传播活动的核心元素,但对于销售以及品牌和顾客资产的建设来说,它并不是唯一的,甚至也不是最重要的。

【营销实例13-2】
扫一扫,来看看优鲜沛是如何通过使用多种传播工具扭亏为盈的。

促销组合包括四种主要的传播方式。

(一)广告

这是特定公司采用付费形式,通过印刷媒体(报纸和杂志)、广播媒体(无线电和电视)、网络媒体(电话、有线电视)、互联网以及户外媒体(广告牌、招牌、海报)等,对品牌理念、产品或服务进行的非人员展示和推广。

(二)销售促进

这是多种短期激励工具的组合,鼓励消费者试用或购买某一产品或服务,包括消费者促销(如样品、优惠券和赠品)、贸易促销(如广告和陈列折让),以及业务和销售人员促销(销售代表竞争)。

(三)公共关系

这是针对公司内部员工或外部消费者、其他公司、政府及媒体,用来推广、保护公司形象或其个别产品的各种方案。

(四)人员推销

这是以展示、答疑和获得订单为目标,与一个或多个潜在顾客进行的面对面交流。但公司进行的传播不仅限于此。产品的风格和定价、包装的形状和颜色、销售人员的态度和着装、店内装饰等都向顾客传达着某种信息。每一次产品接触所传递的形象都能加强或削弱顾客对公司的看法。

三、整合促销组合

在每一种媒体上进行的促销组合活动都以多种方式提升品牌资产,拉动销售,提升品牌知名度,在消费者记忆中建立品牌形象,引发正面的品牌判断和感觉,强化消费者忠诚度。通过何种方式形成品牌联想并不重要。但是这些促销组合活动必须进行整合,以传递一致的信息,实现战略定位。

假设购买者要按某种顺序经历认知、情感和行为这三个阶段。第一种顺序是"了解—感受—行动",适用于受众对产品品类介入程度较高的情况,他们会感知到这类不同产品间的巨大差异,如汽车或房子。第二种顺序是"行动—感受—了解",适用于受众虽然介入程度高,但感知产品内部差异的能力较差,如机票或个人计算机。第三种顺序是"了解—行动—感受",适用于受众介入程度低且感知差异很小的情况,如盐或电池。通过选择正确的顺序,营销者可以更好地对促销进行计划。

假设购买者对产品类别有较高的介入度,能够感知产品内部间的较大差异。下面以某学院进行的一场营销传播运动为背景,详细阐述营销传播过程。

1. 知晓(awareness)

如果多数目标受众对产品并不知晓,那么传播者的任务就是建立知晓度。假设学院要从某地招生,尽管该地的高中生可能对学院有兴趣,但它在该地却没有知晓度。那么学院应该设立的目标是,在一年内让70%的学生知道它的名字。

2. 了解(knowledge)

目标受众可能知晓品牌,但了解不多。学院可能会希望其目标受众知道自己是一所四年制私立学院,有外语和历史方面的优秀课程项目。它需要知道在其目标受众中,有多少人对自己的了解很少、有一些了解或是了解很多。如果了解较少,学院就要将品牌内容作为自己的传播目标。

3. 喜欢(liking)

如果目标群体了解品牌内容,那么他们对品牌有什么感觉呢?如果受众对学院有负面看法,传播者就要弄清楚原因。如果确实存在问题,学院就要对此进行修正,然后传播最新的情况。好的公共关系需要"说得漂亮,做得也漂亮"。

4. 偏好(preference)

目标受众可能喜欢产品,但没达到偏好的程度。传播者必须通过与其他类似竞争者比较质量、价值、性能和其他特征来建立消费者偏好。

5. 信服(conviction)

目标受众可能偏好某个特定产品,但并没有确定要购买。传播者的工作就是让对学院感兴趣的学生确定申请意向。

6. 购买(purchase)

一些目标受众可能已经被说服,但并没有实际购买。传播者必须引导这些消费者完成最后的步骤,如可以提供低价、赠品,或是让他们试用。学院可以邀请一些高中生来参观校园,参加一些课程,或是为优秀学生提供部分奖学金。

但这个传播过程非常容易失败,假设上述六个步骤中的每一步成功的概率都是 50%。根据概率论,假设六个步骤互为独立事件,那么它们全部成功的概率为 0.5^6,等于 1.562 5%。如果每一个步骤成功的概率平均为更加合理的 10%,那么所有六个步骤全部成功的概率为 0.000 1%。

为了增加促销组合活动成功的概率,营销者必须努力增加每一个步骤成功的可能性。例如,在广告活动中要注意以下几点。

(1) 让适当的消费者在恰当的地点、恰当的时间接触到恰当的信息。

(2) 广告要引起消费者的注意,但不要分散其对目标信息的注意力。

(3) 广告要恰当地反映消费者对产品和品牌的理解和行为的层次。
(4) 广告定位要反映品牌希望追求且可以实现的差异点和相似点。
(5) 广告要能刺激消费者考虑购买该品牌。
(6) 广告要通过已有的传播效果创造较强的品牌联想,使它们在消费者考虑购买时能够产生影响。

四、开发有效促销的过程

图 13-1 所示为开发有效促销的八个步骤。下面介绍前面四个步骤,即识别目标受众、确定目标、设计传播、选择促销组合。

(一)识别目标受众

促销组合传播过程从一开始就必须有清晰的目标受众,包括个人、团体、特定公众或一般公众。目标受众对传播决策的制定,如说什么、怎么说、何时说、何地说以及对谁说等有关键影响。

通常来说,目标受众可根据使用情况和忠诚度进行区分。例如,目标受众是产品的新用户还是既有用户?目标受众是忠诚于本公司品牌,还是忠诚于竞争者品牌,抑或是在品牌之间进行转换?如果是本公司品牌用户,那么是重度使用者还是轻度使用者?根据不同的答案,促销策略也会不一样。

(二)确定目标

营销者可以在营销传播过程的任何层级设定促销目标。有以下四种可能的促销目标。

(1) 创造产品需求。开发一种产品或服务品类以满足消费者目前的需求。

图 13-1 有效促销步骤

(2) 打造品牌知名度。培养消费者在各种产品中识别或回忆出品牌的能力,提供足够的细节引导其进行购买。识别比回忆更容易实现。例如,让消费者考虑凉茶饮料的某一品牌时,相比回忆出王老吉这一品牌,他们更可能识别出它独特的红罐包装。在店外,品牌回忆更为重要;在店内,品牌识别则更为重要。品牌知名度为品牌资产提供了基础。

(3) 建立品牌态度。帮助消费者评估品牌满足目前相关需求的能力。相关的品牌需求可能是消极导向的(解决问题、避免问题、不完整的满足、正常折损)或是积极导向的(感官满足感、智力刺激或社会认可)。家庭清洁产品通常使用的是问题解决型的促销;而食品通常使用强调食欲的感官导向的促销。

(4) 影响品牌购买意愿。让消费者决定购买品牌或做出购买的相关行动。优惠券或买二赠一等促销活动能够诱导消费者做出购买决定。但很多消费者没有明确的产品需求,并且当他们看到广告时并不在市场,这种情况下他们不会形成购买意愿。在任意一周里,只有大约 20%的人计划购买清洁剂,只有 2%的人计划购买地毯清洁剂,只有 0.25%的人计划购买汽车。

(三)设计传播

要使制定的传播获得想要的反应需要解决三个问题:说什么(信息策略)、如何说(创意策略)和谁来说(信息源)。

霍夫兰在耶鲁大学进行的研究探讨了信息型诉求及其与以下事项之间的关系:结论的得出、单面还是双面论据、论据呈现的顺序。一些早期的实验支持向受众陈述结论,不过后续研究表明,最好的广告是提出问题并让受众自己得出结论。

大家可能会认为只表扬一个产品的单面陈述比同时提到产品缺点的双面论据要更有效,但其实双面论据更合适,在必须克服负面联想的时候尤为如此。对于受教育程度较高,且最初持反对意见的受众来说,双面论据更有效。

最后,论据呈现的顺序也很重要。在单面论据中,首先呈现最强的论据能够引起注意和兴趣,这在受众通常不会关注完整信息的媒体上尤为重要。当受众已经接受时,将陈述推向高潮更为有效。

转换型诉求会对与产品无关的优点或形象进行详细说明。它描绘的可能是什么样的人会使用该品牌或是使用后能获得何种体验。转换型诉求通常会试图煽动能够激发购买的情绪。

传播者可以使用幽默、友爱、自豪和欢乐等积极的情绪诉求。一些动机性的或"认人产生兴趣"的策略——如出现可爱的小孩、活泼的小狗、流行音乐,通常被用来吸引顾客,提高介入度。在今日的新媒体环境中,消费者信息处理的介入度低,各种营销信息之间在争夺注意力,因此上述策略是有必要的。不过,吸引注意力的策略可能还会分散受众的理解过程,快速消耗掉这些策略的受欢迎程度,并且掩盖产品本身的特色。因此,传播者面临的一个挑战是如何才能从大量的信息中脱颖而出,同时传递想要传达的信息。

研究表明,信息来源的可靠性对其接受程度至关重要。最通常提到的三个来源是专业性、可信赖性和喜爱度。专业性是传播者所拥有的支持其宣传的专业知识。可信赖性描述的是信息源是否被认为是客观和诚实的。相比陌生人或销售人员,人们更相信朋友,而且不收取报酬的代言人被认为比收取报酬的代言人更可信。喜爱度描述的是以直率、幽默、自然等特质来衡量的信息源的吸引力。最可信的信息源应该在专业性、可信赖性和喜爱度三个维度上都有较高的得分。

如果信息的来源富有吸引力或是很流行,那么就能得到更高的关注度,更容易让人回想起来,这就是为什么广告商要用明星作为品牌代言人。不过一些营销者也会用普通人打广告,为的是更真实,让消费者感到更亲切。

(四)选择促销组合

企业必须将促销传播预算在多种主要的传播工具间分配:广告、促销、事件和体验、公共关系和宣传、在线和社交媒体营销、移动营销、直复营销、数据库营销以及人员推销。在同一行业里,公司在传播工具的选择上也会有很大差异。企业总是寻找一种最有效的传播方式来代替其他传播方式。

1. 促销组合的特征

每个传播工具都有自己独有的特征和成本。

1) 广告

广告能够到达地理上分散各处的买家，可以为产品建立长期形象或引发快速销量。电视广告这种类型的广告需要较大的预算，而诸如报纸等其他形式的广告则不需要。仅仅呈现广告就可能对销量产生影响，消费者可能相信大做广告的品牌一定"物有所值"。广告的形式和用途非常多，因此很难对它进行概括，但还是有一些特征值得注意。

(1) 普遍性。广告允许销售者多次重复一条信息，它还允许购买者接收和比较来自多家竞争者的信息。大规模的广告在一定程度上体现了销售者在规模、能力和成功方面的积极信息。

(2) 表现力放大。广告通过对印刷图案、声音和色彩的艺术化应用为公司及其品牌和产品提供了戏剧化表现的机会。

(3) 控制。企业可以选择在推广产品时突出品牌和产品的某些方面。

(4) 销售促进。企业使用优惠券、竞赛、赠品等促销工具来获得更强、更快的消费者反应。

2) 事件和体验

只要事件和体验具有以下特征，它们就能带来很好的传播效果。

(1) 相关。一个恰当的事件或体验应该是高度相关的，因为消费者能够产生置身其中的感受。

(2) 参与。由于事件和体验具有现场性和实时性，它们使消费者的参与度更高。

(3) 含蓄。事件一般是间接的"软销售"。

3) 公共关系

一个制订周密、包含其他传播组合要素的公共关系计划将会极其有效，特别是当公司需要挑战消费者的错误观念时。公共关系和宣传的吸引力基于以下三个与众不同的特点。

(1) 高度可信性。对于读者来说，新闻故事和特写比广告更真实可信。

(2) 能够到达难以找到的购买者。公共关系能够到达想要避开大众媒体和有针对性促销的潜在顾客。

(3) 戏剧性。公共关系能够讲述公司、品牌或产品背后的故事。

4) 人员推销

在购买过程的后面阶段，人员推销是最有效的工具，尤其是在塑造购买者偏好、信念和行动方面。人员推销有三个重要特征。

(1) 有针对性。可以针对任何顾客设计信息。

(2) 关系导向。人员推销可以从单纯买卖关系深入到朋友关系。

(3) 反应导向。购买者得到的往往是个人推荐的选择，并被鼓励进行直接反应。

2. 确定营销传播组合的考虑因素

企业在确定营销传播组合时必须考虑各种因素：产品市场类别、消费者是否准备好进行购买以及产品处于生命周期的哪个阶段。

1) 产品市场类别

消费者市场的营销者倾向于在促销和广告上相对花费更多，而企业市场的营销者则倾向于在人员推销上花费更多。大体来说，对于复杂、高价、高风险的产品和只有少数大型销售者的市场来说，人员推销使用得更多。尽管在企业市场，营销者更多地依赖于推销电话，广告仍然扮演着十分重要的角色。

(1) 广告可以介绍企业及其产品。

(2) 广告可以解释产品的新特性。

(3) 提示性广告比推销电话更经济。

(4) 提供宣传册并带有企业电话或网址的广告能有效地将顾客引向销售代表。

(5) 销售代表可以使用企业的广告文案来证明企业和产品的优点。

(6) 广告可以提醒顾客如何使用产品并使其放心购买。

广告结合人员推销要比仅仅依靠人员推销效果更好。广告能够改善企业的形象，增加销售人员获得良好的第一印象和令顾客尽早使用产品的机会。

人员推销对消费者市场的贡献巨大。一些消费者市场的营销者主要利用销售人员从经销商处收集每周的订单，并查看货架上是否有充足的存货。一支训练有素的销售队伍应起到以下四个作用。

(1) 增加货架。销售代表可以说服经销商购进更多的存货，并给企业品牌更多的货架摆放空间。

(2) 建立热情。销售代表可以生动地呈现企业品牌广告和传播支持，从而建立经销商的热情。

(3) 进行推销式销售。销售代表可以签约更多经销商。

(4) 管理关键客户。销售代表能够负责在最重要的客户那里实现业务增长。

2) 购买者准备阶段

在不同的购买者准备阶段，传播工具的性价比是不同的。在建立知晓度阶段，广告和宣传最重要；消费者的理解主要受广告和人员推销的影响；消费者的决策受人员推销的影响最大；销售完成则受人员推销和促销的影响最大；再次购买同样受人员推销和促销的影响最大，有时也受提示性广告的影响。值得一提的是，网上活动几乎可以影响到各个阶段。

3) 产品生命周期阶段

在产品生命周期的引入阶段，广告、事件和体验、公共关系和宣传的性价比最高，其次是能够获得渠道覆盖率的人员推销以及引起试用的促销和直复营销。在增长阶段，通过口碑和互动式营销会使需求激增。在成熟阶段，广告、事件和体验、人员推销变得更加重要。在衰退阶段，促销仍有很大作用，其他传播工具的作用则有所减弱，而且销售人员对产品的关注度也是最少的。

第二节　广　　告

广告可以成为一种低成本、高效益的信息传播方式，无论用于建立品牌偏好，还是育人施教。即使在今天这个富有挑战性的媒体环境中，好的广告依然能创造收益。

在开发广告方案时，营销管理者必须从识别目标市场和购买者动机开始，然后从五个方面考虑做出决策，即5M。

(1) 任务(Mission)：我们的广告目标是什么？

(2) 资金(Money)：我们能够支出多少钱？如何在不同媒体类型之间进行分配？

(3) 信息(Message)：广告活动应该传递什么信息？
(4) 媒体(Media)：我们应该使用哪种媒体？
(5) 测量(Measurement)：我们如何评估结果？

一、设计广告目标

广告目标必须来自先前关于目标市场、品牌定位和营销方案的决策。广告目标是在一段特定时间内针对特定受众需要实现的特定传播任务和所要达到的程度。广告目标分为告知、说服、提醒和强化四类。

(1) 告知型广告的目标是为新产品或现有产品的新特性创造品牌知晓度和知识，如联合利华等日用消费品公司常常侧重于关键的产品优势。

(2) 说服型广告的目标是创造对产品或服务的喜爱、偏好、信任和购买意愿。有些说服型广告属于比较型广告，对两个或更多品牌的属性进行直接比较。例如，高露洁牙膏在宣传如何以双层氟化物保护牙齿时，没有敷高露洁牙膏的白色小贝壳在小槌的轻敲下塌陷了。如果能够同时激发消费者的认知和情感动机，并且当他们用细致的分析方式处理广告信息时，比较型广告的效果最佳。

(3) 提醒型广告以刺激产品或服务的重复购买为目标。例如，"怕上火，喝王老吉！"就是在提醒人们购买王老吉凉茶。

(4) 强化型广告的目标是说服现有购买者相信他们做出了正确选择。例如，汽车广告常常会刻画享受着自己新车特性的满意的购车者。

广告目标应该产生于对现有市场情况的透彻分析。如果产品处于成熟期，企业是市场领导者，并且品牌使用率低，那么目标应该是刺激更多使用。如果产品是新推出的企业并非市场领导者，并且品牌比领导者的更好，那么目标应该是说服市场相信品牌的优越性。

二、决定广告预算

在决定广告预算时应考虑以下五个特定因素。

1．产品生命周期阶段

新产品一般需要花费高额广告预算来建立知晓度并获得消费者试用。成熟品牌通常所需的广告预算在销售额中所占的比例较低。

2．市场份额与消费者基数

市场份额较高的品牌要维持份额一般需要的广告支出占销售额的比例较低。而通过扩大市场规模来提高份额则需要更多的广告支出。

3．竞争和干扰

在拥有很多竞争者、广告支出高的市场中，一个品牌必须增加广告量才能脱颖而出。即使是与品牌无直接竞争关系的广告也会造成干扰，企业需要做更多的广告。

4．广告频率

向消费者重复品牌信息的次数对广告预算有明显的影响。

5. 产品可替代性

差异度较低或是相似度较高的产品类别(如啤酒、软饮料、银行和民航)中的品牌需要大量广告来建立独特的形象。

三、开发广告

广告商采用艺术与科学两种手段来开发广告的信息策略或定位与创意策略。他们使用三个步骤：信息产生和评估、创意开发和执行以及社会责任审核。

(一)信息产生和评估

广告商总是在寻找出色的创意，以求在理性和感性上引起消费者的评估，将品牌与竞争者区分开。这些创意还必须足够宽泛和灵活，才能使用于不同媒体、市场和时间段。想要创造独特的诉求和定位，独特的视野至关重要。

一个好的广告通常只强调一个或两个核心卖点。在完善品牌定位的过程中，广告商需要进行市场调研，确定哪种诉求对其目标受众来说效果最佳，然后准备一到两页的创意摘要。创意摘要是定位策略的详尽陈述，包括关键信息、目标受众、传播目标(行为、认知、信念)、关键品牌优势、对品牌承诺的支持以及媒体等考虑因素。

(二)创意开发和执行

广告的影响力不仅取决于它说了什么，更重要的是它怎么说。创意执行具有决定性的作用。每种广告媒体都各有利弊，在此简单介绍电视、印刷和广播广告媒体。

1. 电视广告

电视一般被认为是最强有力的广告媒体，能够以较低的单位曝光成本影响较大范围的消费者。电视广告有两个特别重要的优势。首先，它能够生动地展示产品属性并说服性地解释产品对消费者的益处。其次，它能够戏剧性地刻画用户和使用情境、品牌个性以及其他无形特征。

然而，由于广告的特征是转瞬即逝，而且其中的创意元素经常令人分心，使得与产品个性以及其他无形特征相关的信息和品牌本身就可能被忽视。此外，电视上大量的节目会对广告造成干扰，使消费者容易忽视或遗忘广告。不过，设计和执行恰当的电视广告仍然可以成为一种强大的营销工具，能够提升品牌资产、销量及利润。在竞争激烈的行业，广告可以帮助一个品牌脱颖而出。

2. 印刷广告

印刷媒体与广播和电视媒体不同，因为消费者按照自己的节奏进行阅读，所以杂志和报纸可以提供详细的产品信息并有效地传播用户和使用情境。但是，印刷媒体上视觉形象的静态特征难以被动态地呈现和展示。

3. 广播广告

广播是一种普遍的媒体，很多收听广播的情境发生在车上及出门在外时。为了取得成功并且令听众能够随时随地收听，广播电台正在向数字化、多平台化发展。广播广告的主要优势是灵活性，广播电台非常具有针对性，广告的制作和投放相对便宜，而且广告的排期迅速，能够得到快速的反应。通过将畅销品牌、当地特色和强烈的个性结合在一起，广播广告能够令听众完全融入其中。在早上，广播是一种特别有效的媒体。它还能使公司在全国性和地方性的市场覆盖之间获得平衡。

广播广告的明显缺点是缺乏视觉画面，导致消费者的信息处理相对被动。不过，广播广告仍然可以极富创意。对音乐、声音和其他创意工具的巧妙运用能够开发听众的想象力，令他们创造出相关形象。

(三)社会责任审核

为了从干扰中突出重围，一些广告商认为必须拓宽消费者所能见到的广告内容的范围。但它们必须确保没有逾越社会与法律规范，也不侵犯公众、少数族裔和特殊利益群体。广告商不得进行虚假说明、使用虚假演示或制作具有欺骗性的广告，即使没有人会真的被骗。从社会的层面上来看，正能量的广告能够起到更加积极和广泛的社会作用。

四、选择媒体

广告商的下一个任务是选择传播信息的媒体。其主要有以下几个步骤。

(一)确定到达程度、频率和影响力

媒体选择(media selection)是寻找最经济的媒体，按照期望的曝光次数和曝光类型向目标受众传递信息。

曝光对受众知晓度的作用取决于曝光的到达程度、频率和影响力。

(1) 到达程度(Reach，R)，在特定时间段内，某特定媒体计划向多少个不同的人或家庭至少曝光一次。

(2) 频率(Frequency，F)，在特定时间段内，平均每个人或家庭接触到信息的次数。

(3) 影响力(Impact，I)，曝光在特定媒体上的定性价值。

在推出新产品、侧翼品牌、知名品牌或购买频率低的品牌的延伸，或是在追求尚未确定的目标市场时，到达程度是最重要的。当存在较强的竞争者，需要讲述一个复杂的故事，消费者阻力较高，或是处于频繁购买阶段时，频率是最重要的。重复投放广告的关键原因是遗忘。与品牌、产品类别或信息相关的遗忘率越高，需要重复的次数越多。

(二)从主要媒体类型中进行选择

媒体策划者必须了解主要广告媒体类型在到达程度、频率和影响力方面的不同能力。表 13-1 中列出了主要广告媒体类型的优势和局限性。媒体策划者在进行选择时需要考虑目标受众的媒体习惯、产品特点、信息要求和成本等因素。

表 13-1　主要媒体类型优劣势

媒体	优势	局限性
报纸	灵活，及时，本地市场覆盖好，接受范围广，可信性高	保存期短，印刷质量差，传阅者少

续表

媒体	优势	局限性
电视	结合图像、声音和动作，感染力强，吸引高度注意，到达程度高	绝对成本高，干扰大，曝光时间短，受众选择性较低
直邮	受众选择性高，灵活，在同一媒体内没有广告竞争，个性化	成本相对较高，易造成"垃圾邮件"的印象
广播	大众化，在地理和人口统计方面选择性高，成本低	只有声音展示，比电视获得的注意少，费率结构未标准化，曝光时间短
杂志	在地理和人口统计方面选择性高，可信、权威，印刷质量高，保存期长，传阅者多	广告购买的前置期长，存在一定的发行浪费
户外	灵活，高度的重复曝光，成本低，竞争小	受众选择性有限，创意受限

表 13-1 中的户外广告，是一种范围广泛的广告类型，采用多种创意和出乎意料的方式，在消费者工作、玩耍和购物的场所吸引他们的注意。比较流行的方式包括广告牌、公共空间、植入式广告等。

1. 广告牌

现在流行的数字广告牌使用色彩丰富的数字化图像、背光、声音甚至是三维的形象。

2. 公共空间

广告开始出现在一些不寻常的地方，如电影屏幕、飞机机身和健身器材，以及运动场、办公室和宾馆电梯等公共空间。例如，公共汽车、地铁车上的流动广告已经成为吸引职场人士一种十分有价值的广告方式；公交车候车亭、公用电话亭和公共场所等"街头设施"也是一种快速增长的选择。

广告商可以在各种公共空间购买广告位置，如体育场、垃圾箱、自行车架、停车计时器、机场行李传送带、电梯、加油泵、游泳池，甚至还可以购买洗手间里的广告位。

3. 植入式广告

营销者需斥巨资才能让产品在电影和电视节目中露个面。有时这种植入式广告是大型系列广告合约的产物，但即使是小型植入式广告也需要与道具师、布景设计师和执行制片人保持密切联系。

一些企业进行植入式广告不需要花广告费。例如，耐克不需要花钱在电影中做植入式广告，但通常会提供鞋、衣服和包等产品。产品和品牌越来越多地被直接编入剧情。植入式广告过多使用也难免遭到批评。

(三) 选择具体的媒体载体

媒体策划者必须从所选媒体类型中找出性价比最高的载体。第一，应该考虑受众质量。对于一个婴儿护肤露广告，拥有 100 万年轻父母读者的杂志具有的曝光价值为 100 万；如果它的读者是 100 万青少年，那么它的曝光价值基本为 0。第二，应该考虑受众关注概率。第三，要考虑媒体的编辑质量，也就是其权威性和可信性。人们更有可能相信他们喜欢的电视或广播节目中的广告。第四，应该考虑广告投放政策和附加服务的价值，如杂志针对各个地区或职业的不同版本和不同的前置期要求。

媒体策划者使用的效果测量方法越来越复杂，并且为了达到最佳媒体组合，往往会使用数学模型。很多广告代理公司使用软件程序来选择最初媒体，并根据主观因素进行改进。

(四)决定媒体投放时间和分配

选择的模式应该满足营销者的传播目标，并考虑以下三个因素：购买者周转率是指新购买者进入市场的速率，这个速率越高，广告应该越连续；购买频率是指在这段时间里购买者购买产品的平均次数，购买频率越高，广告应该越连续；遗忘率是指购买者忘记品牌的速率，遗忘率越高，广告应该越连续。

在推出一种新产品时，广告商必须在连续式、集中式、间歇式和脉冲式之间进行选择。

(1) 连续式，是指曝光在既定时间段内平均地出现。通常，对于正在扩大的市场、购买频繁的商品和购买者有限的商品类别，广告商会使用连续式广告。

(2) 集中式，要求将所有广告费用全部花费在某段时间内。这种方式适合销售期为某一个季节或假期的产品。

(3) 间歇式，要求在一段时间内投放广告，下一段时间不投放，再下一段时间第二次投放等。当资金有限、购买周期相对不频繁或产品有季节性时，这种方式比较有用。

(4) 脉冲式，是指以低水平连续投放广告，并定期以大量的活动来进行强化。它集中了连续式广告和间歇式广告的优势，创造出一种折中的排期策略。支持这种方式的人认为，受众能够更透彻地理解广告信息，并且对于公司来说成本更低。

(五)评估广告效果

多数广告商都会试图测量广告的传播效果，即广告对品牌知晓度、认知和偏好的潜在影响。它们还希望测量广告对销售的影响，目的是确定一个广告的传播是否有效。

第三节 销 售 促 进

销售促进是营销活动中的关键组成部分，由各种激励工具构成，主要是短期激励工具，用来刺激消费者或经销商更快或更多地购买特定产品或服务。广告提供了购买的原因，而促销提供了一种激励。

一、销售促进的主要工具

企业在销售过程中，往往需要用到各种帮助完成销售的手段和工具。当今有多种多样的销售促进工具，通过这些促销工具，能够建立公司和顾客更积极的连接。

(一)样品

样品是指厂商或供应商免费提供给顾客使用的产品，其目的是为了建立顾客对产品的信任，并期望通过试用达到销售的目的。样品可逐户派人赠送、邮寄赠送、店面分送、附在其他产品上或通过广告发布信息。

(二)优惠券

优惠券可以降低产品的价格,是一种常见的营业推广工具,使持有人在购买某种商品或服务时,可以通过优惠券免付一定的金额。优惠券可以通过邮寄、线下广告附送和线上领取等方式发送。它是一种能够有效刺激销售的工具。

(三)返现(回扣)

返现在购买前不对商品价格做折让,而是在购买后商家通过邮寄、线上即返和赠送抵扣积分等方式进行优惠。这种方式最早出现在2002年沃尔玛购物商城,顾客到沃尔玛购物,可以积累积分,等积分达到一定的数额后,可以用来到指定的商家购物,或作为现金返还,即返现。后来逐渐应用于通信行业、酒店业、电子商务、银行业等。

(四)特价包装(减价促销)

通过为顾客提供低于产品标签或包装上的价格来进行的一种优惠手段。特价包装对于刺激短期销售效果较好,甚至超过了折扣优惠。

(五)赠品(礼品)

将相对价格较低或免费的商品作为购买指定商品的奖励,来激励顾客购买,通常是附于商品包装内或另行包送。这是买卖关系发生时,卖方赋予的额外价值。

(六)常客奖励计划

在考虑到顾客购买商品或服务的数量和频率后,做出的给予优惠的激励计划。

(七)奖品(竞赛、抽奖、游戏)

竞赛、抽奖和游戏是让顾客有机会赢得某件商品或服务,如赢得电冰箱、优惠券或定制旅行等多种形式。奖励物品是对其参与活动的一种激励,同时达到品牌推广和激励购买的目的。

(八)光顾奖励

根据对某位顾客或某群顾客光顾次数的统计,按一定比例给予现金或其他形式奖励的方式。

(九)免费试用

通过邮寄、广告附赠或线下分发等方式,将在售商品的小样免费发放给顾客体验,以希望顾客购买。

(十)产品质保

在产品售出后的一段期限内,对顾客所购产品进行质量保障,提供维修保养等服务,以此侧面宣传产品的可靠度和质量。

(十一)搭售促销

两个及以上的品牌或企业联合向顾客提供优惠券、返现等激励行为。

(十二)交叉促销

通过客户关系管理，发掘顾客的多种需求，并通过满足其需求而销售多种相关服务或产品的一种营销方式。

(十三)购买点陈列和演示

企业和商家通过在购买点的有形展示，让顾客能够更直观地了解产品的质量、性能和用途等方面的信息，从而刺激顾客购买的一种促销方式。

二、销售促进的过程

在使用销售促进时，企业必须建立目标、选择工具、制定方案、实施和控制方案以及评估结果。

(一)建立目标

促销目标源自传播目标，而传播目标源自根本的产品营销目标。

(1) 对消费者而言，促销目标包括鼓励使用者更频繁地购买或有更大的购买量、使未使用者进行试用以及从竞争品牌吸引转换者。如果能使一些品牌转换者试用品牌，那么促销就能长期提高市场份额。最理想的情况是，针对消费者的促销既能够产生短期销售影响，又能够对长期品牌资产产生效果。

(2) 对零售商而言，促销目标包括说服零售商购入新产品或持有更多库存、鼓励淡季购买、鼓励囤积相关产品、抵制竞争者的促销、建立品牌忠诚以及获得新零售店惠顾。

(3) 对销售人员而言，促销目标包括鼓励他们支持一款新产品或新型号、鼓励他们寻找更多潜在客户以及刺激淡季销售。

(二)选择工具

促销策划者应该考虑市场类型、促销目标、竞争环境和每种工具的性价比。主要的消费促销工具在本节已经讲过，在此不再赘述。

例如，汽车行业的企业促销包括回扣、为鼓励试驾和购买而发送的礼品以及高值换购积分。零售商促销包括降价、专题广告、零售商优惠券以及零售商竞赛或赠品。

制造企业可以使用一系列贸易促销工具，主要有价格减让(按发票减让或按价目表减让)、折扣、免费商品。贸易促销的目的是：说服零售商或批发商经销制造商的品牌；说服零售商或批发商比平时多进货；促使零售商通过特色介绍、陈列和降价等方式宣传品牌；激励零售商及其他销售人员推销产品。

企业支出巨额资金在业务和销售人员促销工具上，以收集销售线索、加深顾客印象和奖励顾客以及激励销售人员。主要业务的和销售人员促销工具有贸易展和会议、销售竞赛和纪念品广告。企业为这些工具制定的预算基本长年不变。对于很多想要在目标受众中引起轰动的新企业，尤其是 B2B 行业来说，贸易展是一种非常重要的工具，但在所有传播形式中，它的单位接触成本是最高的。

(三) 制定方案

在策划促销方案时，营销者越来越多地将几种媒体混合到一个整体活动概念中。

【营销实例 13-3】

三星为了宣传它昂贵的相机品牌 Galaxy Camera，开发了一项巧妙的移动设备社交活动——"人生如画，尽情拍吧"（Life's a Photo: Take It）。在为期两个月的竞赛中，来自 8 个国际市场的 32 位在手机应用 Instagram 上具有影响力的人物被邀请利用他们最喜欢的手机应用软件来赢取三星 Galaxy Camera 相机。他们的任务是使用这个新相机向他们的 Instagram 社区展示该相机的成像效果有多好。每个星期该相机都有一个新的特色被展示出来，同时粉丝们为最喜欢的照片进行投票。记录这次活动的一段视频得到了 130 万次的观看量，Galaxy Camera 的品牌知晓度提高了 58%，而且购买意向上升了 115%。

在决定使用某一特定激励时，第一，营销者必须确定它的规模。促销想要成功，特定的最低额度是必需的。第二，营销者必须设定参与条件。激励可以面向每一个人，也可以面向选择出来的群体。第三，营销者必须决定促销的持续时间。第四，营销者必须选择一个分发媒介。第五，营销者必须确定促销的时机。第四，营销者必须确定促销总预算。促销成本等于管理成本(印刷、邮寄和宣传)加上激励成本(赠品或折扣的成本，包括优惠券兑换成本)，再乘以期望销量。确定优惠券促销成本时，应该考虑到只有一部分消费者会兑换优惠券。

(四) 实施和控制方案

实施和控制计划时，必须考虑每个促销的提前期和销售延续期。促销提前期是指在实施方案前对其进行准备所需的时间。销售延续期开始于发起促销的时候，结束于大约 95% 的促销商品已经到达消费者手上的时候。

企业可以使用销售数据、消费者调查和实验来评估方案。

(1) 销售数据可以帮助分析使用促销的人群类型，促销之前他们买什么，以及之后他们面对该品牌和其他品牌时的行为如何。当促销吸引了竞争者的顾客并使其转移到了自己的品牌上时，促销是最成功的。

(2) 消费者调查可以揭示有多少消费者能够回忆起促销，他们对促销的看法如何，有多少人使用了促销，以及促销对后来的品牌选择行为的影响如何。

(3) 实验可以随激励价值、促销持续时间和分发媒介等属性的不同而改变。例如，可以将优惠券发给消费者样本中的半数家庭，然后追踪优惠券是否以及何时促使更多人购买了产品。

三、销售促进对营销活动的影响

尽管近年来促销支出在预算支出中所占的比例有所上升，但最近它的增长速度变慢了。消费者开始漠视促销，不断降价、优惠券、特价和赠品也可能使产品在购买者心目中贬值。

汽车制造企业在经济萧条时期采用过零利率贷款、大量现金折扣和特别租赁计划等手段，但它们发现此后很难再让消费者接受不含折扣的价格了。

有些促销工具的目的是建立消费者特许权。这些工具伴随促销传递一种销售信息，如免费样品、购买频率奖、带有销售信息的优惠券和与产品相关的赠品等。通常非品牌建立型的促销工具包括减价包装、与产品无关的消费者赠品、竞赛和抽奖、消费者返利和经销商折扣等。

在品牌相似度高的市场中进行促销能够在短期内产生较强的销售反应，但在长期得不到永久性增长。在品牌差异度高的市场，促销可能会永久性地改变市场份额。除了品牌转换，消费者可能还会囤积产品，即比通常更早购买(购买加速)或购买多余数量。但促销之后，销售可能会有所下降。

价格促销可能无法永久性地增加整个产品类别的销量。针对超过 1 000 个促销进行的一项研究指出，只有 16%的促销得到了回报。市场份额小的竞争者可能会受益于促销，因为它们在广告预算方面无法与市场领导者相抗衡，也无法在不提供经销商折扣的情况下获得货架空间，或是在不提供激励时鼓励消费者试用。优势品牌进行促销的频率很低，因为大多数促销只是补贴当前使用者。

第四节 公 共 关 系

企业不仅需要积极地与顾客、供应商和经销商联系，还必须与大量感兴趣的公众相联系。公众是指对企业实现其目标的能力有实际或潜在的兴趣或影响的任何群体。公共关系(Public Relations，PR)包括宣传或保护企业形象或个别产品的各种计划。

睿智的企业采用具体的步骤来管理它们与关键公众的关系。多数企业都有公共关系部门。它们监控公众的态度，并传播信息来建立商誉。优秀的公共关系部门会建议高层管理者采用积极的方案并清除有问题的做法，这样从一开始就不会出现负面宣传效果。公共关系部门有以下五个职能。

(1) 与新闻界的关系。以最积极的方式呈现关于企业的新闻和信息。
(2) 产品宣传。为宣传特定产品而举办各种活动。
(3) 企业传播。通过内部和外部传播，促进对企业的了解。
(4) 影响法规。与政府官员打交道，从而影响行业法律法规等。
(5) 咨询。在顺境和逆境中就公共议题、企业定位和形象向管理层提出建议。

一、营销公共关系的作用

很多企业开始使用营销公共关系来支持企业或产品的宣传及形象塑造。营销公共关系服务于特定部门，即营销部门。

营销公共关系并非简单的宣传，它在以下任务中发挥着重要作用。
(1) 推出新产品。
(2) 重新定位成熟产品。
(3) 建立对某一产品品类的兴趣。

(4) 影响特定目标群体。
(5) 保护面临公共问题的产品。
(6) 建立积极的公司形象。

随着大众广告力量的削弱，营销者开始使用营销公共关系来为新产品和成熟产品建立知晓度和传播品牌知识。在覆盖地方社区和到达特定群体方面，营销公共关系也十分奏效，而且性价比高于广告。营销公共关系越来越多地出现在网络上，不过，它必须与广告和其他营销传播方式一起进行策划。

【营销实例13-4】

扫一扫，一起来围观一下用丝绸印报纸的土豪。

二、营销公共关系的活动方式

公共关系的活动方式主要是指企业在公共关系活动中，将公关媒介与公关方法结合起来所形成的特定公共关系方式。从公关关系活动所要达到的目的来看，公关关系的活动方式主要可以分为以下五种。

(一)宣传性公关

运用各种媒介，组织编印宣传性的文字、图片，拍摄宣传影像以及组织展览，向社会各界传播企业的有关信息，从而形成有利于企业发展的社会舆论导向。新闻媒介宣传是一种免费广告，具有客观性和真实感，消费者在心理上往往不设防，新闻媒介所带来的影响往往大于单纯的商业广告。

(二)征询性公关

通过各种征询热线、问卷调查、民意测验等形式，吸引社会各界参与企业发展的讨论。征询性公关既可以了解社会各界对企业形象的认识程度，以利于进一步改善形象，又可以在征询的过程中达到与社会各界密切联系、沟通信息的目的。

(三)交际性公关

通过招待会、宴会、电话、信函、互联网等形式与社会各界保持联系，广交朋友，增进友谊，亲善人际关系，提升企业的知名度和美誉度。

(四)服务性公关

通过消费咨询、免费维修等形式，使社会有关人员获得服务性的实惠，增加社会各界对企业信誉的深刻体验，从而提升企业形象。

(五)赞助性公关

企业通过赞助和参与文体娱乐活动以及办学、扶贫、救灾等活动，充分表达对社会的一份责任和一片爱心，展示良好的精神风貌，以企业对社会的关心换来社会对企业的关心。

三、营销公共关系的主要决策步骤

在考虑何时以及如何使用营销公共关系时,管理层必须建立营销目标、选择公共关系信息和载体、执行计划并评估结果。主要的营销公共关系工具有以下几种。

(1) 印刷材料。公司广泛地依靠印刷材料来到达和影响目标市场。这些材料包括年报、宣传册、文章、公司新闻简报和杂志以及视听资料。

(2) 事件。公司通过安排和宣传新闻发布会、研讨会、户外活动、贸易展、展览、竞赛和周年庆等能够到达目标公众的特殊事件,可以吸引人们对新产品或公司其他活动的关注。

(3) 赞助。公司通过赞助和宣传体育、文化事件和备受瞩目的公益活动来宣传自己的品牌和公司名称。

(4) 新闻。公共关系专业人员的一个主要任务就是发现和创造关于公司、产品及其人员的正面新闻,并促使媒体接受和参加新闻发布会。

(5) 演讲。越来越多的公司主管必须在贸易协会或销售会议上回答媒体提问或进行演讲,而这些露面能够帮助建立公司形象。

(6) 公共服务活动。公司通过将资金和时间贡献给一项好的公益活动来建立商誉。

(7) 身份媒介。公司需要一个公众能够立刻识别的可视化身份。可视化身份的媒介可以是公司商标、信纸、宣传册、符号、业务形式、业务名片、建筑物、制服等。

(一)建立目标

营销公共关系通过在媒体中植入故事来吸引人们关注产品、服务从而建立知晓度;还可以通过新闻报道传播信息来建立可信性;也可以在推出新产品前用该产品的故事来帮助提高销售人员和经销商的热情。因为营销公共关系的成本低于直邮和媒体广告,所以它还可以降低促销成本。

(二)选择信息和载体

假设一所相对不知名的学院想要更加引人关注,营销公共关系执行者就要寻找一些有趣的故事,如有没有教员正在进行不寻常的研究项目?有没有新的、不寻常的课程?校园里有没有发生有趣的事件?如果没有有趣的故事,营销公共关系执行者就应该策划一些学院可以赞助的有新闻价值的事件。这里的挑战是要创造有意义的新闻。公共关系创意包括举办重要的学术会议、邀请专家或名人演讲以及召开新闻发布会。每个事件和活动都是针对不同受众开发大量故事的机会。

尽管公共关系执行者通过大众媒体到达目标公众,但营销公共关系越来越多地借助网络和直接响应营销的技术与方法一对一地到达目标受众。

(三)执行计划和评估结果

营销公共关系的最终效果很难测量,因为它常与其他促销工具一起使用。营销公共关系效果最简单的测量指标是在媒体上的曝光次数。公关人员可以向客户提供一份简报,展示刊登了产品新闻的所有媒体,并附带一段汇总陈述。例如,媒体覆盖包括总发行量为 7 940 万的 350 份出版物上的 3 500 个刊登着新闻和照片的栏目;290 家广播电台共 2 500 分钟的播音时间,其听众人数约为 6 500 万;160 家电视台共 660 分钟的播放时间,其观众人数约为 9 100 万。如果以广告费率购买这些时间和空间，费用将高达 104.7 万美元。

但这种测量指标不是很令人满意，因为它没有揭示有多少人真正读到、听到或能够回忆起这些信息以及他们之后的想法是什么；它也没有包含净到达受众的相关信息，因为各种出版物的读者有重叠。它还忽略了电子媒体的效果。宣传的目标是到达，而非频率，所以所有媒体类型产生的不重复的曝光数量才是有用的数据。

一个更好的测量指标是营销公共关系所导致的产品知晓、理解或态度的改变(排除其他促销工具的影响之后)。例如，有多少人能够回忆起听到的新闻？多少人将它告诉了别人(口碑的测量指标)？多少人在听到之后改变了想法？

第五节 人员推销

【营销实例 13-5】

扫一扫，看 IBM 如何改造销售团队。

一、人员销售的原则

人员销售的主要原则是，主动与客户建立动态的长期关系。现在，许多公司每年都投入巨资在顾客管理方面对销售人员进行培训，将他们从被动的订单接受者转变为主动的订单获取者。销售代表学习 SPIN 方法来与潜在顾客建立长期关系，他们会向顾客提出以下四类问题。

(1) 情景问题(situation questions)，这些问题询问事实或探究购买者的现有状况。

(2) 疑难问题(problem questions)，这些问题涉及购买者经历的麻烦、困难和不满意。

(3) 暗示问题(implication questions)，这些问题是关于购买者的麻烦、困难和不满意所带来的后果和影响。

(4) 需求—收益问题(need-payoff questions)，这些问题是关于提出的解决方案的价值或用处。

二、人员推销的过程

有效的人员推销过程的主要步骤如图 13-2 所示。下面讨论它们在销售行业中的应用。

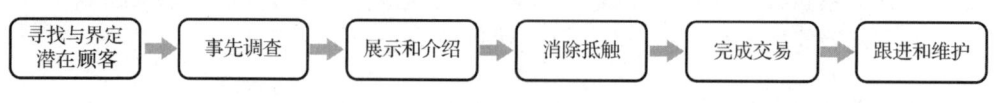

图 13-2　有效销售和主要步骤

需要注意的是，在不同地区，这些销售步骤的实践应用可能存在差异。

(一)寻找与界定潜在顾客

销售的第一个步骤就是识别和界定潜在顾客。许多公司都承担起了寻找和界定销售线索的职责，这样销售人员就可以将更多的时间用于销售上。IBM 按照 BANT 标准来界定销售线索：顾客是否具备必要的预算(budget)、购买的权限(authority)、对产品或服务的强烈需求(need)以及可能被满足的发货时间期限(timeline)。

如今的营销者在界定销售线索时不仅限于BANT标准，还会使用更复杂的方法。例如，软件公司Infer使用150个不同的指标来评价顾客。

(二)事先调查

销售人员需要尽可能地去了解潜在公司及其购买者。例如，了解公司如何执行采购过程？购买活动是如何组织的？许多大公司的采购部都被划分到了专业实践经验更丰富的战略供应部门。集中采购更加重视规模较大的供应商，因为它们能够满足公司的各种需求。同时，一些公司也对一些小商品进行分散采购，如咖啡机、办公用品和其他价值较低的必需品。

销售人员必须全面了解顾客的购买过程，包括"何人、何时、何地、如何以及为何购买"，从而界定潜在顾客、收集信息或立即进行推销。销售人员的另一个任务是选择最佳接触方式，如个人拜访、电话访问、发送电子邮件或信件。正确的接触方式至关重要，因为销售人员越来越难以直接接触到采购人员和其他时间宝贵或应用互联网的潜在顾客。最后，销售人员应该针对顾客制定一套全面的销售策略。

(三)展示和介绍

销售人员向购买者介绍产品时可以使用FABV方法，即特色(Features)、优势(Advantages)、利益(Benefits)和价值(Value)。特色描述的是产品的物理特征，如芯片的处理速度或存储容量。优势解释的是为什么产品特色能够为顾客提供好处。利益指的是产品带给顾客的经济、技术、服务和社会效益。产品的价值通常以货币形式来衡量。

销售人员通常会在介绍产品特色时花费太多时间(产品导向)，却没有投入足够时间来强调产品的利益和价值(顾客导向)，尤其是在销售个性化或高价产品时，或是当市场竞争异常激烈时。向潜在顾客所做的宣传必须特别中肯、吸引人和有说服力。

(四)消除抵触

心理抵触可能来自对被打扰的抵触、对现有供应商或品牌的偏爱、无兴趣或不愿舍弃以前的产品、销售人员造成的不良印象、预先确定的想法、不喜欢做决定或者对花钱比较在意等。其他抵触可能是对价格、发货时间或者对产品或公司特性有所抵触。为了处理这些抵触，销售人员通常会采取一种积极的方法，请顾客阐明他们的想法，向顾客提出关于抵触的问题并让他们自己回答，否定这些抵触的合理性，并将其转变为购买动机。虽然价格是被讨论最多的因素，但许多顾客也很关心其他方面，如合同完成时间、产品和服务质量、购买数量、产品安全等。

(五)完成交易

购买者可以用来表示完成交易的信号包括采取行动、声明或评论以及提问。销售人员可以询问顾客是否要下订单，重申协议的要点，提出帮助填写订单，让顾客做出更细化的选择(如颜色或尺寸)，或者提醒购买者如果现在不下订单他们会失去什么。销售人员还可以提供一些优惠条件来促成交易，如附加服务、额外赠品等。如果客户还没有动摇，那么销售人员很可能是找错了营销对象。销售人员还可以寻找其他方法来强调产品的价值，或者强调这笔交易能够缓解客户所面临的财务或其他方面的压力。

(六)跟进和维护

跟进和维护是保证顾客满意度和重复购买的必要条件。在交易完成后，销售人员应该立即落实所有必要的细节，如发货时间、购买条件以及其他对于顾客重要的事项。销售人员还应该安排一次发货之后的跟进拜访，以确保向顾客提供正确的安装方法、指导和服务，查明顾客遇到的任何问题，确保顾客应得的利益，并消除双方的认知分歧。销售人员还应该为顾客制订一个维护和发展计划。

人员销售与谈判的原则在很大程度上是以交易为导向的，因为销售人员的目的就是完成一笔特定交易。但是，在许多情况下公司追求的并不是立即达成交易，而是建立长期的合作关系。与关键顾客打交道的销售人员不仅需要在顾客准备下订单时发送电子邮件或登门拜访，还应该在其他时间与顾客联系，为业务提出有用的建议，以创造价值。销售人员应该时时关注这些关键顾客，了解其遇到的问题，时刻准备用多种方式为顾客服务，能够及时应对顾客的不同需求或情况。

三、人员的激励与评估

(一)销售人员的激励

所谓激励，就是组织通过设计适当的奖酬机制和工作环境，以一定的行为规范和惩罚性措施，借助信息沟通，来激发、引导、保持和规划组织成员的行为，以有效地实现组织及其成员目标的系统活动。组织中的任何成员都需要被激励，销售人员也不例外。企业需要建立一套完善的激励制度来使销售人员努力工作。

1. 定额销售

制定定额的销售目标是企业通常使用的做法。它规定了单个销售人员或小组在规定时间内应销售的数额并按产品加以确定，然后把报酬和定额完成情况挂钩。例如，每个地区销售经理将地区的年度额度在各个销售人员之间进行分配。

2. 提成制度

为了使企业预期的销售定额得以实现，还要采取对应的激励措施，如奖金、礼物、提成、休假等，其中最常见的是提成。提成制度是指企业根据销售额或利润额的大小给销售人员固定的或根据情况可以调整比例的报酬。提成制度能够鼓励销售人员尽最大努力工作，并且达成销售目标和当期收益最大化。企业可以根据不同的产品、工作性质给予销售人员不同的提成。但是，提成制度也有其缺点。它会导致过多的管理成本，以及销售人员短视的销售行为。所以，通常会和薪酬制度结合使用。

(二)销售人员的评估

1. 掌握和分析有关的情报资料

情报资料的最重要来源是销售报告。销售报告分为两种：一种是销售人员的工作计划；另一种是访问报告记录。工作计划让管理部门能够及时了解销售人员的未来活动安排，为企业衡量其计划与成就提供依据，以此可以看出销售人员的计划工作及执行计划的能力。访问报告记录则让管理部门能够及时掌握销售人员过往的活动、顾客账户状况，并提供对以后的访问有用的情报。当然，情报资料的来源还有其他方面，如销售经理个人观察所得、顾客的信件与投诉、消费者调查以及与其他销售人员的交谈等。总之，企业管理部门应该尽可能地从多方面了解销售人员的工作绩效。

2. 建立评估指标

评估指标的设立原则是，要能够反映销售人员的销售绩效的实际水平。评估指标主要有毛利、销售量增长情况、每天平均访问次数及每次访问的平均时间、每次访问的平均费用、每百次访问收到订单的百分比、销售费用占总成本的百分比、一定时期内新客户的增加数及失去的客户数等。为了科学、客观、准确地进行评估，在评估时还应该注意一些客观条件，如销售区域的潜力、区域情况的差异、地理状况、交通条件等。这些条件都会不同程度地影响销售效果。

3. 实施正式评估

企业在获得足够的资料，确立科学的标准之后，就可以开始正式评估。大体上，评估有两种方式。一种方式是将各个销售人员的绩效进行比较和排序。这种比较应当建立在各区域市场的销售潜力、工作量、竞争环境、企业促销组合等大致相同的基础上，否则，就显得不太公平。同时，比较的内容应该是多方面的，销售额也并非唯一的比较内容，销售人员的销售组合、销售费用以及对净利润所做的贡献也要纳入比较的范围。另一种方式是把销售人员当前的绩效与过去的绩效相比较。企业可以从产品净销售额、定额百分比、毛利、销售费用及其占总销售额的百分比、访问次数、平均每次访问成本、平均客户数、新客户数、失去的客户数等方面进行比较。这种比较方式有利于销售人员对其长期以来的销售业绩有一个完整了解，督促和鼓励销售人员努力改进，进行下一步的工作。

本 章 小 结

促销是绝大部分企业经营活动中不可或缺的部分，但是如何才能够打动消费者做到有效促销，也成为困扰所有企业的一个难题。本章主要讲解了促销组合的内容以及如何构建有效促销组合，讲解了广告开发的过程，包括如何设计广告目标，如何决定广告预算，如何开发广告并选择媒体，还讲解了销售促进的工具是如何在营销过程中起作用的，较为全面地讲解了公共关系的内涵，以及它是如何对营销活动的各个环节起作用的。在学习完本章内容后，读者应该基本掌握促销策略，并能学以致用。

课 后 习 题

一、思考题

1. 怎样理解促销组合？
2. 怎样理解公共关系的含义和职能？

3. 简要论述新媒体在促销方面的优势。
4. 简述广告在促销组合中的作用。

二、案例分析

汰渍应对雕牌的挑战

20世纪80年代末期，宝洁公司着手进行有史以来规模最大且最重要的投资事业之一——进军中国市场。这样做要承担相当大的风险。此前，宝洁只在1985年进入了东亚的日本市场。而中国的当时情况与日本大不相同。简单地说，中国幅员辽阔，大量人口分布在农村，从西方标准来看，还处于贫困阶段。而且劳动人口习惯于国营企业的铁饭碗。

1988年，宝洁比许多跨国公司更早进入中国。正如宝洁总裁John Pepper所说："中国代表宝洁未来10年、20年甚至30年的重要战略成长机会。"此后，宝洁在中国市场获得了巨大且显著的成功。中国宝洁发展成宝洁全球公司中的第二大规模的公司，是宝洁全球公司中市场增长最快的，已在护肤和美发等产品类别占据领导者地位并具备完善的获利能力。但有一个例外是，宝洁洗衣粉类别的汰渍品牌，曾遭遇中国本土挑战者前所未有的严酷竞争。

20世纪90年代中期，宝洁在建立汰渍、碧浪和当地品牌之际，也对合资工厂的运营进行了改善。其市场业绩令人振奋，汰渍在洗衣用品市场的占有率稳步增长，到1998年攀升到10%(曾是中国最畅销的洗衣粉)。1995—1996年会计年度，销售额猛增到8亿美元。同期，中国的纳爱斯集团推出本土品牌——雕牌洗衣粉，在价格和分销渠道上建立了竞争优势，并在全国各地播出密集的电视广告，以亲情广告争取到大量低端消费群。几年内雕牌洗衣粉就成为中国的洗衣粉领导品牌。纳爱斯集团是宝洁前所未有的竞争对手。其雕牌洗衣粉以低于汰渍1/3的价格推出，因为纳爱斯集团能以相当少的预算进行许多小规模运营，必要时可以外包方式取得额外的生产能力。

而且虽然该集团使用旧设备，但却能以大量廉价劳动力弥补自动化设备的缺陷。纳爱斯集团与供应商建立合作关系，以极低的成本取得原料，也与分销商合作以极低的成本把产品分销到全中国。雕牌的竞争优势很大程度上得益于一个范围广阔而又高效的渠道网络，可以直接辐射到农村集贸市场，这也是很多中国企业能够成功的关键之一，但是难以管理。跨国公司已熟悉经营中国的城市市场，但却很难理解和到达广大而又分散的农村市场。

面对市场份额的严重下滑，宝洁把汰渍重新定位在收复失地。宝洁认识到，在中国市场的洗衣用品上要获得长期成功，必须要想办法彻底重新改造宝洁的生产流程，让公司的成本接近纳爱斯集团的成本才行。宝洁被迫采取的应对措施有：将汰渍大幅降价(拉近与雕牌洗衣粉价格的差距，但却没有低到雕牌洗衣粉的售价)；出售了在韶关和广州的工厂，并且合并在成都和北京的生产作业，还卖掉了亏损的当地品牌。然而，通过传统方式逐渐节省成本，仍然无法让宝洁的产品价格降到像雕牌洗衣粉那样具有竞争力的程度。为了争夺中国日渐成长的洗衣用品市场的领导宝座，宝洁必须采取更激进的措施才行。正如宝洁营销副总裁Austin Lally所说："此地市场的定价标准比宝洁以往所惯用的定价标准要低很多。如果想具有竞争力，就必须学会把洗衣粉的成本压到很低，而且比在其他国家洗衣粉的成本还要低很多。"

由宝洁中国公司的市场部门和研发部门人员组成的团队走出办公室，深入目标消费群，捕捉消费者真实生活中洗衣的故事。例如，2005年在安徽六安及山西襄阳的两个乡村，团队目睹了村民们聚在街道上，一起用盆洗衣服，并了解到他们只想要能满足基本洗涤功能的清洁剂产品，并且要有他们能负担得起的(低)价格，不关注那些对高端消费者很重要的花哨特色(如保养和软化衣服等功能)；对下岗家庭，省钱很重要，省时并不重要(慢节奏的村镇生活)；影响农村消费的信息源中，聊天和口碑传播是重要的。

对中国消费者的深入洞察对宝洁至为重要。通过对中国(目标)消费者的信息解读，宝洁及时做出了市场策略调整，主要包括以下三点。

(1) 推出有竞争力的低价格汰渍净白。

(2) 新包装。开发了更便宜的 320 克小包装和经济型大包装。

(3) 新广告。开展情境质量对比和标明低价，迎合目标消费者的真实状态、价值观和生活方式。媒体推广策划也随之改变。新广告产生了很好的效果。

消费者被汰渍吸引。新的市场推广模式改变了销售状况，汰渍转败为胜，在中国市场份额一路飙升，汰渍重新成为洗衣粉类别中的领跑者。根据尼尔森公司对日化产品市场占有率的调查数据，截至 2007 年年底，纳爱斯与宝洁在洗衣粉领域的市场占有率均为 23%。

正如《浪尖上的宝洁》(Rising Tide)一书中所述："在中国竞争的经验让宝洁学习到新的竞争模式，尤其是在制造和分销方面。宝洁进入中国市场时，当地竞争对手的实力还很弱，然而在发挥了惊人的转变能力后，这些竞争对手适应了跨国企业的到来，迅速学会了西方营销技能，同时与宝洁这类企业逐渐形成惯有模式的制造成本及分销成本相比，能以相当小的成本进行运作。宝洁发现，在中国洗衣用品市场不是要跟高露洁、联合利华、花王和汉高集团这些熟悉的对手竞争，而是要跟当地厂商竞争。结果，宝洁败给一家应变能力极强的中国本土厂商纳爱斯集团。纳爱斯集团把有效的广告和卓越的生产及分销机构，与相当节省的制造作业相结合。宝洁要在中国的洗衣用品类别获胜，就必须像纳爱斯集团一样迅速地调整并具有应变才能。"

请思考：

1. 宝洁在面对中国市场的挑战时，分别做了些什么？
2. 宝洁在应对雕牌的冲击时，运用了什么样的促销策略？请具体谈谈。

三、实操题

【实训目的】

增加学生对促销策略的认识，锻炼促销策略的实际运用能力。

【实训内容】

(1) 选择一家超市，观察并记录超市的促销策略。

(2) 运用访谈法了解超市促销策略的制定过程和实施情况。

(3) 向消费者发放问卷，掌握消费者对该超市促销策略的满意度。

(4) 指出超市促销策略实施中存在的问题。

(5) 提出具体的促销策略解决方案。

【实训组织与要求】

(1) 将学生分组，每组 3~5 人，每个小组选择一名组长。

(2) 各小组自行选择目标超市，制订计划、确定分工、完成一手资料的收集和整理。

(3) 组织讨论，结合训练内容完成小组报告。

(4) 分小组课堂演示。

【训练评价】

(1) 小组报告的规范性和完整性。

(2) 促销策略的合理性和可行性。

(3) 团队合作的默契性。

第十四章

市场营销管理

【学习目标与任务】
- 掌握市场营销计划的内容。
- 理解并区分各种市场营销组织类型的异同。
- 了解企业市场营销管理控制的过程。

【重点与难点】
- 市场营销管理的过程。
- 市场营销管理活动的重要性。

【能力目标】
- 能够辨识一个企业的营销计划类型,并针对某一个部分做出总结或改进建议。
- 能够区分市场影响控制和审核的异同,并试着为某个企业设计一套市场营销控制方案。

【案例导入】

沃尔玛如何在中国采购

2008 年,世界连锁零售业巨头沃尔玛的全球运营收益为 3 788 亿美元,居全球第一。其宗旨是给顾客提供"天天平价"的商品,为此,沃尔玛尽最大可能争取以最低的价格进货。"直接进货+全球采购"是降低进货价格的两大法宝。沃尔玛直接从制造商采购大批量货物,避开批发商。由于采购量巨大,它能把厂商的出货价格杀到最低。全球采购确保了沃尔玛的商品始终来自世界上"低价,再低价"的工厂。沃尔玛分布在全球的 6 600 多家超市的货物由总公司统一采购,每年的采购金额达 2 000 亿美元。

在沃尔玛,全球采购是指某个国家的沃尔玛店铺通过全球采购网络从其他国家的供应商进口商品,而从该国供应商进货则由该国沃尔玛公司的采购部门负责采购。例如,沃尔玛在中国的店铺从中国供应商进货,属沃尔玛中国公司的采购工作,这是本地采购;沃尔玛在其他国家的店铺从中国供应商采购货品,就要通过全球采购网络进行,这就是全球采购。

第一节 市场营销计划

市场营销的计划、组织和控制构成了市场营销管理的主体部分。市场营销计划是企业在分析市场状况后根据企业目标和文化所预先制定的行动方案,是企业经营活动和具体行动方案的重要依据。市场营销组织是制订并执行计划的载体,营销计划的执行和成功与有效的组织结构有着密切的关联。市场营销控制是通过度量工具等手段,评估其营销活动和项目,检查营销计划完成和实现情况,并做出必要改变和调整的过程。

一、市场营销计划的定义和内容

生活中,大家无时无刻不在进行计划,如出门前穿什么衣服,看哪部电影,将来从事什么职业等。市场营销计划是一个宏观的概念,是指导和协调营销努力方向的核心工具,它基于对市场机会的分析,主要从战略和战术两个层次进行操作,是实现营销目标的重要过程和手段。营销计划是一个连续的过程,组织必须先制定目标,然后对市场环境进行分析(包括市场状况、产品状况、竞争分析、宏观环境影响等)。可以通过 SWOT 分析法分析企业面临的主要机会和威胁,优势和劣势;也可以通过财务分析来控制企业成本,树立具体的营销目标并对利润表进行确定和控制。在企业中,既有着规定企业营销大方向的战略计划,也有为实现营销目标而制定的具体策略、计划和行动方案,如图 14-1 所示。在当今社会,营销计划的重要趋势就是关系营销。市场营销计划的内容主要由以下八个部分组成。

(1) 计划摘要,能够让高层管理者迅速抓住计划重点。

(2) 形势分析,对于市场环境机遇和挑战的分析,主要有市场分析、SWOT 分析、竞争分析、产品分析、分销分析。这一部分是从宏观环境和微观环境进行优劣势和可行性分析。

(3) 营销目标,基于对市场和企业自身的分析,制定符合企业利益、可行的目标,如想要达到的销售量、市场占有率、利润等目标。

(4) 营销战略，为了实现营销计划所采用的市场战略，如 STP 战略、营销组合战略等。

(5) 营销策略，为了实现营销计划所采用的市场营销方法，如产品组合策略、品牌策略、定价策略等。

(6) 财务分析，包括预算和对营销开支、调度和运作计划的预测。

(7) 营销执行，是一个将营销计划转变为具体任务，并确保按计划实现目标的过程。

(8) 营销控制，是公司评估其营销活动和项目，并做出必要调整的过程。

二、市场营销计划执行过程

在市场分析的基础上，制订市场营销计划的过程是在营销活动中提出"做什么"和"为什么"的问题；而市场营销计划的执行则是"谁去做""何时做"和"怎么做"的问题。

(一)市场营销计划执行的步骤

(1) 制定行动方案。为了有效实施营销战略，应该制定具体的行动方案，明确市场营销战略各个阶段的关键任务和决策，并将这些任务分配到个人或小组。

(2) 设置组织结构。为了完成市场营销战略和计划，应该设置有效的正式组织，同企业本身的特点和环境相适应，通过明确的分工和协调，实现各项内部活动和决策。

(3) 设计决策和报酬制度。决策直接影响到营销计划的执行，报酬制度则从员工激励等方面直接影响营销活动。

(4) 开发人力资源。营销计划的组织和有效实施需要相匹配的人才，开发一个良好的人力资源系统能直接影响计划的成败和实施效果。

(5) 确定管理风格。从企业自身环境和特点出发，根据企业文化和组织架构决定恰当的管理风格。

只有当企业的行动方案、组织结构、决策和报酬制度、人力资源和管理风格协调一致、互相配合，才能使营销计划成功执行。

(二)市场营销计划执行中常见的问题

市场营销计划的执行是一个复杂艰巨的过程。美国的一项研究表明，90%的参与者认为，他们制定的营销战略和计划没有得到有效的执行。企业在营销计划执行过程中常会出现以下问题。

(1) 缺乏具体的行动方案。有些计划之所以会失败，往往是因为计划人员没有给出具体的、能让企业内部一致执行、协调的行动方案。

(2) 计划脱离实际。计划脱离实际是由两层差距造成的。在企业中，计划人员和执行人员通常不是同一批人员，而专业人员在制订计划时往往会忽略执行中的细节，使得计划过于笼统和形式化，不便于执行人员理解、执行，这是第一层差距。第二层差距是计划人员和执行人员的信息不对称，两者缺少有效的沟通，导致计划人员不能及时掌握计划执行的动态，制订出不合时宜的计划或者不能及时对行动方案进行纠偏。

(3) 执行人员的操作风险。市场营销执行中，企业人员的两个主要问题会造成计划的失败和偏差。①缺乏专业能力。执行人员缺乏所需要的专业素养所导致的计划理解的偏差和未能按照计划完成。通常这类原因导致的问题可以通过加强人员培训、人力资源重新调配等来解决。②短期目标和长期目标相矛盾。企业往往是通过短期工作绩效，如销售量、利润率和市场占有率等来进行评定与奖励，所以管理和执行人员会追求短期效益的最大化来保证利益最大化。然而这些活动可能会造成和企业长期目标、利益相背离的情况。这层矛盾和差距是由于董事会和高管层的利益诉求不同造成的。许多公司通过适当的措施，如年终奖扣留70%，根据第二年的年度评定发放等，以克服这种长期目标和短期目标的矛盾，求得两者的平衡协调。

【营销实例14-1】

扫一扫，详细了解一下Sonify公司的营销计划。

第二节　市场营销组织

市场营销组织是指涉及企业内部营销活动的相关职能单位，一个成功的营销活动离不开有效的营销组织，营销组织的功能从最早单纯的销售部门到兼有附属职能的销售部门，再到独立成为市场部门，最后形成现代的营销部门，这一过程也显示了对于营销认知的变化以及现代营销组织越来越重要的地位。有效的组织能够根据市场变化和技术革新不断自我调整，使得营销活动收到事半功倍的效果。因此加强营销组织建设，成了企业成功营销不可或缺的部分。

一、影响组织结构的主要因素

(1) 企业规模。一般情况下，企业规模越大，市场营销组织越大、越复杂；企业规模越小，市场营销组织则相对简单。

(2) 市场状况。一般情况下，决定市场营销人员分工和负责区域的依据是目标市场的地理位置和状况。

(3) 产品特点。产品特点包括企业的产品种类、产品特色、产品项目的关联性以及产品的技术服务方面的要求等。

(4) 企业文化。一个企业的组织架构与董事会和高管层的管理风格有着直接关联，而董事会和高管层的偏好决定了一个企业的文化，对组织结构有着直观的影响。

总地来说，一个企业的规模、市场状况、产品特点和企业文化都能影响所属的组织结构。但是，这里要说明的是，公司的组织架构并不是越复杂越精细越好，繁复的组织架构可能导致过度分权，从而使得决策和信息传递有所偏差，不利于组织的管理。因此，组织结构应该视企业状况而设定，并没有统一的标准。

二、市场营销组织的类型

(一)职能型组织

在现代营销组织类型中，职能型组织是最普遍的组织形式，在这种组织中是按职能来组织部门分工，即从企业高层到基层，均把承担相同职能的管理业务及其人员组合在一起，设置相应的管理部门和管理职务,如图 14-1 所示。随着生产品种的增多,市场多样化的发展应根据不同的产品种类和市场形态,分别建立各种集生产、销售于一体,自负盈亏的事业部制。这种组织形式的最大优势在于行政管理简单,但是,建立良好的工作关系是一个挑战,因为随着产品和市场数量增加,每一个职能群体都可能会和其他群体争夺预算和地位。

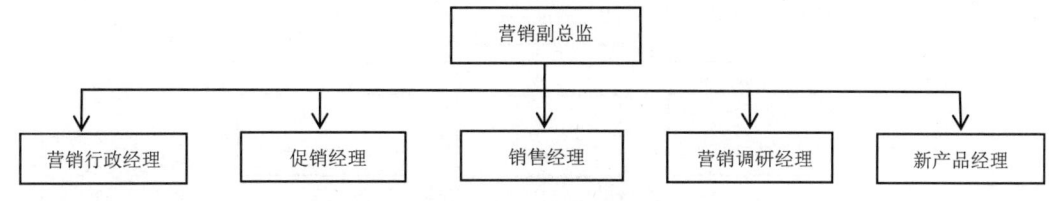

图 14-1 职能型组织

(二)地区型组织

在一个或多个国家进行产品销售的公司,一般根据经营地区来组建营销队伍。例如,一个全国销售总监可能要分管 4 个大区销售经理,每个大区销售经理监管 6 个分区销售经理,而每个分区销售经理则管理 8 个地区销售经理,每个地区销售经理又管理 10 个销售人员。总地来说,地区型组织结构就是以公司在世界各地生产经营活动的区域分布为基础,设立若干区域部,每个部负责管理该区域范围内的全部经营活动与业务,每个区域部通常由一名副总裁挂帅,领导该区域部工作,并直接向总裁报告的组织结构。

其优点是把地区分部作为利润中心,有利于地区内部各国子公司间的协调;有利于提高管理效率;公司可以针对地区性经营环境的变化,改进产品的生产和销售方式。但是缺点也是明显的,各区域之间横向联系,不利于生产要素在区域间的流动,还有可能从本部门利益出发,影响企业整体目标的实现;同时,地区分部结构易造成企业内部在人员和机构上的重叠,增加企业管理成本。

(三)产品管理型组织

当企业拥有多个品牌或差异性较大的多种产品时,设立产品或品牌管理型组织是合适的。基本的做法是,由一名市场营销经理负责,根据产品大类下设几个产品大类经理,在产品大类经理下,再按照不同产品项目分设产品经理,如图 14-2 所示。产品型组织结构的优点是具有较大灵活性,当企业涉足新的产品领域时,只要在组织结构上增加一个新的产品系列部门就能够解决;有助于企业对各个产品系列给予足够的重视,由于每种产品都有相对应的产品经理负责,所以即使是名气再小的品牌也不会被忽略;体现了分权化的经营思路,有利于调动产品经理的积极性,产品经理对于市场上出现的情况反应比专家委员会更快,可以为某一产品设计具有成本效益的营销组合。

但是该种模式也存在缺点,若缺乏整体观念,各产品部门之间会发生协调问题,会为保持各自产品的利益而发生摩擦;这种组织形式意味着企业随产品种类的不同而在任何一个特定的地区建立多个机构,导致机构设置重叠和管理人员的浪费,导致产品知识分散化;产品经理们需要协调和各个部门的关系,否则不利于有效地履行职责。

通常在产品型组织结构中,产品经理的任务是制订产品开发计划并辐射到其他各个部门。在这种辐射式系统中,产品经理的工作包括以下内容。

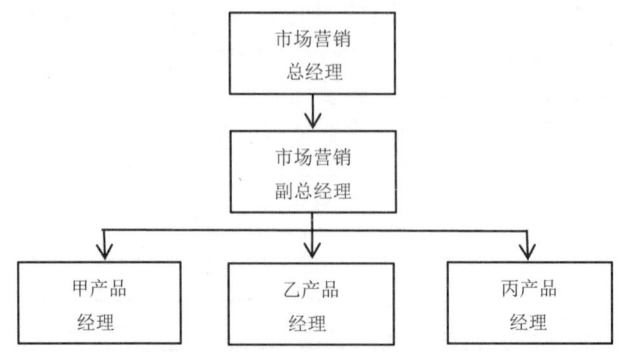

图 14-2　产品管理型组织

(1) 为产品设计长期竞争战略。
(2) 制订一套完整的年度营销计划和销售预测。
(3) 与相关的合作商，如广告商、电商和采购商一起制定广告文案项目和推广活动。
(4) 增强渠道参与者对于产品的热情。
(5) 收集市场情报和产品反馈，发现新问题和新机遇。
(6) 提倡产品改良和新产品开发，以满足市场需要。

(四) 市场管理型组织

市场管理型组织是由一个市场总经理管辖若干细分市场经理，各市场经理负责自己所管市场发展的年度计划和长期计划，同产品管理型组织相类似。其组织结构划分的主要依据是细分市场是差异性需求。这种组织结构的最大优点是，企业可针对不同的细分市场及不同顾客群的需要，开展营销活动。

但是相对应的，这种组织架构会带来更大的支撑成本。过于庞大的结构导致人员效率不高，人员浪费。此结构下，企业在各地设立的多是办事处而非分公司，大量的外聘人员导致诸如挪用资金、工商违规、疲沓怠工等管理问题。

(五) 矩阵管理型组织

矩阵管理型组织结构是把按职能划分的部门和按产品(或项目、服务等)划分的部门结合起来组成一个矩阵，使同一个员工既同原职能部门保持组织与业务的联系，又参加产品或项目小组的工作，即在直线职能型基础上，再增加一种横向的领导关系。为了保证完成一定的管理目标，每个项目小组都设负责人，在组织最高主管直接领导下进行工作，如图 14-3 所示。

在如今这个互联网发达的时期，市场大环境对营销又有了新的要求和挑战，全球性竞争日趋激烈，消费者的信息渠道越来越快速、越来越多样，同企业的连接也越来越密切，服务业性质的企业飞速发展，这些都要求企业重新审视如何重组自己的业务和组织结构。很多企业将产业延伸到了自己不熟悉的领域，其中有些成功了，但大部分都失败了。很多企业将自己原先的业务和组织进行了重组，不乏新生者，但也不乏淘汰者。作为现代市场营销管理重要的一部分，如何根据企业自身的业务性质对组织结构进行安排、重组，显然也是现代企业市场营销转型中非常重要的一部分。

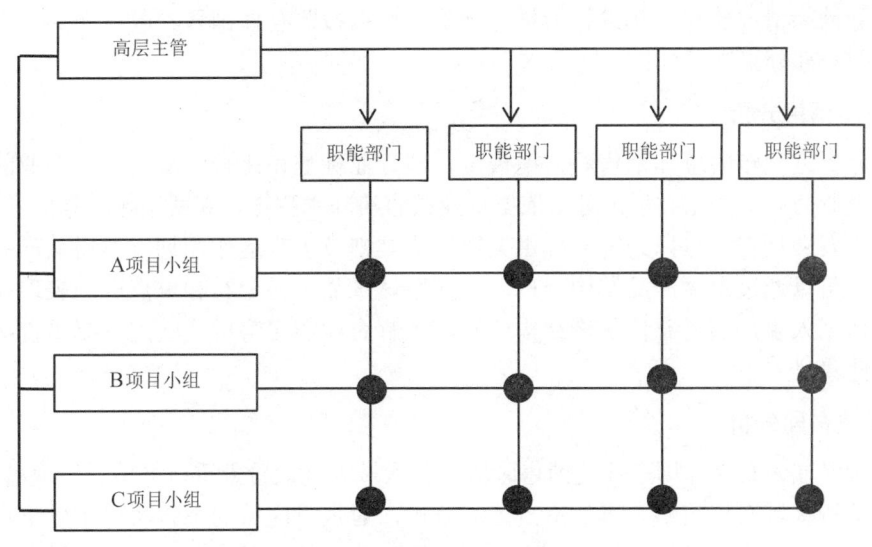

图 14-3 矩阵管理型组织

第三节 市场营销控制

在市场营销计划执行的过程中不可避免会出现各种各样的意外情况，市场营销计划的成功也离不开项目进行过程中的检测、纠偏。市场营销控制是公司评估其营销活动和项目，并做出必要改变和调整的过程，以保证市场营销计划的完成，实现有效的控制。

一、年度计划控制

年度计划控制是指在本年内采取控制的步骤，检查实际业绩效益与计划的偏差，并采取必要措施，予以纠正。目的在于保证企业实现年度计划中制定的销售、利润以及其他目标，其中心是目标管理。年度计划控制主要是对销售额、市场份额和费用率等进行控制，总共可分为四个步骤。首先，管理层设定月度或季度目标；其次，管理层在市场中检查绩效；再次，确定严重绩效偏离的原因；最后，采取纠偏措施，缩小目标和实际的差距。

这种控制模型可以运用到不同类型各个层次的组织中去。最高管理层设立年度销售目标和利润目标；每一名产品经理、地区经理、销售经理和销售代表则致力于实现特定水平的销售额和成本。最高管理层在每个阶段都进行检查并分析绩效好坏的原因。企业管理人员可以通过四种绩效工具跟踪年度目标计划的实现程度，有销售分析、市场占有率分析、营销费用和销售额比率分析及财务分析。

(一)销售分析

销售分析又称销售数据分析，主要用于衡量和评估经理人员所制订的销售计划与实际销售之间的关系。销售差异分析主要用于分析各个不同的因素对销售绩效的不同作用，如品牌、价格、售后服务、销售策略，主要包括营运资金周转期分析、销售收入结构分析、销售收入对比分析、成本费用分析、利润分析、净资产收益率分析等。销售分析是将销售目标和实际销售情况放在一起进行衡量、评价,可以按照整体销售、区域布局、产品线、价格体系四个部分来进行分析。

1. 整体销售分析

可以分析近几年的总体销售额、销售量,与行业标准相比较,从而分析企业的业绩状况并判断企业的业绩变化类型;可以依据行业销售淡旺季规律,观察销售数据的变化情况,分析淡旺季发展规律;可以为客户提供渠道压货规则及生产运作规划。然后从产品线这一角度来看,可以通过总体产品结构分析,了解整体产品结构分布和重点产品表现。最后可以从价格体系入手,通过总体价格结构分析,了解企业的优势价位区间,提供价格结构调整的合理性建议。

2. 区域布局分析

首先从区域分布来分析企业的销售区域及各区域表现,检索重点区域、发现潜在市场,提出下一阶段区域布局策略。再从重点区域分析,对重点区域的销售状况予以重点分析,解析该区域的发展走势及结构特点,为未来在重点区域的发展提供借鉴。也需要对区域销售异动进行分析,对增长和下跌明显的区域予以重点分析,总结经验教训,有效避免潜在的威胁。此外,还有区域产品分析,将重点区域中的产品结构进行时间上的横向对比,进行多要素复合分析。

3. 产品线分析

产品线分析可分为产品线结构分析、重点产品分析和产品—区域分析。产品线结构分析是指分析产品系列和单产品结构分布,检索重点产品发展趋势及新产品的市场表现。重点产品分析则是针对重点产品进行分析,发现存在的问题,提供产品改进意见。最后,是产品—区域分析,是指通过对产品的销售区域分布的分析,区分战略性产品和技术性产品、全国性产品和区域性产品,为产品的划分和进一步细化提供参考。

4. 价格体系分析

划分出符合实际的价格区间划分标准,寻找主导价位。

首先进行价格—产品分析,对主导价位区间的趋势进行分析,主导价格区间的产品构成以及发育状况,分析主导价位产品成长空间。然后进行价格—区域分析,分析各区域的价位构成,寻找各区域的主导价格以及价格层次的产品线战略分布。

(二)市场占有率分析

所谓市场占有率分析是根据各方面的资料,计算出本企业某种产品的市场销售量占该市场同种商品总销售量的份额,以了解市场需求及本企业所处的市场地位。

市场占有率分析是企业战略环境分析的一个非常重要的因素。市场占有率一般有上限、中线和下限。

不同市场占有率的战略意义如下。

(1) 如果企业的市场占有率达到上限 74%,不论其他企业的势力如何,该企业都处于绝对的安全范围之内。达到该目标的企业一般应不会争夺这个范围以外的市场,因为剩下的市场中的顾客一般是其他企业的忠实顾客,通常难以争取。

(2) 如果企业的市场占有率达到 42%，即市场占有率的中线，那么企业就可以从竞争中脱颖而出并处于优势地位。因此，该值表示企业处于相对安全的状态而且处于业界的领先者。

(3) 如果企业的市场占有率达到 26%，则说明企业有从势均力敌的竞争中脱颖而出的可能性。

(4) 市场占有率处于 26%以下的企业则很容易受到攻击。如果企业与另一家企业在局部区域内进行一对一的竞争时，只要企业的市场占有率是对手的 3 倍，那么对手就很难对你形成威胁。如果竞争发生在一个较大的局部区域内，有超过三家以上的企业一同竞争，那么只要有一家企业的市场占有率是其余企业的 1.7 倍，那么这家企业就处于绝对安全的范围内。

企业可以通过量化的方式来计算市场占有率，公式如下。

$$T_{MS} = C_P \times C_L \times C_S \times P_S$$

式中，T_{MS} 是市场占有率，顾客渗透率 C_P 是指从本企业购买某产品的顾客占该产品所有顾客的百分比；顾客忠诚度 C_L 是指顾客从本企业购买产品占其所购同种产品的百分比；顾客选择性 C_S 是指本企业一般顾客的购买量相对于其他企业一般顾客的购买量的百分比；价格选择 P_S 是指本企业平均价格与其他企业平均价格的百分比。

(三)营销费用和销售额比率分析

年度计划的控制中也需要关注各项营销费用和销售额之间的比率，市场营销管理人员的任务就是密切监测各个营销费用和销售额之间的比率。当某一项比率出现异常时，应该给予关注，并及时查明异常原因。

(四)财务分析

市场营销管理人员应该就各项数据指标通过预算、审核等财务方法分析企业经营活动中的问题，以此来决定之后企业如何开展营销活动，并通过财务预算来合理制定下一阶段的企业经济目标。

二、盈利能力控制

盈利能力控制就是指企业衡量各种产品、地区、顾客群、分销渠道和订单规模等方面的获利能力，以帮助管理者决定哪些产品或营销活动应该扩大、收缩或取消。盈利能力控制一般由企业内部负责监控营销支出和活动的营销主管人员负责，旨在测定企业不同产品、不同销售地区、不同顾客群、不同销售渠道以及不同规模订单的盈利情况的控制活动。 它包括各营销渠道的营销成本控制、各营销渠道的营销净损益和营销活动贡献毛收益 (销售收入-变动性费用)的分析，以及考查反映企业盈利水平的指标等内容。

(一)营销盈利率分析

营销盈利率分析就是通过对财务报表和数据的一系列处理，把所获得利润分摊到产品、地区、渠道、顾客等方面，从而衡量出每一因素对企业最终获利的贡献大小、获利能力如何。分析步骤如下。

(1) 确定功能性费用。

(2) 将功能性费用分配给各个营销实体，即衡量由每一种渠道的销售所发生的功能支出。按每一种渠道的每一种功能的费用除以发生的次数，得出各渠道功能性费用。

(3) 为每个营销渠道编制一张损益表。

(二)选择最佳调整方案

在对营销盈利率进行计算后，企业要根据营销盈利率分析的结果来选择最佳的调整方案。主要参照的分析指标如下。

(1) 销售利润率。销售利润率是指利润与销售额之间的比率。它是评估企业获利能力的主要指标之一。其计算公式如下。

$$销售利润率=(本期利润÷销售额)×100\%$$

(2) 资产收益率。资产收益率是指企业所创造的总利润与企业全部资产的比率。其计算公式如下。

$$资产收益率=(本期利润÷资产平均总额)×100\%$$

其分母之所以用资产平均总额，是因为年初和年末余额相差很大，如果仅用年末余额作为总额显然不合理。

(3) 净资产收益率。净资产收益率是指税后利润与净资产所得的比率。净资产是指总资产减去负债总额后的净值。其计算公式如下。

$$净资产收益率=(税后利润÷净资产平均余额)×100\%$$

(4) 资产管理效率，可通过以下比率来分析。

- 资产周转率。资产周转率是指一个企业以资产平均总额去除产品销售收入净额而得出的比率。其计算公式如下。

$$资产周转率=产品销售收入净额÷资产平均总额$$

资产周转率可以衡量企业全部投资的利用效率，资产周转率高说明投资的利用效率高。

- 存货周转率。存货周转率是指产品销售成本与产品存货平均余额之比。其计算公式如下。

$$存货周转率=产品销售成本÷产品存货平均余额$$

存货周转率是说明某一时期内存货周转的次数，从而考核存货的流动性。存货平均余额一般取年初和年末余额的平均数。一般来说，存货周转率次数越高越好，说明存货水准较低，周转快，资金使用效率较高。

三、效率控制

效率控制是指企业不断寻求更有效的方法来管理销售队伍、广告、促销和分销等绩效不佳的营销实体活动。

效率控制的目的是提高销售人员推销、广告、促销和分销等市场营销活动的效率。市场营销经理必须重视若干关键比率，这些比率表明上述市场营销职能执行的有效性，显示出应该如何采取措施以改进执行情况。它主要包括四个方面活动效率的控制：销售人员效率控制、广告效率控制、促销效率控制和分销效率控制。

(一)销售人员效率控制

销售人员效率控制,即企业各地区的销售经理需要记录本地区销售人员效率的几项重要指标,如每个销售员平均每天进行销售访问的次数、销售人员每次访问平均所需要的时间、平均收入、平均成本和平均招待费、销售人员每访问 100 次的订货单百分比、每一期新的顾客数量和流失的顾客数量、销售队伍成本占总成本的百分比等,企业可以从以上分析中发现一些重要问题。

(二)广告效率控制

广告效率控制,即企业高层管理者可以采取若干步骤来改进广告效率,包括进行更有效的产品定位、确定广告目标、利用计算机来指导等。

广告效率的控制至少要掌握以下资料:每一种媒体类型、每一个媒体工具触及千人的广告成本;注意、看到和阅读印刷广告的人在其受众中所占的百分比;消费者对于广告内容的意见;消费者对于产品态度的售前售后变化;由广告激发的询问次数;每次广告成本。

(三)促销效率控制

促销效率控制是管理层应该对每一次促销的成本和销售影响进行记录,并注意做好一系列统计工作。

促销效率的控制应注意以下资料:优惠销售所占的百分比;每一美元的销售额中所包含的商品陈列成本;赠券的回收率;一次演示所引起的询问次数。

(四)分销效率控制

分销效率控制是指企业管理层应该调查研究分销经济性,主要是对企业存货水准、仓库位置及运输方式进行分析和改进,以达到最佳配置并寻找最佳运输方式。

市场营销控制的类型总结如表 14-1 所示。

表 14-1 市场营销控制的类型

控制类型	主要负责人	控制目的	方法
年度计划控制	最高层管理者、中层管理者	检查原计划的结果是否已经实现	销售分析 市场占有率分析 营销费用和销售额比率分析 财务分析
盈利能力控制	营销主管	检查公司在哪些业务上有盈利和亏损	各产品的盈利能力 各区域的盈利能力 各经销渠道的盈利能力 各细分市场的盈利能力
效率控制	生产线和行政部门管理人员、营销主管	评估并提高成本效率和营销支出的成效	销售人员效率控制 广告效率控制 促销效率控制 分销效率控制

本 章 小 结

市场营销计划、组织和控制是市场营销活动的基本构成,本章主要阐述了市场营销计划如何对企业营销目标起到承前启后的作用;市场营销组织结构不同则起到的管理效果不同;市场营销控制是对营销活动进行控制纠偏,动态调整营销目标、更改营销计划、达成营销目的。随着营销活动控制工具、组织形式和绩效评估从单一走向多元,市场营销活动的内涵和边界也在不断扩大,其作用也越来越被社会、企业重视。企业应该根据组织和目标需求制订合理的营销计划、组织结构和控制内容。

课 后 习 题

一、思考题

1. 简述市场营销计划的主要内容。
2. 简述市场营销组织的几种类型及其优劣。
3. 论述市场营销控制的意义以及实现的途径。

二、案例分析

沃尔玛在全球

沃尔玛是全球最大的零售商。拥有超过 4 900 家门店和 150 万名员工,每年的销售额达到 2 560 亿美元。全球零售业排名第二的公司家乐福的年销售额为 797 亿美元,而沃尔玛的美国日用品行业竞争对手 Target(塔吉特,美国日用品零售公司)的年销售额为 482 亿美元。沃尔玛有超过 60%的商品是在中国采购的。如果沃尔玛是一个国家的话,它将排名为中国的第八大贸易伙伴,甚至排在俄罗斯和英国前面。

虽然沃尔玛的主要销售额来自美国,但其国际市场增长迅速,目前的销售额已占公司总营收的 20%以上。为了吸引不同国家、不同收入阶层和消费经验的消费者,我们或许认为沃尔玛必须调整其策略。但事实并非这样。不管在世界的什么地方,这个零售业巨头的策略都是一样的——天天低价和天天低成本。沃尔玛在北美、南美、欧洲和亚洲运作,它采用多种多样的策略进入不同国家的市场。

1. 北美和南美地区

(1) 沃尔玛第一个进入的国际市场就是加拿大,一个同美国很相似的市场。沃尔玛收购了加拿大 Woolco 公司的 122 家店铺,到 2000 年,它在加拿大的店铺已超过 200 家。

(2) 在墨西哥,沃尔玛采用并购策略(收购了销售年轻女士服装的商店 Suburbia、VIPS 餐馆、Superama 超市,以及墨西哥最大的零售商 Cifra 公司 62%的股份)。公司也开了自己的沃尔玛店和山姆会员店。沃尔玛在墨西哥市场取得了巨大的成功,这主要归功于 Cifra 对墨西哥消费者的透彻了解。到 2004 年,沃尔玛在墨西哥的店铺将近 1 000 家,销售额超过 107 亿美元,净利润率达 4.5%,超过公司总体 3.5%的净利润率。

第十四章 市场营销管理

(3) 沃尔玛在波多黎各获得了巨大成功。公司开了自己的商店，还收购了波多黎各第二大食品杂货零售商。

(4) 沃尔玛在 20 世纪 90 年代中期进入巴西和阿根廷市场，但结果不尽如人意。两个国家的经济状况非常糟糕——失控的持续性通货膨胀，货币贬值和不良贷款，加上政局不稳。

竞争状况也令人苦恼。家乐福在 1975 年和 1982 年分别进入巴西和阿根廷，并且获得了稳固的市场地位。针对沃尔玛的侵入，家乐福挑起价格战并在沃尔玛的商店旁边开设巨型超级市场。结果，家乐福仍然是这两个国家最大的零售企业。为了报复，沃尔玛开设较小的商店，取名为 Todo Dia(全天)销售几乎所有的食品杂货和小部分的日用百货。由于占地较少，沃尔玛可以在巴西拥挤的街道上开店，并向每天都购买东西的低收入消费者销售商品。

在 2004 年年初，沃尔玛收购了有 118 家连锁店的 Bompreco 超市之后，其在巴西和阿根廷的市场份额由第六位上升到第三位。增加的市场份额将带来更低的成本和价格，使沃尔玛能更好地同家乐福和巴西最大的食品杂货零售商 CBD 竞争。现在沃尔玛在这两个国家有 143 家店，其中包括 13 家超级购物中心和 10 家山姆会员店。

2. 亚洲地区

(1) 沃尔玛在东南亚进入的首个市场是中国香港，在那里它和 EKChor Distribution System(易初配送体系，卜蜂集团下属分公司)公司合资经营建立了 Value Clubs(平价俱乐部)。由于 EKChor 是泰国的 C.P.Pokphand(卜蜂集团)拥有的，所以沃尔玛得以进入泰国和印度尼西亚。

(2) 中国是世界上最大的市场，拥有 13 亿人口和 170 个人口超过 100 万的城市。2000 年，沃尔玛在中国开设了第一家店，到 2004 年 4 月，它已经有了 35 家店并计划当年再开 7 家。其中有 30 家购物中心、3 家山姆会员店和 2 家社区商店。在中国，沃尔玛的最终目标是店铺数量达到 500 家。

对沃尔玛来说，中国拥有如此大的市场，是世界上唯一可与美国市场规模相比的国家，但这个市场还需要发展时间。同德国一样，中国也存在可用土地少的问题，而且商店的规模都很小。第一批开设的沃尔玛店铺中，有一个开在地铁站，满足上下班乘客的需要。

但最大的问题来自于政府。为了限制竞争，政府规定了零售商选址的地理范围，而沃尔玛就被限制在了中国南方。到 2004 年，沃尔玛已经在中国的 17 个城市开店，其中却没有中国发展最快、收入最高的城市——上海。随着政府开始放宽限制，中国市场的增长将会更加迅速。为了应对市场增长，沃尔玛和中国国际信托投资有限公司(CITIC)在 2003 年 10 月，成立了沃尔玛中国南方百货(Wal-Mart South China Department Store)有限公司。

(3) 沃尔玛在 2002 年通过购买日本第五大连锁超市 Seiyu 进入市场。虽然 Seiyu 有很多地理位置优越的商店(400 家)，但店铺却很破旧并且公司的销售额一直在下降。为了不在拥有苛刻消费者的日本市场上重蹈德国的错误，沃尔玛慢慢地改造 Seiyu 店铺。不幸的是，这个策略使得日本零售商有了很长的时间应对沃尔玛。

在日本同中国和德国一样有许多问题，如高昂的房价和很少的可用土地。直到最近，法律都限制店铺的规模和营业时间以保护较小的日本零售商，这些小的零售商占到日本零售企业的 58%。另外，日本市场的分销系统很复杂，甚至令人费解，零售商通过多层建立了长期关系的中间商购买产品，而不是直接找供应商。结果是货物在到达零售商时可能已经过了三次或更多次转卖。

日本消费者不仅被认为是世界上最怪癖的,也是最苛刻的。他们要求新鲜的食物,最有秩序和最干净的店面,很短的结账队伍和足够的店员,并且他们不理解天天低价策略。更糟的是,日本消费者认为极低的价格意味着低质量。因此,天天低价的策略可能不利于销售。虽然沃尔玛做了精心的计划,但结果令人沮丧,Seiyu 出现亏损。

请思考:

1. 沃尔玛成功的主要因素是什么?
2. 沃尔玛在中国、日本不成功的主要因素是什么?
3. 沃尔玛适合什么样的管理组织类型?为什么?

三、实操题

【实训目的】

通过电梯式演讲,锻炼学生设计提炼市场营销计划的能力。

【实训内容】

模拟一位创业者在大楼20层的电梯内,幸运地偶遇潜在投资者,在电梯下行到底楼的2分钟时间内,创业者试图让投资者产生兴趣。建议按照以下步骤进行电梯式演讲。

(1) 阐述机会和可能需要解决的问题。(45秒)
(2) 阐述你的产品/服务如何去满足机会,或如何去解决问题。(45秒)
(3) 阐述你的资质和条件。(15秒)
(4) 阐述你的市场。(15秒)

【实训组织与要求】

(1) 将学生分组,每组2~4人,共同准备一周时间。
(2) 分小组课堂演示,1人模拟创业者,其他人模拟投资者,限时2分钟。

【训练评价】

(1) 演讲内容的完整性。
(2) 创业项目的可行性。
(3) 整体演讲的说服力。

参 考 文 献

[1] 晁钢令. 市场营销学[M]. 5版. 上海：上海财经大学出版社，2018.
[2] 菲利普·科特勒，凯文·莱恩·凯勒. 营销管理[M]. 15版. 上海：格致出版社，2016.
[3] 菲利普·科特勒. 营销的未来[M]. 北京：机械工业出版社，2015.
[4] 菲利普·科特勒，阿姆斯特朗. 市场营销[M]. 16版. 北京：中国人民大学出版社，2015.
[5] 菲利普·科特勒，阿姆斯特朗. 市场营销：原理与实践[M]. 16版. 楼尊，译. 北京：中国人民大学出版社，2018.
[6] 冯光明. 市场营销学[M]. 北京：经济管理出版社，2011.
[7] 冯建军. 深探药妆：药妆市场的海外谍报[EB/OL]. (2008-06-23)[2020-03-01]. https://www.globrand.com/2008/86211.shtml.
[8] 黄静. 品牌营销[M]. 2版. 北京：北京大学出版社，2014.
[9] 郭国庆. 市场营销学[M]. 6版. 北京：中国人民大学出版社，2014.
[10] 郭国庆、钱明辉. 市场营销学通论[M]. 7版. 北京：中国人民大学出版社，2017.
[11] 郭洪. 品牌营销学[M]. 成都：西南财经大学出版社，2011.
[12] 纪宝成. 市场营销学[M]. 5版. 北京：中国人民大学出版社，2012.
[13] 凯文·莱恩·凯勒. 战略品牌管理[M]. 李乃和，译. 北京：中国人民大学出版社，2006.
[14] 李桂陵. 市场营销学[M]. 北京：北京大学出版社，2012.
[15] 林祖华. 市场营销案例分析[M]. 3版. 北京：高等教育出版社，2018.
[16] 楼红平，涂云海. 现代营销调查与预测[M]. 北京：人民邮电出版社，2012.
[17] 吕小宇. 市场调查与预测实训教程[M]. 成都：西南财经大学出版社，2017.
[18] 路易斯 E.布恩，大卫 L.库尔茨. 当代市场营销学[M]. 赵银德，等译. 北京：机械工业出版社，2005.
[19] 迈克尔·波特. 竞争优势[M]. 夏忠华，等译. 北京：中国财经出版社，1994.
[20] 欧阳璟，高丽艳. 你的大众消费品如何满足中产的"小众情怀"[J]. 销售与市场(渠道版)，2017(8).
[21] 让·诺尔·卡菲勒. 战略性品牌管理[M]. 王建平，译. 上海：商务印书馆，2000.
[22] 吴建安，胡其辉. 市场营销学[M]. 6版. 北京：清华大学出版，2018.
[23] 熊国钺，元明顺，吴泗宗. 市场营销学[M]. 5版. 北京：清华大学出版社，2018.
[24] 熊国钺. 市场营销学——基于移动互联网时代营销趋势修订[M]. 5版. 北京：清华大学出版社，2018.
[25] 万后芬. 品牌管理[M]. 北京：清华大学出版社，2006.
[26] 王方华. 企业战略管理[M]. 2版. 上海：复旦大学出版社，2015.
[27] 王方华. 市场营销学[M]. 2版. 上海：格致出版社，2012.
[28] 徐萍. 消费者心理学教程[M]. 上海：上海财经大学出版社，2015.
[29] 姚小远. 市场调查原理、方法与应用[M]. 上海：华东理工大学出版社，2015.
[30] 郑玉香，范秀成. 市场营销管理：理论与实践新发展[M]. 北京：中国经济出版社，2014.
[31] 庄贵军. 市场调查与预测[M]. 2版. 北京：北京大学出版社，2014.